住房和城乡建设部“十四五”规划教材
高等职业教育建设工程管理类专业“十四五”数字化新形态教材

建设工程经济

朱再英　主　编
刘陈平　邓京闻　副主编
胡六星　主　审

中国建筑工业出版社

图书在版编目（CIP）数据

建设工程经济 / 朱再英主编；刘陈平，邓京闻副主编 . -- 北京：中国建筑工业出版社，2025. 7. --（住房和城乡建设部“十四五”规划教材）（高等职业教育建设工程管理类专业“十四五”数字化新形态教材）.

ISBN 978-7-112-31319-8

Ⅰ . F407.9

中国国家版本馆 CIP 数据核字第 202544C6S2 号

本教材根据高等职业教育工程造价、建设工程管理专业教学标准及专业技能考核的要求编写，参照一级建造师、一级造价工程师、二级造价工程师执业资格考试标准，吸收了行业企业的新技术、新工艺、新标准和新规范，吸纳了行业企业专家的意见，校企合作编写而成。

本教材对接工作岗位职业标准，以7个典型工作案例为载体，按照实际工作过程，将实际工作任务转换为7个学习任务：估算建设项目投资、项目财务评价与方案比选、项目不确定性分析、建设项目国民经济评价、设备更新的经济分析、价值工程在建设工程中的应用、建设项目可行性研究，共28个学习子任务。

本教材可作为职业院校工程造价、建设工程管理、建筑经济管理等相关专业教材，也可作为建筑企业内部培训或行业相关从业人员的学习、参考用书。

为了更好地支持相应课程的教学，我们向采用本书作为教材的教师提供教学课件，有需要者可与出版社联系，邮箱：wuyuekai@cabp.com.cn，jckj@cabp.com.cn；电话：010–58337285；建工书院http：//edu.cabplink.com（PC端）。欢迎任课教师加入职业教育建设工程管理类专业教学QQ交流群：745126886。

责任编辑：吴越恺
责任校对：芦欣甜

住房和城乡建设部“十四五”规划教材
高等职业教育建设工程管理类专业“十四五”数字化新形态教材
建设工程经济
朱再英　主　编
刘陈平　邓京闻　副主编
胡六星　主　审
*
中国建筑工业出版社出版、发行（北京海淀三里河路 9 号）
各地新华书店、建筑书店经销
北京雅盈中佳图文设计公司制版
北京市密东印刷有限公司印刷
*
开本：787 毫米 ×1092 毫米　1/16　印张：$19^1/_2$　字数：458 千字
2025 年 7 月第一版　2025 年 7 月第一次印刷
定价：66.00 元（赠教师课件）
ISBN 978-7-112-31319-8
（44801）

出 版 说 明

党和国家高度重视教材建设。2016年，中办国办印发了《关于加强和改进新形势下大中小学教材建设的意见》，提出要健全国家教材制度。2019年12月，教育部牵头制定了《普通高等学校教材管理办法》和《职业院校教材管理办法》，旨在全面加强党的领导，切实提高教材建设的科学化水平，打造精品教材。住房和城乡建设部历来重视土建类学科专业教材建设，从"九五"开始组织部级规划教材立项工作，经过近30年的不断建设，规划教材提升了住房和城乡建设行业教材质量和认可度，出版了一系列精品教材，有效促进了行业部门引导专业教育，推动了行业高质量发展。

为进一步加强高等教育、职业教育住房和城乡建设领域学科专业教材建设工作，提高住房和城乡建设行业人才培养质量，2020年12月，住房和城乡建设部办公厅印发《关于申报高等教育职业教育住房和城乡建设领域学科专业"十四五"规划教材的通知》（建办人函〔2020〕656号），开展了住房和城乡建设部"十四五"规划教材选题的申报工作。经过专家评审和部人事司审核，512项选题列入住房和城乡建设领域学科专业"十四五"规划教材（简称规划教材）。2021年9月，住房和城乡建设部印发了《高等教育职业教育住房和城乡建设领域学科专业"十四五"规划教材选题的通知》（建人函〔2021〕36号）。为做好"十四五"规划教材的编写、审核、出版等工作，《通知》要求：（1）规划教材的编著者应依据《住房和城乡建设领域学科专业"十四五"规划教材申请书》（简称《申请书》）中的立项目标、申报依据、工作安排及进度，按时编写出高质量的教材；（2）规划教材编著者所在单位应履行《申请书》中的学校保证计划实施的主要条件，支持编著者按计划完成书稿编写工作；（3）高等学校土建类专业课程教材与教学资源专家委员会、全国住房和城乡建设职业教育教学指导委员会、住房和城乡建设部中等职业教育专业指导委员会应做好规划教材的指导、协调和审稿等工作，保证编写质量；（4）规划教材出版单位应积极配合，做好编辑、出版、发行等工作；（5）规划教材封面和书脊应标注"住房和城乡建设部'十四五'规划教材"字样和统一标识；（6）规划教材应在"十四五"期间完成出版，逾期不能完成的，不再作为《住房和城乡建设领域学科专业"十四五"规划教材》。

住房和城乡建设领域学科专业"十四五"规划教材的特点，一是重点以修订教育部、住房和城乡建设部"十二五""十三五"规划教材为主；二是严格按照专业标准规范要求编写，体现新发展理念；三是系列教材具有明显特点，满足不同层次和类型的学校专业教学要求；四是配备了数字资源，适应现代化教学的要求。规划教材的出版凝聚了作者、主审及编辑的心血，得到了有关院校、出版单位的大力支持，教材建设管理过程有严格保障。希望广大院校及各专业师生在选用、使用过程中，对规划教材的编写、出版质量进行反馈，以促进规划教材建设质量不断提高。

住房和城乡建设部"十四五"规划教材办公室

2021年11月

前　言

建设工程经济是高等职业教育工程造价、建设工程管理、建筑经济管理等专业必修的核心课程。本教材提供建设工程管理岗位执业资格所要求的工程经济分析的基本知识与技能，为学生将来从事建设工程设计方案的技术经济分析与优化、项目投资决策、确定与控制工程造价等工作奠定专业基础。

根据教育部对高等职业教育教学的基本要求，本着工作过程系统化课程观及项目化、任务驱动式的设计理念，本教材设置了七个教学项目：估算建设项目投资、项目财务评价与方案比选、项目不确定性分析、建设项目国民经济评价、设备更新的经济分析、价值工程在建设工程中的应用、建设项目可行性研究，每个教学项目即为一个典型工作任务，从校企合作企业提供的工作典型案例入手，按照“项目描述—学习目标—项目指导—课程思政—知识准备—任务实施—项目总结—技能训练—考核评价”九个环节进行设计，着力体现“教、学、做、训、测、评”一体化和“以学生为主体、以教师为主导、以训练为主线”的课程教学改革思路。

本教材的编写依据是：国家高等职业教育建设工程管理类专业教学标准、该课程教学的基本要求、国家职（执）业资格和企业专业技术管理人员岗位资格考试大纲、高等职业教育建设工程管理类专业技能考核标准、最新国家、行业标准及规范。

本教材遵循“就业导向、能力本位、持续发展”的高等职业教育理念，基于建设工程项目经济分析的工作过程，以建设工程经济管理岗位职业能力为主线，结合建造师和造价工程师考证的内容组织、遴选教材内容，尽可能吸纳建筑行业最新的技术、方法和工艺，系统地介绍建设项目经济分析的基本理论、方法和技能，着力培养建筑业转型升级迫切需要的高素质工程经济管理技术技能人才。

本教材力求体现以下特色：

1. 理念先进，注重课程思政

（1）融入思政元素，强调社会责任。坚持立德树人思想，每个项目设计有思政案例，挖掘教学项目中的思想政治教育元素，融入学习目标和教学内容中。面向未来，培养能担当民族复兴大任的时代新人。

（2）体现“互联网＋智慧教材”特色。按照信息技术与教育教学深度融合的改革要求，采用互联网＋形式，植入二维码，配套微课、视频、在线测试题等数字化教学资源，可直接扫描二维码学习，并进行在线训练与测试，有助于拓宽学生学习的维度，提升学生的学习兴趣及学习效率，适合开展线上线下混合式教学，也便于自主学习与探索性学习。

本教材按照职业教育技术技能人才培养的模式进行设计构思，坚持高等职业教育特色，知识传授与技能培养并重，教材内容与工作实际紧密联系，教材案例选择符合或接近真实的建设工程经济分析工作，培养学生灵活运用建设工程经济的方法分析、解决实际问题的能力，突出实用性和可操作性。在体现职业教育特色的基础上，将纸质教材与移动智能终端有机结合，突破教与学的时空限制，激发学生兴趣，实现教学资源信息化、教学终端移动化、教学过程数据化，最终实现“互联网＋教育”的深度融合。

2. 定位准确，对接职业岗位

本教材系校企“双元”合作开发，行业特点鲜明。本教材定位于建设工程管理职业岗位，紧跟建筑产业发展趋势，对接行业企业人才需求，面向职场，依据企业真实项目案例、典型工作任务等构建教学项目。每个项目设计有若干学习任务，每项任务设计相关教学活动，学习活动贴近职场活动，教学内容对接工作内容，学习任务对应工作任务，本着有理论、有案例、有分析、有应用的原则，精心整合职业岗位典型业务与工程经济理论和实务，注重案例与技能训练的设计，以任务为引领，做中学、学中做，着重训练动手操作能力和分析解决问题的能力，注重职业能力、职业素质和职业精神的培养，实用性强。

3. 内容先进，体现行规变化

本教材立足于建筑业转型升级所需管理人才的职业能力要求，学习目标对接职业岗位要求，相关案例大多源自真实企业，知识点和业务案例依据最新政策、行业规范及相关法律法规进行编写，并充分反映行业企业的新技术、新方法、新工艺，如装配式建筑项目以及AR、VR、3D技术、大数据、物联网、人工智能、无人机等新技术应用项目的工程经济分析与评价，具有科学性和前瞻性。

4. 活页式形态，结构新颖

本教材按照活页式教材形态进行设计，便于典型工作案例、学习资源和素材的实时更新以及项目训练与考核评价。本教材对主要知识点设计了知识索引，便于学生查找学习。每一个教学项目都设计有思维导图、任务指导书和考核评价表。思维导图是对教学项目有关知识与技能的可视化梳理，有助于学生全面系统了解本项目内容及层次关系。任务指导书有任务描述、实施步骤与方法、质量要求等详细说明，有利于学生对实际工作过程与工作要求的了解。考核评价表内容包括任务名称、考核时长建议、知识技能素养三个维度四个主体的考核设计，并对技能考核评价按五个等级分别给出具体的标准，便于教学操作。

本教材由湖南化工职业技术学院朱再英教授担任主编，负责全书总体设计，拟订教材编写大纲及统稿、修改和定稿工作，并编写项目1～项目3；湖南国防工业职业技术学院刘陈平、湖南理工职业技术学院邓京闻担任副主编；湖南汽车工程职业技术大学朱理参编项目3；湖南化工职业技术学院成威、株洲冶炼集团股份有限公司注册造价师李立鼎编写项目4；湖南国防工业职业技术学院刘陈平、湖南有色金属职业技术学院夏琴编写项目5；湘潭大学唐春晖、湖南理工职业学院邓京闻、湖南化工职业技术学院杨亚楠编写项目6；湖南化工职业技术学院彭翀、陈婷编写项目7；湖南化工职业技术学院杨亚楠编写职业技能综合训练内容；湖南化工职业技术学院彭翀参与资料收集；湖南宏源中柱项目管理有限公司为本教材提供了工作案例。本教材由湖南城建职业技术学院胡六星教授主审。

本教材在编写过程中参阅了一些书籍和资料，已在参考文献中列明，在此一并表示感谢！由于时间仓促和编者水平有限，疏漏和错误之处在所难免，恳请广大读者批评指正。

编者

目　录

项目 1　估算建设项目投资

项目描述

根据典型案例 1 提供的资料，完成以下任务:(1) 分析三一公司拟新建高端铝型材加工厂项目类型并确定项目计算期;(2) 分析该建设项目总投资的构成;(3) 准确计算该项目建设期贷款利息;(4) 估算该项目的建设投资;(5) 估算该项目的流动资金;(6) 估算该项目建设总投资。

建设工程经济之初认识

【典型案例 1】三一公司高端铝型材加工厂建设项目

三一公司根据公司战略发展规划，拟投资新建一个高端铝型材加工厂。公司项目部作了充分的市场调研，向公司经理提交了如下项目资料。

(1) 项目基本情况。该项目设计年产量 5 万 t，计划建设期三年，建成投产后可生产运营 15 年。项目建设期间，预计建筑工程费用 4105 万元，安装工程费用 120 万元，工程建设其他费用 1654 万元，基本预备费率为 5%，年均投资价格上涨率为 4.8%。

项目所需设备一部分选用国产设备，一部分从境外进口。进口设备重约 10t，其装运港船上交货价为 100 万美元，海运费为 300 美元 /t，海运保险费和银行手续费分别为货价的 2‰和 5‰，外贸手续费率为 1.5%，增值税税率为 13%，关税税率为 20%，美元兑人民币汇率为 1 ∶ 6.5。设备从到货口岸至安装现场 400km，运输费为 0.6 元人民币 / (t · km)，装卸费为 80 元人民币 /t，国内运输保险费率为抵岸价的 1‰，设备的现场保管费费率为抵岸价的 2‰。国产设备均为标准设备，其带有备件的订货合同价为 1200 万元人民币。国产标准设备的设备运杂费费率为 3‰。该项目的工具、器具及生产家具购置费费率为 4%。

(2) 项目投资计划。第一年完成投资 30%，第二年完成投资 30%，第三年完成投资 40%。预计第四年项目投产，投产当年的生产负荷达到设计生产能力的 70%，第五年达到设计生产能力。

(3) 项目融资计划。项目资金包括自有资金和银行贷款两部分。贷款计划如下：建设期第一年贷款 2000 万元人民币；建设期第二年贷款 3000 万元人民币；建设期第三年贷款 4000 万元人民币。贷款年利率为 7%，贷款期限为 8 年，按季度计息，项目运营期按等额本金还款方式偿还借款。

(4) 预计生产运营情况。项目投产后，所生产的高端铝型材市场价格约 2.5 万元 /t。根据类似项目生产运营情况，预计生产成本资料如下：原材料 1.71 万元 /t，燃料和动力费 0.23 万元 /t，生产人员工资及福利费 0.145 万元 /t，制造费用 0.042 万元 /t（不包括固定资产折旧费）。预计单位产量占用流动资金约为 0.32 万元 /t，预计年固定成本为 9780 万元，年其他费用 400 万元，产成品平均周转天数 30 天，材料平均周转天数 10 天，现金平均周转天数 34 天，应收账款平均周转天数 60 天，应付账款平均周转天数 65 天。

公司经理看完以上资料，有些困惑，想要知道该建设项目总投资到底是多少？

学习目标

知识目标

（1）了解建设项目的概念、特征及类型；

（2）理解工程、技术、经济的概念；

（3）理解投资和投资估算的概念；

（4）掌握项目计算期的确定方法；

（5）掌握资金时间价值的概念及计算方法；

（6）熟悉建设项目总投资的构成及其估算方法。

技能目标

（1）能够准确估算建设项目的投资额；

（2）能够准确计算建设项目建设期利息；

（3）能够准确估算建设项目的流动资金；

（4）能够准确估算建设项目总投资；

（5）能够为项目可行性研究及投资决策提供相关信息。

素养目标

（1）具有关心、参与国家经济建设的自觉意识；

（2）具有认真、求实、细致、严谨的工作态度；

（3）养成沟通与协作的职业习惯；

（4）关注行业发展动态，随时了解行业前沿。

项目指导书

<table>
<tr><td colspan="2">工作任务</td><td colspan="3">建设项目总投资估算</td></tr>
<tr><td colspan="2">建议工具</td><td>电脑或移动设备（如智能手机、PAD 等）;
《建设项目投资估算编审规程》CECA/GC 1—2015</td><td>建议学时</td><td>12</td></tr>
<tr><td colspan="5">【任务描述】根据典型案例 1 提供的资料，完成以下任务:（1）分析三一公司拟新建高端铝型材加工厂项目类型并确定项目计算期;（2）分析该建设项目总投资的构成;（3）准确计算该项目建设期贷款利息;（4）估算该项目的建设投资;（5）估算该项目的流动资金;（6）估算该项目建设总投资</td></tr>
<tr><td colspan="2">任务实施步骤</td><td>操作方法与说明</td><td>质量要求</td><td>配套学习资源</td></tr>
<tr><td>1</td><td>分析项目类型并确定项目计算期</td><td>（1）根据建设项目分类标准分析项目类型;
（2）根据项目建设计划确定建设期与运营期，在此基础上确定项目计算期，为建设项目的工程经济分析确定时间范围</td><td>（1）正确判定项目类型;
（2）合理确定项目建设期、运营期和项目计算期</td><td>（1）建设项目分类;
（2）项目计算期;
（3）工程经济分析在工程项目各寿命周期内的应用</td></tr>
<tr><td>2</td><td>分析建设项目总投资的构成</td><td>（1）分析建设项目总投资的构成;
（2）注意生产性建设项目与非生产性建设项目总投资构成的差异</td><td>能够准确地画出建设项目总投资的构成图</td><td>建设项目总投资的构成</td></tr>
<tr><td>3</td><td>估算项目建设投资</td><td>（1）计算建安工程费;
（2）计算设备与工器具购置费;
（3）计算工程建设其他费;
（4）计算基本预备费;
（5）计算价差预备费;
（6）汇总计算建设投资</td><td>设备与工器具购置费、建筑安装工程费用及预备费估算误差率在 ±10% 以内</td><td>（1）建设投资;
（2）预备费的计算</td></tr>
<tr><td>4</td><td>计算项目建设期贷款利息</td><td>（1）根据贷款利率、计息方式及项目建设期等因素计算项目建设期利息;
（2）注意将名义利率换算为实际利率</td><td>（1）贷款利率应为实际利率;
（2）建设期贷款利息计算正确</td><td>（1）资金时间价值;
（2）复利现值与终值;
（3）年金现值与终值;
（4）名义利率与实际利率</td></tr>
<tr><td>5</td><td>估算项目流动资金</td><td>（1）可行性研究阶段采用分项详细估算法，通常仅对存货、现金、应收账款和应付账款四项内容进行估算;
（2）大中型项目建议书阶段以及小型项目可采用扩大指标估算法</td><td>（1）根据项目类型及管理要求正确选择流动资金估算方法;
（2）项目建议书阶段估算结果误差率控制在 ±30% 以内;
（3）可行性研究阶段估算结果误差率控制在 ±10% 以内</td><td>（1）扩大指标估算法;
（2）分项详细估算法</td></tr>
<tr><td>6</td><td>计算建设项目总投资</td><td>将建设项目总投资各构成项目进行汇总计算</td><td>（1）汇总计算结果正确无误;
（2）项目建议书阶段总投资估算误差率控制在 ±30% 以内;
（3）初步可行性研究阶段误差率控制在 ±20% 以内;
（4）可行性研究阶段误差率控制在 ±10% 以内</td><td>（1）生产能力指数法;
（2）比例估算法;
（3）系数估算法;
（4）指标估算法</td></tr>
</table>

考核评价表

工作任务：估算建设项目总投资　　　　专业班级：________

考核时长：建议 2 学时　　　　学生姓名：________

考核方式	技能考核	知识测试	素养评价
自我评价			
团队互评			
教师评价			
企业评价			

评价等级：□优秀　□良好　□中等　□及格　□不及格

考核说明：（1）可从综合训练题中选题组卷测试；（2）考核方式根据实际情况选择运用；（3）建议技能考核分占比 40%，知识测试分占比 40%，素养评价分占比 20%

技能考核标准

□优秀	□良好	□中等	□及格	□不及格
能非常熟练地分析建设项目类型，非常熟悉建设项目总投资的构成，能合理确定项目计算期，估算项目建设投资、项目建设期利息、项目流动资金及建设项目总投资的准确率达到 90%	能正确分析建设项目类型，熟悉建设项目总投资的构成，能合理确定项目计算期，估算项目建设投资、项目建设期利息、项目流动资金及建设项目总投资的准确率达到 80%	能正确分析建设项目类型，熟悉建设项目总投资的构成，能合理确定项目计算期，估算项目建设投资、项目建设期利息、项目流动资金及建设项目总投资的准确率达到 70%	建设项目类型分析基本正确，比较熟悉建设项目总投资的构成，能合理确定项目计算期，估算项目建设投资、项目建设期利息、项目流动资金及建设项目总投资的准确率达到 60%	建设项目类型分析不正确，不熟悉建设项目总投资的构成，不能合理确定项目计算期，估算项目建设投资、项目建设期利息、项目流动资金及建设项目总投资的准确率小于 60%

思政提升

经济发展是国家发展的基础，是提高人民生活水平的根本手段。改革开放以来，我国经济取得了飞速的发展。经济学家认为，拉动我国经济增长的三驾马车是投资、消费和出口。GDP（国内生产总值）作为衡量一个国家或地区经济发展水平的重要指标，其增长趋势与投资基本相同。国家统计局统计数据表明，我国GDP的投资对经济增长起到了十分重要的作用。从2003—2015年，我国固定资产投资总额从5.5万亿元上升到56万亿元。2015年的固定资产投资总额是2003年的10倍，复合增长率21%。经过十多年的投资建设，传统的固定资产投资项目已基本完成，基础设施日益完善，进一步扩大投资规模的空间受到一定限制，我国将经济建设的重点转移到调整经济结构上，固定资产投资相对减少，GDP增长率也有一定幅度的下降。近几年，企业和市场信心回暖，2023年GDP增长率为5.2%，投资对经济增长的贡献率是28.9%。在全球经济复苏乏力的背景下，我国经济显示出强大的韧性和发展潜力。

近二十年我国固定资产投资与GDP增长率

思维导图

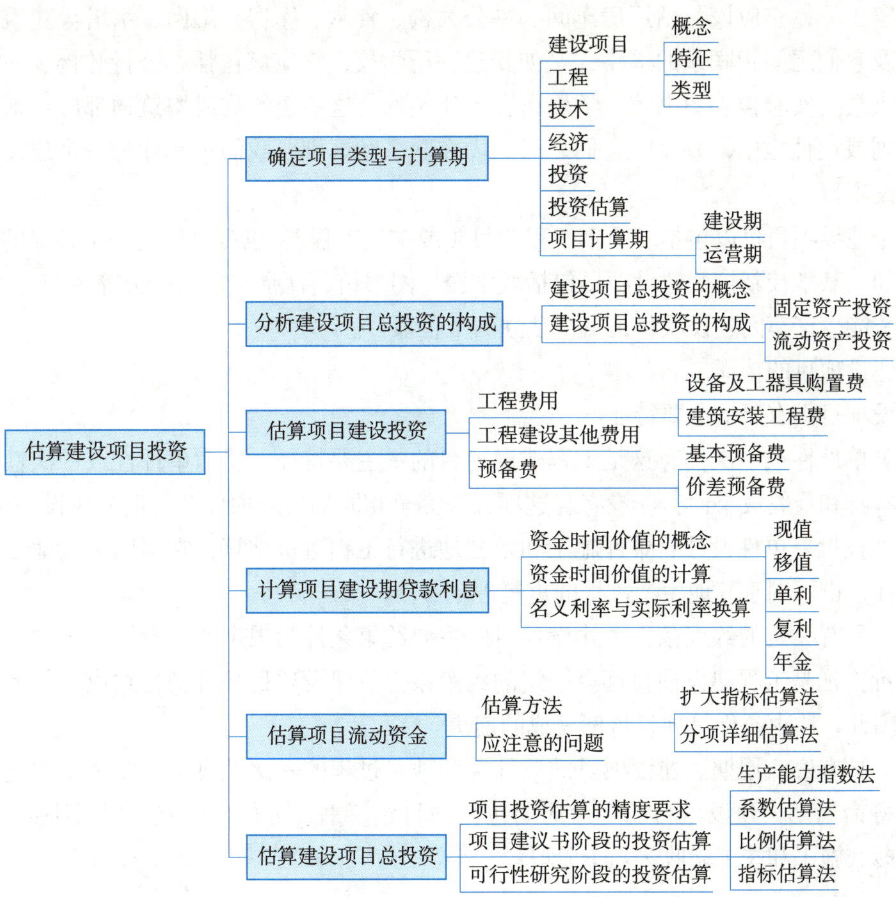

任务 1.1　确定项目类型与计算期

任务描述

确定三一公司拟新建高端铝型材加工厂项目的建设期、运营期和项目计算期。

知识准备

1.1.1　建设项目

1. 建设项目的定义

按照住房和城乡建设部《工程造价术语标准》GB/T 50875—2013 的定义，建设项目（Construction Project）是指按一个总体规划或设计进行建设的，由一个或若干个互有内在联系的单项工程组成的工程总和。

工程建设项目的总体规划或设计是对拟建工程的建设规模、主要建筑物及构筑物、交通运输路网、各种场地、绿化设施等进行合理规划与布置所作的文字说明和图纸文件。如新建一座工厂，它应该包括厂房车间、办公大楼、食堂、库房、烟囱、水塔等建筑物、构筑物以及它们之间相联系的道路；又如新建一所学校，它应该包括办公行政楼、一栋或几栋教学大楼、实验楼、图书馆、学生宿舍等建筑物。这些建筑物或构筑物都应包括在一个总体规划或设计之中，并反映它们之间的内在联系和区别，我们将其称为一个建设项目或工程建设项目。

一个建设项目可以包括若干个工程项目（或单项工程），也可以只是一个独立的工程项目。例如，某学校新校区建设项目包括教学楼、图书馆、食堂、学生宿舍等多个工程项目；某公司智能生产车间建设项目是一个独立的工程项目。

2. 建设项目的特征

建设项目具有以下主要特征：

（1）单件性或一次性。这是工程建设项目的最主要特征。所谓单件性或一次性，是指就任务本身和最终成果而言，没有与这项任务完全相同的另一项任务。例如建设一项工程，需要单件报批、单件设计、单件施工和单独地进行工程造价结算，它不同于其他工业产品的批量性，也不同于其他生产过程的重复性。

（2）具有一定的约束条件。建设项目的主要约束条件为限定的质量、限定的工期和限定的造价。凡是工程建设项目都有一定的约束条件，建设项目只有满足约束条件才能获得成功。因此，约束条件是项目目标完成的前提。

（3）具有寿命周期。建设项目的单件性和项目过程的一次性决定了每个工程建设项目都具有寿命周期。建设项目的寿命周期包括项目建议书、可行性研究、项目决策、设计、招标投标、施工和竣工验收等六个阶段。

（4）投资额巨大，建设周期长。建设项目不仅实物形体大，而且消耗资源多，造价金额高，同时工程建设周期一般较长。

3. 建设项目的类型

为了加强工程建设项目的科学管理，正确反映建设项目内容及规模，建设项目可以按照不同的划分标准进行分类。

（1）按照建设性质划分

建设项目按其建设性质不同，可分为新建项目、扩建项目、改建项目、迁建项目和恢复项目。

1）新建项目：指根据国民经济和社会发展的近远期规划，按照规定的程序立项，从无到有，新开始建设的项目。对原有的建设项目扩建，其新增加的固定资产价值超过原有全部固定资本价值三倍以上的，也属于新建项目。

2）扩建项目：指企业为扩大原有产品的生产能力和效益，或增加新产品的生产能力和效益而增建的生产车间、独立生产线；行政事业单位在原有业务系统的基础上扩大规模而增建的固定资产投资项目。

3）改建项目：指原有建设单位为了提高生产效率，改进产品质量或改进产品方向，对原有设备、工艺流程进行技术改造的项目；或为了提高综合生产能力，增加一些附属和辅助车间或非生产工程的项目，包括挖潜、节能、安全、环境保护等工程项目。

4）迁建项目：指原有企事业单位根据自身生产经营和事业发展的需要，按照国家调整生产力布局的经济发展战略需要或出于环境保护等各种原因，迁移到另外的地方建设的项目。

5）恢复项目：指原有企事业单位或行政单位，因自然灾害、战争或人为灾害等原因使原有固定资产遭受全部或部分报废，需要进行投资重建来恢复生产能力、业务工作条件和生活福利设施等的工程项目。这类工程项目，无论是按原有规模恢复建设，还是在恢复过程中同时进行扩建，都属于恢复项目。但对尚未建成投产或交付使用的工程项目受到破坏后，若仍按照原设计重建的，原建设性质不变；如果按照新设计重建，则根据新设计内容来确定其性质。

建设项目按其性质分为上述五类，一个建设项目只能有一种性质，在项目按总体设计全部建成以前，其建设性质是始终不变的。

（2）按照投资作用划分

建设项目按其投资在国民经济各部门中的作用，分为生产性工程项目和非生产性工程项目。

1）生产性工程项目：指直接用于物质资料生产或直接为物质资料生产服务的建设项目。主要包括：

①工业建设项目。包括工业、国防和能源建设项目。

②农业建设项目。包括农、林、牧、渔、水利建设项目。

③基础设施建设项目。包括交通、邮电、通信建设项目；地质普查、勘探建设项目。

④商业建设项目。包括商业、饮食、仓储、综合技术服务的建设项目。

2）非生产性工程项目：包括消费性建设项目，是指用于满足人民物质、文化和福利事业需要的建设和非物质生产部门的建设项目，主要包括：

①办公用房。包括国家各级党政机关、社会团体、企业管理机关的办公用房。

②居住建筑。包括住宅、公寓、别墅等。

③公共建筑。包括科学、教育、文化艺术、广播电视、卫生、博览、体育、社会福利事业、公共事业、咨询服务、宗教、金融、保险等建设项目。

④其他建设项目。不属于上述各类的其他非生产性项目。

（3）按照建设规模划分

为了适应建设项目分级管理的需要，国家将建设项目分为大型、中型、小型三类；更新改造项目分为限额以上和限额以下两类。按照建设规模划分的标准如下：

1）大型、中型、小型项目的划分：大型项目、中型项目和小型项目是按照项目的建设总规模或总投资额来划分的。人们习惯上将大型和中型项目合称为大中型项目。依据国家颁布的《基本建设项目大中小型划分标准》，按总投资额划分的项目，投资额在1000万元以上为大型项目；5000万元以上为特大型项目；200万元以上、1000万元以下为中型项目；200万元以下为小型项目。

新建项目按项目的全部设计规模（能力）或所需投资（总概算）来划分。新建项目的规模是指经批准的可行性研究报告中所确定的总设计能力或投资建设规模，而不是指远景规划所设想的长远发展规模。明确分期设计、分期建设的项目，应按分期规模计算。扩建项目按扩建新增的设计能力或扩建所需投资（扩建总概算）计算，不包括扩建以前原有的生产能力。

2）工业建设项目规模的划分：生产单一产品的工业项目，按产品的设计生产能力划分；生产多种产品的工业项目，按其主要产品的设计生产能力来划分；生产品种繁多，不易分清主次，难以按产品的设计生产能力划分时，可按投资总额划分。

3）特殊建设项目规模的划分：对国民经济和社会发展具有特殊意义的某些建设项目，虽然设计能力或全部投资不够大、中型项目标准，经国家批准已列入大、中型计划或国家重点建设工程的项目，也按照大、中型建设项目进行管理。

4）更新改造项目规模的划分：更新改造项目指对原有设施进行固定资产更新和技术改造相应配套的工程以及有关工作，一般以提高现有固定资产的生产效率为目的。更新改造项目一般只按投资额分为限额以上和限额以下项目，不再按生产能力或其他标准划分。

基本建设项目的大、中、小型和更新改造项目的限额的具体划分标准，根据各个时期经济发展水平和实际工作需要而有所变化。

（4）按照项目的投资效益划分

按照项目的投资效益，建设项目可划分为竞争性项目、基础性项目和公益性项目三种。

1）竞争性项目：指投资效益比较高，竞争性比较强的建设项目。这些项目进入容易、市场调节作用明显，如商务办公楼、酒店、度假村、高档公寓等项目。这种项目的投资主体一般为企业，由企业自主决策，自担投资风险。

2）基础性项目：指具有自然垄断性、建设周期长、投资额大而收益较低的基础设施或需要政府重点扶持的部分基础工业项目，以及直接增强国力的符合经济规模的支柱产业项目，如交通、能源、水利、城市公用设施等。政府应集中必要的财力和物力，通过经济实体投资建设这些建设项目，同时，还应广泛吸收企业参与投资，有时还可吸收外商直接投资。

3）公益性项目：指为社会发展服务、难以产生经济效益的建设项目，主要包括科技、文化、卫生、体育和环保等设施，公、检、法等行政机关以及政府机关、社会团体、办公设施、国防建设等项目。公益性项目的投资主要由政府用财政资金承担。

（5）按照项目的投资来源划分

按照项目的投资来源，建设项目可划分为政府投资项目和非政府投资项目两类。

1）政府投资项目：指为了适应和推动国民经济或区域经济的发展，满足社会的文化、生活需要，以及出于政治、国防等因素的考虑，由政府通过财政投资、发行国债或地方财政债券、利用外国政府赠款和国家财政担保的国内外金融组织的贷款等方式独资或合资兴建的建设项目。

按照其营利性不同，政府投资项目又可分为经营性政府投资项目和非经营性政府投资项目，经营性政府投资项目是指具有盈利性质的政府投资项目，政府投资的水利、电力、铁路等项目都属于经营性政府投资项目。经营性政府投资项目应实行项目法人责任制，由项目法人对项目进行策划、资金筹措、建设实施、生产经营、债务偿还和资产的保值增值，并对项目实行全过程负责，使项目的建设与建成后的运营实现全过程管理。

工程、技术、经济的定义

非经营性政府投资项目一般是指非盈利性的，主要追求社会效益最大化的公益性建设项目。学校、医院以及各行政、司法机关的办公楼等项目都属于非经营性政府投资项目。非经营性政府投资项目可实行“代建制”，即通过招标等方式，选择专业化的项目管理单位负责建设实施，严格控制项目投资、质量和工期，待工程竣工验收后再移交给使用单位，从而使项目的投资、建设、监管和使用实现“四分离”。

工程、技术、经济的关系

2）非政府投资项目：指企业、集体单位、外商和私人投资建设的工程项目。这类项目一般均实行项目法人责任制，使项目的建设与建成后的运营实现全过程管理。

1.1.2 投资与投资估算

1. 投资的定义

在我国投资具有双重含义，既可用来指特定的经济活动，又可用来指特种资金。广义的投资，是指一切为了获得收益或避免风险而进行的资金经营活动，如新建厂房、购置设备、购买股票、购买债券、购买保险等。广义的投资，也可指一切为了获得收益或避免风险而投入的资金。例如，投资1000万元新建厂房，投资50万元购买股票。

狭义的投资，是指为了保证项目的投产和生产经营活动的正常进行以获取未来报酬而投入资金的行为，或指投入项目的资金。

2. 投资估算的定义

投资估算（Estimate of Investment）是指以方案设计或可行性研究文件为依据，按照规定的程序、方法和依据，对拟建项目所需总投资及其构成进行的预测和估计。

投资估算是项目建设前期编制项目建议书和可行性研究报告的重要组成部分，是进行建设项目技术经济评价的基础，是项目投资决策的重要依据之一。在项目建议书、预可行性研究、可行性研究、方案设计阶段（包括概念方案设计和报批方案设计）以及项目申请报告中应编制投资估算。投资估算的准确与否不仅影响可行性研究工作的准确性和经济评价结果，而且直接关系到下一阶段的设计概算和施工图预算的编制，同时也将影响建设项目的资金筹措方案。因此，全面准确地对建设项目进行投资估算，是建设项目可行性研究乃至整个决策阶段造价管理的重要任务。

3. 项目计算期

（1）项目计算期的定义

项目计算期是指投资项目从投资建设开始到最终清理结束整个过程的全部时间。项目计算期是对项目进行经济评价应延续的年限，是财务评价的重要参数。工程经济分析涉及整个项目计算期的数据。

（2）项目计算期的确定

项目计算期包括建设期和运营期。建设期第一年年初即建设起点，建设期最后一年年末即投产日，项目计算期最后一年年末即终结点，投产日到终结点之间的时间即运营期，如图 1–1 所示。

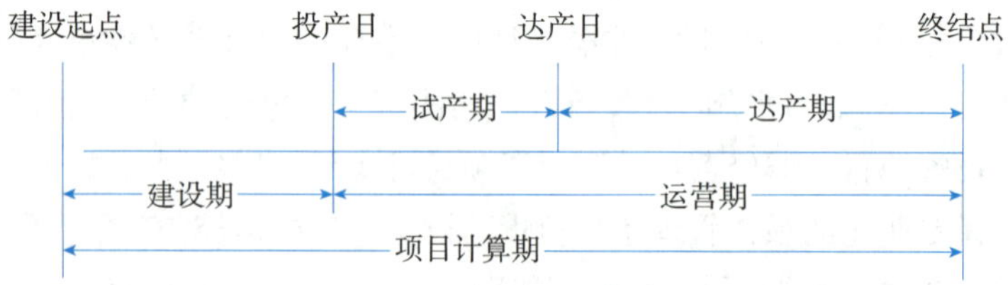

图 1–1　项目计算期构成图

1）建设期

项目的建设期是指从项目资金正式投入开始到项目建成投产为止所需要的时间。建设期的确定应综合考虑项目的建设规模、建设性质（新建、扩建和技术改造）、项目复杂程度、当地建设条件、管理水平与人员素质等因素。

2）运营期

项目的运营期是指项目正式投入运行后的时期，可分为投产期（试产期）和达产期两个阶段。项目投入生产运行后，因设备调试、生产组织、操作人员的熟练水平、市场开发等原因，往往产量不能马上达到设计产量。投产期就是指项目投入生产，但生产能力尚未完全到达设计能力时的过渡阶段，又称为试产期。达产期是指生产运营到达设计预期水平后的时间。项目运营期应根据行业特点、主要装置（或设备）的经济寿命期等多种因素综合确定。

任务实施

读者可扫描二维码查看任务 1.1 参考答案。

任务 1.1
参考答案

强化训练

【实践案例 1】泰和集团公司董事会决议，拟在小河村新建一个化肥厂，设计生产能力为年产量 10 万 t，产品市场价格约 2500 元 /t。预计此项目开建后 2 年时间建设完成，第 3 年投产，第 4 年达到设计生产能力，项目寿命期为 10 年。试分析该建设项目的类型、项目计算期、项目建设期和项目运营期。

考核评价表

工作任务：确定项目类型与计算期			专业班级：______
考核时长：建议 0.5 学时			学生姓名：______
考核方式	技能考核	知识测试	素养评价
自我评价			
团队互评			
教师评价			
企业评价			
评价等级：□优秀　□良好　□中等　□及格　□不及格			
考核说明：（1）可从综合训练题中选题组卷测试；（2）考核方式根据实际情况选择运用；（3）建议技能考核分占比 30%，知识测试分占比 50%，素养评价分占比 20%			

技能考核标准				
□优秀	□良好	□中等	□及格	□不及格
能非常熟练地分析建设项目类型，能正确分析项目建设期与运营期的影响因素，非常熟练地确定项目的建设期、运营期和项目计算期，结果准确	能正确分析建设项目类型，理解投产期和达产期，能非常熟练地确定项目的建设期、运营期和项目计算期，结果准确	能正确分析建设项目类型，能比较熟练地确定项目的建设期、运营期和项目计算期，结果准确	建设项目类型分析基本正确，能准确计算项目计算期	建设项目类型分析不正确，不能准确计算项目计算期

任务 1.2 分析建设项目总投资的构成

任务描述

根据项目典型案例 1 提供的三一公司高端铝型材加工厂建设项目资料，分析该项目建设总投资的构成。

知识准备

1.2.1 建设项目总投资的概念

建设项目总投资是指投资主体为获取预期的收益，对工程项目从筹建期开始到项目全部建成投产为止所发生的全部投资费用。

1.2.2 建设项目总投资的构成

生产性建设项目总投资包括固定资产投资和流动资产投资（铺底流动资金）两部分，如图 1–2 所示。非生产性建设项目总投资则只包括固定资产投资，不包括流动资产投资。

固定资产投资是指投资主体垫付货币或物资，以获得生产经营性或服务性固定资产的过程。固定资产投资包括改造原有固定资产以及构建新增固定资产的投资。在我国，固定资产投资可分为基本建设投资、更新改造投资、房地产开发投资和其他固定资产投资四种。其中，基本建设投资是指利用国家预算内拨款、自筹资金、国内外基本建设贷款以及其他

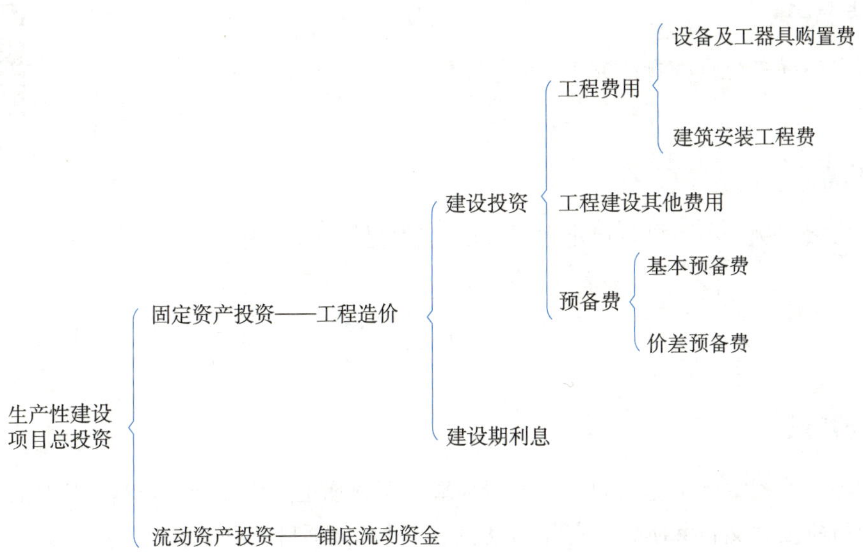

图 1–2 生产性建设项目总投资构成图

专项资金进行的，以扩大生产能力（或新增工程效益）为主要目的，进行新建、扩建等工程及有关工作而实现固定资产建造和购置投资。更新改造投资是指通过以先进科学技术改造原有技术、以实现内涵扩大再生产为主的资金投入行为。房地产开发投资是指房地产企业开发厂房、宾馆、写字楼、仓库和住宅等房屋设施和开发土地的资金投入行为。其他固定资产投资是指按规定不纳入投资计划和利用专项资金进行基本建设和更新改造的资金投入行为。

固定资产投资，相当于工程造价，是由建设投资和建设期利息组成的。其中建设投资由工程费用、工程建设其他费用和预备费构成。工程费用是指建设期内直接用于工程建造、设备购置及其安装的建设投资，可以分为建筑工程费、安装工程费和设备及工器具购置费。工程建设其他费用是指建设期发生的与土地使用取得、整个工程项目建设以及未来生产经营有关的建设投资但不包括在工程中的费用。预备费是指在建设期内为各种不可预见因素的变化而预留的可能增加的费用，包括基本预备费和价差预备费。基本预备费是指投资估算或工程概算阶段预留的，由于工程实施中不可预见的工程变更及洽商、一般自然灾害处理、地下障碍物处理、超规超限设备运输等而可能增加的费用，亦可称为工程建设不可预见费。价差预备费是指为在建设期内为利率、汇率或价格等因素的变化而预留的可能增加的费用，亦称为价格变动不可预见费。建设期利息是指在建设期内应计的利息和在建设期内为筹集项目资金发生的费用，包括各类借款利息、债券利息、贷款评估费、国外借款手续费及承诺费、汇兑损益、债券发行费用及其他债务利息支出或融资费用。

流动资产投资是指为保证项目生产和经营正常进行，按规定应列入生产性建设项目总投资的铺底流动资金，是项目运营期内长期占用并周转使用的营运资金，不包括运营中需要的临时性营运资金。铺底流动资金一般按建设项目所需流动资金的 30% 计算。

任务实施

读者可扫描二维码查看任务 1.2 参考答案。

任务 1.2
参考答案

强化训练

分析实践案例 1 小河村新建化肥厂项目建设总投资的构成。

任务 1.3　计算项目建设期利息

任务描述

根据项目典型案例 1 提供的三一公司高端铝型材加工厂建设项目资料，完成以下任务：（1）将银行贷款名义利率换算为实际利率；（2）计算该项目建设期贷款利息。

知识准备

1.3.1 资金时间价值的概念

资金时间价值是指资金在经历一段时间的投资与再投资后所增加的价值，也就是指一定量的资金在不同时点上的价值量的差额，也称为货币时间价值。

在市场经济条件下，即使不存在任何通货膨胀，现在的10000元与一年后的10000元的经济价值也是不相等的。这是因为现在的10000元可以多投资一年，一年后可变成更多的钱；而一年后的10000元，现在只需投入较少的钱就可得到。因此，现在的10000元比一年后的10000元的经济价值更大一些。比如：现在将10000元存放到银行，按照当前2%的存款利率，一年后就会有10200元，所增加的200元就是资金时间价值。再如：现在将10000元投资于一个年回报率10%的项目，一年后就会有11000元，所增加的1000元就是资金时间价值。

从现象上来看，资金时间价值表现为投资收回的资金多于投入的资金，出现了资金的“增值”。资金投入周转使用的时间越长，实现的资金增值就越多。所以，资金时间价值是资金周转使用所形成的增值额。

从本质上来看，按照马克思的劳动价值理论，一切商品的价值都是由人的劳动创造的，那么，资金时间价值产生的根源就在于：用于投资的资金通过各种渠道进入生产经营领域后，最终可以通过雇佣劳动力，创造剩余价值，实现价值的增加。

人们将资金在使用过程中产生的随时间的推移而发生价值增加的现象，称为资金具有时间价值的属性。

1.3.2 资金时间价值的计算

1. 单利终值和现值的计算

由于资金具有时间价值的属性，资金在不同时点上的价值不同，人们在进行项目投资的分析与决策时，就必须弄清楚在不同时点上收到或付出的资金价值之间的数量关系。资金时间价值的常见表现形式为利息、利润。

比如：现在将10000元存放到银行，一年后价值增加到10200元，这里增加的200元就是利息。现在将10000元投资于一个项目，一年后价值增加到11000元，这里增加的1000元是利润。现在的10000元称为现值（Present Value），一年后的10200元或11000元称为终值（Future Value）。

现值又称本金，是指未来某一时点上的一定数量现金折合为现在的价值。通常用字母P表示。

终值也称将来值，是指现在一定数量现金在未来某一时点上的价值，俗称本利和。通常用字母F表示。

终值和现值的差额就是资金时间价值，其计算涉及利息计算方式的选择。利息计算方式通常有两种：单利、复利。在单利方式下，每期都按初始本金计算利息，当期利息即使不取出也不计入下期本金，计算基础不变。例如，现值10000元，年利率2%，3年后按单利计算的终值为 10000×（1+2%×3）=10600 元。

在单利计算方式下，现值的计算与终值的计算是互逆的，它可以用倒求本金的方法来计算。由终值求现值，称之为贴现或折现。上例中，终值 10600 元折现后的价值为 10000 元，这意味着，在年利率 2%、单利计息的情况下，3 年后的 10600 元（终值）与现在的 10000 元（现值）“等值”。

折现率，也称为贴现率，是指由终值折算为现值的比率，按年计算。折现率可理解为年利率或年收益率。如上例，单利计息的情况下，3 年后终值 10600 元折算为现值 10000 元，按年计算比率为 2%，即折现率 2%。

2. 复利终值和现值的计算

在复利方式下，以当期末本利和为计息基础计算下期利息，本金能产生利息，利息在下期转为本金后，也要与原来的本金一起计息，即“利滚利”。例如，现值 10000 元，年利率 2%，3 年后按复利计算的终值为 $10000\times(1+2\%)^3$=10612.08 元。

工程经济分析中一般用复利方式计算终值和现值，因此也称之为复利终值和复利现值。

如果现在投入的一笔资金（本金）用 P_0 表示，n 期之后的本利和（即第 n 期末的终值）用 F_n 表示，每期的增值率用 i 表示，一笔资金的终值计算过程见表 1–1。

复利终值计算表　　表 1–1

时期	期初本金	期末本利和
第 1 期（n=1）	P_0	$F_1=P_0(1+i)$
第 2 期（n=2）	F_1	$F_2=F_1(1+i)=P_0(1+i)^2$
第 3 期（n=3）	F_2	$F_3=F_2(1+i)=P_0(1+i)^3$
……	……	……
第 n 期	F_{n-1}	$F_n=F_{n-1}(1+i)=P_0(1+i)^n$

因此，复利终值的计算公式为：

$$F_n=P_0(1+i)^n \tag{1–1}$$

式中　$(1+i)^n$——复利终值系数，通常用（F/P，i，n）表示。如：（F/P，5%，3）表示利率为 5% 时 3 期的复利终值系数，可以通过查阅“复利终值系数表”直接得到它的值，这在没有计算器（特别是科学计算器）的情况下是非常有用的。

因此，复利终值的计算公式也可表示为：

$$F_n=P_0\cdot(F/P,\ i,\ n)$$

“附录 1 复利终值系数表”的第一行是利率 i，第一列是计息期数 n，相应的 $(1+i)^n$ 在其纵横交叉处。比如：通过该表可查到，（F/P，5%，3）=1.1576。它表示在利率为 5% 的情况下，现在的 1 元和 3 年后的 1.1576 元在经济上是等值的。

求复利现值相当于求原始本金，它是指今后把一特定时间收到或支付的一笔款项，按照折现率所计算的现在时点价值。

显然，求复利现值正是求复利终值的逆运算：

$$P_0 = \frac{F_n}{(1+i)^n}$$

$$=F_n（1+i）^{-n}$$

式中 $（1+i）^{-n}$——复利现值系数，用（P/F，i，n）表示，它的值可以通过查阅“复利现值系数表”得到。

同理，复利现值的计算公式也可表示为：

$$F_n=P_0·（P/F，i，n）$$

3. 年金的计算

所谓年金，是指多笔定期发生的并且金额相同的收付款项，通常记作 A。例如：按月定期支付的房租，按年计提的折旧、养老金、保险金等，如果各期金额不变，就是年金。

普通年金是指从第一期起，连续若干期内每期期末等额发生的系列收付款项，也称后付年金。普通年金是各种年金中最基本的形式，在实际经济工作中被广泛使用。对于各种年金的计算，一般采用时间序列图的形式来理解。

在现实生活中，很多情况下都需要对普通年金求终值。普通年金求终值相当于零存整取的本利和，是指一定时间内每期期末收付款项的复利终值之和。

例如，某人计划 5 年内每年年底存入银行 10000 元，如果银行按复利计息，每年利率 3%，问 5 年期满该人可得多少钱？这就是一个普通年金求终值的问题。

上述例子如图 1–3 所示。

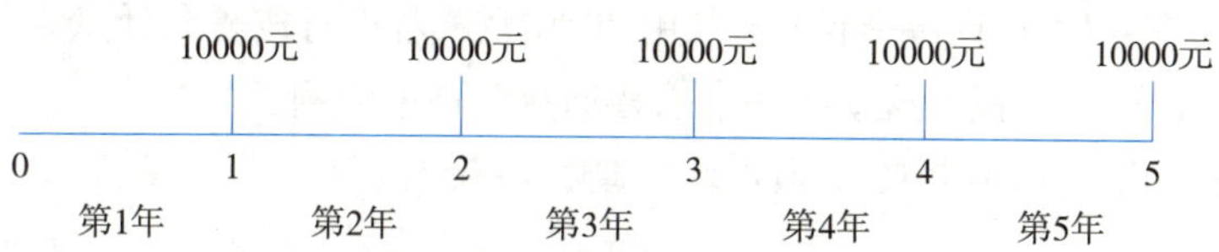

图 1–3 普通年金示意图

注：（1）图中横轴代表时间，一般用数字标出各期的顺序号，如：0 表示初始时点，1 表示第 1 年末，2 表示第 2 年末，……，5 表示第 5 年末。

（2）竖线上面的数字表示支付的金额。

求普通年金的终值，其实就是计算各期资金到最后一期期末时的终值之和。一个期数为 n、每期利率为 i、每期金额为 A 的普通年金，其终值即为各期金额 A 的第 n 期期末时的终值之和。

该人 5 年期满可得金额就是每年年末的 10000 元到第 5 年末的终值之和：

$$10000×（1+3\%）^{5-1}+10000×（1+3\%）^{5-2}+10000×（1+3\%）^{5-3}+10000×（1+3\%）^{5-4}+10000$$

一个期数为 n、每期利率为 i、每期金额为 A 的普通年金，其终值计算公式可推导为表 1–2 的形式。

普通年金终值计算过程　　表 1–2

时期	金额	到第 n 期期末还需经历的时期数	到第 n 期期末时的终值
1	A	$n-1$	$A(1+i)^{n-1}$
2	A	$n-2$	$A(1+i)^{n-2}$
……	……	……	……
$n-1$	A	$n-(n-1)=1$	$A(1+i)$
n	A	$n-n=0$	A

注：n 为期数；i 为每期利率；A 为每期金额。

用 F 表示普通年金终值，则：

$$F=A(1+i)^{n-1}+A(1+i)^{n-2}+,\cdots\cdots,\ +A(1+i)+A$$

$$=A[(1+i)^{n-1}+(1+i)^{n-2}+,\cdots\cdots,\ +(1+i)+1]$$

$$=A\cdot\frac{(1+i)^n-1}{i}$$

式中 $\frac{(1+i)^n-1}{i}$——普通年金终值系数，可表示为：$(F/A,\ i,\ n)$，它的值可以在“年金终值系数表”中查到。

因此普通年金终值的公式也可表示为：

$$F=A\cdot(F/A,\ i,\ n) \tag{1-2}$$

与普通年金终值的计算相似，普通年金现值就是各期金额的现值之和。可以这样理解，普通年金现值是指为在今后的若干期内，每期期末取得相等的金额，现在需要投入多少钱。例如，某人需要在今后 4 年中每年年末取用 4000 元，若银行按复利计息，年利率 3%，现在该一次性存入银行多少钱？这就是一个求普通年金现值的例子。

为在今后的 4 年内每年末取出 4000 元，现在该存入：

$$4000\times\frac{1}{1+3\%}+4000\times\frac{1}{(1+3\%)^2}+4000\times\frac{1}{(1+3\%)^3}+4000\times\frac{1}{(1+3\%)^4}=14868.4\text{（元）}$$

一个期数为 n、每期利率为 i、每期金额为 A 的普通年金，其现值的计算公式可推导为表 1–3 的形式。

普通年金现值计算过程　　表 1–3

时期	金额	距初始点（现在）的时期数	现值
1	A	1	$P=A\cdot\frac{1}{(1+i)}$
2	A	2	$P=A\cdot\frac{1}{(1+i)^2}$

续表

时期	金额	距初始点（现在）的时期数	现值
……	……	……	……
$n-1$	A	$n-1$	$P=A\cdot\dfrac{1}{(1+i)^{n-1}}$
n	A	n	$P=A\cdot\dfrac{1}{(1+i)^{n}}$

如果用 P 表示普通年金的现值，则：

$$P=A\cdot\frac{1}{(1+i)}+A\cdot\frac{1}{(1+i)^2}+,\cdots\cdots,\ +A\cdot\frac{1}{(1+i)^{n-1}}+A\cdot\frac{1}{(1+i)^n}$$

$$=A\left[\frac{1}{(1+i)}+\frac{1}{(1+i)^2}+,\cdots\cdots,\ +\frac{1}{(1+i)^{n-1}}+\frac{1}{(1+i)^n}\right]$$

$$=A\cdot\frac{(1+i)^n-1}{i(1+i)^n}$$

或：

$$P=A\cdot\frac{1-(1+i)^{-n}}{i}$$

式中 $\dfrac{1-(1+i)^{-n}}{i}$ ——“年金现值系数”，可表示为：$(P/A,\ i,\ n)$，其值可在“年金现值系数表”中查到。

因此，普通年金现值的计算公式也可表示为：

$$P=A\cdot(P/A,\ i,\ n) \tag{1-3}$$

1.3.3 名义利率与实际利率的换算

在计算复利终值或现值时，人们习惯以一年为一期，利率、报酬率、收益率等资金增值率指标，如果没有特别说明，都是指在一年内发生的利息、投资报酬等增值额与年初本金的比率。实际上，银行等机构在发放贷款的时候，可能在合同上规定一个年利率，但却不是一年计息一次，而是将每次计息的期间缩短，一年内多次计息，如按月计息或按季度计息，其结果是使一年实际负担的利率增加了。我们把合同上规定的年利率称为名义利率，而把在计息周期小于一年的情况下换算出来的一年实际承担的利率称为实际利率。名义利率忽略了利息的时间因素，而实际利率则是将利息的时间因素考虑进去的年利率。如年利率为 9%，每年计息一次，它既是名义利率，也是实际利率。如果每年计息次数为 12 次，则其名义利率为 9%，但实际利率需要计算。

名义利率与实际利率的换算公式为：

$$r=(1+R/m)^m-1 \tag{1-4}$$

式中 r——实际利率；

R——名义利率；

m——每年复利次数。

【示例】某企业从银行借入一笔贷款 100 万元，期限三年，合同上载明的利率为 8%，每半年计息一次。则实际利率为：

$$r=(1+R/m)^m-1=(1+\frac{8\%}{2})^2-1=8.16\%$$

任务实施

读者可扫描二维码查看任务 1.3 参考答案。

任务 1.3
参考答案

强化训练

【实践案例 2】小河村新建化肥厂项目投资计划：建设期第一年贷款 200 万元，建设期第二年贷款 100 万元。贷款年利率为 5%，按月计息。试计算该项目建设期贷款利息。

考核评价表

工作任务：计算项目建设期利息　　　　专业班级：________

考核时长：　建议1学时　　　　学生姓名：________

考核方式	技能考核	知识测试	素养评价
自我评价			
团队互评			
教师评价			
企业评价			

评价等级：□优秀　□良好　□中等　□及格　□不及格

考核说明：(1)可从综合训练题中选题组卷测试；(2)考核方式根据实际情况选择运用；(3)建议技能考核分占比50%，知识测试分占比30%，素养评价分占比20%

技能考核标准

□优秀	□良好	□中等	□及格	□不及格
能正确理解并应用资金时间价值，能正确换算名义利率与实际利率，能非常熟练地计算项目建设期贷款利息，结果完全准确	能正确理解并应用资金时间价值，能正确换算名义利率与实际利率，能熟练地计算项目建设期贷款利息，准确率达到85%	能比较熟练地换算名义利率与实际利率、计算项目建设期贷款利息，结果准确率达到75%	会换算名义利率与实际利率、计算项目建设期贷款利息，结果基本准确	不能正确换算名义利率与实际利率，不能正确地计算项目建设期贷款利息

任务 1.4　估算项目建设投资

任务描述

根据典型案例 1 提供的资料，分析三一公司拟新建高端铝型材加工厂项目建设投资的构成，并完成以下任务：（1）估算该项目的工程费用；（2）估算该项目的工程建设其他费用；（3）估算该项目的预备费；（4）汇总计算该项目的建设投资；（5）编制固定资产投资估算表。

知识准备

1.4.1　建设投资

建设投资是项目建设总投资的主要组成部分，它由工程费用、工程建设其他费用和预备费三部分组成，如图 1–4 所示。

- 建设投资
  - 工程费用
    - 设备及工器具购置费
      - 设备购置费
      - 工器具及生产家具购置费
    - 建筑安装工程费
      - 人工费
      - 材料费
      - 施工机具使用费
      - 企业管理费
      - 利润
      - 规费
      - 税金
  - 工程建设其他费用
    - 土地使用费
    - 与项目建设有关的费用
    - 与项目未来生产经营有关的费用
  - 预备费
    - 基本预备费
    - 价差预备费

图 1–4　建设投资构成图

1.4.2　工程费用

工程费用由设备及工器具购置费、建筑安装工程费两部分构成。

1. 设备及工器具购置费

设备及工器具购置费包括设备购置费和工具、器具及生产家具购置费。

（1）设备购置费

设备购置费是指为建设项目购置或自制的达到固定资产标准的各种国产或进口设备、工具、器具的购置费用。它由设备原价和设备运杂费构成。其计算公式如下：

设备购置费 = 设备原价 + 设备运杂费

上式中，设备原价指国产设备或进口设备的原价；设备运杂费是指除设备原价之外的关于设备采购、运输、途中包装及仓库保管等方面支出费用的总和。

1）国产设备原价

国产设备原价一般指的是设备制造厂的交货价或订货合同价。它一般根据生产厂或供应商的询价、报价、合同价确定，或采用一定的方法计算确定。国产设备原价分为国产标准设备原价和国产非标准设备原价。

国产标准设备原价有两种，即带有备件的原价和不带备件的原价。在计算时，一般采用带有备件的原价。国产标准设备一般有完善的设备交易市场，因此可通过查询相关交易市场价格或向设备生产厂家询价得到国产标准设备原价。

国产非标准设备是指国家尚无定型标准，各设备生产厂不可能在工艺过程中采用批量生产，只能按订货要求并根据具体的设计图纸制造的设备。非标准设备由于单件生产、无定型标准，所以无法获取市场交易价格，只能按其成本构成或相关技术参数估算其价格。国产非标准设备原价有多种不同的计算方法，如成本计算估价法、系列设备插入估价法、分部组合估价法、定额估价法等。但无论采用哪种方法都应该使非标准设备计价接近实际出厂价，并且计算方法要简便。成本计算估价法是一种比较常用的估算非标准设备原价的方法。按成本计算估价法，非标准设备的原价由以下各项费用组成：材料费、加工费、辅助材料费、专用工具费、废品损失费、外购配套件费、包装费、利润、税金、非标准设备设计费。

2）进口设备原价

进口设备原价是指进口设备的抵岸价，通常是由两个部分构成：①进口设备到岸价（*CIF*）；②进口从属费用。

进口设备到岸价，即抵达买方边境港口或边境车站的价格。在国际贸易中，交易双方所使用的交货类别不同，则交易价格的构成内容也有所差异。其计算公式为：

进口设备到岸价（*CIF*）= 离岸价格（*FOB*）+ 国际运费 + 运输保险费

= 运费在内价（*CFR*）+ 运输保险费

进口从属费用包括银行财务费、外贸手续费、进口关税、消费税、进口环节增值税等，进口车辆还需缴纳车辆购置税。

3）设备运杂费

设备运杂费通常由运费和装卸费、包装费、设备供销部门的手续费、采购与仓库保管费构成。设备运杂费按设备原价乘以设备运杂费率计算，其公式为：

设备运杂费 = 设备原价 × 设备运杂费率（%）

其中，设备运杂费率按各部门及省、市有关规定计取。

（2）工器具及生产家具购置费

工器具及生产家具购置费，是指新建或扩建项目初步设计规定的，保证初期正常生产必须购置的没有达到固定资产标准的设备、仪器、工卡模具、器具、生产家具和备品备件等的购置费用。该项费用一般以设备购置费为计算基数，按照部门或行业规定的工具、器具及生产家具费率计算。其计算公式为：

工器具及生产家具购置费 = 设备购置费 × 定额费率

2. 建筑安装工程费

建筑安装工程费是指建筑物、构筑物及与其配套的线路、管道等的建造、装饰费用。它主要包括以下四个方面的费用：（1）各类房屋建筑工程和列入房屋建筑工程预算的供水、供暖、卫生、通风、燃气等设备费用及其装饰、油饰工程的费用，列入建筑工程预算的各种管道、电力、电信和敷设工程的费用。（2）设备基础、支柱、工作台、烟囱、水塔、水池、灰塔等建筑工程，以及各种炉窑的砌筑工程和金属结构工程的费用。（3）为施工而进行的场地平整，工程和水文地质勘察，原有建筑物和障碍物的拆除，以及施工临时用水、电、气、路和完工后的场地清理、环境绿化、美化等工作的费用。（4）矿井开凿、井巷延伸、露天矿剥离，石油、天然气钻井，修建铁路、公路、桥梁、水库、堤坝、灌渠及防洪等工程的费用。

安装工程费用是指设备、工艺设施及其附属物的组合、装配、调试等费用。它主要包括两个方面的费用：（1）生产、动力、起重、运输、传动和医疗、实验等各种需要安装的机械设备的装配费用，与设备相连的工作台、梯子、栏杆等装设工程费用，附属于被安装设备的管线敷设工程费用，以及被安装设备的绝缘、防腐、保温、油漆等工作的材料费和安装费。（2）为测定安装工程质量，对单台设备进行单机试运转、对系统设备进行系统联动无负荷试运转工作的调试费。

我国现行建筑安装工程费用项目按费用构成要素组成划分为：人工费、材料费（包含设备购置及工器具费，下同）、施工机具使用费、企业管理费、利润、规费和税金（图 1–5）。

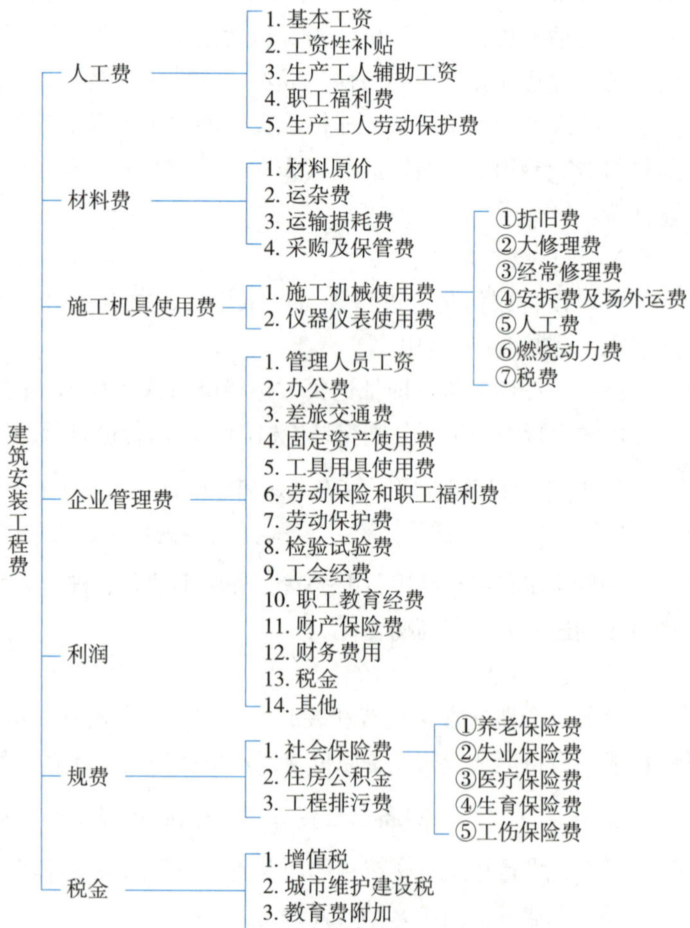

图 1–5　建筑安装工程费用构成图

1.4.3 工程建设其他费用

工程建设其他费用是指从工程筹建起到工程竣工验收交付使用止的整个建设期间，除建筑安装工程费用、设备及工器具购置费用以外的，为保证工程建设顺利完成和交付使用后能够正常发挥效用而发生的各项费用。

工程建设其他费用详解

工程建设其他费用可分为三类：第一类是土地使用费，包括土地征用及迁移补偿费和土地使用权出让金；第二类是与项目建设有关的费用，包括建设管理费、技术服务费、工程保险费、场地准备费和临时设施费、市政公用配套设施费、引进技术和引进设备其他费用、相关税金等；第三类是与项目未来生产经营有关的费用，即建设期计列的生产经营费，是指为达到生产经营条件在建设期发生或将要发生的费用，包括专利及专有技术使用费、联合试运转费、生产准备费、办公和生活家具购置费等。

1.4.4 预备费

预备费是指在建设期内因各种不可预见因素的变化而预留的可能增加的费用，包括基本预备费和价差预备费。

1. 基本预备费

基本预备费是指投资估算或工程概算阶段预留的，由于工程实施中不可预见的工程变更及洽商、一般自然灾害处理、地下障碍物处理、超规超限设备运输等可能增加的费用，亦可称为工程建设不可预见费。基本预备费一般由以下四部分构成：

（1）工程变更及洽商。在批准的初步设计范围内，技术设计、施工图设计及施工过程中所增加的工程费用；设计变更、工程变更、材料代用、局部地基处理等增加的费用。

（2）一般自然灾害处理。一般自然灾害造成的损失和预防自然灾害所采取的措施费用。实行工程保险的工程项目，该费用应适当降低。

（3）不可预见的地下障碍物处理的费用。

（4）超规超限设备运输增加的费用。

基本预备费是按工程费用与工程建设其他费用之和为计取基础，乘以基本预备费率进行计算，计算公式为：

基本预备费 =（工程费用 + 工程建设其他费用）× 基本预备费率

基本预备费率的取值应执行国家及有关部门的规定。

2. 价差预备费

价差预备费是指为在建设期内利率、汇率或价格等因素的变化而预留的可能增加的费用，亦称为价格变动不可预见费。价差预备费的内容包括：人工、设备、材料、施工机具的价差费，建筑安装工程费及工程建设其他费用调整，利率、汇率调整等增加的费用。

价差预备费一般根据国家规定的投资综合价格指数，按估算年份价格水平的投资额为基数，采用复利方法计算。计算公式为：

$$PF=\sum_{t=1}^{n} I_t\left[(1+f)^m(1+f)^{0.5}(1+f)^{t-1}-1\right] \tag{1-5}$$

式中 PF——价差预备费；

n——建设期年份数；

I_t——建设期中第 t 年的静态投资计划额，包括工程费用、工程建设其他费用及基本预备费；

f——年涨价率（政府部门有规定的按规定执行，没有规定的由可行性研究人员预测）；

m——建设前期年限（从编制估算到开工建设，单位：年）。

1.4.5 固定资产投资估算表

为了方便后续工程经济分析，需要将工程建设项目预计固定资产投资情况进行整理，并编制固定资产投资估算表。固定资产投资估算表反映建设项目预计投资使用情况，包括工程费用、工程建设其他费用、预备费、建设期贷款利息和固定资产投资总额五部分，其一般格式见表 1–4。

固定资产投资估算表（单位：万元） 表 1–4

序号	费用名称	建设期第 1 年	建设期第 2 年	……	建设期第 n 年	合计
1	工程费用					
1.1	建筑工程费					
1.2	设备购置费					
1.3	安装工程费					
1.4	其他费用					
2	工程建设其他费用					
3	预备费					
3.1	基本预备费					
3.2	价差预备费					
4	建设期贷款利息					
5	固定资产投资总额					

任务实施

依据典型案例 1 有关三一公司拟新建高端铝型材加工厂项目资料，分别计算该项目的工程费用、工程建设其他费用、预备费，然后汇总计算该项目的建设投资，编制固定资产投资估算表。

1. 计算工程费用

（1）设备及工器具购置费

1）进口设备购置费

进口设备离岸价格 FOB=100×6.5=650（万元）

国际运费 =300×10×6.5=19500（元）

海运保险费 =[（650+1.95）÷（1−2‰）]×2‰=1.31（万元）

到岸价格 *CIF*=650+1.95+1.31=653.26（万元）

银行财务费 =650×5‰=3.25（万元）

外贸手续费 =653.26×1.5%=9.80（万元）

关税 =653.26×20% =130.65（万元）

增值税 =（653.26+130.65）×13% =101.91（万元）

进口从属费 =3.25+9.80+130.65+101.91=245.61（万元）

进口设备原价 =653.26+245.61=898.87（万元）

进口设备运杂费 =（400×1+10×80）÷10000+653.26×1‰+653.26×2‰=2.08（万元）

2）国产设备购置费

国产设备 =1200（万元）

国产设备设备运杂费 = 设备原价 × 设备运杂费率 =1200×3‰=3.6（万元）

3）设备购置费

设备购置费 =898.87+2.08+1200+3.6=2104.55（万元）

4）工具、器具及生产家具购置费

工具、器具及生产家具购置费 = 设备购置费 × 定额费率

=2104.55×4‰=8.42（万元）

5）设备及工器具购置费 =3）+4）=2104.55+8.42=2112.97（万元）

（2）建筑安装工程费 =4105+120=4225（万元）

（3）工程费用 =2112.97+4225=6337.97（万元）

2. 计算工程建设其他费用

工程建设其他费用 =1654 万元

3. 计算预备费

（1）基本预备费

基本预备费 =（工程费用 + 工程建设其他费用）× 基本预备费率

=（6337.97+1654）×5%=399.60（万元）

（2）价差预备费

静态投资 =6337.97+1654+399.60 =8391.57 万元

根据项目案例资料，第 1 年完成投资 30%，第 2 年完成投资 30%，第 3 年完成投资 40%，可得：

建设期第 1 年完成投资 =8391.57×30% =2517.47（万元）

第 1 年价差预备费 =2517.47×[（1+4.8%）$^{0.5}$−1]=59.71（万元）

第 2 年完成投资 = 8391.57×30%=2517.47（万元）

第 2 年价差预备费 = 2517.47×[（1+4.8%）$^{0.5}$（1+4.8%）−1] =183.42（万元）

第 3 年完成投资 =8391.57×40%=3356.63（万元）

第 3 年价差预备费 =3356.63×[（1+4.8%）$^{0.5}$（1+4.8%）^{2}−1]=417.41（万元）

建设期价差预备费 =59.71+183.42+417.41=660.54（万元）

（3）预备费

预备费 = 基本预备费 + 价差预备费 =399.60+660.54=1060.14（万元）

4. 计算建设投资

建设投资 = 工程费用 + 工程建设其他费用 + 预备费

=6337.97+1654+1060.14=9052.11（万元）

5. 编制固定资产投资估算表

将以上计算数据进行整理，编制固定资产投资估算表，详见表 1–5。

固定资产投资估算表（单位：万元） 表 1–5

序号	费用名称	建设期第 1 年	建设期第 2 年	建设期第 3 年	合计
1	工程费用	1901.39	1901.39	2535.19	6337.97
1.1	建筑工程费	1231.50	1231.50	1642.00	4105.00
1.2	设备购置费	633.89	633.89	845.19	2112.97
1.3	安装工程费	36.00	36.00	48.00	120.00
1.4	其他费用	—	—	—	—
2	工程建设其他费用	496.20	496.20	661.60	1654.00
3	预备费	179.59	303.3	577.25	1060.14
3.1	基本预备费	119.88	119.88	159.84	399.60
3.2	价差预备费	59.71	183.42	417.41	660.54
4	建设期贷款利息	71.9	256.82	526.94	855.66
5	固定资产投资总额	2649.08	2957.71	4300.98	9907.77

注：表中建设期贷款利息沿用任务 1.3 的计算数据。

考核评价表

工作任务：估算项目建设投资 专业班级：________

考核时长：建议1学时 学生姓名：________

考核方式	技能考核	知识测试	素养评价
自我评价			
团队互评			
教师评价			
企业评价			

评价等级：□优秀 □良好 □中等 □及格 □不及格

考核说明：（1）可从综合训练题中选题组卷测试；（2）考核方式根据实际情况选择运用；（3）建议技能考核分占比50%，知识测试分占比30%，素养评价分占比20%

技能考核标准

□优秀	□良好	□中等	□及格	□不及格
能非常熟练地分析项目建设投资的构成；正确估算工程费用、工程建设其他费用、工程预备费；汇总计算项目建设投资，编制固定资产投资估算表，准确率95%以上	能非常熟练地分析项目建设投资的构成；正确估算工程费用、工程建设其他费用、工程预备费；汇总计算项目建设投资，编制固定资产投资估算表，准确率85%以上	能比较熟练地分析项目建设投资的构成；正确估算工程费用、工程建设其他费用、工程预备费；汇总计算项目建设投资，编制固定资产投资估算表，准确率75%以上	能正确分析项目建设投资的构成；正确估算工程费用、工程建设其他费用、工程预备费；汇总计算项目建设投资，编制固定资产投资估算表，准确率60%以上	不能正确分析项目建设投资的构成；不能正确估算工程费用、工程建设其他费用、工程预备费；汇总计算项目建设投资，编制固定资产投资估算表，准确率60%以下

任务 1.5 估算项目流动资金

任务描述

根据典型案例 1 提供的资料，三一公司拟新建高端铝型材加工厂项目预计年产 5 万 t，投产当年达产 70%，运营期所生产铝型材市场价格约 3.2 万元 /t，根据类似项目生产运营情况，预计生产成本资料如下：原材料 1.71 万元 /t，燃料和动力费 0.23 万元 /t，生产人员工资及福利费 0.145 万元 /t，制造费用 0.042 万元 /t（不包括固定资产折旧费）。预计年固定成本为 3500 万元，年其他费用 400 万元，单位产量占用流动资金约为 0.32 万元 /t，产成品平均周转天数 30 天，材料平均周转天数 10 天，现金平均周转天数 34 天，应收账款平均周转天数 60 天，应付账款平均周转天数 65 天。

要求：选择合适的方法估算三一公司拟新建高端铝型材加工厂项目所需流动资金。

知识准备

1.5.1 估算项目流动资金的方法

流动资金是指生产经营性项目投产后，为进行正常生产运营，用于购买原材料、燃料，支付工资及其他经营费用等所需的周转资金。流动资金估算的方法有扩大指标估算法和分项详细估算法两种。

1. 扩大指标估算法

扩大指标估算法是一种简化的流动资金估算方法，根据销售收入、经营成本、总成本费用等与流动资金的关系和比例估算流动资金。流动资金的粗略估算通常采用扩大指标估算法。一般可参照同类企业流动资金占销售收入、经营成本的比例，或者单位产品产量占用流动资金的数额估算，其计算公式为：

$$年流动资金额 = 年费用基数 \times 各类流动资金率$$

$$年流动资金额 = 年产量 \times 单位产品产量占用流动资金额$$

实践中，扩大指标法估算流动资金的具体做法有：

（1）按经营成本的一定比例估算。例如我国一些矿山估算流动资金按经营成本的 25% 计算。

（2）按固定资产投资的一定比例估算。例如国外有的化工企业流动资金是按固定资产投资的 15%~20% 估算的。

（3）按年收入的一定比例估算。

（4）按每百万元产值占用的流动资金估算。

扩大指标估算法简便易行，但准确度不高，一般适用于项目建议书阶段的流动资金估算以及小型项目的流动资金估算。

2. 分项详细估算法

分项详细估算法是根据周转额与周转速度之间的关系，对构成流动资金的各项流动资产和流动负债分别进行估算的方法。项目可行性研究阶段流动资金估算应采用分项详细估算法。为简化计算，仅对存货、现金、应收账款和应付账款四项内容进行估算，简化计算基本公式如下：

流动资金 = 流动资产 − 流动负债

流动资产 = 应收账款 + 存货 + 现金

流动负债 = 应付账款

流动资金本年增加额 = 本年流动资金 − 上年流动资金

采用分项详细估算法估算流动资金的具体步骤：首先计算存货、现金、应收账款和应付账款的年周转次数，然后再分项估算占用资金额。

（1）计算周转次数。计算公式为：

周转次数 =360 ／流动资金最低周转天数

存货、现金、应收账款和应付账款的最低周转天数，参照类似企业的平均周转天数并结合项目特点确定，或按部门（行业）规定计算。

（2）应收账款估算。应收账款是指企业已对外销售商品、提供劳务尚未收回的资金，一般只计算应收销售款。计算公式为：

应收账款 = 年经营成本 / 应收账款周转次数

经营成本是在一定期间（通常为一年）内由于生产和销售产品及提供劳务而实际发生的现金支出。它不包括虽计入产品成本费用中，但实际没发生现金支出的费用项目。其计算公式为：

年经营成本 = 总成本费用 − 折旧费 − 维简费 − 摊销费 − 财务费用

其中，维简费是指矿山项目等维持简单再生产所发生的费用，该部分资金相当于折旧。摊销费是指无形资产和递延资产的摊销费。

（3）存货估算。存货是指企业为销售或耗用而储备的各种货物，主要有原材料、辅助材料、燃料、低值易耗品、修理用备件、包装物、在产品、自制半成品和产成品等。为简化计算，仅考虑外购原材料、外购燃料及其他材料、在产品和产成品，并分项进行计算。计算公式为：

存货 = 外购原材料、燃料 + 其他材料 + 在产品 + 产成品

外购原材料、燃料 = 年外购原材料、燃料费用 / 按种类分项周转次数

外购其他材料 = 年其他材料费用 / 其他材料周转次数

在产品 =（年外购原材料、燃料动力费用 + 年工资及福利费 + 年修理费 + 年其他制造费用）/ 在产品周转次数

产成品 =（年经营成本 − 年其他营业费用）／产成品周转次数

（4）现金估算。项目流动资金中的现金是指货币资金，即企业生产运营活动中停留于货币形态的那一部分资金，包括企业库存现金和银行存款。计算公式为：

现金 =（年工资及福利费 + 年其他费用）/ 现金周转次数

年其他费用 = 制造费用 + 管理费用 + 营业费用 − 以上三项费用中所含的工资及福利费、折旧费、摊销费、修理费

（5）流动负债估算。流动负债是指在一年或超过一年的一个营业周期内，需要偿还的各种债务。一般流动负债的估算只考虑应付账款一项。计算公式为：

应付账款 = 外购原材料、燃料动力及其他材料年费用 / 应付账款周转次数

为简化计算，可规定在投产的第一年开始按生产负荷安排流动资金需用量。其借款部分按全年计算利息，流动资金利息应计入生产期间财务费用，项目计算期末收回全部流动资金（不含利息）。

1.5.2 估算流动资金应注意的问题

（1）在采用分项详细估算法时，应根据项目实际情况分别确定现金、应收账款、存货和应付账款的最低周转天数，并考虑一定的保险系数。

（2）在采用分项详细估算法时，在不同生产负荷下的流动资金，应按不同生产负荷所需的各项费用金额，分别按照上述计算公式进行估算，而不能直接按照 100% 生产负荷下的流动资金乘以生产负荷百分比求得。

（3）流动资金属于长期性（永久性）流动资产，流动资金的筹措可通过长期负债和自有资本金的方式解决。

（4）对铺底流动资金有要求的建设项目（生产经营性建设项目），应按国家或行业的有关规定计算铺底流动资金（一般按项目所需流动资金的 30% 计算）。非生产经营性建设项目不列铺底流动资金。

任务实施

任务分析：根据典型案例 1 提供的三一公司拟新建高端铝型材加工厂项目资料，该项目所需流动资金估算，在项目建议书阶段可采用扩大指标估算法，项目可行性研究阶段可采用分项详细估算法。

任务 1.5
参考答案

强化训练

【实践案例 3】某化工公司拟新建化工厂项目，预计年产量 2 万 t，投产当年设计产能达 80%，运营期所生产产品市场价格约 4 万元 /t，根据类似项目生产运营情况，预计生产成本 3.1 万元 /t，预计年固定成本为 3700 万元，年其他费用 350 万元，单位产量占用流动资金约为 1.8 万元 /t，产成品平均周转天数 35 天，现金平均周转天数 20 天，应收账款平均周转天数 50 天，应付账款平均周转天数 52 天。要求：选择合适的方法估算项目所需流动资金。

考核评价表

工作任务：估算项目流动资金　　　　专业班级：________

考核时长：建议 1 学时　　　　学生姓名：________

考核方式	技能考核	知识测试	素养评价
自我评价			
团队互评			
教师评价			
企业评价			

评价等级：□优秀　□良好　□中等　□及格　□不及格

考核说明：（1）可从综合训练题中选题组卷测试；（2）考核方式根据实际情况选择运用；（3）建议技能考核分占比 50%，知识测试分占比 30%，素养评价分占比 20%

技能考核标准

□优秀	□良好	□中等	□及格	□不及格
能够非常熟练地将扩大指标估算法和分项详细估算法正确应用于项目建议书阶段和项目可行性研究阶段流动资金估算，准确率 95% 以上	能够熟练地将扩大指标估算法和分项详细估算法正确应用于项目建议书阶段和项目可行性研究阶段流动资金估算，准确率 80% 以上	能够将扩大指标估算法和分项详细估算法正确应用于项目建议书阶段和项目可行性研究阶段流动资金估算，准确率 70% 以上	能够将扩大指标估算法和分项详细估算法正确应用于项目建议书阶段和项目可行性研究阶段流动资金估算，准确率 60% 以上	不能正确应用扩大指标估算法和分项详细估算法进行项目流动资金估算，准确率 60% 以下

任务 1.6 估算建设项目总投资

任务描述

（1）湘能电力公司拟建一个装机容量为 5000kW 的电站。经市场调查，现有某装机容量为 2500kW 的电站，投资总额为 2980.36 万元。生产能力指数为 0.7，综合调整系数为 1。要求估算该电站工程的投资额。

（2）根据典型案例 1 提供的三一公司拟建高端铝型材加工厂项目相关资料，估算项目建议书阶段建设总投资；估算项目可行性研究阶段建设总投资。

知识准备

1.6.1 项目投资估算的精度要求

项目投资估算的方法很多，应根据项目的具体特点、当时掌握的资料和研究深度，力求准确。一般要求项目建议书阶段总投资估算误差率应控制在 ±30% 以内；初步可行性研究阶段投资估算误差率应控制在 ±20% 以内；可行性研究阶段投资估算误差率应控制在 ±10% 以内。

1.6.2 项目建议书阶段的投资估算

项目建议书阶段建设项目投资估算，要结合拟建项目所处行业的特点，按照拟建项目采用的设计方案及总图布置，参考拟建项目所在地的投资估算基础资料和数据，采用生产能力指数法、系数估算法、比例估算法、指标估算法编制。

1. 生产能力指数法

生产能力指数法是指根据已建成的、性质类似的工程项目的实际投资额和生产能力，按拟建工程项目的生产能力推算出拟建工程项目投资的方法。其计算公式为：

$$C_2=C_1\left(A_2/A_1\right)^n \cdot f \tag{1-6}$$

式中 C_2——拟建工程的投资额；

C_1——已建成的类似工程的投资额；

A_2——拟建工程的生产能力；

A_1——已建成的类似工程的生产能力；

n——生产能力指数；

f——综合调整系数。

正常情况下，生产能力指数取值范围为 $0 \leqslant n \leqslant 1$。实践中，不同行业的建设项目性质、工艺流程、建设水平及生产率水平不同，生产能力指数取值不同，详见表 1-6。

生产能力指数取值 表 1–6

规模比值	项目特征	生产能力指数
0.5~2	拟建项目和已建类似项目规模相差不大	1
2~50	拟建项目生产规模的扩大仅靠增大设备规模来达到	0.6~0.7
	拟建项目生产规模的扩大靠增加相同规格设备的数量达到	0.8~0.9

生产能力指数法操作简单，只需知道工艺流程及规模就可以应用。在总承包工程报价时，承包商大多采用这种方法估价，其误差可以控制在 ±20% 以内。

2. 系数估算法

系数估算法也称为设备系数法，是以拟建项目的设备费为基数，根据已建成的同类项目的建筑工程、安装工程及其他工程费用占设备购置费的百分比，推算出整个项目的投资费用。其计算公式为：

$$C=E(1+f_1P_1+f_2P_2+f_3P_3+\cdots\cdots)+I \tag{1-7}$$

式中 C——拟建项目的投资额；

E——拟建项目的设备费；

f_1、f_2、f_3——综合调整系数；

P_1、P_2、P_3——已建成的同类项目的建安工程费及其他工程费占设备购置费的比重；

I——拟建项目的其他费用。

3. 比例估算法

比例估算法是将项目的固定资产投资分为设备投资、建筑物与构筑物投资、其他投资三部分，先估算出设备的投资额，然后再按一定比例估算出建筑物与构筑物的投资及其他投资，最后将三部分投资汇总计算得出固定资产投资。

4. 指标估算法

指标估算法是指根据编制的各种具体的投资估算指标，进行单位工程投资的估算。投资估算指标的表示形式较多，如以元 /m、元 /m^2、元 /m^3、元 /kVA 表示。根据这些投资估算指标，乘以所需要的面积、体积、容量等，就可以求出相应的土建工程、给水排水工程、照明工程等各单位工程的投资。在此基础上，可汇总成某一单项工程的投资。最后，再估算工程建设其他费用及设备费，即求得所需的投资。

对于房屋、构筑物等投资的估算，经常采用指标估算法，以元 /m^2 或元 /m^3 表示。在实际工作中，要根据国家有关规定，投资主管部门或地区颁布的估算指标，结合工程的具体情况编制。若套用的指标与具体工程之间的标准或条件有差异时，应加以必要的换算或调整；使用的指标单位应密切结合每个单位工程的特点，能正确反映其设计参数，切勿盲目地单纯套用一种单位指标。

（1）单位面积综合指标估算法

在单项工程的投资估算中，投资包括土建、给水排水、采暖、通风、空调、电气、动力管道等所需费用。其计算公式如下：

$$单项工程投资额 = 建筑面积 \times 单位面积造价 \times 价格浮动指数 \pm 结构和建筑标准部分的价差 \quad (1\text{–}8)$$

（2）单元指标估算法

单元指标是拟建项目每个估算单位的投资额。例如，水泥厂每吨水泥投资指标、宾馆单位客房投资指标、医院每个床位投资指标等。该方法在实际工作中经常使用。工业建设项目的计算公式如下：

$$项目投资额 = 单元指标 \times 生产能力 \times 物价浮动指数 \quad (1\text{–}9)$$

民用建设项目计算公式为：

$$项目投资额 = 单元指标 \times 民用建筑功能 \times 物价浮动指数 \quad (1\text{–}10)$$

建设项目投资估算无论采用何种方法，其投资估算费用内容和构成均应符合《建设项目投资估算编审规程》CECA/GC 1—2015 第 4 章的要求，应充分考虑拟建项目设计的技术参数和投资估算所采用的估算系数及估算指标；应将所采用的估算系数和估算指标价格水平调整到项目建设所在地及项目建设期的实际水平，同时应对拟建项目的建设条件，如抗震设防等级、建设用地费、厂外交通、供水、供电等，以及所采用的估算系数和估算指标中未包括的费用内容进行修正。

项目建议书阶段的投资估算可采用生产能力指数法、系数估算法、比例估算法和指标估算法等，一般要求编制总投资估算表。总投资估算表中工程费用的内容应分解到主要单项工程；工程建设其他费用可在总投资估算表中分项计算。

1.6.3 可行性研究阶段的投资估算

可行性研究阶段建设项目投资估算原则上应采用指标估算法。对于对投资有重大影响的主体工程应估算出分部分项工程量，参考相关综合定额（概算指标）或概算定额编制主要单项工程的投资估算。对于子项单一的大型民用公共建筑，主要单项工程估算应细化到单位工程估算书。

在一般的设计条件下，可行性研究投资估算深度内容上应达到《建设项目投资估算编审规程》CECA/GC 1—2015 的要求，满足项目的可行性研究报告编制、经济评价和投资决策的需要，并满足国家和地方相关部门的管理要求。

项目申请报告、预可行性研究阶段、方案设计阶段建设项目投资估算视设计深度，可参照可行性研究阶段的编制办法进行。

任务实施

（1）用生产能力估算法估算湘能电力公司电站工程的投资额：

拟建电站的投资额 $=2980.36\times(5000\div2500)^{0.7}\times1=4841.61$（万元）

（2）根据三一公司拟建高端铝型材加工厂项目前述任务 1.1~ 任务 1.5 计算分析的数据，汇总计算项目建设总投资。

1）项目建议书阶段：

建设总投资 = 设备及工器具购置费 + 建筑安装工程费 + 工程建设其他费用 + 基本预备费 + 价差预备费 + 建设期贷款利息 + 流动资金

=2112.97+4225+1654+399.60+660.54+855.66+3360=13267.77（万元）

2）项目可行性研究阶段：

建设总投资估算 =2112.97+4225+1654+399.60+660.54+855.66+2984.24=12892.01（万元）

项目总结

建设项目投资伴随着资源的消耗，而资源具有稀缺性与多用途。最大限度地发挥资源的作用，提高社会资源利用效率，是建设项目投资必须考虑的问题。建设项目投资估算是项目投资决策分析的重要工作，具体操作步骤：确定项目的计算期→分析建设项目总投资的构成→估算设备与工器具购置费→估算建筑安装工程费用→估算工程建设其他费→估算基本预备费→估算价差预备费→估算项目建设投资→估算项目建设期贷款利息→估算项目流动资金→估算项目建设总投资。投资估算的方法很多，应根据项目的具体特点、当时掌握的资料和研究深度，力求准确。项目建设期利息的估算主要是资金时间价值的计算，应注意将名义利率换算为实际利率。建设投资主要估算设备与工器具购置费、建筑安装工程费、工程建设其他费用和预备费。流动资金估算的方法有扩大指标估算法和分项详细估算法两种。在项目建议书阶段，投资估算要结合拟建项目所处行业的特点，按照拟建项目采用的设计方案及总图布置，参考拟建项目所在地的投资估算基础资料和数据，采用生产能力指数法、系数估算法、比例估算法、指标估算法编制。对于房屋、构筑物等投资的估算，通常采用指标估算法。可行性研究阶段建设项目投资估算原则上应采用指标估算法。对于对投资有重大影响的主体工程应估算出分部分项工程量，参考相关综合定额（概算指标）或概算定额编制主要单项工程的投资估算。对于子项单一的大型民用公共建筑，主要单项工程估算应细化到单位工程估算书。

职业技能综合训练

一、单项选择题

1. 建设工程经济研究中“经济”是指（　　）。

A. 社会经济制度　　B. 社会再生产过程

C. 节约或节省　　D. 资源的节约和有效利用

2. 铺底流动资金一般按建设项目所需流动资金的（　　）计算。

A. 10%　　B. 20%　　C. 30%　　D. 50%

3. 以下（　　）不属于工程项目建设总投资的资金来源。

A. 借入资金　　B. 投资者投入资金　　C. 出口退税　　D. 接受捐赠

4. 工程项目建设总投资不包括（　　）。

A. 固定资产投资　　B. 无形资产投资　　C. 流动资产投资　　D. 销售费用

5. 工程项目建设总投资不会形成（　　）。

A. 固定资产　　B. 无形资产　　C. 流动资产　　D. 递延资产

6. 价差预备费的计算基数是（　　）。

A. 静态投资　　B. 动态投资

C. 建设投资　　D. 设备与工器具购置费

7. 下列说法正确的是（　　）。

A. 资金等值是指资金具有相同的金额

B. 不同时点上数量不同的资金，价值不可能相同

C. 不同时点上数量相等的资金，价值可能不同

D. 资金的价值不会随着时间的变化而变化

8. 某建设项目贷款合同上写明年利率为8%，半年计息一次，下列说法正确的是（　　）。

A. 实际利率为8%　　B. 名义利率为8%

C. 实际利率为4%　　D. 名义利率为4%

9. 某企业向银行借贷一笔资金，按月计息，月利率为1.2%，则名义利率和实际利率分别为（　　）。

A. 13.53% 和 14.40%　　B. 13.53% 和 15.39%

C. 14.40% 和 15.39%　　D. 14.40% 和 15.62%

10. 下面对于各复利系数之间的关系表述错误的是（　　）。

A. $(P/F,i,n)=\dfrac{1}{(F/P,\ i,\ n)}$　　B. $(P/A,i,n)=\dfrac{1}{(A/P,\ i,\ n)}$

C. $(F/P,i,n)(P/A,i,n)=(F/A,i,n)$　　D. $(F/A,i,n)(F/P,i,n)=(A/P,i,n)$

11. 某人年初存入银行1000元，假设银行按每年10%的复利计息，每年末取出200元，则最后一次能够足额提款的时间是第（　　）。

A. 5年末　　B. 7年末　　C. 8年末　　D. 9年末

12. 如果（P/A，5%，5）=4.3297，则（A/P，5%，5）的值为（　　）。

A. 0.2310　　B. 0.7835　　C. 1.2763　　D. 4.3297

13. 某建设项目形成的固定资产在10年后的余值为800万元，年利率为9%，按复利计算，其贴现后的现值是（　　）万元。

A. 337.93　　B. 357.24　　C. 374.56　　D. 421.05

14. 以下费用不属于拟建工程项目的固定资产投资即工程造价组成内容的是（　　）。

A. 建安工程费用　　B. 设备与工器具购置费

C. 流动资金　　D. 建设期利息

15. 根据项目运营期销售收入、经营成本、总成本费用等与流动资金的关系和比例估算流动资金的方法是（　　）。

A. 扩大指标估算法　　B. 分项详细估算法

C. 比例估算法　　D. 生产能力指标估算法

二、多项选择题

1. 按照项目的投资效益，建设项目可划分为（　　）。

A. 盈利性项目　　B. 竞争性项目

C. 公益性项目　　D. 基础性项目

2. 建设项目按其建设性质不同，可分为（　　）。

A. 新建项目　　B. 扩建项目

C. 改建和迁建项目　　D. 恢复项目

3. 在我国，固定资产投资可分为（　　）。

A. 基本建设投资　　B. 更新改造投资

C. 房地产开发投资　　D. 其他固定资产投资

4. 以下属于固定资产的是（　　）。

A. 钢筋　　B. 工程车　　C. 施工机械　　D. 机器设备

5. 以下应计入建安工程费用的有（　　）。

A. 人工费和材料费　　B. 利润、规费和税金

C. 施工机具使用费　　D. 施工单位组织施工生产和管理所发生的费用

6. 工程建设其他费用包括（　　）。

A. 土地使用费　　B. 勘察设计费

C. 建设单位管理费　　D. 生产准备费和试运转费

7. 建设项目静态投资包括（　　）。

A. 工程费用　　B. 工程建设其他费用

C. 预备费　　D. 建设期利息

8. 建筑安装工程费用中的税金是指国家税法规定的应计入建筑安装工程造价内的（　　）。

A. 增值税　　B. 城市维护建设税　　C. 教育费附加　　D. 地方教育附加

9. 下列资金具有时间价值的有（　　）。

A. 闲置于保险柜的资金　　B. 投入股市的资金

C. 投入项目的资金　　D. 存入银行的资金

10. 影响资金时间价值大小的因素主要包括（　　）。

A. 计息方式　　B. 期限　　C. 资金额　　D. 利率

11. 下列选项中，（　　）可以视为年金的形式。

A. 年终奖　　B. 租金　　C. 利滚利　　D. 保险费

12. 一般来说，在以下情况下应编制建设项目投资估算的是（　　）阶段。

A. 项目建议书　　B. 可行性研究　　C. 方案设计　　D. 项目申请报告

三、判断题

1. 建设项目总投资是指工程项目从筹建期开始到项目全部建成投产为止所发生的全部投资费用，不包括贷款利息。（　　）

2. 如果一项工程能以较少的投入取得较好的产出，那它一定采用了最先进的技术。（　　）

3. 对原有的建设项目扩建，其新增加的固定资产价值超过原有全部固定资产价值 3 倍以上的，也属于新建项目。（　　）

4. 某拟建项目预计 3 年建成，生产经营期为 20 年，则该项目计算期为 20 年。（　　）

5. “投资”具有双重含义，既可用来指为了保证项目的投产和生产经营活动的正常进行以获取未来报酬而投入资金的行为，又可用来指投入项目的资金。（　　）

6. 在复利计息、年利率为 5% 的情况下，3 年后的 11576 元与现在的 10000 元等值。（　　）

7. 复利现值与复利终值互为逆运算关系。（　　）

8. 贷款合同上写明年利率为 8%，按季度计息，则实际利率为 8%。（　　）

9. 普通年金求终值相当于零存整取的本利和，是指一定时间内每期期末收付款项的复利终值之和。（　　）

10. 流动资金估算的方法有扩大指标估算法和分项详细估算法两种，项目可行性研究阶段应采用扩大指标估算法。（　　）

四、案例分析

1. 某拟建工程项目有关资料如下：

（1）项目工程费用由以下内容构成：①主要生产项目 1800 万元，其中：建筑工程费 400 万元，设备购置费 1250 万元，安装工程费 150 万元。②辅助生产项目 300 万元，其中：建筑工程费 150 万元，设备购置费 110 万元，安装工程费 40 万元。③公用工程 150 万元，其中：建筑工程费 100 万元，设备购置费 40 万元，安装工程费 10 万元。

（2）项目建设前年限为 1 年，项目建设期第 1 年完成投资 40%，第 2 年完成投资 60%。工程建设其他费用 250 万元。基本预备费率为 10%，年均投资价格上涨率为 6%。

（3）项目建设期 2 年，运营期 8 年。建设期贷款 1200 万元，贷款年利率为 6%。在建设期第 1 年投入 40%，第 2 年投入 60%。贷款在运营期前 4 年按照等额还本、利息照付的方式偿还。

问题：

1）列式计算项目的基本预备费和涨价预备费。

2）列式计算项目的建设期贷款利息，并完成建设项目固定资产投资估算表（表 1–7）。

3）计算项目各年还本付息额，并将数据填入项目借款还本付息计划表（表 1–8）。

建设项目固定资产投资估算表（单位：万元） 表 1–7

序号	费用名称	建筑工程费	设备购置费	安装工程费	其他费用	合计
1	工程费用					
1.1	主要生产项目					
1.2	辅助生产项目					
1.3	公用工程					
2	工程建设其他费用					
3	预备费					
3.1	基本预备费					
3.2	价差预备费					
4	建设期贷款利息					
5	固定资产投资总额					

项目借款还本付息计划表（单位：万元） 表 1–8

序号	项目名称	建设期		运营期					
		1	2	3	4	5	6	7	8
1	期初借款余额								
2	本期新增借款								
3	本期应计利息								
4	本期应还本金								
5	本期还本付息额								

2. 某公司拟建一年产 20 万 t 铸钢厂工业项目，根据调查统计资料，当地已建年产 25 万 t 铸钢厂的主厂房设备投资约 3000 万元。拟建项目的生产能力指数为 1。已建类似项目资料：主厂房其他各专业工程投资占工艺设备投资的比例见表 1–9，项目其他各系统工程及工程建设其他费用占主厂房投资的比例见表 1–10。

主厂房其他各专业工程投资占工艺设备投资的比例表　　表 1–9

加热炉	汽化冷却	余热锅炉	自动化仪表	起重设备	供电与传动	建安工程
0.12	0.01	0.04	0.02	0.09	0.18	0.40

项目其他各系统工程及工程建设其他费用占主厂房投资的比例表　　表 1–10

动力系统	机修系统	总图运输系统	行政及生活福利设施工程	工程建设其他费用
0.3	0.12	0.20	0.30	0.20

该项目建设资金来源为自有资金和贷款，贷款本金为 8000 万元，分年度按投资比例发放，贷款利率为 8%（按年计息）。建设期为 3 年，第 1 年投入 30%，第 2 年投入 50%，第 3 年投入 20%。预计建设期物价年平均上涨率为 3%，投资估算到开工的时间按一年考虑，基本预备费率为 10%。

问题：

（1）已知拟建项目与类似项目的综合调整系数为 1.25，请用生产能力指数法估算该项目主厂房的工艺设备投资；用系数估算法估算该项目主厂房投资和项目的工程费用与工程建设其他费用。

（2）估算该项目的建设投资，将数据填入表 1–11 中。

建设项目固定资产投资估算表（单位：万元）　　表 1–11

序号	费用名称	建筑工程费	设备购置费	安装工程费	其他费用	合计
1	工程费用					
1.1	主要生产项目					
1.2	辅助生产项目					
1.3	公用工程					
2	工程建设其他费用					
3	预备费					
3.1	基本预备费					
3.2	价差预备费					
4	建设期贷款利息					
5	固定资产投资总额					

知识拓展

请读者积极检索相关资料，了解工程经济学相关知识。有兴趣的读者可以扫描二维码学习。

工程经济学

项目 2　项目财务评价与方案比选

项目描述

根据典型案例 2 提供的三一公司高端铝型材加工厂建设项目资料，完成以下 5 项任务：（1）编制项目借款还本付息计划表；（2）估算项目的现金流量；（3）计算分析静态评价指标；（4）计算分析动态评价指标；（5）完成项目投资方案的比选。

【典型案例 2】三一公司高端铝型材加工厂建设项目

三一公司根据公司战略发展规划，拟投资新建一个高端铝型材加工厂。公司项目部作了充分的市场调研，向公司经理提交了如下两个备选方案。

1. 方案一相关资料

项目基本情况：计划用 3 年时间建设完成，项目建成后年产量 5 万 t。第 1 年完成投资 30%，第 2 年完成投资 30%，第 3 年完成投资 40%。预计第 4 年项目投产，投产当年的生产负荷达到设计生产能力的 70%，第 5 年达到设计生产能力。项目投产后可运营 20 年。

项目资金贷款计划：建设期第 1 年贷款 2000 万元；建设期第 2 年贷款 3000 万元；建设期第 3 年贷款 4000 万元。贷款年利率为 7%，贷款期限为 8 年，按季度计息，项目运营期按等额本金还款方式偿还借款。

建设期投资情况：预计固定资产投资总额 9907.77 万元（表 2–1），其中工程费用 6337.97 万元，工程建设其他费用 1654 万元，基本预备费 399.6 万元，价差预备费第 1~3 年分别为 59.71 万元、183.42 万元、417.41 万元，建设期借款利息 855.66 万元。建设期末预计铺底流动资金 3360 万元。

项目运营期生产运营情况：项目所生产的铝型材产品市场价格约 2.5 万元 /t。预计生产成本资料如下：原材料 1.71 万元 /t，燃料和动力费 0.23 万元 /t，生产人员工资及福利费 0.145 万元 /t，制造费用 0.042 万元 /t（不包括固定资产折旧费），年固定成本为 9780 万元，年其他费用 400 万元，单位产量占用流动资金 0.32 万元 /t。项目终结时固定资产残值率约 2%。

固定资产投资估算表（单位：万元） 表 2–1

序号	费用名称	建设期第 1 年	建设期第 2 年	建设期第 3 年	合计
1	工程费用	1901.39	1901.39	2535.19	6337.97
1.1	建筑工程费	1231.50	1231.50	1642.00	4105.00
1.2	设备购置费	633.89	633.89	845.19	2112.97
1.3	安装工程费	36.00	36.00	48.00	120.00
1.4	其他费用	—	—	—	—
2	工程建设其他费用	496.20	496.20	661.60	1654.00
3	预备费	179.59	303.3	577.25	1060.14
3.1	基本预备费	119.88	119.88	159.84	399.60
3.2	价差预备费	59.71	183.42	417.41	660.54
4	建设期借款利息	71.9	256.82	526.94	855.66
5	固定资产投资总额	2649.08	2957.71	4300.98	9907.77

2. 方案二相关资料

项目基本情况：计划用 2 年时间建设完成，建成后年产量 1 万 t。第一年完成投资 60%，第二年完成投资 40%。预计第三年项目投产，投产当年的生产负荷达到设计生产能力的 75%，第四年达到设计生产能力。

项目资金贷款计划：建设期第一年贷款 800 万元；建设期第二年贷款 1200 万元。贷款年利率为 7%，贷款期限为 7 年，按季度计息，项目运营期按等额本金还款方式偿还借款。

建设期投资情况：项目预计建筑工程费用 1530 万元，设备购置费 500 万元，安装工程费用 40 万元，工程建设其他费用预计 410 万元，预备费 209.6 万元，建设期末预计铺底流动资金 240 万元。

项目运营期生产运营情况：同方案一，年固定成本为 2250 万元，年其他费用 100 万元。项目终结时固定资产残值率约 2%。

学习目标

知识目标

（1）了解现金流量的概念；

（2）熟悉建设项目经济效果评价的指标体系；

（3）理解建设项目静态评价指标与动态评价指标的含义；

（4）掌握各项财务指标的计算方法及评价标准；

（5）熟悉项目投资方案的分类；

（6）掌握项目投资方案比选的方法。

技能目标

（1）能够编制借款还本付息计划表；

（2）能够绘制现金流量图；

（3）能够编制现金流量表；

（4）能够准确地计算投资利润率、投资利税率、资本金利润率、静态投资回收期、动态投资回收期、净现值、净现值率、内部收益率、净年值等财务指标并利用计算结果对项目进行财务评价；

（5）能够正确地比较项目投资方案并选出最优方案。

素养目标

（1）具有认真、细致、严谨、求实的工作态度；

（2）具有责任意识和资源节约、高效利用意识；

（3）增强社会主义市场经济理论自信和行为自觉；

（4）养成沟通与协作的职业习惯；

（5）具有自主学习、终身学习、不断提升自我的积极人生态度。

项目指导书

<table>
<tr><td colspan="2">工作任务</td><td colspan="4">财务评价与方案比选</td></tr>
<tr><td colspan="2">建议工具</td><td colspan="2">电脑或移动设备（如智能手机、PAD 等）、《建设项目经济评价方法与参数（第三版）》或更新版本</td><td>建议学时</td><td>12</td></tr>
<tr><td colspan="6">【任务描述】根据典型案例 2 提供的三一公司高端铝型材加工厂建设项目资料，完成以下 5 项任务：(1) 编制项目借款还本付息计划表；(2) 估算项目的现金流量；(3) 计算分析静态评价指标；(4) 计算分析动态评价指标；(5) 完成项目投资方案的比选</td></tr>
<tr><td colspan="2">任务实施步骤</td><td>操作方法与说明</td><td>质量要求</td><td colspan="2">配套学习资源</td></tr>
<tr><td>1</td><td>编制还本付息计划表</td><td>依据借款计划，分年度计算借款利息及应偿还的本金</td><td>准确换算名义利率与实际利率，利息计算准确，还本付息计划合理</td><td colspan="2">还本付息计划表</td></tr>
<tr><td>2</td><td>估算现金流量</td><td>利用项目总投资估算数据，分析项目计算期各年的现金流入量与现金流出量，并计算净现金流量</td><td>要求分年确定项目计算期现金流入量、现金流出量、净现金流量的详细数据</td><td colspan="2">(1) 现金流量的概念；
(2) 现金流量图绘制；
(3) 现金流量表编制</td></tr>
<tr><td>3</td><td>计算分析静态评价指标</td><td>分析各项静态评价指标；分别计算各项指标，根据计算结果对照评价标准进行项目评价。注意不同行业财务评价标准的差异</td><td>应有静态投资回收期、投资利润率等主要静态评价指标的计算分析结果</td><td colspan="2">(1) 经济效果评价方法；
(2) 经济效果评价指标；
(3) 投资利润率计算分析；
(4) 投资利税率计算分析；
(5) 资本金利润率计算分析；
(6) 静态投资回收期计算分析</td></tr>
<tr><td>4</td><td>计算分析动态评价指标</td><td>分析各项动态评价指标；分别计算各项指标，根据计算结果对照评价标准进行项目评价。注意不同行业财务评价标准的差异</td><td>应有动态投资回收期、净现值、内部收益率等主要动态评价指标的计算分析结果</td><td colspan="2">(1) 动态投资回收期计算分析；
(2) 净现值计算分析；
(3) 净现值率计算分析；
(4) 内部收益率计算分析</td></tr>
<tr><td>5</td><td>比选项目投资方案</td><td>根据静态评价指标和动态评价指标计算分析结果，比较各投资方案并选出最优方案。注意不同类型投资方案的比较方法选择以及各项评价指标信息冲突时的综合评价</td><td>比较方法选择正确，各项评价指标计算准确，评价标准运用正确，结论正确</td><td colspan="2">项目投资方案的分类</td></tr>
</table>

考核评价表

工作任务：项目财务评价与方案比选　　　　专业班级：________

考核时长：建议2学时　　　　学生姓名：________

考核方式	技能考核	知识测试	素养评价
自我评价			
团队互评			
教师评价			
企业评价			

评价等级：□优秀　□良好　□中等　□及格　□不及格

考核说明：（1）可从综合训练题中选题组卷测试；（2）考核方式根据实际情况选择运用；（3）建议技能考核分占比50%，知识测试分占比30%，素养评价分占比20%

技能考核标准

□优秀	□良好	□中等	□及格	□不及格
熟练编制还本付息计划表；非常熟悉建设项目财务评价指标体系，能正确估算项目现金流量，准确计算分析各项财务评价指标，比选投资方案，准确率达到90%	熟练编制还本付息计划表；熟悉建设项目财务评价指标体系，能正确估算项目现金流量，准确计算分析各项财务评价指标，比选投资方案，准确率达到80%	熟练编制还本付息计划表；熟悉建设项目财务评价指标体系，能正确估算项目现金流量，准确计算分析各项财务评价指标，比选投资方案，准确率达到70%	能够编制还本付息计划表；比较熟悉建设项目财务评价指标体系，能正确估算项目现金流量，计算分析各项财务评价指标，比选投资方案，准确率达到60%	不能准确编制还本付息计划表；不熟悉建设项目财务评价指标体系，估算项目现金流量、计算分析各项财务评价指标、比选投资方案的准确率小于60%

思政提升

近几年，我国的社会经济发展条件进一步改善，发展环境进一步优化，发展势头进一步趋好，国民经济保持稳定快速发展，呈现出增长速度较快、经济效益较好的态势。但是，我国经济社会发展中仍存在经济结构不太合理、经济增长方式粗放、经济增长质量不高等问题，经济结构调整和增长方式转变的任务还很艰巨，我们要充分认识到发展中出现的新情况、新问题，要重视经济与环境、资源的关系，不能把“快”和“速度”视作经济效果，不能片面地认为“企业利润就是经济效果”“速度快或者钱赚得多就是经济效果好”，要从追求经济高速增长转变为高质量发展。要理解资金时间价值的背景、前提和实现条件，增强热爱劳动、投身劳动的主动性和能动性。深刻理解“发挥市场配置资源的作用，推进政府治理体系和治理能力现代化改革”的重要意义。在工程建设中，既要关注项目消耗的社会资源，又要关注项目占用的社会资源，要有社会责任意识和资源节约高效利用意识；充分认识经济效益水平提高和经济发展质量提高的重要性，增强社会主义市场经济理论自信和行为自觉。

思维导图

任务 2.1　编制还本付息计划表

任务描述

根据典型案例 2 提供的三一公司高端铝型材加工厂建设项目两个备选投资方案的相关资料，完成以下任务：（1）根据方案一相关资料编制项目借款还本付息计划表；（2）根据方案二相关资料编制项目借款还本付息计划表。

知识准备

2.1.1　建设项目资金来源

建设项目的资金来源通常分为项目资本金和项目贷款资金两个部分。项目资本金是指在建设项目总投资中，由投资者认缴的出资额。这部分资金属于非债务性资金，不需要承担任何利息，投资者可按投资比例依法享有项目相应权益，但不得以任何方式抽回资金。项目贷款资金属于债务性资金，一般需要承担利息，并且在贷款到期时需要归还贷款本金。

2.1.2　还本付息计划表的格式

项目建设期借款利息是项目建设投资的构成部分，是项目财务评价时需要考虑的重要因素。编制项目借款还本付息表的目的是计算项目计算期应偿还的借款本金和利息，以便于后续估算项目的现金流量。

项目借款还本付息表的主要内容包括项目新增借款金额、应计利息、应还本金、应还本付息额，其中借款金额又分为期初借款金额、本期新增借款金额和期末借款余额，其一般格式见表 2-2。假设项目建设期 3 年，运营期 20 年。

说明：这里的借款即贷款。

项目借款还本付息计划表（单位：万元）　　表 2-2

序号	项目名称	建设期			运营期				
		1	2	3	4	5	6	……	23
1	期初借款金额								
2	本期新增借款								
3	本期应计利息								
4	本期应还本金								
5	本期还本付息额								
6	期末借款余额								

2.1.3 还本付息计划表的编制方法

项目最初的期初借款金额为0，从第二年起每年的期初借款金额为前一年的期末借款余额。

本期借款金额是本期投资金额和本期项目资本金之间的差额。具体公式为：

本期借款金额 = 本期投资金额 – 本期项目资本金

= 本期投资金额 ×（1– 项目资本金比例）

本金及利息的计算和偿还方式有关，常见的还款方式有等额本息、等额本金、自由还款三种。

1. 等额本息还款方式

等额本息还款方式下，每期偿还的本金和利息总和相同。可采用年金公式计算出每期应偿还的本息之和，然后计算出本期利息，用本息之和减去利息即本期应偿还的本金。

2. 等额本金还款方式

等额本金还款方式下，每期偿还的本金相同。以借款金额除以期数的方式计算每期还本金额，然后再计算每期利息，两者相加计算出本息之和。

3. 自由还款方式

自由还款也称为最大能力还款方式，一般根据项目公司每年可支配的现金流作为还本付息的上限。

在实践操作中，银行对还本付息的要求一般是1年至少偿还2次，每次偿还金额为100万元的整数倍。

期末借款余额，根据期初借款金额、本期借款金额和偿还的本金计算得出。如果还本付息表最后一年的期末借款余额计算结果为0，说明本表编制正确，全部的借款已偿还完毕。

任务实施

根据典型案例2提供的三一公司高端铝型材加工厂建设项目两个备选投资方案的相关资料，编制借款还本付息计划表。

任务2.1
参考答案

强化训练

【实践案例1】某工程项目期初投资1500万元，其中1200万元构成固定资产，固定资产的折旧年限为10年，按平均年限法折旧，不考虑残值，其余300万元为流动资金投资。年销售收入为1000万元，年经营成本为500万元，计算期为10年，基准收益率为10%，所得税税率为25%。项目资金来源包括自有资金500万元，银行贷款1000万元，贷款年利率7%，采用等额本金还款方式，按年付息。要求编制借款还本付息计划表。

考核评价表

工作任务：编制还本付息计划表 专业班级：________

考核时长：建议 0.5 学时 学生姓名：________

考核方式	技能考核	知识测试	素养评价
自我评价			
团队互评			
教师评价			
企业评价			

评价等级：□优秀 □良好 □中等 □及格 □不及格

考核说明：（1）可从综合训练题中选题组卷测试；（2）考核方式根据实际情况选择运用；（3）建议技能考核分占比 50%，知识测试分占比 30%，素养评价分占比 20%

技能考核标准

□优秀	□良好	□中等	□及格	□不及格
掌握等额本息还款方式、等额本金还款方式、自由还款方式等常见还款方式本息的计算方法，熟练编制还本付息计划表，准确率达到 90%	掌握等额本息还款方式、等额本金还款方式、自由还款方式等常见还款方式本息的计算方法，会编制还本付息计划表，准确率达到 80%	掌握等额本息还款方式、等额本金还款方式、自由还款方式等常见还款方式本息的计算方法，会编制还本付息计划表，准确率达到 70%	基本掌握等额本息还款方式、等额本金还款方式、自由还款方式等常见还款方式本息的计算方法，会编制还本付息计划表，准确率达到 60%	没有掌握等额本息还款方式、等额本金还款方式、自由还款方式等常见还款方式本息的计算方法，不会编制还本付息计划表，准确率小于 60%

任务 2.2　估算现金流量

任务描述

根据典型案例 2 提供的三一公司高端铝型材加工厂建设项目两个备选方案的相关资料，分别完成以下任务：(1) 估算现金流入量、现金流出量和净现金流量；(2) 绘制现金流量图；(3) 编制现金流量表。

知识准备

2.2.1　现金流量的概念

在进行工程经济分析时，可把所考察的对象视为一个系统，这个系统可以是一个建设项目、一个企业，也可以是一个地区、一个国家。而投入的资金、花费的成本、获取的收益，均可看成是以资金形式体现的该系统的资金流出或资金流入，这种在考察对象整个计算期内各时点 t 上实际发生的资金流出或资金流入称为现金流量（Cash Flow），用符号 CF 表示。这里的现金是广义的现金，它不仅包括货币资金，还包括非货币资金（如产品、材料、设备等）的变现价值。

从投资主体流向系统的资金称为现金流出（Cash Output），用符号 CO 表示。如固定资产投资、流动资产投资、税金及附加、经营成本等。

从系统流向投资主体的资金称为现金流入（Cash Input），用符号 CI 表示。如销售收入、项目结束后回收的固定资产残值和流动资金等。

同一时间点的现金流入与现金流出之差称为净现金流量（Net Cash Flow），用符号 NCF 表示，其计算式为：

$$NCF_t = (CI - CO)_t$$

2.2.2　建设项目现金流量的构成

项目现金流量一般分为三个部分：(1) 项目建设期现金流量；(2) 项目经营期现金流量；(3) 项目寿命期末现金流量。

1. 项目建设期现金流量

项目建设期一般没有现金流入量，现金流出量主要涉及建设、购买资产和使项目正常运行所必须的直接现金的流出，包括设备购置、建筑安装支出、铺底流动资金等非费用性支出。铺底流动资金主要是项目投产前后对原材料、在产品、产成品、存货和货币资金等流动资产的垫支。

另外，建设期现金流量还可能包括机会成本。所谓机会成本，是指在面临多方案择一决策时，被舍弃的选项中的最高价值。例如，企业有 1000 万元资金拟用于投资，如果用来建设 A 项目，则不能投入其他项目，那么放弃其他项目投资可能带来的收益就是机会成本。

2. 项目经营期现金流量

项目经营期现金流量主要包括新项目实施所带来的税后增量现金流入和流出。行政管理人员及辅助生产部门等费用支出，如果不受新项目实施的影响，可不计入项目现金流出量；若有关，则必须计入项目经营期的现金流出量。项目以债务方式融资带来的利息支付和本金偿还以及以股权方式融资带来的现金股利支付等均不计算项目经营期现金流出量，因为折现率中已经包含了该项目的筹资成本。

3. 项目寿命期末现金流量

项目寿命期末现金流量主要是与项目终止有关的现金流量，如设备变现税后净现金流入、收回营运资本现金流入等。另外，可能还会涉及弃置义务等现金流出。

2.2.3　建设项目现金流量的估算方法

在估算建设项目现金流量时，投资方案所需的固定资产投资、铺底流动资金以及该方案每年能产生的现金净流量，会涉及很多变量，需要企业有关部门的参与。诸如，销售部门负责预测售价和销量，涉及产品价格弹性、广告效果、竞争者动向等；产品开发和技术部门负责估算投资方案的净经营性长期资产总投资，涉及研制费用、设备购置、厂房建筑等；生产和成本部负责估算制造成本，涉及原材料采购价格、生产工艺安排、产品成本等。财务部门要为销售、生产等部门的预测建立共同的基本假设条件，如物价水平、折现率、可供资源的限制条件等；协调参与预测工作的各部门人员，使之能相互衔接与配合；防止预测者因个人偏好或部门利益而高估或低估收入和成本。

在确定与投资方案相关的现金流量时，应遵循的最基本的原则是：只有增量现金流量才是与项目相关的现金流量。所谓增量现金流量，是指接受或拒绝某个投资方案后，企业总现金流量因此发生的变动。只有那些由于采纳某个项目引起的现金支出增加额，才是该项目的现金流出；只有那些由于采纳某个项目引起的现金流入增加额，才是该项目的现金流入。

为了正确计算项目投资方案的增量现金流量，需要考虑现金流量的影响因素，正确判断哪些支出会引起企业总现金流量的变动，哪些支出不会引起企业总现金流量的变动。在进行这种判断时，需注意以下四个问题：

1. 区分相关成本和非相关成本

相关成本是指与特定决策有关的、在分析评价时必须加以考虑的成本。例如，变动成本、边际成本、机会成本、重置成本、付现成本、专属成本、差量成本等都属于相关成本。与之相反，与特定决策无关的、在分析评价时不必加以考虑的成本是非相关成本。例如，沉没成本、可避免成本、可延缓成本、共同成本等通常属于非相关成本。

例如，某公司在 2020 年曾打算新建一个车间，并请一家咨询公司作过可行性分析，支付了咨询费 5 万元。后来由于公司有了更好的投资机会，该项目被搁置下来，该笔咨询费作为费用已经入账了。2022 年该项目又被提上议事日程。在进行投资分析时，这笔咨询费是否仍是相关成本呢？答案是否定的。该笔费用已经发生，不管公司是否采纳新建一个车间的方案，它都已无法收回，与公司未来的总现金流量无关，属于沉没成本。

项目投资决策时，必须准确区分相关成本和非相关成本。如果将非相关成本纳入投资方案的总成本，则一个有利的方案可能因此变得不利，一个较好的方案可能变为较差的方案，从而造成决策错误。

2. 考虑机会成本

在项目投资方案的选择中，如果选择了一个投资方案，则必须放弃投资于其他项目的机会。其他投资机会可能取得的收益是实行本方案的一种代价，被称为这项投资方案的机会成本。

例如，三一公司新建高端铝型材加工厂项目的投资方案，需要用到公司拥有的一块土地。在进行投资分析时，因为公司不必动用资金去购置土地，可否不考虑此土地的成本呢？答案是否定的。因为公司若不利用这块土地来做铝型材加工厂项目，则可将这块土地移作他用，并取得一定的收入。只是由于在这块土地上兴建铝型材加工厂才放弃了这笔收入，而这笔收入代表兴建铝型材加工厂使用土地的机会成本。假设这块土地出售可净得500 万元，它就是兴建铝型材加工厂的一项机会成本。值得注意的是，不管该公司当初是以 10 万元还是 200 万元购进这块土地，都应以现行市价作为这块土地的机会成本。

机会成本不是我们通常意义上的“成本”，它不是一种支出或费用，而是失去的收益。这种收益不是实际发生的，而是潜在的。机会成本总是针对具体方案的，离开被放弃的方案就无从计量确定。

3. 考虑投资方案对公司其他项目的影响

当采纳一个新的项目后，该项目可能对公司的其他项目造成有利或不利的影响。例如，若新建项目生产的产品上市后，原有其他产品的销路可能减少，而且整个公司的销售额也许不会增加甚至减少。因此，公司在进行投资分析时，不应简单地将新项目的销售收入作为增量收入来处理，而应扣除其他项目因此而减少的销售收入。当然，也有可能发生相反的情况，新产品上市后将促进其他项目的销售增长。这要看新项目和原有项目是竞争关系还是互补关系。在实践中，诸如此类的交互影响，事实上很难准确地计量，但决策者在进行项目投资分析时仍要予以考虑。

4. 考虑投资方案对项目营运资金的影响

在进行项目投资决策分析时，通常假定铺底营运资金在项目结束时全部收回。在一般情况下，当公司开办一项新业务并使销售额扩大后，一方面，对于存货和应收账款等经营性流动资产的需求往往会增加，公司必须筹措新的资金以满足这种额外需求；另一方面，应付账款等经营性流动负债也会同时增加，从而降低公司营运资金的需要。这些因素都对现金流量产生影响，在决策分析时应予以考虑。

2.2.4 现金流量图的绘制

1. 现金流量图的概念

现金流量图是一种反映经济系统资金运动状态的图式，即把经济系统的现金流量绘入时间坐标图中，时间可以是以年、半年、季度或月为单位，表示出各现金流入、流出与相应时间的对应关系，如图 2–1 所示。运用现金流量图，就可全面、形象、直观地表达经济系统的资金运动状态。

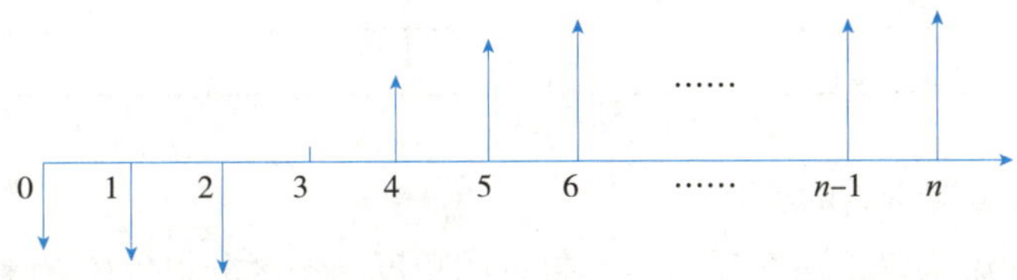

图 2–1　现金流量示意图

2. 现金流量图的绘制

正确绘制现金流量图，必须把握好现金流量的三要素，即：现金流量的大小（资金数额）、方向（资金流入或流出）和作用点（资金发生的时间点）。

现以图 2–1 说明现金流量图的作图方法和规则。

（1）以横轴为时间轴，向右延伸表示时间的延续，轴上的每一刻度表示一个时间单位，两个刻度之间的时间长度称为计息周期。横坐标轴上“0”点，通常表示当前时点，也可以表示资金运动的时间始点或某一基准时刻。时点“1”表示第 1 个计息周期的期末，同时又是第 2 个计息周期的开始，以此类推。

（2）如果现金流出或流入不是发生在计息周期的期初或期末，而是发生在计息周期的期间，为了简化起见，公认的习惯方法是将其代数和均称为是在计算周期末发生，称为期末惯例法。

（3）为了与期末惯例法保持一致，在把资金的流动情况绘制成现金流量图时，都把初始投资 P 作为上一周期期末，即第 0 期期末发生的，这就是在有关计算中出现第 0 周期的由来。

（4）相对于时间坐标的垂直箭线代表不同时点的现金流量。垂直箭线的箭头，通常向上者表示正现金流量，向下者表示负现金流量。

需要说明的是，一笔现金流量没有说明具体发生在期初还是期末时，在工程经济分析中通常将投资建设期的投资标在期初，生产运营期的现金流入或流出均标在期末。

2.2.5　现金流量表的编制

一个项目的建设与运营，要经历一个项目周期，在项目寿命期内，各种现金流入和现金流出的数额和发生的时间都不尽相同，为了便于分析，通常采用表格形式表示特定系统在一段时间内发生的现金流量，见表 2–3。现金流量表由现金流入、现金流出和净现金流量构成，具体内容随工程经济分析的范围和经济评价方法的不同而不同，其中财务现金流量表主要用于经济效果的评价。

现金流量表（单位：万元）　　表 2-3

年份	0	1	2	3	4	5	……	n
1. 现金流入（CI）								
2. 现金流出（CO）								
3. 净现金流量（NCF）								
4. 累计净现金流量								

1. 全部投资现金流量表的编制

全部投资现金流量表是站在项目全部投资的角度，不区分投资资金来源，在设定项目全部投资均为自有资金条件下的项目现金流量系统的表格式反映，见表 2–4。

全部投资现金流量表（单位：万元）　　表 2–4

序号	项目	计算期								
		1	2	3	4	5	6	7	……	n
生产负荷（%）										
1	现金流入									
1.1	营业收入									
1.2	回收固定资产余值									
1.3	回收流动资金									
2	现金流出									
2.1	建设投资									
2.2	流动资金									
2.3	经营成本									
2.4	税金及附加									
2.5	维持运营投资									
3	税前净现金流量									
4	累计税前净现金流量									
5	调整所得税									
6	税后净现金流量									
7	累计税后净现金流量									

全部投资现金流量表的编制方法：

（1）表中计算期的年序为 1，2，3，……，n，建设开始年作为计算期的第一年，年序为 1。当项目建设期以前所发生的费用占总费用的比例不大时，为简化计算，这部分费用可列入年序 1。若需单独列出，可在年序 1 以前另加一栏“建设起点”，年序填 0，将建设期以前发生的现金流出填入该栏。

（2）现金流入为产品营业（销售）收入、回收固定资产余值、回收流动资金三项之和。

（3）现金流出包含有建设投资、流动资金、经营成本、税金及附加、维持运营投资。固定资产投资和流动资金的数额分别取自固定资产投资估算表及流动资金估算表。

（4）项目计算期各年的净现金流量为各年现金流入量减去对应年份的现金流出量，各年累计净现金流量为本年及以前各年净现金流量之和。

（5）所得税前净现金流量为上述净现金流量加所得税之和，即在现金流出中不计入所得税时的净现金流量。

（6）表2–4中“调整所得税”是根据息税前利润乘以所得税率计算的，计算时原则上不受融资方案变动的影响，即不受利息的影响。

全部投资现金流量表用于计算全部投资所得税前与所得税后内部收益率、财务净现值及投资回收期等评价指标，考察项目全部投资的盈利能力，为各个投资方案（无论其资金来源及利息多少）进行比较建立共同基础。

2. 项目资本金现金流量表

项目资本金现金流量表是从投资者的角度出发，以投资者的出资额即资本金作为计算基础，把借款本金偿还和利息支付作为现金流出，用以考察项目所得税后资本金可能获得的收益水平的表格式反映，见表2–5。该表格是计算项目资本金的财务内部收益率、财务净现值等财务分析指标的数据来源。

项目资本金现金流量表（单位：万元）　　表2–5

序号	项目	计算期								
		1	2	3	4	5	6	7	……	*n*
生产负荷（%）										
1	现金流入									
1.1	营业收入									
1.2	回收固定资产余值									
1.3	回收流动资金									
2	现金流出									
2.1	项目资本金									
2.2	借款本金偿还									
2.3	借款利息支付									
2.4	经营成本									
2.5	税金及附加									
2.6	所得税									
2.7	维持运营投资									
3	净现金流量（1–2）									

项目资本金现金流量表的编制方法：

项目资本金现金流量表与项目投资现金流量表的现金流入内容相同。现金流出包括项目投入的资本金、借款本金偿还、借款利息支付、经营成本、营业过程中的税金及附加、所得税和维持运营投资等。

现金流入和流出的有关数据可依据“营业收入、税金及附加和增值税估算表”“项目总投资使用计划与资金筹措表”“总成本费用估算表”“利润与利润分配表”和“借款还本付息计划表”等有关财务报表计算填列。

任务实施

三一公司高端铝型材加工厂建设项目两个备选方案的现金流量估算。

方案一：

1. 现金流量分析

（1）现金流入分析

1）建设期现金流入：无现金流入。

第 1~3 年现金流入量 CI_{1-3}=0

2）运营期现金流入：包括产品销售收入、回收固定资产余值、回收流动资金。

第 4 年现金流入量 CI_4= 产品销售收入 =2.5 × 50000 × 70%=87500（万元）

第 5~22 年各年现金流入量 CI_{5-22}= 年销售收入 =2.5 × 50000=125000（万元）

第 23 年现金流入量 CI_{23}= 年销售收入 + 回收固定资产余值 + 回收流动资金 =2.5 × 50000+9907.77 × 2%+3360=125000+198.16+3360=128558.16（万元）

现金流入量（CI）=87500+125000 × 18+128558.16=2466058.16（万元）

（2）现金流出分析

1）建设期现金流出：包括固定资产投资和铺底流动资金。

第 1 年初现金流出量 CO_0=2649.08（万元）

第 2 年初现金流出量 CO_1=2957.71（万元）

第 3 年初现金流出量 CO_2=4300.98（万元）

第 3 年初现金流出量 CO_{0-2}= 固定资产投资 =2649.08+2957.71+4300.98=9907.77（万元）

第 3 年末现金流出量 CO_3= 流动资金 =3360（万元）

2）运营期现金流出：包括经营成本及税金。

第 4 年现金流出：

经营成本 =（1.71+0.23+0.145+0.042）× 50000 × 70%+9780+400=84625（万元）

固定资产年折旧费 =9907.77 ×（1−2%）/20=485.48（万元）

所得税 =（87500−84625−485.48）× 25%=597.38（万元）

第 4 年现金流出量 CO_4=84625+597.38=85222.38（万元）

第 5~22 年现金流出：

各年经营成本 =（1.71+0.23+0.145+0.042）× 50000+9780+400=116530（万元）

各年所得税 =（125000−116530−485.48）× 25%=1996.13（万元）

第 5~22 年各年现金流出量 CO_{5-22}=116530+1996.13=118526.13（万元）

第 23 年现金流出：

所得税 =（125000+198.16−116530−485.48）× 25%=2045.67（万元）

第 23 年现金流出量 CO_{23}=116530+2045.67=118575.67（万元）

3）现金流出量（*CO*）= 建设期现金流出 + 运营期现金流出 =9907.77+3360+85222.38+118526.13 × 18+118575.67=2350536.16（万元）

（3）净现金流量分析

净现金流量（*NCF*）= 现金流入量（*CI*）− 现金流出量（*CO*）=2466058.16−2350536.16 =115522（万元）

2. 现金流量图（图 2−2）

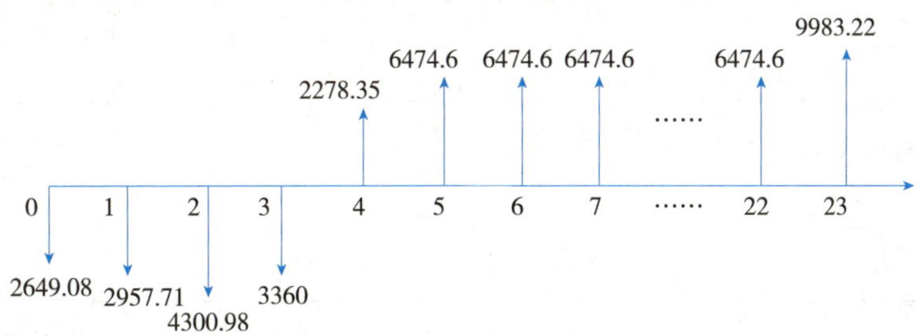

图 2−2 现金流量图（方案一）（单位：万元）

3. 现金流量表（表 2−6）

现金流量表（方案一）（单位：万元） 表 2−6

n	0	1	2	3	4	5	6	……	22	23	合计
CI	0	0	0	0	87500	125000	125000	……	125000	128558.16	2466058.16
CO	2649.08	2957.71	4300.98	3360	85221.65	118525.4	118525.4	……	118525.4	118574.94	2350536.16
NCF	−2649.08	−2957.71	−4300.98	−3360	2278.35	6474.6	6474.6	……	6474.6	9983.22	115522
∑*NCF*	−2649.08	−5606.79	−9907.77	−13267.77	−10989.42	−4514.82	1959.78	……	105538.78	115522	—

强化训练

续实践案例 1，某工程项目期初投资 1500 万元，其中 1200 万元构成固定资产，固定资产的折旧年限为 10 年，按平均年限法折旧，不考虑残值，其余 300 万元为流动资金投资。年销售收入为 1000 万元，年经营成本为 500 万元，计算期为 10 年，基准收益率为 10%，所得税税率为 25%。项目资金来源包括自有资金 500 万元，银行贷款 1000 万元，贷款年利率 7%，采用等额本金还款方式，按年付息。要求：（1）分析该项目现金流量的构成；（2）绘制现金流量图；（3）编制现金流量表。

任务 2.2 参考答案（方案二）

考核评价表

工作任务：估算现金流量		专业班级：______	
考核时长：建议 0.5 学时		学生姓名：______	
考核方式	技能考核	知识测试	素养评价
自我评价			
团队互评			
教师评价			
企业评价			
评价等级：□优秀 □良好 □中等 □及格 □不及格			
考核说明：（1）可从综合训练题中选题组卷测试；（2）考核方式根据实际情况选择运用；（3）建议技能考核分占比 50%，知识测试分占比 30%，素养评价分占比 20%			

技能考核标准				
□优秀	□良好	□中等	□及格	□不及格
会分析现金流量的构成，掌握现金流量的估算方法，能熟练绘制现金流量图，会熟练编制现金流量表，准确率达到 90%	会分析现金流量的构成，掌握现金流量的估算方法，能熟练绘制现金流量图，会熟练编制现金流量表，准确率达到 80%	会分析现金流量的构成，掌握现金流量的估算方法，能绘制现金流量图，会编制现金流量表，准确率达到 70%	会分析现金流量的构成，掌握现金流量的估算方法，能绘制现金流量图，会编制现金流量表，准确率达到 60%	不会分析现金流量的构成，未掌握现金流量的估算方法，不能绘制现金流量图，不会熟练编制现金流量表，准确率小于 60%

任务 2.3 计算分析静态评价指标

任务描述

三一公司的基准收益率为 10%，为评估高端铝型材加工厂建设项目投资的经济效果，请根据项目相关资料，完成以下静态评价指标的计算分析并对该项目进行静态评价：(1) 投资利润率；(2) 资本金利润率；(3) 静态投资回收期。

知识准备

2.3.1 经济效果评价指标

经济效果评价指标不是唯一的，一系列财务评价指标可用于工程项目的经济效果评价。这些指标有主有次，可以从不同侧面反映投资项目的经济效果。投资项目评价指标体系可以根据不同的标准进行分类。

经济效果的定义

根据是否考虑资金时间价值，评价指标体系可分为静态评价指标和动态评价指标。静态评价指标主要包括投资收益率、静态投资回收期、偿债能力等。动态评价指标主要有内部收益率、动态投资回收期、净现值、净现值率、净年值等，如图 2-3 所示。

根据评价指标的性质，评价指标体系可以分为时间性指标、价值性指标和比率性指标，常用指标有 8 个，如图 2-4 所示。

经济效果的分类

评价经济效果的好坏，一方面取决于基础数据的完整性和可靠性，另一方面则取决于选取的评价指标体系的合理性。只有选取正确的评价指标体系，经济效果评

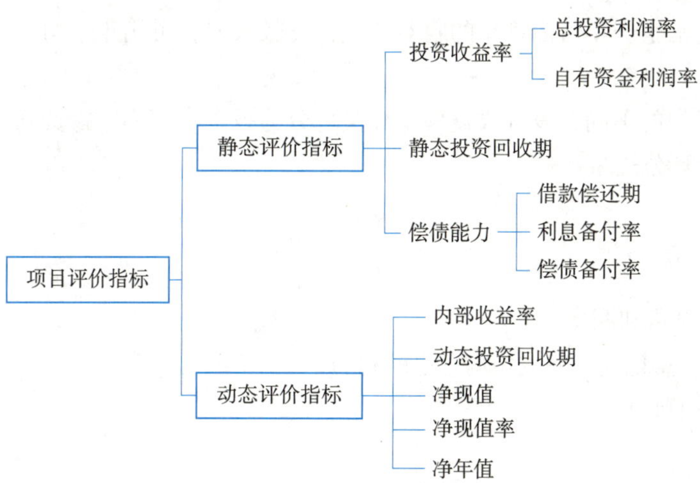

图 2-3 评价指标分类一

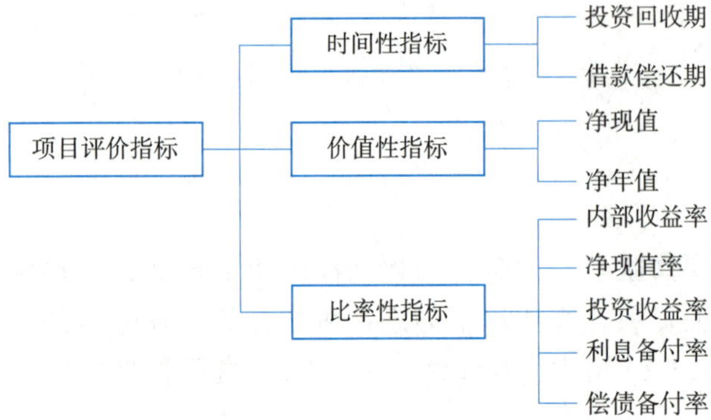

图 2-4　评价指标分类二

价的结果才能与客观实际情况相吻合，才具有实际意义。我们可以根据不同的评价深度要求和可获得资料的多少，以及项目本身所处的条件，选用不同的评价指标。动态评价指标和静态评价指标通常配合使用，相互补充，以动态评价指标为主，静态评价指标为辅。

经济效果评价方法

2.3.2　静态评价指标

1. 投资收益率

投资收益率又称投资利润率或投资效果系数，是指在项目达到设计能力后，每年的收益与项目全部投资的比率，是考察项目盈利能力的静态指标。其计算公式为：

$$R=\frac{A}{I}\times 100\% \tag{2-1}$$

式中　R——投资收益率；

A——年收益；

I——总投资。

当项目在正常生产年份内各年的收益变化幅度较大时，可用年平均收益替代年收益来计算投资收益率。

根据分析目的的不同，投资收益率指标又可分为投资利润率、投资利税率、资本金利润率等指标。计算公式为：

$$ROI=\frac{EBIT}{I}\times 100\% \tag{2-2}$$

式中　ROI——投资利润率；

$EBIT$——年息税前利润或年均息税前利润；

I——项目总投资。

$$ROIT=\frac{AT}{I}\times 100\% \tag{2-3}$$

式中　$ROIT$——投资利税率；

AT——年利税总额或年均利税总额（利税指利润、税金及附加）。

$$ROE=\frac{A}{E}\times 100\% \tag{2-4}$$

式中　ROE——资本金利润率；

A——年利润总额或年均利润总额；

E——资本金。

评价标准：只有投资收益率不小于基准收益率的投资项目才具有财务可行性；如有多个方案备选时，则选择投资收益率最高的方案。

基准收益率又称为基准折现率，是决策者对项目投资的资金时间价值的估算，也是投资者要求的最低收益率。在实践工作中，基准收益率的确定一般以行业平均投资收益率为基础，综合考虑资金成本、投资风险、通货膨胀和资金限制等因素。

投资收益率指标的优点是：指标的经济意义明确、直观，计算简便，在一定程度上反映了投资效果的优劣，可适用于各种投资规模。其缺点是：没有考虑资金时间价值因素，忽视了资金具有时间价值的重要性；不能正确反映建设期长短及投资方式不同和回收额的有无对项目的影响，分子、分母计算口径的可比性较差。因此，以投资收益率指标作为主要的决策依据不太可靠。

2. 静态投资回收期

静态投资回收期是指以项目每年的净现金流量回收项目全部投资所需要的时间，是考察项目财务上投资回收能力的重要指标。这里所说的全部投资既包括固定资产投资，又包括流动资产投资。静态投资回收期的表达式如下：

$$\sum_{t=0}^{P_t}(CI-CO)_t=0 \tag{2-5}$$

式中　P_t——静态投资回收期；

CI——现金流入量；

CO——现金流出量；

$(CI-CO)_t$——第 t 年净现金流量。

项目计算期每年净现金流量相等时，静态投资回收期的计算公式为：

$$P_T=\frac{I}{A} \tag{2-6}$$

项目计算期每年净现金流量不相等时，投资回收期的计算方法是：根据累计净现金流量求得，如图 2-5 所示，也就是在项目现金流量表中累计净现金流量由负值变为零的时间。

其计算公式为：

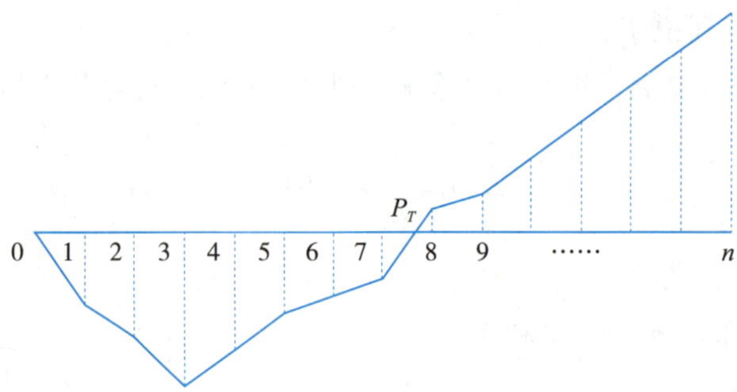

图 2-5 累计净现金流量图

$$P_T = T - 1 + \frac{\left|\sum_{t=0}^{T-1}(CI - CO)_t\right|}{(CI - CO)_T} \quad (2\text{–}7)$$

式中 T——各年累计净现金流量首次为正或零的年数；

$\left|\sum_{t=0}^{T-1}(CI - CO)_t\right|$——第（$T$–1）年累计净现金流量的绝对值；

（CI–CO）$_T$——第 T 年的净现金流量。

评价标准：当静态投资回收期小于等于基准投资回收期时，初步判断项目具备财务可行性。一般投资回收期越短，说明投资方案的风险越小；反之，风险越大。实践中，基准投资回收期一般为项目计算期的一半左右。

投资回收期法的优点是方法简单，容易理解。其缺点是没有考虑货币时间价值；只考虑了未来现金流量小于或等于原始投资额的部分，没有考虑超过原始投资额的部分。回收期长的项目，其超过原始投资额的现金流量并不一定比回收期短的项目少。

任务实施

根据三一公司高端铝型材加工厂建设项目相关资料，以及前述任务 2.1 的现金流量估算数据，对项目静态评价指标进行计算分析及评价。

方案一：

根据任务 2.1 中方案一的现金流量估算数据进行计算分析。

（1）投资利润率

息税前利润（$EBIT$）= 净现金流量（NCF）+ 所得税（T）

$EBIT$=（115522+38573.39）÷ 20=7704.77（万元）

总投资 =13267.77（万元）

$$ROI = \frac{EBIT}{I} \times 100\% = 7704.77/13267.77 \times 100\% = 58.07\%$$

（2）资本金利润率

银行贷款 =9000（万元）

贷款利息 =11960.76（万元）

资本金 =13267.77−9000=4267.77（万元）

年均利润总额 =（115522−11960.76）/20=5178.06（万元）

$$ROE=\frac{A}{E}\times 100\%=5178.06/4267.77\times 100\%=121.33\%$$

（3）静态投资回收期

静态投资回收期 =5+4514.82/6474.6=5.70（年）

评价：方案一投资利润率为 58.07%，资本金利润率为 121.33%，均超过公司基准收益率 10%，且静态投资回收期为 5.70 年，小于项目计算期（23 年）的一半，综合以上指标分析，初步判断该方案具备财务可行性。

任务 2.3　参考答案（方案二）

强化训练

【实践案例 2】某方案的现金流量见表 2−7，基准收益率为 10%，试计算：（1）投资收益率；（2）静态的投资回收期；（3）对项目作出初步评价。

现金流量表（单位：万元）　　表 2−7

年份	0	1	2	3	4	5
现金流量	−2000	450	550	650	700	800

考核评价表

<table>
<tr><td colspan="5">工作任务：计算分析静态评价指标　　　　专业班级：
考核时长：建议 0.5 学时　　　　学生姓名：</td></tr>
<tr><td>考核方式</td><td>技能考核</td><td>知识测试</td><td colspan="2">素养评价</td></tr>
<tr><td>自我评价</td><td></td><td></td><td colspan="2"></td></tr>
<tr><td>团队互评</td><td></td><td></td><td colspan="2"></td></tr>
<tr><td>教师评价</td><td></td><td></td><td colspan="2"></td></tr>
<tr><td>企业评价</td><td></td><td></td><td colspan="2"></td></tr>
<tr><td colspan="5">评价等级：□优秀　□良好　□中等　□及格　□不及格</td></tr>
<tr><td colspan="5">考核说明：(1) 可从综合训练题中选题组卷测试；(2) 考核方式根据实际情况选择运用；(3) 建议技能考核分占比 50%，知识测试分占比 30%，素养评价分占比 20%</td></tr>
<tr><td colspan="5">技能考核标准</td></tr>
<tr><td>□优秀</td><td>□良好</td><td>□中等</td><td>□及格</td><td>□不及格</td></tr>
<tr><td>会从不同角度用不同的标准分析项目的经济效果，熟练掌握静态分析评价指标，能熟练计算投资收益率和静态投资回收期并根据计算结果对项目进行静态评价，准确率达到 90%</td><td>会从不同角度用不同的标准分析项目的经济效果，熟练掌握静态分析评价指标，能熟练计算投资收益率和静态投资回收期并根据计算结果对项目进行静态评价，准确率达到 80%</td><td>会从不同角度用不同的标准分析项目的经济效果，掌握静态分析评价指标，能计算投资收益率和静态投资回收期并根据计算结果对项目进行静态评价，准确率达到 70%</td><td>会从不同角度用不同的标准分析项目的经济效果，基本掌握静态分析评价指标，能计算投资收益率和静态投资回收期并根据计算结果对项目进行静态评价，准确率达到 60%</td><td>不会从不同角度用不同的标准分析项目的经济效果，不熟悉静态分析评价指标，不会计算投资收益率和静态投资回收期并根据计算结果对项目进行静态评价，准确率小于 60%</td></tr>
</table>

任务 2.4　计算分析动态评价指标

任务描述

根据三一公司高端铝型材加工厂建设项目相关资料，完成以下动态评价指标的计算分析并对该项目进行评价：（1）净现值；（2）净现值率；（3）内部收益率；（4）动态投资回收期。

知识准备

2.4.1　净现值

净现值（*NPV*，Net Present Value）是指把项目计算期内各年的净现金流量，按照给定的标准折现率（基准收益率）折算到建设期初的现值之和。净现值表示建设项目的收益水平超过基准收益的额外收益，是考察项目在其计算期内盈利能力的主要动态评价指标。

净现值的计算方法有三种：

（1）公式法。根据净现值的定义，直接利用计算公式来完成计算。其计算公式为：

$$NPV=\sum_{t=0}^{n}(CI-CO)_t(1+i_c)^{-t} \tag{2-8}$$

式中　*NPV*——净现值；

i_c——基准收益率。

项目建成投产后，如果各年净现金流量相等，则可将其视同年金进行简化计算。当全部投资在建设起点一次投入，建设期为零，投产后每年净现金流量相等时，投产后的净现金流量表现为普通年金形式，其简化计算公式为：

$$NPV=NCF_0+NCF_{1-n}\times(P/A,\ i,\ n)$$

如果建设期不为零，全部投资分批投入，则建设期投资也要折现计算。通常项目终结时还会有流动资金与固定资产残值回收，项目最后一年的净现金流量往往与以前年度不相等，因而需要单独折现计算。

【例 2-1】中兴公司拟投资新型装配式灌浆材料生产项目，建设期 2 年，运营期 5 年，净现金流量分别为 -4200 万元、-4700 万元、2000 万元、2500 万元、2500 万元、2500 万元、2500 万元。各年现金流量情况详见表 2-8。公司设定基准收益率为 8%。

项目现金流量表（单位：万元）　　表 2-8

年份	1	2	3	4	5	6	7
现金流入（*CI*）	0	0	7500	11100	11100	11100	11100
现金流出（*CO*）	4200	4700	5500	8600	8600	8600	8600
净现金流量（*NCF*）	-4200	-4700	2000	2500	2500	2500	2500

净现值计算如下：

NPV=（−4200）×（P/F，8%，1）+（−4700）×（P/F，8%，2）+2000×（P/F，8%，3）+2500×（P/A，8%，4）×（P/F，8%，1）=242.76（万元）

由计算结果可知，该项目 $NPV>0$，具备财务可行性。

（2）列表法。通过现金流量表计算净现值，即在现金流量表上，根据已知的各年净现金流量，分别乘以各年的复利现值系数，从而计算出各年折现的净现金流量，最后求出项目计算期内折现的净现金流量的代数和，就是所求的净现值。净现值计算表格式见表 2–9。

净现值计算表（单位：万元）　表 2–9

年份	1	2	3	4	……	合计
现金流入（CI）						
现金流出（CO）						
净现金流量（NCF）						
净现值（NPV）						

上述新型装配式灌浆材料生产项目的净现值也可用列表法计算，计算过程见表 2–10。

新型装配式灌浆材料生产项目净现值计算表（单位：万元）　表 2–10

年份	1	2	3	4	5	6	7	合计
现金流入（CI）	0	0	7500	11100	11100	11100	11100	—
现金流出（CO）	4200	4700	5500	8600	8600	8600	8600	—
净现金流量（NCF）	−4200	−4700	2000	2500	2500	2500	2500	—
净现值（NPV）	−3888.78	−4029.31	1587.6	1837.5	1701.5	1575.5	1458.75	242.76

（3）函数法。利用 WPS 或 Excel 的财务函数进行计算。

评价标准：单个项目的净现值 $NPV \geq 0$，表明该项目可获得大于基准收益率的收益，具备财务可行性；单个项目的净现值 $NPV<0$，表明该项目投资收益率低于基准收益率，则不具备财务可行性。如有多个项目或方案可选，应选择净现值为正值且数值最大者。

净现值指标适用于项目寿命期相等且原始投资相同的多个互斥方案的决策。净现值指标的优点：充分考虑了资金时间价值，增强了投资经济性评价；适用性强，能基本满足投资项目年限相同的互斥投资方案决策；考虑了投资项目计算期全部现金净流量，体现了流动性与收益性的统一；考虑了投资风险性，风险越大，贴现率越高。

净现值指标的缺点：贴现率不易确定；不适宜独立投资方案的比较决策；不能对寿命期不同的互斥投资方案进行直接决策。

2.4.2 净现值率

净现值率（$NPVR$，Net Present Value Rate），又称净现值指数，是指净现值与投资总额现值之比，是单位投资所得的净现值。该指标用于多个投资项目或多个投资方案的比较，考察单位投资的盈利能力。净现值率小，单位投资的收益就低；净现值率大，单位投资的收益就高。其表达式为：

$$NPVR=\frac{NPV}{PI} \tag{2-9}$$

式中　PI——投资总额的现值。

例如，两个不同的投资方案，甲方案投资额2500万元，净现值为750万元，乙方案投资额500万元，净现值为200万元。则两方案的净现值率为：

甲方案：净现值率 =750/2500=0.3

乙方案：净现值率 =200/500=0.4

从计算结果可以看出，乙方案的净现值率大于甲方案；虽然甲方案净现值比乙方案大，但投资额也大，甲方案不一定是优选方案，还需结合其他条件进行综合分析判断。在资金受限的条件下，应优选乙方案。

评价标准：净现值率 $NPVR \geqslant 1$，项目具备财务可行性；净现值率 $NPVR < 1$，项目不具备财务可行性。

2.4.3　动态投资回收期

动态投资回收期（P_D）是指在考虑资金时间价值的情况下，以项目每年的净收益回收项目全部投资所需要的时间。这个指标克服了静态投资回收期指标没有考虑资金时间价值的缺点，得出的结论更贴近实际。动态投资回收期的表达式如下：

$$\sum_{t=0}^{n}(CI-CO)_t=0 \tag{2-10}$$

其具体计算公式为：

$$P_D=（累计净现值开始出现正值的年份数-1）+\frac{|上一年累计净现值|}{当年净现值}$$

动态投资回收期是在考虑了项目基准收益的基础上收回全部投资的时间，只要在项目寿命期结束之前能够收回投资，就表示项目已经获得了基准收益。

评价标准：只要动态投资回收期不大于项目寿命期，项目就具备财务可行性。

【例2-2】前述新型装配式灌浆材料生产项目动态投资回收期的计算，先在表2-10的基础上，计算出各年累计净现值，整理成表2-11，再套用公式计算出动态投资回收期。

新型装配式灌浆材料生产项目累计净现值计算表（单位：万元）　　表2-11

年份	1	2	3	4	5	6	7
现金流入（CI）	0	0	7500	8600	8600	8600	8600
现金流出（CO）	4200	4700	5500	11100	11100	11100	11100

续表

年份	1	2	3	4	5	6	7
净现金流量（*NCF*）	−4200	−4700	2000	2500	2500	2500	2500
净现值（*NPV*）	−3888.78	−4029.31	1587.6	1837.5	1701.5	1575.5	1458.75
累计净现值	−3888.78	−7918.09	−6330.49	−4492.99	−2791.49	−1215.99	242.76

由表 2–11 可知，考虑资金时间价值，该项目可在项目计算期第 6~7 年间收回投资。具体计算如下：

$$P_{\mathrm{D}}=6+\frac{1-1215.991}{1458.75}=6.83\text{（年）}$$

以上计算结果表明，新型装配式灌浆材料生产项目的动态投资回收期小于项目寿命期，项目可获得基准收益，具备财务可行性。

2.4.4 内部收益率

内部收益率（*IRR*），也称内含报酬率，是指项目计算期内各年净现金流量的现值之和等于零时的折现率，也就是使项目的净现值等于零时的折现率。内部收益率是反映项目实际收益率的一个动态指标。其表达式为：

$$\sum_{t=0}^{n}(CI-CO)_t(1+IRR)^{-t}=0 \tag{2-11}$$

评价标准：一般情况下，内部收益率大于或等于基准收益率，项目具备财务可行性，该指标越大越好。多个项目或方案进行比较时，在内部收益率指标大于或等于基准收益率条件下，原始投资额大的方案较优；反之，则投资额小的方案较优。

内部收益率的计算分为以下两种情况，分别采用内插法、逐次测试法。

1. 运营期净现金流量相等

假定项目没有建设期，全部项目投资均于建设起点一次投入，项目完工投产后运营期每年净现金流量相等，表现为普通年金形式时，可采用内插法计算内部收益率。

依据内部收益率的定义，每年现金净流量 × 年金现值系数 – 原始投资额现值 =0

将上式中年金现值系数的折现率设定为 *IRR*，则内部收益率 *IRR* 可按下式计算确定：

$$(P/A,\ IRR,\ n)=\frac{I}{NCF} \tag{2-12}$$

式中　　*I*——在建设起点一次投入的原始投资额；

（*P*/*A*，*IRR*，*n*）——折现率为 *IRR* 的年金现值系数；

NCF——投资产后每年相等的净现金流量。

【例 2–3】中兴公司装配式建筑硅酸钙板生产项目甲方案的现金流量情况见表 2–12，要求计算该方案内部收益率。

装配式建筑硅酸钙板生产项目甲方案的现金流量表（单位：万元）　　表 2-12

年份	0	1	2	3	4	5
净现金流量（*NCF*）	-50000	18250	18250	18250	18250	18250

分析：甲方案每年现金净流量相等，用插值法计算内部收益率。

$$(P/A, IRR, 5)=\frac{50000}{18250}=2.7397$$

由年金现值系数表查得：

当 i=25% 时，（P/A，25%，5）=2.6893；

当 i=20% 时，（P/A，20%，5）=2.9906。

由插值法得：

$$\frac{IRR-20\%}{25\%-20\%}=\frac{2.7397-2.9906}{2.6893-2.9906}$$

$$IRR=20.83\%$$

2. 运营期年净现金流量不相等

项目运营期每年净现金流量不相等的情况下，采用逐次测试法。计算步骤如下：

第一步，估计一个折现率 i_1，计算出项目的净现值 NPV。

第二步，调整折现率 i_1。如 $NPV>0$，则 $i_1<IRR$，应适当提高折现率；如 $NPV<0$，则 $i_1>IRR$，应适当降低折现率（注：如果净现值刚好等于零，则 i_1 即为内部收益率 IRR，但这种可能性极小）。

第三步，用调整后的折现率反复测试，得到 NPV 由正转负处的两个邻近的折现率。

第四步，采用插值法计算 IRR。

【例 2-4】中兴公司装配式建筑硅酸钙板生产项目乙方案的现金流量情况见表 2-13，要求计算该方案内部收益率。

装配式建筑硅酸钙板生产项目乙方案的现金流量表（单位：万元）　　表 2-13

年份	0	1	2	3	4	5
净现金流量（*NCF*）	-48000	18250	17500	16750	16000	28250

分析：乙方案每年净现金流量不相等，采用逐次测试法计算内部收益率。计算过程见表 2-14。

装配式建筑硅酸钙板生产项目乙方案内部收益率测算表（单位：万元）　　表 2-14

年份	*NCF*	折现率 27%		折现率 29%	
		复利现值系数	现值	复利现值系数	现值
0	-48000	1.0000	-48000	1.0000	-48000

续表

年份	NCF	折现率 27%		折现率 29%	
		复利现值系数	现值	复利现值系数	现值
1	18250	0.7874	14370.05	0.7752	14147.40
2	17500	0.6200	10850.00	0.6009	10515.75
3	16750	0.4882	8177.35	0.4658	7802.15
4	16000	0.3844	6150.40	0.3611	5777.60
5	28250	0.3027	8551.28	0.2799	7907.18
NPV	—	—	99.08	—	-1849.92

从以上测试结果可知，*IRR* 介于 27%~29%，由插值法得：

$$\frac{IRR-27\%}{29\%-27\%}=\frac{0-99.08}{(-1849.92)-99.08}$$

$$IRR=27.1\%$$

方案评价：中兴公司装配式建筑硅酸钙板生产项目甲乙两个方案的内部收益率均超过基准收益率 8%，在财务上均具备可行性，但乙方案的内部收益率更高，应优选乙方案。

内部收益率指标的优点：（1）内部收益率反映了投资项目实际可能达到的投资报酬率，易于被高层决策人员所理解；（2）内部收益率反映了各独立投资方案的获利水平，使投资者明确能够获得多少投资报酬。

内部收益率指标的缺点：（1）计算复杂；（2）在互斥投资方案决策时，如果各方案的原始投资额现值不相等，有时无法作出正确的决策。

2.4.5 净年值

净年值（*NAV*，Net Annual Value）是指以预定的基准收益率将项目计算期内的净现金流量进行等值换算后的等额年金。其表达式为：

$$NAV=NPV(A/P,\ i_c,\ n) \tag{2-13}$$

或

$$NAV=[\sum_{t=0}^{n}(CI-CO)_t(P/F,\ i_c,\ t)](A/P,\ i_c,\ n)$$

式中 NAV——净年值；

i_c——基准收益率；

$(P/F,\ i_c,\ t)$——复利现值系数；

$(A/P,\ i_c,\ n)$——资本回收系数。

净年值法一般适用于现金流量和利率已知、初始投资额相近，但各方案的寿命期不同的方案比较。

评价标准：$NAV<0$，项目不具备财务可行性；$NAV\geqslant 0$，项目具备财务可行性。在多个互斥方案比较时，净年值最大的方案为最优方案。

【例 2-5】中兴公司拟投资新型装配式灌浆材料生产项目，预计项目各年净现金流量分别为 -4200 万元、-4700 万元、2000 万元、2500 万元、2500 万元、2500 万元、2500 万元。公司基准收益率为 8%。要求用净年值法判断该方案是否具备财务可行性。

解：$NPV=(-4200)\times(P/F,8\%,1)+(-4700)\times(P/F,8\%,2)+2000\times(P/F,8\%,3)+2500\times(P/A,8\%,4)\times(P/F,8\%,1)=242.76$（万元）

$NAV=NPV\times(A/P,8\%,7)=242.76\times0.1921=46.63$（万元）

评价：该项目净年值大于 0，具备财务可行性。

任务实施

三一公司规定新建设项目基准投资收益率为 10%。请根据高端铝型材加工厂项目相关资料，以及前述任务 2.1 的现金流量估算数据，对项目动态评价指标进行计算分析及评价。

方案一：

根据任务 2.1 中方案一的现金流量估算数据（表 2-6）进行计算分析。

（1）净现值

$NPV=(-2649.08)+(-2957.71)\times(P/F,10\%,1)+(-4300.98)\times(P/F,10\%,2)+(-3360)\times(P/F,10\%,3)+2278.35\times(P/F,10\%,4)+6474.6\times(P/A,10\%,18)\times(P/F,10\%,5)+9983.22\times(P/F,10\%,23)=23761.76$（万元）

采用列表法计算净现值，计算过程详见表 2-15。

方案一净现值计算表（单位：万元） 表 2-15

n	0	1	2	3	4	5	……	23	合计
NCF	-2649.08	-2957.71	-4300.98	-3360	2278.35	6474.6	……	9983.22	115522
$(P/F, 10\%, n)$	1.0000	0.9091	0.8264	0.7513	0.6830	0.6259	……	0.1117	—
NPV	-2649.08	-2688.85	-3554.33	-2524.37	1556.11	2536.43	……	1115.13	23761.76

评价：以上计算结果表明，方案一的净现值大于零，方案一收益率超过基准收益率，具备财务可行性。

（2）净现值率

投资总额的现值 $PI=2649.08+2957.71\times(P/F,10\%,1)+4300.98\times(P/F,10\%,2)+3360\times(P/F,10\%,3)=11416.63$（万元）

净现值率 $NPVR=23761.76/11416.63=2.08$

评价：$NPVR\geqslant 1$，方案一的净现值率大于 1，说明方案一收益率超过基准收益率，该方案具备财务可行性。

（3）内部收益率

方案一每年净现金流量不相等，采用逐次测试法计算内部收益率。计算过程见表 2-16。

方案一内部收益率测算表（单位：万元） 表 2-16

年份	*NCF*	折现率 20%		折现率 25%	
		复利现值系数	现值	复利现值系数	现值
0	-2649.08	1.0000	-2649.08	1.0000	-2649.08
1	-2957.71	0.8333	-2464.76	0.8000	-2366.17
2	-4300.98	0.6944	-2986.79	0.6400	-2752.63
3	-3360	0.5787	-1944.44	0.5120	-1720.32
4	2278.35	0.4823	1098.74	0.4096	933.21
5	6474.6	0.4019	2602.00	0.3277	2121.73
……	……	……	……	……	……
23	9983.22	0.0151	150.75	0.0059	58.90
合计	115522	—	3725.75	—	-162.16

从以上测试结果可知，*IRR* 介于 20%~25% 之间，由插值法得：

$$\frac{IRR-20\%}{25\%-20\%}=\frac{0-3725.75}{(-162.16)-3725.75}$$

$$IRR=24.79\%$$

评价：方案一内部收益率高达 24.79%，超过基准收益率 10%，该方案具备财务可行性。

（4）动态投资回收期

采用列表法计算方案一的累计净现值，计算过程详见表 2-17。

方案一累计净现值计算表（单位：万元） 表 2-17

n	0	1	2	3	4	5	6	7
NCF	-2649.08	-2957.71	-4300.98	-3360	2278.35	6474.6	6474.6	6474.6
（*P*/*F*，10%，*n*）	1.0000	0.9091	0.8264	0.7513	0.6830	0.6259	0.5645	0.5132
NPV	-2649.08	-2688.83	-3554.53	-2524.42	1556.14	4020.22	3654.74	3322.49
Σ *NPV*	-2649.08	-5337.91	-8892.44	-11416.86	-9860.72	-5840.5	-2185.76	1136.73

根据表 2-17 可知考虑资金时间价值，方案一能在项目计算期第 6~7 年间收回投资。具体计算如下：

$$\text{动态投资回收期}=6+\left|\frac{1-2185.761}{3322.49}\right|=6.66\text{（年）}$$

评价：方案一动态投资回收期小于项目计算期的一半，该方案能快速收回投资，具备财务可行性。

方案二：

根据任务 2.1 中方案二的现金流量估算数据进行计算分析。

（1）净现值

NPV=（–1692.65）+（–1128.44）×（P/F，10%，1）+（–240）×（P/F，10%，2）+ 370.18×（P/F，10%，3）+1069.56×（P/A，10%，18）×（P/F，10%，4）+1354.37×（P/F，10%，22）= 3570.07（万元）

采用列表法计算净现值，计算过程详见表 2–18。

方案二净现值计算表（单位：万元） 表 2–18

n	0	1	2	3	4	……	22	合计
NCF	–1692.65	–1128.44	–240	370.18	1069.56	……	1354.37	17915.54
（P/F，10%，n）	1.0000	0.9091	0.8264	0.7513	0.6830	……	0.1228	—
NPV	–1692.65	–1025.86	–198.34	278.12	730.51	……	166.32	3570.07

评价：以上计算结果表明，方案二的净现值大于零，其收益率超过基准收益率，具备财务可行性。

（2）净现值率

投资总额的现值 PI=|–1692.65|+|–1128.44|×（P/F，10%，1）+|–240|×（P/F，10%，2）= 2916.85（万元）

$NPVR$=3570.07/2916.85 =1.22

评价：$NPVR \geqslant 1$，方案二的净现值率大于 1，说明方案二收益率超过基准收益率，该方案具备财务可行性。

（3）内部收益率

方案二每年净现金流量不相等，采用逐次测试法计算内部收益率。计算过程见表 2–19。

方案二内部收益率测算表（单位：万元） 表 2–19

年份	NCF	折现率 18%		折现率 20%	
		复利现值系数	现值	复利现值系数	现值
0	–1692.65	0.8475	–1434.45	1.0000	–1692.65
1	–1128.44	0.7182	–810.43	0.8333	–940.33
2	–240	0.6086	–146.07	0.6944	–166.66
3	370.18	0.5158	190.93	0.5787	214.22
4	1069.56	0.4371	467.51	0.4823	515.85
5	1069.56	0.3704	396.17	0.4019	429.86
……	……	……	……	……	……

续表

年份	NCF	折现率 18%		折现率 20%	
		复利现值系数	现值	复利现值系数	现值
22	1354.37	0.0074	35.48	0.0181	24.51
合计	—	—	300.76	—	-78.54

从以上测试结果可知，*IRR* 介于 18%~20% 之间，由插值法得：

$$\frac{IRR-18\%}{20\%-18\%}=\frac{0-300.76}{(-78.54)-300.76}$$

$$IRR=19.59\%$$

评价：方案二内部收益率为 19.59%，超过基准收益率 10%，该方案具备财务可行性。

（4）动态投资回收期

采用列表法计算方案二的累计净现值，结果详见表 2-20。

方案二累计净现值计算表（单位：万元） 表 2-20

n	0	1	2	3	4	5	6	7	8
NCF	-1692.65	-1128.44	-240	370.18	1069.56	1069.56	1069.56	1069.56	1069.56
（*P*/*F*，10%，*n*）	1.0000	0.9091	0.8264	0.7513	0.6830	0.6209	0.5645	0.5132	0.4665
NPV	-1692.65	-1025.86	-198.34	278.12	730.51	664.09	603.77	545.75	498.95
Σ *NPV*	-1692.65	-2718.51	-2916.85	-2638.73	-1908.22	-1244.13	-640.36	-94.61	404.34

根据表 2-20 可知，考虑资金时间价值，方案二能在项目计算期第 7~8 年间收回投资。具体计算如下：

$$\text{动态投资回收期}=7+\left|\frac{1-94.611}{498.95}\right|=7.19\text{（年）}$$

评价：方案二动态投资回收期小于项目计算期的一半，该方案能快速收回投资，具备财务可行性。

强化训练

续实践案例 2，某方案的现金流量见表 2-21，基准收益率为 10%，试计算：（1）动态的投资回收期；（2）净现值 *NPV*；（3）净现值率；（4）内部收益率；（5）净年值。

现金流量表（单位：万元） 表 2-21

年份	0	1	2	3	4	5
现金流量	-2000	450	550	650	700	800

考核评价表

工作任务：计算分析动态评价指标　　专业班级：________

考核时长：建议1学时　　学生姓名：________

考核方式	技能考核	知识测试	素养评价
自我评价			
团队互评			
教师评价			
企业评价			

评价等级：□优秀　□良好　□中等　□及格　□不及格

考核说明：（1）可从综合训练题中选题组卷测试；（2）考核方式根据实际情况选择运用；（3）建议技能考核分占比50%，知识测试分占比30%，素养评价分占比20%

技能考核标准

□优秀	□良好	□中等	□及格	□不及格
熟练掌握动态分析评价指标，能熟练计算净现值、净现值率、动态投资回收期内部收益率、净年值并根据计算结果对项目进行评价，准确率达到90%	熟练掌握动态分析评价指标，能熟练计算净现值、净现值率、动态投资回收期内部收益率、净年值并根据计算结果对项目进行评价，准确率达到80%	掌握动态分析评价指标，能计算净现值、净现值率、动态投资回收期内部收益率、净年值并根据计算结果对项目进行评价，准确率达到70%	基本掌握动态分析评价指标，能计算净现值、净现值率、动态投资回收期内部收益率、净年值并根据计算结果对项目进行评价，准确率达到60%	不熟悉动态分析评价指标，不能正确计算净现值、净现值率、动态投资回收期内部收益率、净年值并根据计算结果对项目进行正确评价，准确率小于60%

任务 2.5 比选项目投资方案

任务描述

对三一公司高端铝型材加工厂建设项目的两个备选方案进行比选，从经济效果方面进行评价，给出投资建议。

知识准备

2.5.1 项目投资方案的类型

如果项目仅有唯一方案，即为单方案。单方案评价是指为了评价工程技术方案的经济效果，根据方案计算（研究）期内的现金流量，计算有关指标，以确定该方案经济效果的高低。

单一项目方案的决策，可以采用经济效果评价指标以决定项目的取舍。但是，在工程实践中将遇到多个投资方案的经济评价，而由于技术方案的多样性和项目结构类型的复杂性，必须根据其不同结构特点，选择合适的评价指标和正确的评价方法进行项目各方案的比较与选择，才能达到正确决策的目的。项目方案的结构类型，按照方案群体之间的不同关系可以将多方案划分为下面六种类型，如图 2-6 所示。

不同类型投资方案的特点

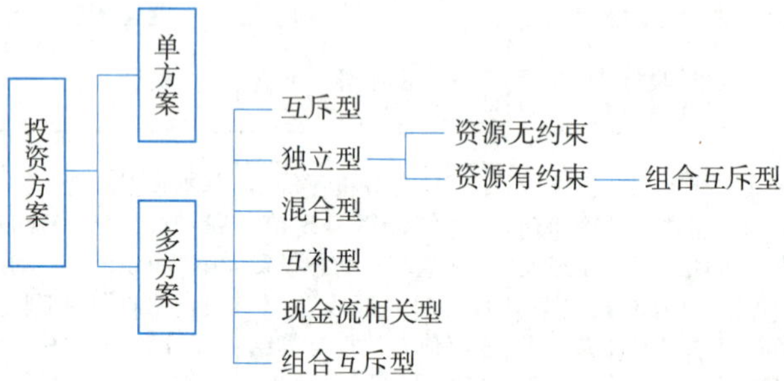

图 2-6 投资方案类型图

2.5.2 项目投资方案经济效果评价的基本原则

无论方案群中的方案是何种关系，项目经济评价的根本原则只有一个，即在有限资源条件下，获得最佳的经济效果。

方案比较法是技术经济分析中最常用的方法，也是一项综合性很强的工作，必须用系统分析的观点正确处理各方面的关系，以下九大原则应贯穿在项目投资方案经济效果评价的始终。

（1）主动分析与被动分析相结合，以主动分析为主。技术经济效果评价，就是要通过事前、事中和事后的分析，把系统的运行控制在最满意的状态。以往人们常把控制理解为目标值与实际值的比较，以及当实际值偏离目标值时，分析其产生偏差的原因，并确定下一步的对策。在技术实践的全过程中，进行这样的控制当然是有意义的。

（2）满意度分析与最优化分析相结合，以满意度分析为主。传统决策理论是建立在绝对逻辑基础上的一种封闭式决策模型，它把人看作具有绝对理性的“理性人”或“经济人”，在决策时，会本能地遵循“最优化”原则（即取影响目标的各种因素的最有利的值）来选择实施方案。而以美国经济学家西蒙首创的现代决策理论的核心则是“令人满意”准则。他认为，由于人的头脑能够思考和解答问题的容量同问题本身规模相比非常渺小，因此在现实世界里，要采取客观的合理举动，哪怕接近客观和理性也是很困难的。因此，对决策人来说，最优化决策几乎是不可能的。

（3）差异分析与总体分析相结合，以差异分析为主。进行经济效果分析，一般只考虑各技术方案的差异部分，不考虑方案的相同部分，因而可把方案之间的共同点省略，这样既可以减少工作量，又使各对比方案之间的差别一目了然。但在省略时，一定要保证舍弃的确实是方案之间的相同部分，因为哪怕是微小的差异也可能使分析结果产生变化。

（4）动态分析与静态分析相结合，以动态分析为主。传统的评价方法是以静态分析为主，不考虑投入和产出的资金时间价值，其评价指标很难反映未来时期的变动情况。市场经济条件下，考虑资金时间因素，进行动态的价值判断，即将项目建设和生产不同时间段上资金的流入、流出折算成同一时点的价值，变成可加性函数，从而为不同项目或方案的比较提供同等的基础，对于提高决策的科学性和准确性具有重要的作用。

（5）定量分析与定性分析相结合，以定量分析为主。技术方案的经济分析，是通过项目建设和生产过程中的费用－效益计算，给出明确的数量概念，进行事实判断。凡可量化的经济要素都应作出量的表述，这就是说，一切技术方案都应尽可能通过计算定量指标将隐含的经济价值揭示出来。

（6）价值量分析与实物量分析相结合，以价值量分析为主。无论是财务评价还是国民经济评价，都要设立若干实物指标和价值指标。价值量分析，即把投资、劳动力、信息、资源和时间等因素都量化为用货币表示的价值因素，对任何项目或方案都用具备可比性的价值量分析，以便于项目或方案的取舍和判别。

（7）全过程效益分析与阶段效益分析相结合，以全过程效益分析为主。技术实践活动的经济效果，是在目标确定、方案提出、方案选优、方案实施以及生产经营活动的全过程中体现出来的，忽视任何一个环节都会前功尽弃。

（8）宏观效益分析与微观效益分析相结合，以宏观效益分析为主。对技术方案进行经济评价，不仅要看其本身获利多少，有无财务生存能力，还要考虑其需要国民经济付出多大代价及其对国家的贡献。

（9）预测分析与统计分析相结合，以预测分析为主。对技术方案进行分析，既要以现有状况为基础，又要作有根据的预测。在预测时，往往要以统计资料为依据。除了对现金流入与流出量进行常规预测，还应对某些不确定性因素和风险性作出估算。

对于不同的方案进行分析的目的在于通过有效地分配人力、物力和资金，在有限资源条件下，获得最佳的经济效果。方案关系不同，评价方法选择不同，因此，依照方案类型的不同选择恰当的评价方法是非常重要的。

2.5.3 投资项目单方案的比选

单方案评价不涉及多个方案之间的比较，只研究独立项目的经济效果，并做出最后结论，为项目的取舍提供决策依据，所以也称绝对经济效益评价，即通过技术方案本身的效益与费用的计算与比较，评价、选择方案。技术方案的绝对经济效益，也叫总效益。技术方案可以是某个投资项目，也可以是某个项目的设计方案。在经济评价中，分析单个方案常用的指标有：投资回收期、投资收益率、净现值、净现值率、内部收益率、净年值等。其中投资回收期为反指标，其数值越小越好；其他指标为正指标，其数值越大越好。通常情况下，投资回收期小于等于项目回收期的一半，投资收益率达到预期收益率，净现值大于等于零，内部收益率达到基准收益率，净年值大于等于零，被认为投资方案具备财务可行性，可以选择该方案。

2.5.4 投资项目多方案的比选

大多数情况下，投资项目有多个方案可供选择。技术经济评价的一个重要方面就是多方案选优和排序。在项目的规划设计或施工过程中，从多种可以相互替代又相互排斥的方案中，筛选出一个最优方案付诸实施，或在资源限定条件下各级计划部门对若干个独立的可行方案，按照它们的经济效果好坏，优先安排某些效益好的项目，保证有限资源用到最有利的项目中去，其实质是对经过绝对经济效果检验的若干个方案进行比较优选，也称为相对经济效果评价。

相对经济效益是与绝对经济效益相比较而言的，它舍弃了方案的相同部分，只计算、比较不同部分的经济效益。方案比较是寻求合理的技术方案的必要手段，也是建设项目经济评价的重要组成部分。

1. 投资项目多方案比选应考虑的问题

在建设项目可行性研究过程中，各项重要的经济和技术决策，存在着生产规模、产品结构、生产工艺、主要设备选择等多个不同方案。假如这些方案在技术上都是可行的，经济上也是合理的，那么只有通过方案的比较，才能鉴别各方案的优劣，从中选择出最优方案，为项目的决策提供可靠的依据，把有限的资金、物力和人力资源配置到经济效益最好的项目，以便最大限度地提高资源的利用率。与单方案评价相比，多方案的比选要复杂得多，所涉及的影响因素、评价方法以及要考虑的问题都要多得多。归纳起来，多方案的比选主要考虑以下四个方面的问题。

第一，备选方案的筛选。首先应剔除不可行的方案。不可行的方案没有资格参加方案比选。

第二，各方案的全部经济效益与费用。多方案比选，可就方案的全部因素计算多个方案的全部经济效益与费用，进行全面的分析对比，也可仅就各个方案的不同因素计算其相对经济效益与费用，进行局部的分析对比。另外，还要注意各个方案之间的可比性，要遵循效益与费用计算口径相一致的原则。

第三，各个方案的结构类型。对于不同结构类型的方案比较，要选用不同的比较方法和评价指标。考察结构类型所涉及的因素有：方案的计算期是否相同；方案所需的资金来源有否有限；方案的投资额是否相差过大等。

第四，备选方案之间的关系。备选方案之间的关系不同，决定了所用的评价方法也会有所不同。方案之间的关系有三种不同类型：独立关系、互斥关系和相关关系。

2. 投资项目多方案比选的方法

（1）独立方案的比选

独立方案，即方案之间不具有排他性，在一组方案中，采纳某方案不会影响采纳其他方案。 例如施工企业打算购买一台塔式起重机、一台推土机和一辆汽车，购买其中一台设备并不影响购买其他两种设备，这就是独立方案。独立方案的效果可以叠加。

独立方案经济评价常用的评价指标有净现值、内部收益率、净年值等。凡通过绝对效果检验的方案，就认为它在经济效果上是可以接受的，否则就应予以拒绝。所谓绝对（经济）效果检验，是指用经济效果评价标准（如 $NPV \geqslant 0$，$NAV \geqslant 0$，$IRR \geqslant i$），只检验方案自身的经济性的方法，也就是将技术方案自身的经济效果指标与评价标准相比较，达标即可。

独立方案的择优是指独立方案的优化组合，即对实现预定目标的若干可供选择的独立方案进行组合，并选择最有利的组合方案。独立方案择优的方法如下：

1）独立方案的取舍只取决于方案自身的经济性，即只需要检验它们是否能够通过净现值、净年值或内部收益率指标的评价标准。因此，多个独立方案与单方案的评价方法是相同的。

2）一组独立方案中各方案之间无需进行相互比较，可以接受一个或几个方案，也可以一个都不接受，这取决于方案与评价标准比较的结果。

独立方案的优化组合会出现两种情况：一是无资金限额情况下独立方案的优化组合；二是有资金限额情况下独立方案的优化组合。无资金限额是指项目不受资金的约束，只要看评价指标是否达到某一评价标准。在独立方案的经济评价中，有净现值法、净现值率法、内部收益率法等。但是，这种情况在现实中一般不存在，更多的情况是方案组合受到资金的约束。在资金一定的情况下，实施的项目收益率不仅要大于基准收益率，而且要在资金约束的范围内，对项目进行优化组合，以便使项目组合的经济效益最大。

（2）互斥方案的比选

互斥方案是指诸方案之间存在着互不相容、互相排斥的关系。在多个方案中只能选择一个方案。互斥方案的选择一般先以绝对经济效益方法筛选方案，然后以相对经济效益方法优选方案。

计算期相同的互斥方案的比选，可采用差额净现值、差额内部收益率、净现值和最小费用法进行评价。

在限定投资总额的条件下，分析评价独立方案群时，通常采用净现值排序法，即按照 NPV 或 $NPVR$ 大小排序，然后依据优先次序和资金限额反复选取方案组合，最后找出 NPV

最大的组合方案。

进行互斥方案的比较，必须遵循以下三个原则：可比性原则、增量分析原则、选择正确的评价方法原则。

1）可比性原则。参加比较的方案，无论是寿命期相等的方案，还是寿命期不相等的方案，无论使用何种评价指标，都必须满足方案之间具有可比性的要求。

①资料和数据的可比性：对各方案数据资料的搜集和整理的方法要加以统一，所采用的定额标准、价格水平、计算范围、计算方法等应该一致。

②功能的可比性：参与比选的众多方案的一个共同点就是预期目标的一致性，也就是方案产出功能的一致性，如果不同方案的产出功能不同，或产出虽然相同，但规模相当悬殊或产品质量差别很大的技术方案，都不能直接进行对比。

③时间的可比性：一般来说，实际工作中遇到的互斥方案通常具有相同的寿命期，这时两个互斥方案必须具备一个基本的可比性条件。但在实际工作中，我们经常会遇到寿命期不相等的情况，那就需要对方案按一定的方法进行调整，使它们具有可比性。

2）增量分析原则。对现金流量的差额进行评价，考察追加投资在经济上是否合算，如果增量收益超过增量费用，那么增加投资是值得的。例如，有甲和乙两个方案，甲方案比乙方案投资金额大，甲方案是否优于乙方案，要看增加的投资是否满足要求。

3）选择正确的评价方法原则。对于互斥方案的比较，情况比较复杂，有可能采用不同的经济评价指标得出相反的结论，需要根据项目方案的具体情况和投资者的意愿，合理选用恰当的评价指标，一般是以动态评价指标为主要依据，静态评价指标作为辅助指标。

（3）综合方案的比选

综合方案的比选是指各方案的现金流量之间相互影响，如果我们接受（或拒绝）某方案会对其他方案的现金流量产生一定的影响，进而会影响到其他方案的接受（或拒绝）。

对一般相关方案进行比选的方法有很多，最常用的是组合互斥方案法，其基本步骤如下：

1）确定方案之间的相关性，对其现金流量之间的互相影响作出准确估计。

2）对现金流量之间具有正的影响的方案，等同于独立方案看待；对相互之间具有负的影响的方案，等同于互斥方案看待。

3）根据方案之间的关系，把方案组合成互斥的组合方案，然后按照互斥方案的评价方法对组合方案进行比选。

教学示例

【例 2–6】为了满足运输需要，第五建筑工程公司运输部提出，要求在怀化和郴州两地之间上铁路项目和公路项目。项目计算期为 32 年。方案一：只上其中一个项目，净现金流量情况见表 2–22。方案二：两个项目都上，净现金流量情况见表 2–23。公司基准收益率为 10%。应如何决策？

方案一的净现金流量表（单位：万元） 表 2-22

年序	0	1	2	3~32
铁路项目（A）	-20000	-20000	-20000	10000
公路项目（B）	-10000	-10000	-10000	6000

方案二的净现金流量表（单位：万元） 表 2-23

年序	0	1	2	3~32
铁路项目（A）	-20000	-20000	-20000	8000
公路项目（B）	-10000	-10000	-10000	3500
合计	-30000	-30000	-30000	11500

解析：先将两个相关方案组合成三个互斥方案：铁路项目、公路项目、铁路 + 公路项目，再分别计算其净现值，计算结果见表 2-24。

组合方案的净现值表（单位：万元） 表 2-24

年序	0	1	2	3~32	*NPV*
铁路项目（A）	-20000	-20000	-20000	8000	281.65
公路项目（B）	-10000	-10000	-10000	3500	218.73
铁路 + 公路项目（A+B）	-30000	-30000	-30000	11500	149.80

以上计算表明，在三个互斥方案中，$NPV_A > NPV_B > NPV_{A+B} > 0$。

结论：根据“净现值最大的方案最优”的评价标准，方案 A（只上铁路项目）为最优。

2.5.5 新技术、新工艺和新材料应用方案的比选

1. 新技术、新工艺和新材料应用方案的技术经济分析方法

对新技术、新工艺和新材料应用方案进行技术经济分析的方法有很多，在事前、事后、设计和施工等不同的时间阶段，分析的内容与手段不同，比选的对象与尺度不同，方法不尽相同。

新技术、新工艺和新材料应用方案选择的原则

（1）按分析的内容不同，可分为：技术分析、经济分析、社会分析、环境分析、综合分析。每一类分析又包含着若干必选指标，不同类别的新技术、新工艺和新材料应用方案，比选指标重点不同。

新技术、新工艺和新材料应用方案常用的比选标准

（2）按分析的手段不同，可分为：定性分析和定量分析。定性分析主要是依靠人的丰富实践经验以及主观的判断和分析能力，评述影响新技术应用方案的各种因素及其影响程度，或者是把新技术应用方案的各个方面与目标要求进行比较，分析新技术应用方案对目标的满足程度。定量分析是对各项指标进行数据计算，通过量的分析比较，对各个新技术应用方案进行技术经济评价。

（3）按比选对象不同，可分为：有无对比、横向对比。

1）有无对比：在原有的技术方案基础上应用新技术方案，这种复合方案叫作“有方案”；不上新技术方案，继续使用已有的技术方案，则叫作“无方案”；有无对比就是对比“有方案”与“无方案”的投入产出效益。

2）横向对比：是比较同一行业类似方案在投入、产出、资源消耗、能源节约、环境保护、费用、效益、技术水平等，不同行业方案或同一行业规模相差太大的方案，均不宜横向对比，横向对比多用于竞争力分析。

（4）按比选尺度不同，可分为：规制对比、标准对比。规制是政府行政主管部门干预项目的重要依据。规制对比就是将方案与规制进行对比，以判定方案是否合法。标准对比是将方案的可验证指标与标准对比，以检验方案在技术上是否合法、合理、科学和有效。

2. 新技术、新工艺和新材料应用方案的技术分析

新技术、新工艺和新材料应用方案的技术分析，是通过对其方案的技术特性和条件指标进行对比与分析来完成的。

（1）技术特性指标。包括：1）现浇混凝土强度；2）现浇工程总量；3）最大浇筑量。

（2）技术条件指标。包括：1）方案占地面积；2）所需的主要材料、构配件等资源是否能保证供应；3）所需的主要专用设备是否能保证供应；4）所需的施工专业化协作、主要专业工种工人是否能保证供应；5）采用的方案对工程质量的保证程度、对社会运输能力的要求以及能否得到服务。

（3）新技术、新工艺和新材料应用方案的技术比较分析。一般可从以下几个方面着手：

1）分析与实施工程相关的国内外新技术应用方案，比较优缺点和发展趋势，选择先进适用的应用方案。

2）拟采用的新技术和新工艺应用方案应与采用的原材料相适应；新材料应用方案应与采用的工艺技术相适应。

3）分析应用方案的技术来源的可得性，若采用引进技术或专利，应比较所需费用。

4）分析应用方案是否符合节能、环保的要求。

5）分析应用方案对工程质量的保证程度。

6）分析应用方案各工序间的合理衔接，工艺流程是否通畅、简洁。

3. 新技术、新工艺和新材料应用方案的经济分析

不同的技术、工艺和材料方案只能选择一个方案实施，即方案之间具有互斥性。

常用的静态分析方法有：增量投资收益率法、年折算费用法、综合总费用法。

常用的动态分析方法有：财务净现值（费用现值）法、财务净年值（年成本）法。

（1）增量投资收益率法

增量投资收益率是指增量投资所带来的经营成本（或生产成本）上的节约与增量投资之比。计算公式如下：

如 $I_2>I_1$，$C_2<C_1$，则：

$$R_{(2-1)}=\frac{C_1-C_2}{I_2-I_1}\times 100\% \quad (2-14)$$

式中　I_1、I_2——旧、新方案的投资额；

C_1、C_2——旧、新方案的经营成本（或生产成本）。

判别方法：将上述公式算出的 R 与基准投资收益率相比较，R 大于或等于基准投资收益率时，新方案是可行的；否则，新方案不可行。

（2）年折算费用法

采用年折算费用法，应根据两种不同情况进行具体分析。

1）方案的有用成果相同

①在采用方案需要增加投资时，可以按照下列公式计算：

$$Z_j=C_j+P_j\times R_c \tag{2-15}$$

式中　Z_j——第 j 方案的年折算费用；

C_j——第 j 方案的年生产成本；

P_j——用于第 j 方案的投资额（包括建设投资和流动资金）；

R_c——基准投资收益率。

最优方案是选择年折算费用 Z_j 最小的方案。

②在采用方案不增加投资时，可以按照下列公式计算：

$$C_j=C_{Fj}+C_{uj}\times Q \tag{2-16}$$

式中　C_j——第 j 方案的年生产成本；

C_{Fj}——第 j 方案固定费用（固定成本）总额；

C_{uj}——第 j 方案单位产量的可变费用（可变成本）；

Q——生产的数量。

最优方案是选择年生产成本最低的方案。

2）方案的有用成果不相同

当方案的有用成果不相同时，可以按照下列公式计算：

$$Q_0=\frac{C_{F2}-C_{F1}}{C_{u1}-C_{u2}} \tag{2-17}$$

式中　Q_0——临界产量；

C_{F1}、C_{F2}——方案1、方案2的固定费用总额；

C_{u1}、C_{u2}——方案1、方案2的单位产量的可变费用。

当 $Q=Q_0$ 时，方案1和方案2没有区别；$Q>Q_0$ 时，方案2为优，反之，方案1为优。

（3）劳动生产率指标

劳动生产率的计算公式如下：

$$P_j=\frac{Q_j}{M_j(1+a_j)} \tag{2-18}$$

式中　P_j——第 j 方案的工人劳动生产率；

Q_j——第 j 方案的产量；

M_j——第 j 方案所确定的生产工人人数；

a_j——第 j 方案的辅助工系数。

（4）缩短工期节约固定费用

因缩短工期而节约的固定费用可按下列公式计算：

$$G_j=C_{Fj}\left(1-\frac{T_j}{T_0}\right) \tag{2-19}$$

式中 G_j——第 j 方案缩短工期节约的固定费用；

C_{Fj}——第 j 方案工程成本中的固定费用；

T_j——第 j 方案的工期；

T_0——预定工期（或合同工期）。

（5）缩短工期的生产资金节约额

因缩短工期而减少流动资金和固定资金的占用额可按下列公式计算：

$$F_j=f_j\left(1-\frac{T_j}{T_0}\right) \tag{2-20}$$

式中 F_j——第 j 方案缩短工期生产资金节约额；

f_j——第 j 方案资金平均占用额（月流动资金平均占用额 + 该项工程固定资金占用额）；

T_j——第 j 方案的工期；

T_0——预定工期（或合同工期）。

（6）缩短工期提前投产的经济效益

因缩短工期提前投产而产生的经济效益可按下列公式计算：

$$S_j=B_j\left(T_0-T_j\right) \tag{2-21}$$

式中 S_j——因工程提前投产带来的经济效益；

B_j——投产一日可获得的利润；

T_j——第 j 方案的工期；

T_0——预定工期（或合同工期）。

4. 新技术、新工艺和新材料应用方案的技术经济综合分析

（1）简单评分法

简单评分法的基本思路是将所评价技术方案的多项指标转化为一个综合指标，以此综合指标的大小作为评价技术方案的依据，将不同技术方案的综合指标值按大小排列，即可对各备选方案的优越性进行排序，最后选出最优方案。其分析步骤如下：1）确定技术方案的评价标准；2）对各备选方案的各项指标进行评价；3）根据对各项指标标准的满足程度确定备选方案各项指标的评分值；4）计算综合指标值。

（2）加权评分法

加权评分法是对简单评分法的改进，基本思路是由于技术方案各项指标的重要程度不

同，因此根据各项指标的重要程度给予不同的权重，然后计算技术方案的加权综合指标值，得出方案的排序，据此选择方案。

任务实施

三一公司高端铝型材加工厂建设项目两个备选方案的财务评价指标详见表 2–25，从经济效果方面进行评价，形成投资建议。

两个备选方案财务评价指标比较表（金额单位：万元） 表 2–25

项目	方案一	方案二	比较结果
投资收益率	58.07%	39.04%	方案一优于方案二
资本金收益率	23.54%	–6.33%	方案一优于方案二
投资回收期（年）	5.70	5.52	方案一优于方案二
净现值（万元）	23761.76	3570.07	方案一优于方案二
净现值率	2.08%	1.22%	方案一优于方案二
动态投资回收期（年）	6.66	7.19	方案一优于方案二
内部收益率	24.79%	19.59%	方案一优于方案二

评价与建议：表 2–25 两个备选方案财务评价指标比较结果表明，方案一各项静态评价指标和动态评价指标均符合财务可行性要求，且优于方案二，因此，选择投资方案一。

强化训练

【实践案例 3】有 A、B、C 3 个独立投资方案，其寿命期相同，各方案的现金流量见表 2–26，基准收益率为 10%。试求：

（1）若资金没有限制条件，选择最优的组合方案；

（2）若资金限额为 6000 万元，用互斥组合法求最优方案组合；

（3）若资金限额为 7000 万元，用净现值率法进行最佳项目组合的选择。

现金流量表（单位：万元） 表 2–26

方案年份	0	1	2	3	4
A	–1000	600	600	600	600
B	–2500	1000	1000	1000	1000
C	–4500	2300	2300	2300	2300

考核评价表

<table>
<tr><td colspan="5">工作任务：比选项目投资方案　　　　专业班级：
考核时长：建议 0.5 学时　　　　学生姓名：</td></tr>
<tr><td>考核方式</td><td>技能考核</td><td>知识测试</td><td colspan="2">素养评价</td></tr>
<tr><td>自我评价</td><td></td><td></td><td colspan="2"></td></tr>
<tr><td>团队互评</td><td></td><td></td><td colspan="2"></td></tr>
<tr><td>教师评价</td><td></td><td></td><td colspan="2"></td></tr>
<tr><td>企业评价</td><td></td><td></td><td colspan="2"></td></tr>
<tr><td colspan="5">评价等级：□优秀　□良好　□中等　□及格　□不及格</td></tr>
<tr><td colspan="5">考核说明：(1) 可从综合训练题中选题组卷测试；(2) 考核方式根据实际情况选择运用；(3) 建议技能考核分占比 50%，知识测试分占比 30%，素养评价分占比 20%</td></tr>
<tr><td colspan="5">技能考核标准</td></tr>
<tr><td>□优秀</td><td>□良好</td><td>□中等</td><td>□及格</td><td>□不及格</td></tr>
<tr><td>熟练掌握项目投资方案的分类及项目投资方案经济效果评价的原则，能熟练地进行项目投资方案的比较选择，能熟练地进行新技术、新工艺和新材料应用方案的比较选择，准确率达到 90%</td><td>熟练掌握项目投资方案的分类及项目投资方案经济效果评价的原则，能熟练地进行项目投资方案的比较选择，能熟练地进行新技术、新工艺和新材料应用方案的比较选择，准确率达到 80%</td><td>掌握项目投资方案的分类及项目投资方案经济效果评价的原则，能进行项目投资方案的比较选择，能进行新技术、新工艺和新材料应用方案的比较选择，准确率达到 70%</td><td>基本掌握项目投资方案的分类及项目投资方案经济效果评价的原则，能进行项目投资方案的比较选择，能进行新技术、新工艺和新材料应用方案的比较选择，准确率达到 60%</td><td>不熟悉项目投资方案的分类及项目投资方案经济效果评价的原则，不能正确地进行项目投资方案的比较选择，不能正确地进行新技术、新工艺和新材料应用方案的比较选择，准确率小于 60%</td></tr>
</table>

项目总结

项目财务评价的基础工作包括：根据项目融资计划编制借款还本付息计划表；估算项目现金流入与流出情况；绘制现金流量图；编制现金流量表等。在此基础上，准确地计算各项财务评价指标，包括静态评价指标和动态评价指标。在财务评价指标体系中，静态评价指标是辅助性指标，动态评价指标是主要考量指标。通常先计算静态评价指标，如投资利润率、投资利税率、资本金利润率、静态投资回收期等，根据计算结果对照静态财务指标评价标准对项目进行初步评价或初步筛选，然后计算动态评价指标，如净现值、净现值率、内部收益率、动态投资回收期、净年值等财务指标，根据计算结果对照动态财务指标评价标准对项目进行财务可行性评价，比较选择最优方案。比选项目投资方案应区分投资方案的类型。单个方案的比选，只需分析判断其各项财务评价指标是否达标。而多方案的比选，考虑的因素要复杂一些，独立方案、互斥方案和综合方案的比较选择方法不尽相同。项目财务评价与方案比选是项目投资决策的重要环节，其工作质量可决定投资的成败，因此，在工作中要具有认真、细致、严谨、求实的工作态度，要有责任意识和资源节约意识，并随时关注行业发展动态，与时俱进。

职业技能综合训练

一、单项选择题

1. 对一个系统进行工程经济分析时，通常把该系统在考察期间各时点实际发生的现金流入和流出称为（　　）。

A. 现金流动　　B. 资金流量　　C. 现金流量　　D. 净现金流量

2. 计算投资项目现金流量时，下列说法不正确的是（　　）。

A. 必须考虑现金流量的增量　　B. 尽量利用现在的会计利润数据

C. 要考虑沉没成本因素　　D. 考虑项目对企业其他部门的影响

3. 现金流量图可以全面、直观地反映经济系统的资金运动状态。现金流量的三大要素包括（　　）。

A. 现金流入的大小、方向和时间点　　B. 投入现金的额度、时间和回收点

C. 现金流量的大小、方向和作用点　　D. 现金流出的额度、方向和时间点

4. 某项目建设期为 2 年，建设期内每年年初分别贷款 600 万元和 900 万元，年利率为 10%。若在运营期前 5 年内于每年年末等额偿还贷款本利，则每年应偿还（　　）万元。

A. 343.20　　B. 395.70　　C. 411.52　　D. 452.68

5. 某企业在第一年初向银行借款 300 万元用于购置设备，贷款年有效利率为 8%，每半年计息一次，今后 5 年内每年 6 月底和 12 月底等额还本付息，则该企业每次偿还本息（　　）万元。

A. 35.46　　B. 36.85　　C. 36.99　　D. 37.57

6. 某投资项目原始投资额为 100 万元，使用寿命 10 年，已知该项目第 10 年的经营净现金流量为 25 万元，期满处置固定资产残值收入及回收流动资金共 8 万元，则该投资项目第 10 年的净现金流量为（　　）万元。

A. 8　　B. 25　　C. 33　　D. 43

7. 以下投资项目评价指标中属于静态评价指标的是（　　）。

A. 净现值　　B. 内部收益率　　C. 净现值率　　D. 投资利润率

8. 当项目净现值等于零时，则（　　）。

A. 说明项目没有收益，不可行　　B. 此时的贴现率即为其内部收益率

C. 增大贴现率可使净现值为正　　D. 动态投资回收期等于其寿命期

9. 某建设项目投资的内部收益率为 12%，基准收益率为 10%，则（　　）。

A. 净现值小于零　　B. 该方案不可行

C. 该方案可行　　D. 无法判断方案是否可行

10. 在多方案决策中，如果各个投资方案的现金流量是独立的，其中任一方案的采用与否均不影响其他方案是否采用，则方案之间存在的关系为（　　）。（造价师考试题）

A. 正相关　　B. 负相关　　C. 独立　　D. 互斥

11. 某企业有 4 个独立的投资方案 A、B、C、D，如资源受限，则可以构成（　　）个互斥方案。

A. 7　　B. 11　　C. 15　　D. 31

12. 在进行投资方案的比较和选择时，首先应明确（　　）。

A. 适宜的评价指标　　B. 投资方案间的关系

C. 适宜的评价方法　　D. 其他

13.（　　）是指各方案间具有排他性，（　　）是指各方案间不具有排他性。

A. 相关关系，独立关系　　B. 互斥关系，相关关系

C. 互斥关系，独立关系　　D. 独立关系，相关关系

14.（　　）是指在各个投资方案之间，其中某一方案的采用与否会对其他方案的现金流量带来一定的影响，进而影响其他方案的采用或拒绝。

A. 互斥关系　　B. 独立关系　　C. 相关关系　　D. 混合关系

15. 所谓内部收益率，是指项目在（　　）情况下的收益率。

A. 期末不能回收投资　　B. 期末刚好回收投资

C. 期末超额回收投资　　D. 正常经营

16. 某项目有 4 个方案，各方案的投资、现金流量及有关评价指标见表 2-27，若已知基准收益率为 18%，则经过比较最优方案为（　　）。（造价师考试题）

A. 方案 A　　B. 方案 B　　C. 方案 C　　D. 方案 D

各方案的投资、现金流量及有关评价指标　　表 2-27

方案	投资额（万元）	*IRR*（%）	Δ*IRR*
A	250	20	—
B	350	24	$\Delta IRR_{(B-A)}$=20.0%
C	400	18	$\Delta IRR_{(C-B)}$=5.3%
D	500	26	$\Delta IRR_{(D-B)}$=31.0%

17. 已知有 A、B、C 三个独立投资方案，其寿命期相同，各方案的投资额及评价指标见表 2-28。若资金受到限制，只能筹措到 6000 万元资金，则最佳的组合方案是（　　）。

A. A+B　　B. A+C　　C. B+C　　D. A+B+C

各方案的投资额及评价指标　　表 2-28

方案	投资额（万元）	净现值（万元）	净现值率（%）
A	2100	110.50	5.26
B	2000	409.12	20.45
C	2500	264.25	7.55

18. 某公司确定的基准收益率为 14%，现有 800 万元资金可用于甲、乙、丙三个项目的投资，各项目所需的投资额和内部收益率见表 2–29。由此产生的可行互斥方案有（　　）。（造价师考试题）

A. 2 个　　B. 3 个　　C. 6 个　　D. 7 个

各项目所需的投资额和内部收益率　　表 2–29

项目	投资额（万元）	内部收益率（%）
甲	350	13.8
乙	200	18
丙	420	16

19. 某项目有甲、乙两个方案，基准收益率 i_c=10%，两方案的净现值等有关指标见表 2–30。已知（P/A，10%，6）=4.355，（P/A，10%，10）=6.145，则两方案可采用（　　）。（造价师考试题）

A. 净现值法进行比选，则乙方案最佳　　B. 内部收益率法进行比选，则甲方案最佳

C. 净现值率法进行比选，则乙方案最佳　　D. 年值法进行比选，则甲方案最佳

两方案的净现值等有关指标　　表 2–30

方案	寿命期（年）	净现值（万元）	内部收益率（%）
甲	6	100	14.2
乙	10	130	13.2

20. 某项目当折旧率 i=12% 时，财务净现值 $FNPV_1$=2800 万元；当 i=13% 时，$FNPV_2$=–268 万元，用插值法计算财务内部收益率为（　　）。（造价师考试题）

A. 13.11%　　B. 11.09%　　C. 12.91%　　D. 12.09%

21. 现有 A、B 两个互斥并可行的方案，寿命期相同，A 方案的投资额小于 B 方案的投资额，则 A 方案优于 B 方案的条件是（　　）。（造价师考试题）

A. $\Delta IRR_{(B-A)} > i$　　B. $\Delta IRR_{(B-A)} < i$　　C. $\Delta IRR_{(B-A)} > 0$　　D. $\Delta IRR_{(B-A)} < 0$

22. 某企业现有甲、乙、丙三个独立方案，三个方案的结构类型相同，其投资额和净现值见表 2–31。由于资金限额为 750 万元，则最佳组合方案为（　　）。（造价师考试题）

A. 甲、乙组合　　B. 乙、丙组合　　C. 甲、丙组合　　D. 甲、乙、丙组合

三个方案的投资额和净现值　　表 2–31

方案	投资额（万元）	净现值（万元）
甲	200	50.25
乙	350	60.85
丙	400	55.45

二、多项选择题

1. 以下属于投资项目相关成本的有（　　）。

A. 机会成本　　B. 付现成本　　C. 专属成本　　D. 沉没成本

2. 按照项目投资效益，建设项目可划分为（　　）。

A. 盈利性项目　　B. 竞争性项目　　C. 公益性项目　　D. 基础性项目

3. 影响投资项目每年营业现金净流量大小的因素有（　　）。

A. 企业每年的收入　　B. 企业每年收入的增加额

C. 成本的增加额　　D. 付现成本的增加额

4. 关于现金流量图绘制规则的说法，正确的有（　　）。

A. 横轴为时间轴，向右延伸表示时间的延续

B. 对投资人而言，横轴上方的箭线表示现金流出

C. 垂直箭线代表不同时点的现金流量情况

D. 箭线长短应能体现各时点现金流量数值的差异

5. 下列各项中，属于项目投资静态评价指标的有（　　）。

A. 总投资收益率　　B. 投资利税率　　C. 内部收益率　　D. 平均报酬率

6. 在一般投资项目中，当一项投资方案的净现值等于零时，即表明该方案的（　　）。

A. 净现值率等于 1

B. 不具备财务可行性

C. 净现值率大于 0

D. 内部收益率等于设定折现率或行业基准收益率

7. 净现值法的优点有（　　）。

A. 考虑了资金时间价值　　B. 考虑了项目计算期的全部净现金流量

C. 考虑了投资风险　　D. 可从动态上反映项目的实际投资收益率

8. 内部收益率是指（　　）。

A. 投资报酬与总投资的比率　　B. 项目投资实际可望达到的收益率

C. 投资报酬现值与总投资现值的比率　　D. 使投资方案净现值为零的折现率

9. 分析单个方案常用的指标有（　　）。

A. 投资回收期　　B. 投资收益率

C. 净现值和净现值率　　D. 内部收益率

10. 计算期相同的互斥方案的比选，可采用（　　）进行评价。

A. 差额净现值　　B. 差额内部收益率　　C. 净现值　　D. 最小费用法

11. 一般来说，方案之间存在的关系包括（　　）。

A. 互斥关系　　B. 独立关系　　C. 相关关系　　D. 包括关系

12. 关于方案间存在的关系，下列描述正确的有（　　）。

A. 互斥关系是指各方案间具有排他性

B. 独立型备选方案的特点是诸方案间没有排他性

C. 在相关关系中，某些方案的接受是以另一些方案的接受作为前提条件

D. 企业可利用的资金足够多时，独立关系转化为一定程度上的互斥关系

13. 常用的在资金约束条件下独立方案的比选方法有（　　）。

A. 互斥方案组合法　　B. 最小费用法

C. 净现值率法　　D. 差额内部收益率法

14. 净现值率法的缺点有（　　）。

A. 不适用于互斥方案的决策　　B. 经常出现资金没有被充分利用的情况

C. 不一定能保证获得最佳组合方案　　D. 一般能得到投资经济效果较大的方案组合

15. 互斥方案组合法的优点有（　　）。

A. 计算简便，选择方法简明扼要

B. 当参选项目个数较少时该法简便实用

C. 可以实现有限资源的合理利用，带来经济效益的最大化

D. 一般能得到投资经济效果较大的方案组合

16. 投资多方案的比较和选择涉及因素包括（　　）。

A. 经济因素　　B. 技术因素　　C. 项目内部环境　　D. 项目外部环境

17. 某企业技改投资项目有两个可供选择的方案，各方案的投资额及评价指标见表 2–32。基准收益率 i_c=15%，则适用于对这两个方案进行比选的方法有（　　）。（造价师考试题）

A. 净现值率法　　B. 差额内部收益率法

C. 独立方案互斥化法　　D. 年值法

各方案的投资额及评价指标　　表 2–32

方案	投资（万元）	年净收益（万元）	寿命期（年）	*NPV*（万元）	*NPVR*（%）
A	800	260	7	281.6	35.2
B	1200	300	10	305.6	25.2

18. 对寿命期相同的互斥方案，比选方法正确的有（　　）。

A. 各备选方案的净现值大于等于零，并且净现值越大，方案越优

B. 各备选方案的净年值大于等于零，并且净年值越大，方案越优

C. 各备选方案的内部收益率大于等于基准收益率，并且内部收益率越大，方案越优

D. 各备选方案产出的效果相同或基本相同，可用最小费用法比选，费用越小，方案越优

三、判断题

1. 工程经济所研究的经济效果主要是工程建设领域内各种活动的劳动成果与劳动消耗的关系。（　　）

2. 工程技术方案采用后对改善环境污染、保护生态平衡、提高劳动力素质等方面产生的效益属于无形效果，在建设项目经济效果评价时应予以考虑。（　　）

3. 投资收益率又称投资利润率，是指投资方案在达到设计生产能力后一个正常年份的年净收益总额与方案投资总额的比率，是评价投资方案盈利能力的静态指标。 （ ）

4. 企业可利用的资金有限制时，独立关系转化为互斥关系。 （ ）

5. 方案A、B是互斥方案，如果 $IRR_A > IRR_B > i_c$，则A方案优于B方案。 （ ）

6. 方案A、B是互斥方案，如果 $NPV_A > NPV_B > 0$，则A方案优于B方案。 （ ）

7. 人们在比选方案时，通常以总投资的收益最大化作为决策依据。 （ ）

8. 内部收益率的决策结果与资金机会成本有关，能保证比选结果的正确性。 （ ）

9. 多方案比选，可就方案的全部因素计算各方案的全部经济效益与费用，进行全面的分析对比，也可仅就各个方案的不同因素计算其相对经济效益和费用，进行局部的分析对比。 （ ）

10. 备选方案的筛选，首先应剔除不可行的方案。 （ ）

11. 互斥方案组合法可以保证得到已知条件下最优的项目（方案）组合。 （ ）

12. 净现值率法一般能得到投资经济效果较大的投资方案组合，但不一定是最优的方案。 （ ）

13. 两个互斥方案，如果 $\Delta IRR > i_c$，则投资小的方案优于投资大的方案。 （ ）

14. 在对寿命期不等的多个互斥方案比选时，以 NAV 最大者为最优方案。 （ ）

15. 企业可利用的资金足够多时，互斥型方案的选择只要分别计算各方案的 NPV 或 IRR，选择所有 $NPV > 0$ 或 $IRR = i_c$ 的项目即可。 （ ）

16. 对一般相关方案进行比选的方法很多，最常用的是组合互斥方案法。 （ ）

四、案例分析

1. 某投资方案初始投资为9000万元，项目寿命期为6年，预计每年净现金流量为3000万元，到期残值约300万元，基准收益率为12%，要求计算净年值并作出财务评价。

2. 某企业有甲、乙两个寿命期不同的项目投资方案，两个方案的建设期均为1年，基准收益率为8%，两方案净现金流量见表2–33。已知（P/A，8%，5）=3.993，（P/A，8%，6）=4.623，（P/A，8%，7）=5.206，（P/A，8%，8）=5.747。要求分别采用净现值法、净现值率法、年值法分析评价两个方案的优劣。（造价师考试题）

两方案净现金流量（单位：万元） 表2–33

项目年份	1	2	3	4	5	6	7	8
甲	−500	200	200	200	200	200	—	—
乙	−700	230	230	230	230	230	230	230

3. 某项工程有两个投资方案，资料见表2–34，基准收益率为10%。要求：用内部收益率法选择最佳方案。

4. 某企业拟新建一个项目，行业平均收益率为15%，数据见表2–35。要求计算：（1）动态投资回收期；（2）内部收益率。

两个投资方案资料　　表2–34

项目方案	A	B
投资（万元）	3000	4000
年净收入（万元）	780	920
寿命（年）	10	10

某项目净现金流量（单元：万元）　　表2–35

年份	0	1	2	3、4	5	6	7
净现金流量	–2000	–780	1500	1500	1500	1500	1500

5. 某机关计划购买一台复印机。A品牌的价格为22000元，年使用费1000元，可使用9年，无残值；B品牌的价格为30000元，年使用费1300元，可使用13年，无残值。折现率为8%。请作出决策。

6. 某单位拟订一个15年的投资规划，分3期建成，开始投资60000元，5年后再投资50000元，10年后再投资40000元。每年的保养费：前5年每年2500元，最后5年每年3500元，15年年末残值为8000元。试用8%的基准收益率，计算该规划的费用现值和费用年值。

7. 建一个临时仓库需80000元，一旦拆除即毫无价值，假定仓库每年净收益为13600元。试分析：

（1）使用8年时，其内部收益率为多少？

（2）若希望得到10%的收益率，则该仓库至少使用多少年才值得投资？

8. 为修建某河的大桥，经考虑有A、B两处可供选点，在A点建桥其投资为1200万元，年维护费用2万元，混凝土桥面每10年翻修一次需5万元；在B点建桥预计投资1100万元，年维护费用8万元。该桥每3年粉刷一次3万元，每10年整修一次4万元，若利率为10%，试比较两个方案哪个最优？

9. 有A、B两个互斥方案，A方案初始投资为15000元，期末回收残值为5000元；B方案初始投资为0元，每季度将损失2000元。两个方案的寿命期都为5年，假如利息按年利率10%计，每季度计息一次，试比较哪个方案最优？

10. 有Ⅰ、Ⅱ两个寿命期不同的互斥方案，基准收益率为8%，两个方案净现金流量见表2–36。试比较两个方案的优劣。

（1）用研究期法（用Ⅰ、Ⅱ两个方案中较短的寿命期为研究期）；

（2）用净年值法。

两方案净现金流量（单位：万元） 表 2-36

年份	0	1	2	3	4	5	6	7	8	9	10
Ⅰ	-1000	-500	600	600	600	600	600	600	600	—	—
Ⅱ	-1500	-700	-700	700	700	700	700	700	700	700	700

11. 某化工厂靠近市区，为提高生产能力和解决污染问题，准备将其搬迁至郊区。为此，该化工厂需要新增投资额5000万元。搬迁后，部分设备可继续使用，预计项目计算期为10年。对此，厂内意见不一致，不少人考虑到职工上班和生活问题，主张不搬迁。若在原地继续生产，必须投资2000万元建设治污设施；同时为了再生产10年，还需要投入500万元进行设备大修理和更换几台旧设备。两种方案的数据比较见表2-37。试分析该化工厂搬迁是否更经济？

两种方案的数据比较（单位：万元） 表 2-37

年份 方案	搬迁方案				不搬迁方案			
	净收益	旧资产	新增投资	净现金流量	净收益	旧资产	新增投资	净现金流量
1	0	—	5000	-5000	0	3000	2000	-5000
2	0	2000	—	-2000	2400	—	500	1900
3	2500	—	—	2500	2200	—	—	2200
4~10	3200	—	—	3200	3200	—	—	3200

项目 3　项目不确定性分析

项目描述

根据典型案例 3 提供的三一公司高端铝型材加工厂建设项目资料，完成以下 4 项任务：(1) 项目盈亏平衡分析；(2) 项目敏感性分析；(3) 项目概率分析；(4) 比选项目投资方案。

【典型案例 3】三一公司高端铝型材加工厂建设项目

三一公司拟投资新建一个年产 5 万 t 高端铝型材加工厂，估算项目建设总投资为 13266.77 万元，计划用 3 年时间建设完成。项目投资计划：第 1 年完成投资 30%，第 2 年完成投资 30%，第 3 年完成投资 40%。预计第 4 年项目投产，投产当年的生产负荷达到设计生产能力的 70%，第 5 年达到设计生产能力。项目投产后可运营 15 年。项目运营期所生产的铝型材产品市场价格约 2.5 万元 /t，预计单位变动成本 2.13 万元 /t，每年固定成本为 9780 万元，其他费用每年 400 万元。公司规定新建设项目基准投资收益率为 10%。各年现金流量情况详见表 3-1，净现值详见表 3-2。表中数据来自该项目在前期决策阶段的估算和预测，项目在未来的建设和营运过程中存在不确定性。

现金流量表（单位：万元）　　表 3-1

n	0	1	2	3	4
CI	0	0	0	0	87500
CO	2649.08	2957.71	4300.98	3360	85221.65
NCF	-2649.08	-2957.71	-4300.98	-3360	2278.35
Σ *NCF*	-2649.08	-5606.79	-9907.77	-13267.77	-10989.42

n	5	6	……	22	23	合计
CI	125000	125000	……	125000	128558.16	2466058.16
CO	118525.4	118525.4	……	118525.4	118574.94	2350536.16
NCF	6474.6	6474.6	……	6474.6	9983.22	115522
Σ *NCF*	-4514.82	1959.78	……	105538.78	115522	—

净现值计算表（单位：万元）　　表 3-2

n	0	1	2	3	4
NCF	-2649.08	-2957.71	-4300.98	-3360	2278.35
$(P/F, 10\%, n)$	1.0000	0.9091	0.8264	0.7513	0.6830
NPV	-2649.08	-2688.85	-3554.33	-2524.37	1556.11
n	5	……	22	23	合计
NCF	6474.6	……	6474.6	9983.22	115522
$(P/F, 10\%, n)$	0.6209	……	0.1228	0.1117	—
NPV	4020.08	……	795.08	1115.13	23761.76

学习目标

知识目标

（1）了解不确定性因素产生的原因；

（2）理解不确定性分析的概念；

（3）熟悉不确定性分析的内容；

（4）掌握不确定性分析的方法；

（5）掌握盈亏平衡分析的基本原理和方法；

（6）掌握敏感性分析的基本原理和方法；

（7）掌握概率分析的基本原理和方法。

技能目标

（1）能够根据项目类型正确地选择不确定分析的方法；

（2）能够准确地计算项目的盈亏平衡点，进行盈亏平衡分析；

（3）能够运用单因素分析法、双因素分析法对建设项目进行敏感性分析；

（4）能够运用期望值法、决策树法对建设项目的经济效果进行优劣判断；

（5）能够运用不确定性分析方法进行项目投资方案的经济评价，为项目投资决策提供依据。

素养目标

（1）养成爱岗敬业的职业精神；

（2）具有投资风险意识和责任意识；

（3）具有实事求是的科学精神；

（4）具有认真、细致、严谨、求实的工作态度；

（5）养成协作共进的团队精神、沟通与协作的职业习惯。

项目指导书

<table>
<tr><td colspan="2">工作任务</td><td colspan="3">项目不确定性分析</td></tr>
<tr><td colspan="2">建议工具</td><td>电脑或移动设备（如智能手机、PAD 等）</td><td>建议学时</td><td>10</td></tr>
<tr><td colspan="5">【任务描述】根据典型案例 3 提供的三一公司高端铝型材加工厂建设项目资料，完成以下 4 项任务：(1) 项目盈亏平衡分析；(2) 项目敏感性分析；(3) 项目概率分析；(4) 比选项目投资方案</td></tr>
<tr><td colspan="2">任务实施步骤</td><td>操作方法与说明</td><td>质量要求</td><td>配套学习资源</td></tr>
<tr><td>1</td><td>盈亏平衡分析</td><td>依据项目的年固定成本、单价、单位变动成本等估算和预测数据，计算盈亏平衡点，进而评估项目风险性大小</td><td>准确计算盈亏平衡点</td><td>—</td></tr>
<tr><td>2</td><td>敏感性分析</td><td>分析项目主要不确定因素及其变化对项目经济评价指标的影响，进而评估项目对其变化的承受能力</td><td>要求分析不确定因素变化对项目经济评价指标的影响程度和敏感程度</td><td>(1) 单因素敏感性分析；
(2) 多因素敏感性分析</td></tr>
<tr><td>3</td><td>概率分析</td><td>测算影响经济评价指标的不确定性因素的变化范围及其概率，确定项目经济评价指标在此概率下的期望值及抗风险程度</td><td>应有项目经济效果的概率描述</td><td>(1) 风险分析；
(2) 概率分析</td></tr>
<tr><td>4</td><td>比选项目投资方案</td><td>根据盈亏平衡分析、敏感性分析、概率分析的结果，评估项目风险性大小，比选项目投资方案，为制定项目风险防范措施提供依据</td><td>正确计算指标，正确选择分析评价方法，结论正确</td><td>—</td></tr>
</table>

考核评价表

工作任务：项目不确定性分析　　　　专业班级：＿＿＿＿

考核时长：建议2学时　　　　学生姓名：＿＿＿＿

考核方式	技能考核	知识测试	素养评价
自我评价			
团队互评			
教师评价			
企业评价			

评价等级：□优秀　□良好　□中等　□及格　□不及格

考核说明：（1）可从综合训练题中选题组卷测试；（2）考核方式根据实际情况选择运用；（3）建议技能考核分占比50%，知识测试分占比30%，素养评价分占比20%

技能考核标准

□优秀	□良好	□中等	□及格	□不及格
熟练计算项目盈亏平衡点；能正确分析项目敏感因素，能正确进行概率分析，并根据盈亏平衡分析、敏感性分析、概率分析的结果评估项目风险性大小，比选项目投资方案，准确率达到90%以上	熟练计算项目盈亏平衡点；能正确分析项目敏感因素，能正确进行概率分析，并根据盈亏平衡分析、敏感性分析、概率分析的结果评估项目风险性大小，比选项目投资方案，准确率达到80%	计算项目盈亏平衡点；能正确分析项目敏感因素，能正确进行概率分析，并根据盈亏平衡分析、敏感性分析、概率分析的结果评估项目风险性大小，比选项目投资方案，准确率达到70%	计算项目盈亏平衡点；能正确分析项目敏感因素，能正确进行概率分析，并根据盈亏平衡分析、敏感性分析、概率分析的结果评估项目风险性大小，比选项目投资方案，准确率达到60%	不能准确计算项目盈亏平衡点、分析项目敏感因素，不熟悉概率分析，不能根据盈亏平衡分析、敏感性分析、概率分析的结果评估项目风险性大小，比选项目投资方案，准确率小于60%

思政提升

杭州湾跨海大桥是一座横跨中国杭州湾海域的跨海大桥，全长36km，设计使用寿命100年以上。出于对预期收益的乐观评估，该项目吸引了大量民间资本，17家民营企业以BOT形式参股。项目运营初期，营业毛利率高达63.93%。但运营5年后，相隔50km的杭甬客运专线和杭州湾第二通道嘉绍跨江大桥建成通车，该项目通行费收入下降，营业毛利率降为50.44%。按照当地政府规划，第三跨海工程钱江通道也将通车，宁波杭州湾大桥、舟山—上海跨海高速、杭州湾铁路大桥等项目也已纳入地方或国家规划，未来车流量将进一步分流，项目前景更加黯淡。投资回报下降，预计收费期限内本金难以收回，投资入股的民企纷纷转让股份，最后地方政府不得不通过国企回购了项目80%的股份。

杭州湾大桥PPP项目是一个值得深入研究的案例。其风险因素在于：第一，项目投资收益预测不准确。该项目投入运营后唯一的收入来源就是通行费。从2003年发表的《杭州湾跨海大桥工程可行性研究》来看，当时预测2010年杭州湾跨海大桥的车流量有望达到1867万辆，但是，实际上2010年的车流量只有1112万辆，比预期少了30%以上。2012年，杭州湾跨海大桥的实际车流量达到了1252.44万辆，仍然不及预计的1415.2万辆。严重的预期收益误判导致投资决策失误，项目资金缺口高达8.5亿元，而通行费收入全年仅为6.43亿元。按照30年收费期限，可能无法回收本金。第二，项目投资总额估算不准确。杭州湾跨海大桥工程规模大，海上工程量大，施工条件复杂，采用常规设计方案和施工方法很难满足工期要求，为了保证工程质量和工期，施工单位采取了一系列措施，如异地施工；预制大型桥梁部件；超长整桩预制；建筑“陆上桥”，解决软土层不稳定问题；在南北航道桥分别开工，同时在两岸设立工厂，专门为杭州湾浇筑桥梁提供场所；为避免钢筋被海水腐蚀，施工方在原来的水泥中加入了粉煤烟和阻蚀剂等特殊用料，还在三层熔融环氧粉末涂装，阻止海水腐蚀桥梁，有效地阻止海水进入混凝土腐蚀钢筋，这一系列措施增加了建设成本。该项目投资概算64亿元，从规划到建成的10年间多次追加投资，实际投资达136亿元，超概算1倍多，参股的民企已先期投入，只能继续追加。

启示：建设项目投资决策分析，不仅要考虑项目的预期收益，也要考虑项目未来的不确定性，要有风险意识。不确定分析是一个把风险量化的过程。通过不确定性分析，投资者能够较为充分地了解项目的风险，进而作出更客观的投资决策。

思维导图

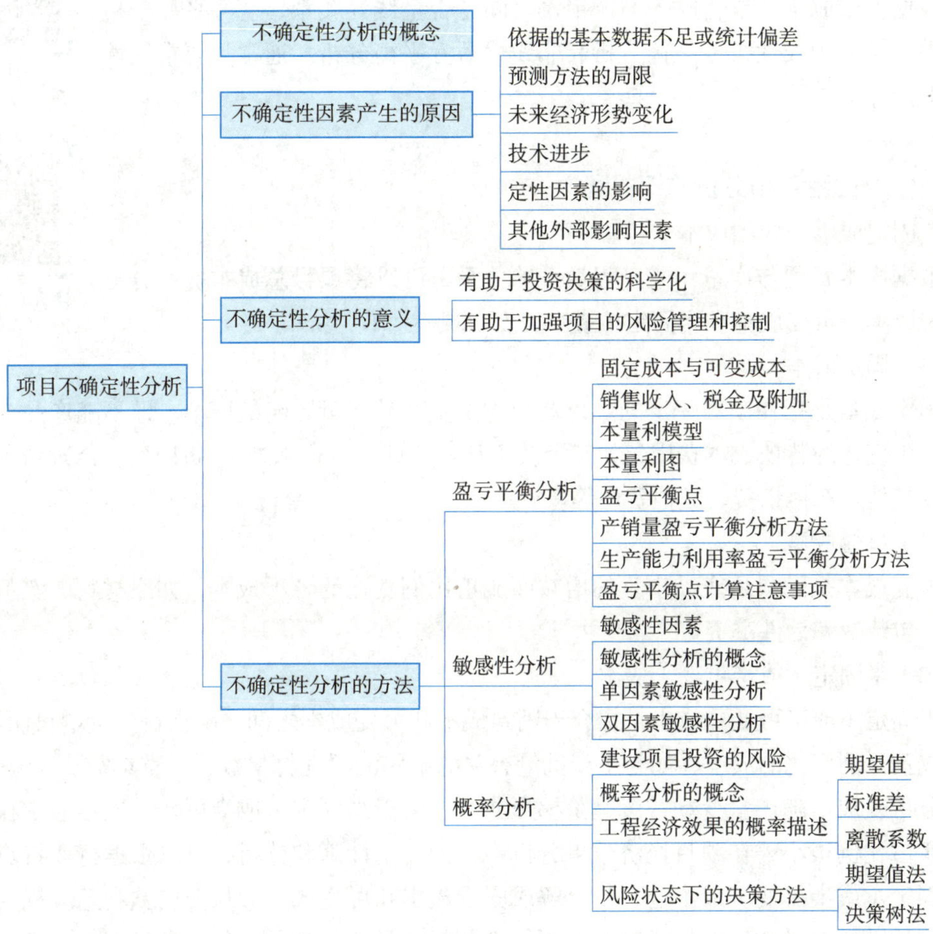

任务 3.1　盈亏平衡分析

任务描述

根据典型案例3提供的三一公司高端铝型材加工厂建设项目的相关资料，完成以下任务：（1）找出项目投资的风险因素；（2）计算项目盈亏平衡点；（3）项目盈亏平衡分析。

知识准备

不确定性分析的定义

3.1.1　盈亏平衡分析的定义

盈亏平衡分析也称本量利分析，就是将项目投产后的产销量作为不确定因素，通过计算项目的盈亏平衡点的产销量，据此分析判断不确定性因素对项目经济效果的影响程度，说明项目实施的风险大小及项目承担风险的能力，为决策提供科学依据。盈亏平衡分析是不确定性分析的一种常用方法。

根据生产成本及销售收入与产销量之间是否呈线性关系，盈亏平衡分析又可进一步分为线性盈亏平衡分析和非线性盈亏平衡分析。通常只要求线性盈亏平衡分析。

不确定性分析的意义

项目不确定性因素产生的原因

3.1.2 盈亏平衡分析的相关概念

1. 固定成本与变动成本

根据成本费用与产量（或工程量）的关系，可以将项目总成本费用分解为固定成本、可变成本和半固定（或半可变）成本。

（1）固定成本

固定成本是指在项目一定的产量范围内不受产品产量影响的成本，即不随产品产量的增减发生变化的各项成本费用，如工资及福利费（计件工资除外）、折旧费、修理费、无形资产及其他资产摊销费、其他费用等。

（2）可变成本

可变成本是随项目产品产量的增减而成正比例变化的各项成本，如原材料、燃料、动力费、包装费和计件工资等。

（3）半固定（或半可变）成本

半固定（或半可变）成本是指介于固定成本和可变成本之间，随项目产量增长而增长，但不成正比例变化的成本，如与生产批量有关的某些消耗性材料费、工模具费及运输费等，这部分可变成本随产量变动一般呈阶梯形曲线。由于半固定（或半可变）成本通常在总成本中所占比例很小，在项目经济效果分析中，为便于计算和分析，可以根据行业特点将产品半固定（或半可变）成本进一步分解成固定成本和可变成本。长期借款利息应视为固定成本；流动资金借款和短期借款利息可能部分与产品产量相关，其利息可视为半固定（或半可变）成本，为简化计算，一般也将其作为固定成本。

综上所述，项目总成本是固定成本与可变成本之和，它与产品产量的关系也可以近似地认为是线性关系，即：

$$C=C_F+C_UQ \tag{3-1}$$

式中 C——总成本；

C_F——固定成本；

C_U——单位产品变动成本；

Q——产量（或工程量）。

2. 销售收入、税金及附加

（1）销售收入

项目的销售收入与产品销量的关系有两种情况：

1）该项目的生产销售活动不会明显地影响市场供求状况，假定其他市场条件不变，产品销售价格不会随该项目的销量变化而变化，可以看作一个常数，销售收入与销量呈线性关系。

2）该项目的生产销售活动将明显地影响市场供求状况，随着该项目产品销量的增加，产品销售价格有所下降，这时销售收入与销量之间不再呈线性关系。

为简化计算，本书仅考虑销售收入与销量呈线性关系这种情况。

（2）税金及附加

由于单位产品的税金及附加是随产品的销售单价变化而变化的，为便于分析，将销售收入与税金及附加合并考虑。

经简化后，项目的销售收入是销量的线性函数，即：

$$S=p\times Q-T\times Q \tag{3-2}$$

式中　S——销售收入；

p——单位产品售价；

T——单位产品税金及附加（当投入产出都按不含税价格时，T 不包括增值税）；

Q——销量。

3. 本量利模型

企业的经营活动，通常以生产数量为起点，以利润为目标。在一定期间把成本总额分解简化成固定成本和变动成本两部分后，再同时考虑收入和利润，使成本、产销量和利润的关系统一于一个数学模型。这个数学模型的表达形式为：

$$B=S-C \tag{3-3}$$

式中　B——利润。

为简化数学模型，对线性盈亏平衡分析作了如下假设：

（1）生产量等于销售量，即当年生产的产品（或提供的服务，下同）扣除自用量，当年完全销售出去；

（2）产销量变化，单位可变成本不变，总成本费用是产销量的线性函数；

（3）产销量变化，销售单价不变，销售收入是产销量的线性函数；

（4）只生产单一产品；或者生产多种产品，但可以换算为单一产品计算，不同产品的生产负荷率的变化应保持一致。

根据上述假设，将式（3-1）、式（3-2）代入式（3-3），可得：

$$B=p\times Q-C_U\times Q-C_F-T\times Q \tag{3-4}$$

式中　Q——产销量（即生产量等于销售量）。

式（3-4）明确表达了本量利之间的数量关系，是基本的损益方程式。它含有相互联系的 6 个变量，给定其中 5 个，便可求出另一个变量的值。

4. 本量利图

将式（3-4）的关系反映在直角坐标系中，即成为基本的本量利图，如图 3-1 所示。

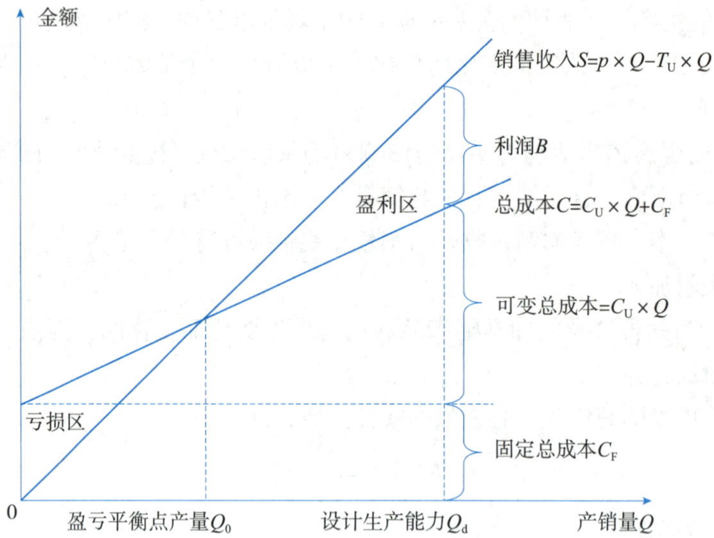

图 3-1 基本本量利图

图中的横坐标为产销量，纵坐标为金额（成本和销售收入）。假定在一定时期内，产品价格不变时，销售收入 S 随产销量的增加而增加，呈线性函数关系，在图形上就是以零为起点的斜线。产品总成本 C 是固定总成本和变动总成本之和，当单位产品的变动成本不变时，总成本也呈线性变化。

5. 盈亏平衡点的计算

从图 3–1 可知，销售收入线与总成本线的交点是项目盈利与亏损的转折点，这个转折点被称为盈亏平衡点（*BEP*），也叫保本点，表明项目在此产销量下总收入与总成本相等，既没有利润，也不发生亏损。在此基础上，增加产销量，销售收入超过总成本，收入线与成本线之间的距离为利润值，形成盈利区；反之，形成亏损区。这种表达本量利相互关系的图示也称盈亏平衡分析图，该图不仅形象直观，一目了然，而且容易理解。

盈亏平衡分析是通过计算项目达到盈亏平衡点（*BEP*），分析项目成本与收入的平衡关系，判断项目对不确定性因素导致产销量变化的适应能力和抗风险能力。

项目盈亏平衡点（*BEP*）的表达形式有多种。可以用绝对值表示，如以实物产销量、单位产品售价、单位产品的可变成本、年固定总成本以及年销售收入等表示的盈亏平衡点；也可以用相对值表示，如以生产能力利用率表示的盈亏平衡点。其中以产销量和生产能力利用率表示的盈亏平衡点应用最为广泛，其分析结果表示项目经营的安全程度。盈亏平衡点一般采用公式计算，也可利用盈亏平衡分析图求得。

6. 产销量盈亏平衡分析方法

从图 3–1 可见，当企业在小于 Q_0 的产销量下组织生产，则项目亏损；在大于 Q_0 的产销量下组织生产，则项目盈利。显然产销量 Q_0 是盈亏平衡点（*BEP*）的一个重要表达。就单一产品项目来说，盈亏平衡点的计算并不困难，一般是从销售收入等于总成本费用即盈亏平衡方程式中导出。由式（3–4）中利润 B=0，即可导出以产销量表示的盈亏平衡点 *BEP*

（Q），其计算式如下：

$$BEP(Q)=\frac{C_F}{p-C_U-T_U} \tag{3-5}$$

式中 $BEP(Q)$——盈亏平衡点时的产销量。

判别标准：当项目产销量低于 $BEP(Q)$ 时，项目亏损；当项目产销量大于 $BEP(Q)$ 时，项目盈利。

7. 生产能力利用率盈亏平衡分析方法

生产能力利用率表示的盈亏平衡点 $BEP(\%)$，是指盈亏平衡点产销量占项目正常产销量的比重。所谓正常产销量，是指正常市场和正常开工情况下项目的产销数量。在项目评价中，一般用设计生产能力表示正常产销量。

$$BEP(\%)=\frac{BEP(Q)}{Q_d}\times 100\% \tag{3-6}$$

式中 Q_d——正常产销量或项目设计生产能力。

进行项目评价时，生产能力利用率表示的盈亏平衡点常常根据正常年份的产品产销量、变动成本、固定成本、产品价格和税金及附加等数据来计算。即：

$$BEP(\%)=\frac{C_F}{S_n-C_v-T}\times 100\% \tag{3-7}$$

式中 $BEP(\%)$——盈亏平衡点时的生产能力利用率；

S_n——年营业收入；

C_v——年可变成本；

T——年税金及附加。

通过式（3–6）可得：

$$BEP(Q)=BEP(\%)\times Q_d$$

可见式（3–5）与式（3–7）是可以相互换算的，即产销量表示的盈亏平衡点等于生产能力利用率表示的盈亏平衡点乘以设计生产能力。

判别标准：当项目生产能力利用率低于 $BEP(Q)$ 时，项目亏损；当项目生产能力利用率大于 $BEP(Q)$ 时，项目盈利。

8. 盈亏平衡分析注意事项

对项目运用盈亏平衡分析时应注意：

（1）盈亏平衡点要按项目投产达到设计生产能力后正常年份的产销量、变动成本、固定成本、产品价格、税金及附加等数据来计算，而不能按计算期内的平均值计算。正常年份一般选择还款期间的第一个达产年和还款后的年份分别计算，以便分别给出最高和最低的盈亏平衡点区间范围。

（2）以上公式中的收入和成本均为不含增值税销项税和进项税的价格（简称不含税价格）。如采用含税价格，$BEP(Q)$ 公式的分母中应再减去单位产品增值税；$BEP(\%)$ 公式的分母中应再减去年增值税。

（3）盈亏平衡点反映了项目对市场变化的适应能力和抗风险能力。从图 3-1 中可以看到，盈亏平衡点越低，达到此点的盈亏平衡产销量就越少，项目投产后盈利的可能性越大，适应市场变化的能力越强，抗风险能力也越强。

盈亏平衡分析虽然能够从市场适应性方面说明项目风险的大小，但并不能揭示产生项目风险的根源。因此，还需采用其他方法来帮助达到这个目标。

任务实施

读者可扫描二维码查看任务 3.1 参考答案。

任务 3.1
参考答案

强化训练

【实践案例 1】某建筑公司生产和销售一种产品，单价为 15 元，单位变动成本为 12 元，全月固定成本 10 万元，月销售量 4 万件。由于市场竞争激烈，该公司拟调整市场策略，将产品单价降为 13.5 元，同时每月还将增加广告费 2 万元。要求：（1）绘制市场策略调整前的产品本量利图；（2）计算市场策略调整前该产品的盈亏平衡点；（3）绘制市场策略调整后的产品本量利图；（4）计算市场策略调整后该产品的盈亏平衡点；（5）市场策略调整后，该产品的销售量增加多少才能使利润比原来增加 5%？

考核评价表

工作任务：盈亏平衡分析　　　　专业班级：________

考核时长：建议1学时　　　　学生姓名：________

考核方式	技能考核	知识测试	素养评价
自我评价			
团队互评			
教师评价			
企业评价			

评价等级：□优秀　□良好　□中等　□及格　□不及格

考核说明：（1）可从综合训练题中选题组卷测试；（2）考核方式根据实际情况选择运用；（3）建议技能考核分占比60%，知识测试分占比20%，素养评价分占比20%

技能考核标准

□优秀	□良好	□中等	□及格	□不及格
理解不确定分析方法；掌握盈亏平衡分析；熟练绘制本量利图；准确计算项目盈亏平衡点；能正确进行项目保本分析和保利分析，准确率达到95%以上	理解不确定分析方法；掌握盈亏平衡分析；熟练绘制本量利图；准确计算项目盈亏平衡点；能进行项目保本分析和保利分析，准确率达到80%	理解不确定分析方法；熟悉盈亏平衡分析；能绘制本量利图；会计算项目盈亏平衡点；能进行项目保本分析和保利分析，准确率达到70%	了解不确定分析方法；了解盈亏平衡分析；能绘制本量利图；会计算项目盈亏平衡点；基本会进行项目保本分析和保利分析，准确率达到60%	不了解不确定分析方法；不熟悉盈亏平衡分析；不能准确绘制本量利图；不会计算项目盈亏平衡点；不会进行项目保本分析和保利分析，准确率小于60%

任务 3.2 敏感性分析

任务描述

根据典型案例 3 提供的三一公司高端铝型材加工厂建设项目的相关资料，分析项目主要不确定因素及其变化对项目经济评价指标的影响，进而评估项目对其变化的承受能力。

知识准备

3.2.1 敏感性因素

在项目经济效果评价中，各类因素的变化对经济指标的影响程度是不同的。一些因素可能仅发生较小幅度的变化就能引起经济效果评价指标发生大的变动；而另一些因素即使发生了较大幅度的变化，对经济效果评价指标的影响也不是太大。我们将前一类因素称为敏感性因素，后一类因素称为非敏感性因素。决策者有必要把握敏感性因素，分析方案的风险大小。

3.2.2 敏感性分析的定义

项目评价中的敏感性分析，是在项目确定性分析的基础上，通过进一步分析、预测项目主要不确定因素的变化对项目经济效果评价指标的影响，从中找出敏感性因素，确定评价指标对该因素的敏感程度和技术方案对其变化的承受能力。敏感性分析有单因素敏感性分析和多因素敏感性分析两种。

单因素敏感性分析是对单一不确定因素变化对项目经济效果的影响进行分析，即假设各个不确定性因素之间相互独立，每次只考察一个因素变动，其他因素保持不变，以分析这个可变因素对经济效果评价指标的影响程度和敏感程度。为了找出关键的敏感性因素，通常只进行单因素敏感性分析。多因素敏感性分析是假设两个或两个以上互相独立的不确定因素同时变化时，分析这些变化的因素对经济效果评价指标的影响程度和敏感程度。

3.2.3 单因素敏感性分析

单因素敏感性分析一般按以下步骤进行：

1. 确定分析指标

项目评价的各种经济效果指标，如财务净现值、财务内部收益率、静态投资回收期等，都可以作为敏感性分析的指标。分析指标的确定与分析的目标和任务有关，一般是根据项目的特点、实际需求情况和指标的重要程度来选择。

如果主要分析项目状态和参数变化对项目投资回收快慢的影响，则可选用静态投资回收期作为分析指标；如果主要分析产品价格波动对项目超额净收益的影响，则可选用财务净现值作为分析指标；如果主要分析投资大小对项目资金回收能力的影响，则可选用财务内部收益率指标等。

如果在机会研究阶段，主要是对项目的设想和鉴别，确定投资方向和投资机会。此时，各种经济数据不完整，可信程度低，深度要求不高，可选用静态的评价指标，常采用的指标是投资收益率和投资回收期。如果在初步可行性研究和可行性研究阶段，则需选用动态的评价指标，常用财务净现值、财务内部收益率，也可以辅之以投资回收期。

由于敏感性分析是在确定性经济效果分析的基础上进行的，一般而言，敏感性分析的指标应与确定性经济效果评价指标一致，不应超出确定性经济效果评价指标范围而另立新的分析指标。当确定性经济效果评价指标比较多时，敏感性分析可以围绕其中一个或若干个最重要的指标进行。

2. 选择需要分析的不确定性因素

影响项目经济效果评价指标的不确定性因素很多，但事实上没有必要对所有的不确定因素都进行敏感性分析，而只需选择一些主要的影响因素。在选择需要分析的不确定性因素时主要考虑以下两条原则：

第一，预计这些因素在其可能变动的范围内对经济效果评价指标的影响较大；

第二，对在确定性经济效果分析中采用该因素的数据的准确性把握不大。

选定不确定性因素时应当把这两条原则结合起来。对于一般项目来说，通常从以下几方面选择敏感性分析中的影响因素。

（1）从收益方面来看，主要包括产销量与销售价格、汇率。许多产品，其生产和销售受国内外市场供求关系变化的影响较大，市场供求难以预测，价格波动也较大，而这种变化不是项目本身所能控制的，因此产销量与销售价格、汇率是主要的不确定性因素。

（2）从费用方面来看，包括成本（特别是与人工费、原材料费、燃料费、动力费及技术水平有关的变动成本）、建设投资、流动资金占用、折现率、汇率等。

（3）从时间方面来看，包括项目建设期和生产期，生产期又可考虑投产期和正常生产期。

此外，选择的因素要与选定的分析指标相联系。否则，当不确定性因素变化一定幅度时，并不能反映评价指标的相应变化，达不到敏感性分析的目的。比如折现率因素对静态评价指标不起作用。

3. 分析每个不确定性因素的波动程度及其对分析指标可能带来的增减变化情况

首先，对所选定的不确定性因素，应根据实际情况设定这些因素的变动幅度，其他因素固定不变。因素的变动可以按照一定的变化幅度（如 ±5%、±10%、±15%、±20% 等；对于建设工期可采用延长或压缩一段时间表示）改变它的数值。

其次，计算不确定性因素每次变动对项目经济效果评价指标的影响。

对每一个因素的每一次变动，均重复以上计算，然后，把因素变动及相应指标变动结果用敏感性分析表（表 3-3）和敏感性分析图（图 3-2）的形式表示出来，以便于测定敏感因素。

单因素变化对经济效果评价指标的影响（单位：万元）　　表 3–3

项目	变化幅度						
	–20%	–10%	0	10%	20%	平均 +1%	平均 –1%
投资额							
产品价格							
经营成本							
……							

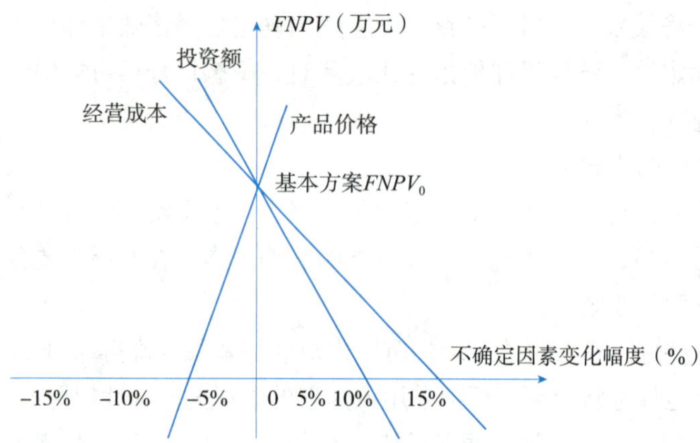

图 3–2　单因素敏感性分析示意图

4. 确定敏感性因素

敏感性分析的目的在于寻求敏感因素，这可以通过计算敏感度系数和临界点来判断。

（1）敏感度系数（S_{AF}）

敏感度系数表示项目经济效果评价指标对不确定因素的敏感程度。计算公式为：

$$S_{AF}=\frac{\Delta A/A}{\Delta F/F} \tag{3-8}$$

式中　S_{AF}——评价指标 A 对于不确定性因素 F 的敏感度系数；

$\Delta F/F$——不确定性因素 F 的变化率（%）；

$\Delta A/A$——不确定性因素 F 发生 ΔF 变化时，评价指标 A 的相应变化率（%）。

计算敏感度系数判别敏感因素的方法是一种相对测定法，即根据不同因素相对变化对项目经济效果评价指标影响的大小，可以得到各个因素的敏感性程度排序。

$S_{AF}>0$，表示评价指标与不确定因素同方向变化；$S_{AF}<0$，表示评价指标与不确定因素反方向变化。$|S_{AF}|$ 越大，表明评价指标 A 对于不确定因素 F 越敏感；反之，则越不敏感。据此可以找出哪些因素是最关键的因素。

敏感度系数提供了各不确定因素变动率与经济效果评价指标变动率之间的比例，但不能直接显示变化后评价指标的值。为了弥补这种不足，有时需要编制敏感性分析表，列示各因素变动率及相应的评价指标值，见表 3–3。

敏感性分析表的缺点是不能连续表示变量之间的关系，为此人们设计了敏感分析图，如图 3–2 所示。图中横轴代表各不确定因素变动百分比，纵轴代表评价指标（以财务净现值为例）。根据原来的评价指标值和不确定因素变动后的评价指标值画出直线，这条直线反映不确定因素不同变化水平时所对应的评价指标值。每一条直线的斜率反映项目经济效果评价指标对该不确定因素的敏感程度，斜率越大敏感度越高。一张图可以同时反映多个因素的敏感性分析结果。

（2）临界点

临界点是指项目允许不确定因素向不利方向变化的极限值（图 3–3）。超过极限值，项目的经济效果指标将不可行。例如当产品价格下降到某一值时，财务内部收益率将刚好等于基准收益率，此点称为产品价格下降的临界点。临界点可用临界点百分比或者临界值分别表示某一变量的变化达到一定的百分比或者一定数值时，项目的经济效果指标将从可行转变为不可行。临界点可用专用软件的财务函数计算，也可由敏感性分析图直接求得近似值。采用图解法时，每条直线与判断基准线的相交点所对应的横坐标上不确定因素变化率即为该因素的临界点。但须注意：临界点的高低与设定的指标判断标准有关。如财务内部收益率的判断标准为基准收益率，则不确定性因素变化的临界点是财务内部收益率等于基准收益率。对于同一个项目，随着设定基准收益率的提高，临界点就会变低（即临界点表示的不确定因素的极限变化变小）。

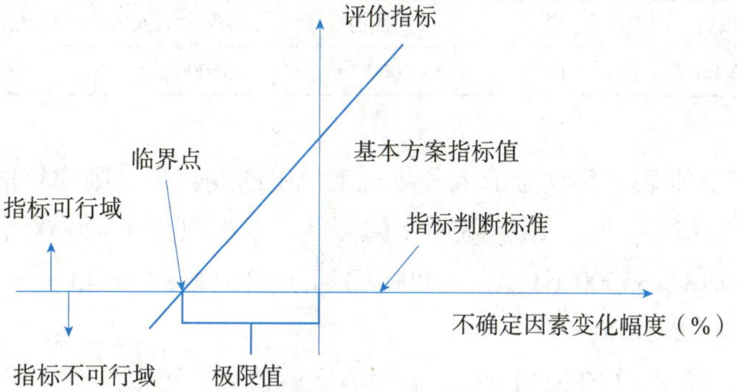

图 3–3 单因素敏感性分析临界点示意图

利用临界点判别敏感因素的方法是一种绝对测定法，项目能否接受的判据是各经济效果评价指标能否达到临界值。在一定指标判断标准（如基准收益率）下，在若干不确定性因素中，临界点越低，说明该因素对项目经济效果指标影响越大，项目对该因素就越敏感，把临界点与未来实际可能发生的变化幅度相比较，就可大致分析该项目的风险情况，在实践中常常把敏感度系数和临界点两种方法结合起来确定敏感因素。

5. 选择方案

如果进行敏感性分析的目的是对不同的项目进行选择，一般应选择敏感程度小、承受风险能力强、可靠性大的项目。

需要说明的是，单因素敏感性分析虽然对于项目分析中不确定因素的处理是一种简便易行、具有实用价值的方法。但它以假定其他因素不变为前提，这种假定条件，在实际经济活动中是很难实现的，因为各种因素的变动都存在着相关性，一个因素的变动往往引起其他因素也随之变动。比如产品价格的变化可能引起需求量的变化，从而引起市场销售量的变化。所以，在分析项目经济效果受多种因素同时变化的影响时，要用多因素敏感性分析，使之更接近于实际过程。多因素敏感性分析由于要考虑可能发生的各种因素不同变动情况的多种组合，因此计算起来要比单因素敏感性分析复杂得多。

3.2.4 双因素敏感性分析

双因素敏感性分析是指在假定其他不确定性因素不变的条件下，计算分析两种不确定性因素同时发生变动，对项目经济效益值的影响程度，确定敏感性因素及其极限值。双因素敏感性分析一般是在单因素敏感性分析的基础上进行的，且分析的基本原理与单因素敏感性分析大体相同。但需要注意的是，双因素敏感性分析须进一步假定同时变动的两个因素都是相互独立的，且各因素发生变化的概率相同。

【例 3–1】已知某投资项目各参数的预测值见表 3–4。经单因素敏感性分析，参数中年现金流出和年现金流入的变动对项目经济效益的影响最大，为进一步评价项目的风险和不确定性，试作双因素敏感性分析。

参数数据预测值　　表 3–4

参数	投资	寿命	残值	年现金流入	年现金流出	利率
预测值	170000 元	10 年	20000 元	35000 元	3000 元	13%

解：设 X 和 Y 分别表示年现金流入和年现金流出的变化率，则净年值为：

$$NAV=-170000(A/P,13\%,10)+35000(1+X)-3000(1+Y)+20000(A/F,13\%,10)$$
$$=-1700000.184+35000(1+X)-3000(1+Y)+20000\times0.0543$$
$$=1757+35000X-3000Y$$

只要 $NAV>0$，即 $Y>0.586+11.67X$，此时方案就盈利，可以接受。现分别以 X 轴、Y 轴代表年现金流入和年现金流出的变化率，在坐标图中作出临界线 Y=0.586+11.67X，如图 3–4 所示，它将坐标图划分为两个区域，左边为亏损区（$NAV<0$），右边为盈利区（$NAV>0$）。

从图 3–4 可以看出，临界线几乎与 Y 轴平行，说明该项目对年现金流入变动非常敏感，而对年现金流出变动则很不敏感。图中按 X 与 Y 值的 10%、20%、30% 围成三个正方形，临界线将它们各自分成两个部分，其中阴影部分中任何一点 $NAV<0$，非阴影部分中任何一点的 $NAV>0$。各正方形中阴影面积占总面积的比例大小，可以近似说明年现金流入与年现金流出在此正方形范围内变化时，方案发生亏损可能性的大小。例如在 ±10% 的正方形中，阴影面积占总面积的 1/4 左右，这说明当年收入与年支出在 ±10% 范围内同时变化时，方案亏损可能性为 25% 左右，而盈利可能性约为 75%。因而从整体上进一步描述了项目的盈亏不确定程度。

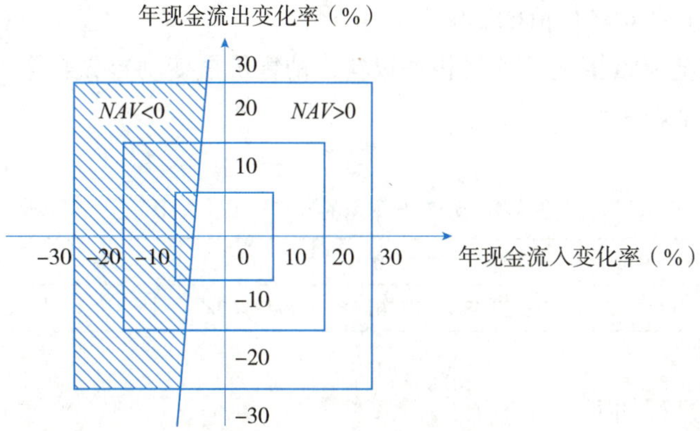

图 3-4 两个参数变化敏感性分析图

综上所述，敏感性分析是项目经济评价时经常用到的一种方法，它在一定程度上对不确定因素的变动对项目投资效果的影响作了定量的描述，有助于弄清项目对不确定因素的不利变动所能容许的风险程度，有助于鉴别何者是敏感因素，从而能够及早排除对那些无足轻重的变动因素的注意力，把进一步深入调查研究的重点集中在那些敏感因素上，或者针对敏感因素制定出管理和应变对策，以达到尽量减少风险、增加决策可靠性的目的。但敏感性分析也有其局限性，它不能说明不确定因素发生变动的可能性是大还是小，也就是没有考虑不确定因素在未来发生变动的概率，而这种概率是与项目的风险大小密切相关的。

任务实施

根据典型案例 3 提供的三一公司高端铝型材加工厂建设项目的相关资料，进行敏感性分析。

1. 确定性分析

NPV=（−2649.08）+（−2957.71）×（P/F, 10%, 1）+（−4300.98）×（P/F, 10%, 2）+（−3360）×（P/F, 10%, 3）+2278.35×（P/F, 10%, 4）+6474.6×（P/A, 10%, 18）×（P/F, 10%, 5）+9983.22×（P/F, 10%, 23）=23761.76（万元）

2. 项目不确定因素分析

该项目不确定因素主要有：投资额、销售价格、经营成本。

3. 不确定因素对项目经济评价指标的影响

（1）投资额变动对净现值的影响

投资额增加 1% 时，净现值为 23647.59 万元，减少幅度为 0.48%。投资额减少 1% 时，净现值为 23875.9 万元，增加幅度为 0.48%。详见表 3-5。

投资额变动对净现值的影响（单位：万元） 表 3-5

投资额变动幅度	−20%	−10%	0	10%	20%	平均 +1%	平均 −1%
净现值	26045.08	24903.42	23761.76	22620.09	21478.43	−0.48%	0.48%

（2）销售价格变动对净现值的影响

根据表 3–1 现金流量情况及项目相关资料，销售价格变动首先会影响现金流入量，进而影响净现值，详见表 3–6。

产品销售价格变动对净现值的影响（单位：万元） 表 3–6

销售价格变动幅度	–20%	–10%	0	10%	20%	平均 +1%	平均 –1%
净现值	–165814.31	–94787.38	23761.76	94787.38	165814.31	29.89%	–29.89%

具体计算分析过程如下：

1）项目现金流量基数：

项目建设期 3 年，无现金流入。

第 4 年（营运期）

现金流入量 =2.5 × 50000 × 70%=87500（万元）

第 5~22 年（营运期）

各年现金流入量 =2.5 × 50000=125000（万元）

第 23 年（营运期）

现金流入量 = 年销售收入 + 回收固定资产余值 + 回收流动资金 =2.5 × 50000+9907.77 × 2%+3360=128558.16（万元）

现金流入量 =87500+125000 × 18+128558.16=2466058.16（万元）

2）销售价格增加 1% 时，价格为 2.5 ×（1+1%）=2.525（万元 /t），现金流量如下：

第 4 年（营运期）

现金流入量 =2.525 × 50000 × 70%=88375（万元）

第 5~22 年（营运期）

各年现金流入量 =2.525 × 50000=126250（万元）

第 23 年（营运期）

现金流入量 = 年销售收入 + 回收固定资产余值 + 回收流动资金 =2.525 × 50000+9907.77 × 2%+3360=129808.16（万元）

运营期现金流入量 =88375+126250 × 18+129808.16=2490683.16（万元）

销售价格增加 1% 时现金流入量增加额 =2490683.16–2466058.16=24625（万元）

现金流入量增加导致所得税流出量 =24625 × 25%=6156.25（万元）

销售价格增加 1% 时现金净流量增加额 =24625–6156.25=18468.75（万元）

3）销售价格增加 1% 时净现值增加额 =（88375–87500）×（P/F, 10%, 4）+（126250–125000）×（P/A，10%，18）×（P/F，10%，4）+（129808.16–128558.16）×（P/F，10%，23）=7102.56（万元）

销售价格增加 1% 时净现值增加幅度为 7102.56/23761.76 × 100%=29.89%

4）销售价格增加 10% 时，价格为 2.5 ×（1+10%）=2.75（万元 /t），现金流量如下：

第 4 年（营运期）

现金流入量 =2.75×50000×70%=96250（万元）

第 5~22 年（营运期）

各年现金流入量 =2.75×50000=137500（万元）

第 23 年（营运期）

现金流入量 = 年销售收入 + 回收固定资产余值 + 回收流动资金 =2.75×50000+9907.77×2%+3360=141058.16（万元）

营运期现金流入量 =96250+137500×18+141058.16=2712308.16（万元）

销售价格增加 10% 时现金流入量增加额 =2712308.16−2466058.16=246250（万元）

现金流入量增加导致所得税流出量 =246250×25%=61562.5（万元）

销售价格增加 10% 时现金净流量增加额 =246250−61562.5=184687.5（万元）

销售价格增加 10% 时净现值增加额 =（96250−87500）×（*P*/*F*, 10%, 4）+（137500−125000）×（*P*/*A*，10%，18）×（*P*/*F*，10%，4）+（141058.16−128558.16）×（*P*/*F*，10%，23）=71025.62（万元）

销售价格增加 10% 时净现值增加幅度为 71025.62/23761.76×100%=298.91%

销售价格增加 20% 时净现值增加幅度为 298.91%×2=597.82%

（3）经营成本变动对净现值的影响

根据该项目现金流量估算情况（数据来源于任务 2.2），经营成本变动首先会影响现金流出量，进而影响净现值，详见表 3−7。

经营成本变动对净现值的影响（单位：万元） 表 3−7

经营成本变动幅度	−20%	−10%	0	10%	20%	平均 +1%	平均 −1%
净现值	—	—	23761.76	—	—	−20.96%	20.96%

具体计算分析过程如下：

1）项目现金流量基数：

建设期

第 1 年初现金流出量 =2649.08（万元）

第 2 年初现金流出量 =2957.71（万元）

第 3 年初现金流出量 =4300.98（万元）

固定资产投资 =2649.08+2957.71+4300.98=9907.77（万元）

第 3 年末现金流出量 =3360（万元）

第 4 年（营运期）

经营成本 =（1.71+0.23+0.145+0.042）×50000×70%+9780+400=84625（万元）

固定资产年折旧费 =9907.77×（1−2%）÷20=485.48（万元）

所得税 =（87500−84625−485.48）×25%=597.38（万元）

第 4 年现金流出量 =84625+597.38=85222.38（万元）

第 5~22 年（营运期）

各年经营成本 =（1.71+0.23+0.145+0.042）×50000+9780+400=116530（万元）

各年所得税 =（125000−116530−485.48）×25%=1996.13（万元）

第 5~22 年各年现金流出量 =116530+1996.13=118526.13（万元）

第 23 年（营运期）

所得税 =（125000+198.16−116530−485.48）×25%=2045.67（万元）

第 23 年现金流出量 =116530+2045.67=118575.67（万元）

运营期现金流出量 =85222.38+118526.13×18+118575.67=2337268.39（万元）

2）经营成本增加 1% 时，现金流量如下：

第 4 年（营运期）

经营成本 =84625×（1+1%）=85471.25（万元）

所得税 =（营业收入 − 经营成本 − 折旧）×25%=（87500−85471.25−485.48）×25% = 385.82（万元）

第 4 年现金流出量 =85471.25+385.82= 85857.07（万元）

经营成本增加 1% 时，第 4 年现金流出量增加：85857.07−85222.38=634.69（万元）

第 5~22 年（营运期）

各年经营成本 =116530×（1+1%）=117695.3（万元）

各年所得税 =（125000−117695.3−485.48）×25%=1704.81（万元）

第 5~22 年各年现金流出量 =117695.3+1704.81=119400.11（万元）

经营成本增加 1% 时，第 5~22 年各年现金流出量增加：119400.11−118526.13=873.98（万元）

第 23 年（营运期）

所得税 =（125000+198.16−117695.3−485.48）×25%=1754.35（万元）

第 23 年现金流出量 =117695.3+1754.35=119449.65（万元）

经营成本增加 1% 时，第 23 年现金流出量增加：119449.65−118575.67=873.98（万元）

营运期现金流出量 =85857.07+119400.11×18+119449.65=2354508.7（万元）

经营成本增加 1% 时，现金净流量增加额 =2354508.7−2337268.39=17240.31（万元）

3）经营成本增加 1% 时净现值减少额 =634.69×（P/F，10%，4）+873.98×（P/A，10%，18）×（P/F，10%，4）+873.98×（P/F，10%，23）= 4981.64（万元）

经营成本增加 1% 时净现值减少幅度为 4981.64÷23761.76×100%=20.96%

4）其他变动情况分析（略）

（4）单因素变化对净现值的影响

综合以上计算分析结果，单因素变化对净现值的影响详见表 3−8。

4. 项目对于不确定性因素的敏感性分析

影响项目评价指标净现值的不确定性因素主要有投资额、产品价格、经营成本，项目对其变化的承受能力分析如下：

单因素变化对净现值的影响（单位：万元） 表 3–8

项目	变化幅度						
	–20%	–10%	0	10%	20%	平均 +1%	平均 –1%
投资额	26045.08	24903.42	23761.76	22620.09	21478.43	–0.48%	0.48%
产品价格	–165814.31	–94787.38	23761.76	94787.38	165814.31	29.89%	–29.89%
经营成本	（略）	（略）	23761.76	（略）	（略）	–20.96%	20.96%

净现值对于投资额的敏感度系数 $S_{AF}=\dfrac{-0.48\%}{1\%}=-0.48$

净现值对于产品价格的敏感度系数 $S_{AF}=\dfrac{29.89\%}{1\%}=29.89$

净现值对于经营成本的敏感度系数 $S_{AF}=\dfrac{-20.96\%}{1\%}=-20.96$

以上计算结果表明，评价指标净现值对于产品价格变化最敏感，对于投资额变化最不敏感。最关键的因素是产品价格，其次是经营成本。

强化训练

【实践案例 2】某项目投资方案，设计能力为年产 A 产品 1500 台，预计产品售价为 1800 元 / 台，经营成本为 700 元 / 台，估算投资额为 800 万元，项目寿命为 8 年。试对此项目方案的投资回报期作敏感性分析。

考核评价表

工作任务：敏感性分析		专业班级：	
考核时长：建议1学时		学生姓名：	

考核方式	技能考核	知识测试	素养评价
自我评价			
团队互评			
教师评价			
企业评价			

评价等级：□优秀　□良好　□中等　□及格　□不及格

考核说明：(1) 可从综合训练题中选题组卷测试；(2) 考核方式根据实际情况选择运用；(3) 建议技能考核分占比60%，知识测试分占比20%，素养评价分占比20%

技能考核标准

□优秀	□良好	□中等	□及格	□不及格
理解单因素敏感性分析、多因素敏感性分析；掌握敏感性分析的方法；能够熟练分析项目主要不确定因素及其变化对项目经济评价指标的影响，进而评估项目对其变化的承受能力，准确率达到90%以上	理解单因素敏感性分析、多因素敏感性分析；掌握敏感性分析的方法；能够分析项目主要不确定因素及其变化对项目经济评价指标的影响，进而评估项目对其变化的承受能力，准确率达到80%	理解单因素敏感性分析、多因素敏感性分析；掌握敏感性分析的方法；能够分析项目主要不确定因素及其变化对项目经济评价指标的影响，进而评估项目对其变化的承受能力，准确率达到70%	理解单因素敏感性分析、多因素敏感性分析；基本掌握敏感性分析的方法；会分析项目主要不确定因素及其变化对项目经济评价指标的影响，进而评估项目对其变化的承受能力，准确率达到60%	不理解敏感性分析；不熟悉敏感性分析的方法；不会分析项目主要不确定因素及其变化对项目经济评价指标的影响，不会评估项目对其变化的承受能力，准确率小于60%

任务 3.3 风险分析

任务描述

【例 3–2】某房地产开发项目的现金流量测算值见表 3–9。根据经验推断，销售收入和开发成本为离散型随机变量，其值在估计值的基础上可能发生的变化及其概率见表 3–10。该公司设定的基准收益率为 12%。试分析:（1）该项目净现值大于等于零的概率;（2）该项目净现值大于等于 5000 万元的概率。

项目现金流量测算表（单位：万元） 表 3–9

年份	销售收入	开发成本	其他支出	净现金流量
0	1600	4500	0	-2900
1	6400	5900	0	500
2	8800	6900	0	1900
3	8800	1800	2500	4500
4	8200	200	3000	5000

销售收入和开发成本变动情况表 表 3–10

变动幅度	销售收入变动概率	开发成本变动概率
-20%	0.3	0.1
0	0.6	0.4
20%	0.1	0.5

知识准备

3.3.1 建设项目投资的风险

风险通常是指“遭受危险、蒙受损失或伤害等的可能和机会”。不确定性因素会导致建设项目经济效果评价的预期值与未来的实际值出现偏差，这种偏差可能优于预期结果，也可能劣于预期结果，故不确实性不等于风险。

按风险因素对投资项目的影响程度划分，风险可分为一般风险、较大风险、严重风险和灾难性风险。一般风险是指风险发生的可能性不大，或者即使发生，造成的损失较小，一般不影响项目的可行性。较大风险是指风险发生的可能性较大，或者发生后造成的损失较大，但造成的损失程度是项目可以承受的。严重风险有两种情况，一是风险发生的可能性大，风险造成的损失大，使项目由可行变为不可行；二是风险发生后造成的损失严重，但是风险发生的概率很小，采取有效的防范措施，项目仍然可以正常实施。灾难性风险是指风险发生的可能性很大，一旦发生将产生灾难性后果，项目无法承受。

建设项目的风险因素主要来源于以下五个方面：

（1）市场风险。其风险来源：一是市场供需实际情况与预测值发生偏离；二是项目产品市场竞争力或者竞争对手情况发生重大变化；三是项目产品和主要原材料的实际价格与预测价格发生较大偏离。

（2）资源风险。资源风险主要指资源开发项目，如金属矿、非金属矿、石油、天然气等矿产资源的储量、品位、可采储量、开拓工程量及采选方式等与预测发生较大偏离，导致项目开采成本增加、产量降低或者开采期缩短。

（3）公司风险。其风险因素主要是：1）项目经济状况。所有企业都是在市场中运作，一个企业可能在任何时刻都有几个项目在同时实施，通常一个项目就是一个盈利点，往往一个主要项目亏损，其后果将影响整个公司的财务状况。2）项目技术。项目采用的技术，特别是引进技术的先进性、可靠性、适用性和经济性与预测方案发生重大偏离，导致生产能力利用率降低，生产成本增加，产品质量达不到预期要求等。3）项目的工程条件。指工程地质条件、水文地质条件与预测发生重大偏离，导致工程量增加、投资增加、工期拖长所造成的损失。

（4）政治和社会风险。主要指国内外政治经济条件发生重大变化（政局更迭或动荡、战争、金融危机、恐怖活动、罢工等）和政府政策作出重大调整及项目所依赖的社会环境条件改变（环保要求的改变、利率、汇率变化导致融资成本升高）等，使项目原定目标难以实现，甚至无法实现。

（5）外部协作条件风险。交通运输、供水、供电等主要外部协作配套条件虽然在可行性研究中已得到了充分的考虑，但仍有发生重大变化的可能，一旦发生变化，将给项目建设和运营带来困难。

风险因素的基本特征是具有不确定性和可能造成损失，要从这个基本特征着手，针对工程建设的不同阶段和不同项目类型进行深入剖析，去识别风险因素的来源。项目风险分析贯穿于项目建设和生产运营的全过程。

3.3.2 概率分析

在经济学中，概率通常是指事件发生的可能性大小。一般以一个 0~1 之间的实数表示一个事件发生的可能性大小。越接近 1，该事件越有可能发生；越接近 0，则该事件越不可能发生。

盈亏平衡分析和敏感性分析是不确定性分析方法中最常用的两种方法，但这两种分析方法都隐含了一个假设，即各个不确定性因素发生变动的可能性相同。事实上，各个不确定性因素在未来发生某幅度变动的概率是不尽相同的，这就提出了概率分析的要求。《建设项目评价方法与参数（第三版）》指出，在完成盈亏平衡分析和敏感性分析后，根据项目特点和实际需要，有条件时还应进行概率分析。

概率分析又称风险分析，是运用概率分析方法研究不确定性因素对项目经济评价指标影响程度的一种定量分析方法。其目的在于，通过测算影响经济评价指标的各种不确定性因素的变化范围及其概率，确定经济评价指标在此概率情况下的期望值及抗风险程度，从而对项目可行性和风险性以及方案优劣作出判断。概率分析常用于对大中型重要项目的评估和决策之中。

3.3.3 工程经济效果的概率描述

1. 期望值

投资方案经济效果的期望值，是指在一定的概率分布下，经济效果所能达到的概率平均值，其实质是一个加权值，以概率为权数。表达式为：

$$E(X)=\sum_{i=1}^{n}X_iP_i \tag{3-9}$$

式中 $E(X)$——经济效果评价指标 X 的期望值；

P_i——变量 X 取值为 X_i 时的概率。

2. 标准差

标准差反映了随机变量与其期望值之间的离散程度。标准差越大，表明随机变量与其期望值之间的平均离散程度越大，因而风险也就越大。标准差的计算公式为：

$$\partial(X)=\sqrt{\sum_{i=1}^{n}P_i\left[X_i-E(X)\right]^2} \tag{3-10}$$

式中 $\partial(X)$——变量 X 的标准差。

3. 离散系数

标准差是一个绝对指标，一般情况下，变量的期望值越大，其标准差也越大，因此标准差往往不能反映期望值不同的方案的风险程度差异。此时，用离散系数可以更好地反映方案的风险程度。其计算公式为：

$$V(X)=\frac{\partial(X)}{E(X)} \tag{3-11}$$

式中 $V(X)$——离散系数。

当对两个投资方案进行比较时，如果期望值相同，则标准差较小的方案，风险更低；如果两个方案的期望值和标准差均不相同，则离散系数较小的方案，风险更低。

3.3.4 风险状态下的决策方法

工程项目建设的风险分析就是在市场预测、融资方案的确定和工程技术方案的经济评价过程中，综合分析识别拟建项目在建设和运营时潜在的主要风险因素，揭示风险来源，判别风险程度，提出规避风险的对策，降低风险损失。风险状态下的决策方法主要有期望值法和决策树法。

1. 期望值法

期望值法是通过计算行动方案在各种自然状态概率下的收益值之和，选其中最大收益值对应的方案或最小损失值对应的方案为最优方案。期望值法是决策的理论基础。期望值是用来描述随机变量的一个主要参数，是以各种随机变量取值的概率为权重的加权平均值。计算期望值的公式为：

$$E(X)=\sum_{i=1}^{n}X_iP_i \tag{3-12}$$

式中　$E(X)$——方案 X 的期望值；

X_i——方案 X 在 i 状态（不确定性因素）下的收益值或其他经济指标值；

P_i——i 状态（不确定性因素）可能出现的概率；

i——不确定性因素；

n——不确定因素的数量。

【例 3-3】有一项工程，要决定下月是否开工。根据历史资料，下月出现好天气的概率为 0.2，坏天气的概率为 0.8，如遇好天气，开工可得利润 5 万元，遇到坏天气则要损失 1 万元，如不开工，不论什么天气都要付窝工费 1000 元，应如何决策？

解： 采用最大期望收益值法计算如下：

开工方案：$E(A)=0.2\times50000+0.8\times(-10000)=2000$（元）

不开工方案：$E(B)=0.2\times(-1000)+0.8\times(-1000)=-1000$（元）

计算结果列入表 3-11 中。

最大期望收益值法（单位：元）　　**表 3-11**

方案	好天气 P_1=0.2	坏天气 P_2=0.8	期望收益值 $E(X)$
开工	50000	−10000	2000
不开工	−1000	−1000	−1000

以上计算结果表明，开工可得最大期望值 2000 元，开工方案优于不开工方案。

期望值法一般按下列步骤进行：

（1）选定一个或几个评价指标。通常是将内部收益率、净现值等作为评价指标。

（2）选定需要进行概率分析的不确定因素。通常有产品价格、销售量、主要原材料价格、投资额以及外汇汇率等。针对项目的不同情况，通过敏感性分析，选择最为敏感的因素作为概率分析的不确定因素。

（3）预测不确定因素变化的取值范围及概率分布。单因素概率分析时，设定一个因素变化，其他因素均不变化，即只有一个自变量。多因素概率分析时，设定多个因素同时变化，对多个自变量进行概率分析。

（4）根据测定的风险因素取值和概率分布，计算评价指标的相应取值和概率分布。

（5）计算评价指标的期望值和项目可接受的概率。

（6）求出评价指标满足经济评价要求（如净现值大于或等于零）的累计概率。分析计算结果，判断其可接受性，研究减轻和控制不利影响的措施。

2. 决策树法

风险决策问题可以利用一种树形决策网络来描述与求解，这种方法称为决策树法。决策树由不同的节点和分支组成。符号“□”表示的节点称为决策节点，从决策节点引出的每一分支表示一个可供选择的方案。符号“○”表示的节点称为状态节点，从状态节点引出的每一分支表示一种可能发生的状态，每状态分支的末端为结果节点，用符号“△”表示。

画决策树的顺序是从左到右。决策树画完后，应对每一节点进行编号，以便分析。根据各种状态发生的概率与相应的损益值分别计算每一方案的损益期望值。计算顺序是从右到左，并将计算结果标在相应的节点上，就可直观地判断出应选择哪个方案，将余下的方案舍弃。

一般情况下，决策树法按以下步骤操作：

（1）列出方案。通过资料的整理和分析，提出决策要解决的问题，针对具体问题列出方案，并绘制成表格。

（2）根据方案绘制决策树。画决策树的过程，实质上是拟订各种决策方案的过程，是对未来可能发生的各种事件进行周密思考、预测和预计的过程，是对决策问题一步一步深入探索的过程。决策树按从左到右的顺序绘制。

（3）计算各方案的期望值。它是按事件出现的概率计算出来的可能得到的益损值，并不是肯定能够得到的益损值，所以叫期望值。计算时从决策树最右端的结果节点开始。

期望值 = Σ（各种自然状态的概率 × 收益值或损失值）

（4）方案选择即抉择。在各决策点上比较各方案的益损期望值，以其中最大者为最佳方案。在被舍弃的方案分支上画两杠表示舍弃。

决策树法常用于多级风险决策问题。所谓多级风险决策即需要进行二级或二级以上的决策，才能选出最优方案的决策问题。

【例 3–4】某建筑公司拟建一预制构件厂，一个方案是建大厂，需投资 300 万元，建成后如销路好每年可获利 100 万元，如销路差每年要亏损 20 万元；另一个方案是建小厂，需投资 170 万元，建成后如销路好每年可获利 40 万元，如销路差每年可获利 30 万元。两方案的使用期均为 10 年，销路好的概率是 0.7，销路差的概率是 0.3。若基准收益率为 10%，试用决策树法选择方案。

解：

（1）按题意，将两个方案在不同自然状态下的损益值列于表 3–12 中。

两方案不同状态下的损益值（单位：万元） 表 3–12

自然状态	概率	各方案的损益值	
		建大厂	建小厂
销路好	0.7	100	40
销路差	0.3	–20	30

（2）绘制决策树图，如图 3–5 所示。

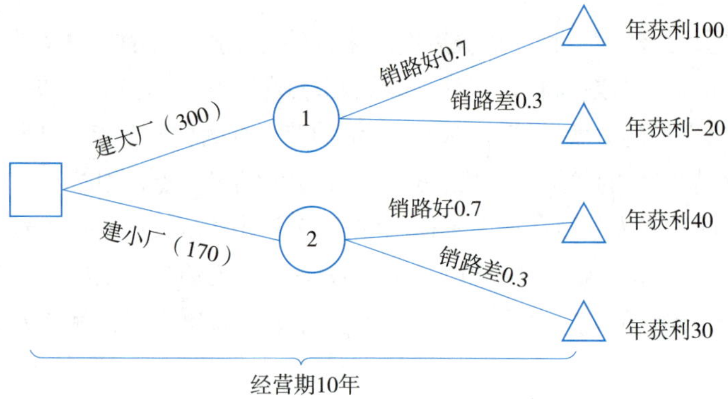

图 3–5 决策树图

（3）计算各方案净现值的期望值。

点① $E(NPV)$=[−300+100（P/A，10%，10）]×0.7+[−300−20（P/A，10%，10）]×0.3=93.25（万元）

点② $E(NPV)$=[−170+40（P/A，10%，10）]×0.7+[−170+30（P/A，10%，10）]×0.3=57.35（万元）

（4）方案决策

由于点①的净现值的期望值大于点②的净现值的期望值，故选用建大厂的方案。

以上应用决策树法解决的是一种单级决策问题。实践中，多级决策相对比较复杂，在进行决策树分析时严格按照“方案分支在前，概率分支在后”的思路就能解决。

任务实施

第一步，根据例 3–2 提供的资料进行分析，采用概率分析方法，不确定因素为开发成本和销售收入。

第二步，这两个不确定因素可能发生的变化及其概率参见表 3–10。

第三步，利用概率树图列出本项目净现金流量序列的全部可能状态，如图 3–6 所示。

第四步，分别计算项目净现金流量序列各状态的概率 P_j（j=1，2，3，……，9）。

P_1=0.5×0.1=0.05

P_2=0.5×0.6=0.30

P_3=0.5×0.3=0.15

P_4=0.4×0.1=0.04

……

第五步，在图 3–6 九种概率情况下，各年净现金流量见表 3–13。

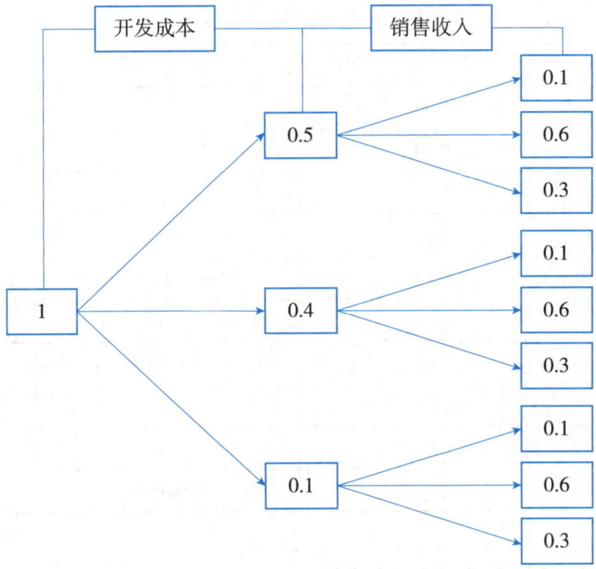

图 3-6　概率状态图

项目净现金流量表（单位：万元）　　表 3-13

概率状态	年份				
	0	1	2	3	4
1	−3480	600	2280	5900	6600
2	−3800	−680	520	4140	4960
3	−4120	−1960	−1240	2380	3320
4	−2580	1780	3660	6260	6640
5	−2900	500	1900	4500	5000
6	−3320	−780	140	2740	3360
7	−1680	2960	5040	6620	6680
8	−2000	1680	3280	4860	5040
9	−2320	400	1520	3100	3400

第六步，分别计算各种状态下的项目净现值 NPV。

$$NPV_1=\sum_{t=0}^{n}(CI-CO)_1(1+12\%)^{-t}=7267.2\text{（万元）}$$

$$NPV_2=\sum_{t=0}^{n}(CI-CO)_2(1+12\%)^{-t}=2106.3\text{（万元）}$$

……

第七步，计算加权净现值 $NPV_j\times P_j$，结果见表 3-14，可求得项目净现值的期望值 $E(NPV)=3075.36$（万元）。

项目净现值的期望值计算表　　表 3-14

j	P_j	NPV_j（万元）	$NPV_j \cdot P_j$（万元）
1	0.05	7267.2	363.36
2	0.30	2106.3	631.89
3	0.15	–3054.7	–458.21
4	0.04	10602.7	424.11
5	0.24	5441.7	1306.01
6	0.12	280.8	33.70
7	0.01	13938.1	139.38
8	0.06	8777.2	526.63
9	0.03	3616.2	108.49
合计	1	48975.5	3075.36

第八步，确定项目净现值为非负的概率：

$P（NPV \geqslant 0）=1-P_3=1-0.15=0.85$

第九步，确定项目净现值大于等于 5000 万元的概率：

$P（NPV \geqslant 5000）=P_1+P_4+P_5+P_7+P_8=0.4$

结论：项目净现值为 3075.36 万元，大于零，说明该项目可行。项目净现值为非负的概率为 0.85 及净现值大于等于 5000 万元的概率为 0.4，说明该项目具有较高的可靠性。

强化训练

【实践案例 3】某商品房小区开发项目的现金流量情况估算见表 3-15。根据经验判断，销售收入和开发成本为离散型随机变量，其值在估计值的基础上可能发生的变化及其概率见表 3-16。要求：（1）计算分析该项目净现值大于等于零的概率。（2）计算分析该项目净现值大于等于 100 万元的概率。

项目现金流量表（单位：万元）　　表 3-15

年份	销售收入	开发成本	其他税费	净现金流量
1	973	6000	60	–5087
2	7006	4800	400	1806
3	11150	6600	1200	3350

销售收入与开发成本变动情况预测表　　表 3-16

变动幅度	销售收入变动概率	开发成本变动概率
-20%	0.2	0.1
0	0.6	0.3
20%	0.2	0.6

考核评价表

工作任务：风险分析　　　　专业班级：________

考核时长：建议 1 学时　　　　学生姓名：________

考核方式	技能考核	知识测试	素养评价
自我评价			
团队互评			
教师评价			
企业评价			

评价等级：□优秀　□良好　□中等　□及格　□不及格

考核说明：（1）可从综合训练题中选题组卷测试；（2）考核方式根据实际情况选择运用；（3）建议技能考核分占比 60%，知识测试分占比 20%，素养评价分占比 20%

技能考核标准

□优秀	□良好	□中等	□及格	□不及格
理解概率分析的原理；熟悉概率分析的步骤；掌握概率分析方法；能够熟练分析项目经济评价指标在某概率下的期望值及抗风险程度，准确率达到 90% 以上	理解概率分析的原理；熟悉概率分析的步骤；掌握概率分析的方法；能够比较熟练地分析项目经济评价指标在某概率下的期望值及抗风险程度，准确率达到 80%	理解概率分析的原理；熟悉概率分析的步骤；掌握概率分析方法；能够分析项目经济评价指标在某概率下的期望值及抗风险程度，准确率达到 70%	理解概率分析的原理；熟悉概率分析的步骤；基本掌握概率分析方法；会分析项目经济评价指标在某概率下的期望值及抗风险程度，准确率达到 60%	不理解概率分析的原理；不熟悉概率分析的步骤；不能掌握概率分析方法；不能够分析项目经济评价指标在某概率下的期望值及抗风险程度，准确率小于 60%

任务总结

不确定性分析是项目经济效果评价中常用的一种方法，是对决策方案受到各种事前无法控制的外部因素变化与影响所进行的研究和估计。在拟实施项目未作出最终决策之前，均应进行项目不确定性分析。常用方法有盈亏平衡分析、敏感性分析和概率分析。一般情况下，盈亏平衡分析适用于项目的财务评价；敏感性分析和概率分析可同时用于财务评价和国民经济评价。盈亏平衡分析是通过计算项目达到盈亏平衡点，分析项目成本与收入的平衡关系，判断项目对不确定性因素导致产销量变化的适应能力和抗风险能力。敏感性分析是在项目确定性分析的基础上，通过进一步分析、预测项目主要不确定因素的变化对项目经济效果评价指标的影响，从中找出敏感因素，确定评价指标对该因素的敏感程度和技术方案对其变化的承受能力。概率分析又称风险分析，是运用概率分析方法研究不确定性因素对项目经济评价指标影响程度的一种定量分析方法，常用于对大中型重要项目的评估和决策之中。不确定性分析实践中，要综合考虑项目的类型、特点、决策者的要求，以及相应的人力、财力和项目对国民经济的影响程度等条件选择具体的分析方法。

Excel在不确定性分析中的应用

请读者主动检索 Excel 等软件在不确定性分析中的应用相关知识。有兴趣的读者可扫描二维码了解、学习。

职业技能综合训练

一、单项选择题

1.（　　）是作为工程项目财务分析与国民经济分析的必要补充。

A. 盈亏平衡分析　　B. 敏感性分析

C. 概率分析　　D. 风险与不确定性分析

2.（　　）是通过计算盈亏平衡点产量或生产能力利用率，分析报建项目成本与收益的平衡关系，判断拟建项目适应市场变化的能力和风险大小的分析方法。

A. 盈亏平衡分析　　B. 敏感性分析　　C. 概率分析　　D. 不确定性分析

3. 盈亏平衡分析的目的就是找到（　　），据此判断项目的风险大小及对风险的承受能力为投资决策提供科学依据。

A. 亏损的最低点　　B. 盈利的最高点

C. 由亏损到盈利的转折点　　D. 投资的最佳时机

4. 盈亏平衡分析是研究建设项目投产后正常年份的（　　）之间的关系。

A. 产量、利润　　B. 产量、成本、利润

C. 产量、投资　　D. 产量、价格、利润

5. 某企业进行设备更新，新设备价值10万元，利用新设备生产的产品其单位可变成本为5元/件，其产品售价为10元/件，假设企业生产函数为线性，则盈亏平衡产量为（　　）。

A. 2万件　　B. 1万件　　C. 3万件　　D. 0.5万件

6. 某企业年产量4万件，年固定成本为20万元，某单位可变成本为15元，产品市场价格为25元/件，该企业当年免征销售税，则该企业当年盈亏平衡点价格为每件（　　）。

A. 15元　　B. 18元　　C. 20元　　D. 24元

7. 某方案投产后的生产能力为1000件，每件的售价为50元，生产产品的单位变动成本为20元，年固定成本为12000元，年产量的盈亏平衡点为（　　）。

A. 300件　　B. 400件　　C. 500件　　D. 600件

8. 某项目设计生产能力为年产40万件，每件产品价格为120元，单位产品可变成本为100元，年固定成本为420万元，产品销售税金及附加占销售收入的5%，则盈亏平衡产量为（　　）。

A. 30万件　　B. 21万件　　C. 24万件　　D. 40万件

9. 生产建设项目的预计产品市场需求量距盈亏平衡点越远，则项目（　　）。

A. 安全性越小　　B. 抗风险能力越小

C. 安全性越大　　D. 发生亏损的机会越大

10. 敏感性分析最基本的分析指标是（　　）。

A. 外部收益率　　B. 敏感度系数

C. 内部收益率　　D. 不确定因素变化率

11. 在投资机会研究阶段进行项目的敏感性分析时，常采用的评价指标是（　　）。

A. 净现值和投资收益率　　B. 投资收益率和投资回收期

C. 投资回收期和内部收益率　　D. 内部收益率和净现值

12. 敏感性分析通常针对不确定因素的不利变化进行，一般是选择不确定因素变化的百分率，习惯上常选取（　　）。

A. ±5%　　B. ±10%　　C. 4%~15%　　D. 4%~20%

13. 敏感度系数高，表示项目效益对该（　　）。

A. 不确定因素敏感程度高　　B. 不确定因素敏感程度低

C. 不确定因素敏感程度与之无联系　　D. 不确定因素不会有影响

14. 下列（　　）不能用来表示盈亏平衡点。

A. 销售价格　　B. 产量

C. 生产能力利用率　　D. 生产能力

15. 某项目设计生产能力为年产 50 万件，每件产品价格为 150 元，单位产品可变成本为 100 元，年固定成本为 200 万元，产品销售税金及附加忽略不计，则盈亏平衡的生产能力利用率为（　　）。

A. 26.7%　　B. 80%　　C. 60%　　D. 90%

16. 某项目单因素敏感性分析如图 3-7 所示：3 个不确定性因素Ⅰ、Ⅱ、Ⅲ，按敏感性由大到小的顺序排列为（　　）。

A. Ⅰ > Ⅱ > Ⅲ　　B. Ⅱ > Ⅲ > Ⅰ

C. Ⅲ > Ⅱ > Ⅰ　　D. Ⅲ > Ⅰ > Ⅱ

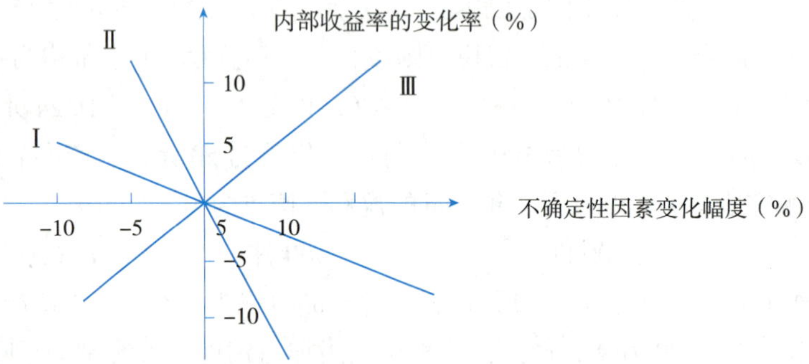

图 3-7　单因素敏感性分析图

17. 某工程方案设计生产能力为年产 1.5 万 t，产品销售价格为 3200 元 /t，年总成本为 4000 万元，其中固定成本为 1900 万元，则单位产品变动成本为（　　）元 /t。

A. 1400　　B. 1312.5　　C. 1680　　D. 1800

18. 某工程方案设计生产能力为年产 1.5 万 t，产品销售价格为 3200 元 /t，年总成本为 4000 万元，其中固定成本为 1900 万元，则盈亏平衡时的生产能力利用率为（　　）。

A. 83.3%　　B. 70.4%　　C. 86.7%　　D. 66.7%

二、多项选择题

1. 工程经济分析中不确定性分析的基本方法包括（　　）。

A. 盈亏平衡分析　　B. 敏感性分析

C. 财务效益分析　　D. 概率分析

2. 下列属于确定性分析的有（　　）。

A. 盈亏平衡分析　　B. 敏感性分析

C. 国民经济分析　　D. 财务分析

3. 不确定性与风险产生的客观原因有（　　）。

A. 信息的不完全性和不充分性　　B. 社会、政策、法律、文化等方面的影响

C. 市场供求变化的影响　　D. 技术变化的影响

4. 不确定性与风险产生的主观原因有（　　）。

A. 信息的不完全性和不充分性　　B. 人的有限理性

C. 经济环境变化的影响　　D. 自然条件的影响

5. 生产性建设项目的市场需求比盈亏平衡点产量越大，则项目（　　）。

A. 安全性越小　　B. 抗风险能力越小

C. 安全性越大　　D. 发生亏损的概率越小

6. 关于不确定性分析方法的应用范围表述正确的有（　　）。

A. 盈亏平衡分析只能用于财务评价

B. 敏感性分析可用于国民经济评价

C. 概率分析可同时用于财务评价和国民经济评价

D. 敏感性分析可用于财务评价

7. 关于盈亏平衡分析的论述，下列说法中正确的有（　　）。

A. 盈亏平衡产量越大，抗风险能力就越强

B. 当实际产量小于盈亏平衡产量时，企业亏损

C. 经营安全度越高，抗风险能力就越强

D. 生产能力利用率大于盈亏平衡点就可以盈利

8. 关于敏感性分析的论述，下列说法中错误的有（　　）。

A. 敏感性分析对不确定因素的变动对项目投资效果的影响作了定量描述

B. 敏感性分析可得到维持投资方案在经济上可行所允许的不确定因素发生不利变动的最大幅度

C. 敏感性分析不能说明不确定因素发生的情况的可能性

D. 敏感性分析考虑了不确定因素在未来发生变动的概率

9. 下列各项中，属于不确定性分析方法的有（　　）。

A. 价值分析　　B. 盈亏平衡分析

C. 敏感性分析　　D. 概率分析

10. 项目对某种因素的敏感程度，可表示为（　　）。

A. 评价指标值变动百分比

B. 不确定因素变动百分比

C. 该因素按一定比例变化时引起项目指标的变化幅度

D. 评价指标达到临界点时，某个因素允许变化的幅度

11.（　　）可以用来表示盈亏平衡点。

A. 销售收入　　B. 产量

C. 销售价格　　D. 单位产品变动成本

12. 根据对项目不同方案的敏感性分析，投资者应选择（　　）的方案实施。

A. 项目盈亏平衡点低，项目敏感程度小　　B. 项目盈亏平衡点低，承受风险能力弱

C. 项目敏感程度大，抗风险能力强　　D. 项目敏感程度小，抗风险能力强

三、判断题

1. 通过分析产品产量、成本和盈利之间的关系，找出方案盈利和亏损在产品产量的临界点，此临界点称为最优决策点产量。（　　）

2. 在概率分析中，不确定因素的概率分布是未知的。（　　）

3. Q_{bep} 是项目保本的产量，其值越低，方案的风险就越大。（　　）

4. R_{bep} 是盈亏平衡点的生产能力利用率，其值越低，表明该项目适应市场变化的能力越强，抗风险能力越强，获利能力越大。（　　）

5. 不确定性分析的基本方法中，盈亏平衡分析和敏感性分析只用于财务效益分析，概率分析可同时用于财务效益分析和国民经济效益分析。（　　）

四、案例分析题

1. 某项目设计生产能力为年产 50 万件，每件产品价格为 120 元，单位产品可变成本为 100 元，年固定成本为 700 万元。要求：

（1）税金及附加忽略不计，试计算盈亏平衡点的生产能力利用率。

（2）税金及附加占销售收入的 3%，试计算盈亏平衡点的生产能力利用率。

2. 某项目所生产产品的总固定成本为 16 万元 / 年，单位变动成本为 1500 元，产品销售收入为 2100Q（Q 为产品产销量）。要求画出产品盈亏平衡图并确定该产品的盈利区域。

3. 某投资方案用于确定性分析的现金流量见表 3–17，表中数据是对未来最可能出现的情况预测估算得到的。由于未来影响经济环境的某些因素的不确定性，预计投资额、年收益、年支出参数的最大变化范围为 ±20%，基准收益率为 10%。要求：

（1）就投资、年收益和年支出等因素进行单因素敏感性分析。

（2）从 5 个因素中选两个最敏感因素进行多因素敏感性分析。

现金流量表　　表 3–17

参数	投资额（单位：元）	年收益投资额（单位：元）	年支出投资额（单位：元）	残值（单位：元）	寿命期（年）
预测值	150000	32000	2000	20000	10

4. 某工厂生产产品需购买A、B、C中的任一种设备。这些设备的价格均为10万元。设备的运转成本和生产能力见表3-18。产品销售价格为1.30元/个，该厂预计开始时每年销售10万个，在5年内直线升到13万个。请根据上述数据分析应该购买哪一种设备？

设备运转成本和生产能力　　表3-18

设备种类	设备A	设备B	设备C
年固定成本（元）	40000	70000	90000
单位变动成本（元）	0.59	0.2	0.05

5. 某技术方案年设计生产能力为10万台，年固定成本为1200万元，产品单台销售价格为900元，单台产品可变成本为560元，单台产品税金及附加为120元。要求：

（1）试求盈亏平衡点的产销量。

（2）试计算生产能力利用率表示的盈亏平衡点。

6. 某公司生产某种结构件，设计年产销量为3万件，每件的售价为300元，单位产品的可变成本为120元，单位产品负担的税金及附加为40元，年固定成本为280万元。

试分析：

（1）该公司不亏不盈时的最低年产销量是多少？

（2）达到设计能力时盈利是多少？

（3）年利润为100万元时的年产销量是多少？

项目 4　建设项目国民经济评价

项目描述

根据典型案例 4 提供的资料，完成以下任务：（1）确定建设项目国民经济评价的方法，包括分析建设项目类型、确定项目计算期、分析项目国民经济评价的内容与方法；（2）识别效益与费用；（3）编制项目经济效益费用流量表；（4）计算分析项目的国民经济评价指标并提出投资决策建议。

【典型案例 4】某大型水库改造项目

某大型水库是一座具有防洪、灌溉、航运和水产诸多功能于一体的巨型平原水库，承泄某河流上中游 20 万 km^2 的来水。水库大堤保护着该河流下游地区 5000 万亩耕地和 2700 万人的防洪安全，大堤的安危直接关系到这一地区国民经济建设和人民生命财产安全。水库洪水出路目前严重不足，防洪标准仅为 50 年一遇。如遇超标准洪水，水库就要采取临时分洪措施。该水库设计洪水位 17.500m，而保护地区地面平均高程均在 10.500m 以下，最低地段仅为 1.500m 左右，一旦分洪，大量洪水泄出将使人民生命财产遭受巨大损失。该投资项目通过建设一条新的入海通道，使大堤的防洪标准从 50 年一遇提高到百年一遇以上。该工程除具有巨大的防洪效益和潜在的航运效益外，还可使沿线 A 地区的排涝标准从 3 年一遇左右提高到 5 年一遇，并缓解 A 地区高低片之间的灌排矛盾。该投资项目将于 2024 年开工建设，2028 年完工，工期 5 年，项目运行期 45 年。

学习目标

知识目标

（1）理解国民经济评价的概念；

（2）懂得国民经济评价的作用；

（3）理解国民经济评价与财务评价的区别；

（4）会判别国民经济评价项目的类型；

（5）掌握国民经济评价的内容、方法与步骤；

（6）理解国民经济评价的参数；

（7）掌握国民经济评价指标的计算与判别标准。

技能目标

（1）会选择国民经济评价的方法；

（2）能够识别建设项目的经济费用和效益；

（3）能够熟练编制建设项目的效益费用流量表；

（4）会计算经济内部收益率、经济净现值、费用效益比；

（5）能够利用建设项目的相关资料进行国民经济评价，实现投资项目的科学决策。

素养目标

（1）具有社会责任感和使命感；

（2）树立科学发展观和全面协调可持续发展的理念；

（3）具有系统思维；

（4）具有资源节约与保护环境的意识。

项目指导书

<table>
<tr><td colspan="2">工作任务</td><td colspan="3">建设项目国民经济评价</td></tr>
<tr><td colspan="2">建议工具</td><td colspan="2">电脑或移动设备（如智能手机、PAD 等）、《建设项目经济评价方法与参数（第三版）》或更新版本</td><td>建议学时</td><td>8</td></tr>
<tr><td colspan="6">【任务描述】根据典型案例 4 提供的资料，完成以下任务：（1）确定建设项目国民经济评价的方法，包括分析建设项目类型、确定项目计算期、分析项目国民经济评价的内容与方法；（2）识别效益与费用；（3）编制项目经济效益费用流量表；（4）计算分析项目的国民经济评价指标并提出投资决策建议</td></tr>
<tr><td>序号</td><td>任务实施步骤</td><td>操作方法与说明</td><td>质量要求</td><td colspan="2">配套学习资源</td></tr>
<tr><td>1</td><td>确定国民经济评价的方法</td><td>（1）分析判断国民经济评价项目的类型；
（2）根据项目建设计划确定建设期与运营期，在此基础上确定项目计算期，为建设项目的工程经济分析确定时间范围；
（3）分析项目国民经济评价的内容；
（4）分析项目国民经济评价的方法与步骤</td><td>（1）建设项目国民经济评价的类型分析正确；
（2）合理确定项目建设期、运营期和项目计算期；
（3）准确地列出建设项目国民经济评价的内容；
（4）确定正确的评价方法；
（5）确定科学合理的评价步骤</td><td colspan="2">—</td></tr>
<tr><td>2</td><td>识别经济费用和效益</td><td>（1）分析建设项目建成后对当地有哪些影响；
（2）分析哪些影响是效益，哪些影响是费用；
（3）特别关注转移支付</td><td>（1）列出影响建设项目的效益与费用的相关因素；
（2）量化相关因素</td><td colspan="2">建设项目的效益和费用识别</td></tr>
<tr><td>3</td><td>编制建设项目效益费用流量表</td><td>（1）调查与录入基础数据；
（2）编制建设项目经济效益费用流量表；
（3）进行数据表核对</td><td>（1）正确地编制建设项目经济效益费用流量表；
（2）数据核对无误</td><td colspan="2">建设项目效益费用流量表的编制</td></tr>
<tr><td>4</td><td>计算分析项目的国民经济评价指标</td><td>（1）依据建设项目经济费用效益流量表，计算分析效益费用比；
（2）计算分析经济净现值；
（3）计算分析经济内部收益率；
（4）计算分析投资收益率；
（5）提出建设项目投资决策建议</td><td>（1）国民经济评价指标计算准确；
（2）国民经济评价指标分析正确；
（3）能够提出建设项目投资决策的合理化建议</td><td colspan="2">建设项目国民经济评价</td></tr>
</table>

考核评价表

工作任务：建设项目国民经济评价　　　　专业班级：________

考核时长：建议 2 学时　　　　学生姓名：________

考核方式	技能考核	知识测试	素养评价
自我评价			
团队互评			
教师评价			
企业评价			

评价等级：□优秀　□良好　□中等　□及格　□不及格

考核说明：（1）可从综合训练题中选题组卷测试；（2）考核方式根据实际情况选择运用；（3）建议技能考核分占比 40%，知识测试分占比 40%，素养评价分占比 20%

技能考核标准

□优秀	□良好	□中等	□及格	□不及格
理解建设项目国民经济评价的概念与作用，准确判断建设项目评价类型，确定计算期，准确列出项目国民经济评价内容、评价方法与步骤，熟练列出影响项目效益与费用的相关因素，能编制效益费用流量表并进行经济效益分析，提出正确建议，内容完成准确率达到 90% 以上	能正确判断建设项目评价类型，确定项目计算期，熟悉项目国民经济评价内容、评价方法与步骤，熟悉影响项目效益与费用的相关因素，能编制效益费用流量表并进行经济效益分析，提出正确建议，内容完成准确率达到 80%	能正确判断建设项目评价类型，确定项目计算期，熟悉建设项目国民经济评价内容、评价方法及步骤，合理确定影响项目效益与费用相关因素，能编制效益费用流量表并进行经济效益分析，能提出决策建议，内容完成准确率达到 70%	能判断建设项目评价类型，基本确定项目计算期，比较熟悉国民经济评价内容、评价方法与步骤，能合理确定影响项目效益与费用的相关因素，基本会编制效益费用流量表并进行经济效益分析，可以提出决策建议，内容完成准确率达到 60%	能判断建设项目评价类型，基本确定项目计算期，不熟悉国民经济评价内容、评价方法与步骤，不能合理确定影响项目效益与费用的相关因素，不能完整编制效益费用流量表并进行经济效益分析，不能提出决策建议，内容完成的准确率小于 60%

思政提升

资源稀缺是人类社会任何一个国家面临的基本事实，无论其资源禀赋如何，相对于人们日益增长的需求来说，资源总是有限的和稀缺的。如何把有限的资源运用到对国民经济贡献最大的项目中去，寻求有限资源的合理配置，才是解决问题的有效途径。根据帕累托效率，一个人得到好处而不造成其他人损失时的资源分配在经济上是最有效的。一个建设项目不仅对企业自身带来影响，对整个社会、国家和地区的发展也会带来多方面的影响，它不仅创造以货币计量的经济收入，带来国民财富的增长，还会在人民的就业、消费、文化教育、科学技术、生态环境、公共安全和社会公平等各个方面造成正的或负的效应。在市场经济条件下，企业投资一般不受国家干预。为了推进社会主义现代化的经济建设，我国加强了投资项目方案的前期决策分析。为了防止和减少不良投资行为，企业既要建立良好的自我约束机制，也要顺应国家的政策。对建设项目进行评价，不仅要对项目本身进行经济方面的考察，同时也要从国家经济发展和社会利益角度进行考察，从国民经济角度分析、计算和比较国民经济将要为项目付出的代价（成本）和项目可能为国民经济提供的全部效益，全面分析建设项目的可行性。对建设项目进行国民经济评价，符合新发展理念和高质量发展的要求，有利于建设资源节约型、环境友好型社会，推动我国经济又好又快发展。

思维导图

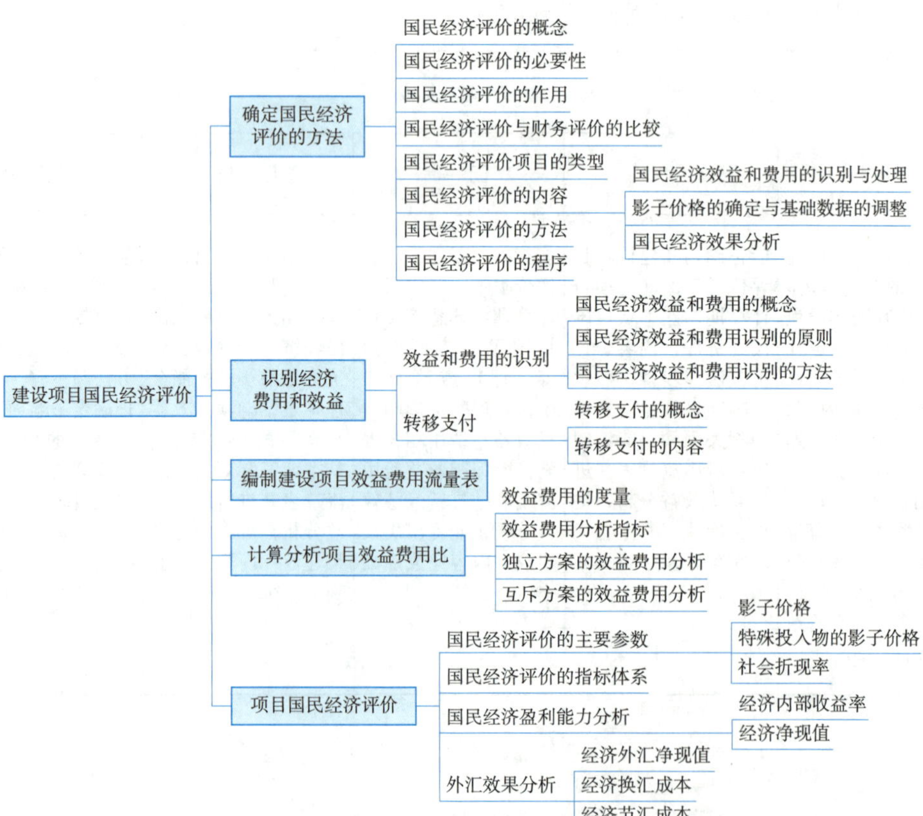

任务 4.1　确定国民经济评价的方法

任务描述

根据典型案例 4 提供的项目资料：（1）判断该投资项目国民经济评价类型；（2）确定项目计算期；（3）明确项目国民经济评价的内容；（4）确定该项目进行国民经济评价的方法与步骤。

知识准备

4.1.1　国民经济评价的概念

国民经济评价是指从国民经济角度分析由于项目的投资而引出的投入产出边际变化对国民经济的影响，评价项目投资经济上合理性的一种方法。国民经济评价是对项目投资所进行的宏观效益分析，其分析评价的基本目标是优化国民经济资源的利用。它从国家整体角度考察项目的效益和费用，考察的对象是包含项目在内的国民经济系统，除了计算项目的直接效益和直接费用外，还要计算分析项目的间接效益和间接费用，即项目的外部效果。如铁路修建工程，既要考虑建设、运营成本，还要考虑其对生态环境的影响；既要考虑其运输收入，还要考虑其给当地旅游业等带来的收益。

建设项目的国民经济评价，是从国家整体利益出发，考察建设项目的效益与费用，用影子价格、社会折现率等相关经济参数，分析和计算建设项目给国民经济带来的净效益，从而评价建设项目在经济上的合理性，为投资决策提供宏观上的决策依据。实际上，建设项目的国民经济评价问题就是研究资源利用的整体优化性问题。

4.1.2　国民经济评价的必要性

国民经济评价按照资源合理配置的原则，从国家整体角度考察项目对国民经济的净贡献，评价项目的经济合理性，因此，对建设项目进行国民经济评价是必要的。其必要性表现在以下几个方面：

（1）由于企业和国家是两个不同的评价角度，企业利益并不总是与国家利益完全一致，因此一个项目对国家和企业的费用及效益的范围不完全一致。财务盈利效果仅仅是项目内部的直接经济效果，并不包括外部的影响。

（2）财务分析采用的是预测价格。由于种种原因，项目的投入产品和产出品财务价格会失真，不能正确反映其对国民经济的真实价值。

（3）不同项目的财务分析包括了不尽相同的税收、补贴和贷款条件，使不同项目的财务盈利失去了公正的效果。

（4）国家及地方政府参与直接投资的项目，政府投资决策中需要考虑建设项目的经济效益。如主要的基础设施建设项目、矿产资源开采项目等，在项目投资决策中，需要获得政府的审批，政府就需要全面考虑项目的经济效益，从资源的配置优化角度对项目进行考察从而进行项目的国民经济评价。

在市场经济条件下，企业财务评价可以反映出建设项目给企业带来的直接效果，但由于市场失灵现象的存在，财务评价不可能将建设项目产生的效果全部反映出来。正是由于国民经济评价关系到宏观经济的持续健康发展和国民经济结构布局的合理性，故进行国民经济评价是非常必要的。

4.1.3 国民经济评价的作用

建设项目评价从企业财务评价发展到国民经济评价，是一大进步，因为国民经济评价在投资实践中发挥着财务评价所不可替代的重大作用。国民经济评价的作用主要体现在以下几个方面：

（1）国民经济评价能从国家层面合理配置有限的社会资源。资源总是有限的、有些甚至非常稀缺。从企业财务角度评判项目得失，难以正确反映资源的利用是否合理。而国民经济评价则在宏观上对资源流动进行跟踪，引导资源配置合理化，并结合产业政策和地区政策，鼓励和促进某些利国利民的产业或项目的发展，相应抑制和淘汰某些不适宜的产业或项目的建设。

（2）国民经济评价能真实反映项目对国民经济的净贡献。任何项目在建成后都属于国民经济这一大系统中的一个小系统。在运行过程中，它和其他小系统之间发生着千丝万缕的联系、互相施加着错综复杂的影响。有些影响是积极的，能为国民经济发展作出贡献；有些影响则可能是消极的，会阻碍国民经济发展。这些联系与影响往往发生在项目外部，因此在财务评价中这些联系与影响难以得到体现；而国民经济评价则可对此进行科学、全面的考察，不仅反映建设项目的直接效益和直接费用，也反映它的间接效益和间接费用，从而在整体上衡量出项目对于国民经济的净贡献。

（3）国民经济评价能实现投资决策科学化。这种科学性表现为：

1）由于财务评价往往只关心企业自身内部的得失，不涉及项目以外的问题，因此结论可能是片面的。如有的项目也许项目本身利润丰厚，但对环境污染严重，从长远来看对环境治理须付出更沉重的代价，最终得不偿失，像这种财务评价可行，国民经济评价不可行的建设项目不能靠财务评价来把关，而只能通过国民经济评价去剔除。相反，有的项目公益性强，为社会所必需，但直接经济效益很低、甚至亏损，这样的项目若只作财务评价必定通不过，也只能用国民经济评价的结果作决策。

2）能反映投入物和产出物的真实价值。由于市场发育的不完善及市场本身的局限性，财务评价采用的市场价格往往不能反映项目投入物与产出物的真实价值，其效益计算也就不完全可靠；而国民经济评价则以影子价格有效地解决了这个问题。

3）能消除外在不平等，便于数据比较。由于财务评价中包含了税收、补贴和贷款条件，使不同项目或方案的财务盈利效果失去了公正比较的基础；而国民经济评价则消除了这些外在不平等性，可以使决策更趋于科学性。

4.1.4 国民经济评价的主要参数

1. 影子价格

影子价格也称“最优计划价格”，是指当社会经济处于某种最优状态时，能够反映社会劳动的消耗、资源稀缺程度和对最终产品需求情况的价格。影子价格通常是指一种资源的影子价格，因此影子价格可以定义为某种资源处于最佳分配状态时的边际产出价值。影子价格的经济含义是：在最优计划下，单位资源增量所产生的效益增量，即资源的边际价值，就是资源合理利用时的社会经济效益。影子价格能更好地反映各种社会资源的社会价值、稀缺程度和市场供求关系。资源的价格高，表明短缺程度严重；而数量无限的资源，影子价格为零。

2. 社会折现率

社会折现率是项目国民经济评价的重要通用参数，在项目国民经济评价中作为计算经济净现值的折现率，并作为衡量经济内部收益率的基准值。它是项目经济可行性和方案比较的主要判据。

社会折现率表示从国家角度对资金机会成本和资金时间价值的估量，采用适当的社会折现率进行建设项目国民经济评价，有助于合理使用建设资金，引导投资方向，调控投资规模，促进资金在短期与长期项目之间的合理配置。

根据我国在一定时期内的投资收益水平、资金机会成本、资金供求状况、合理的投资规模以及项目国民经济评价的实际情况，政府部门统一规定社会折现率。《建设项目经济评价方法与参数（第三版）》推荐当前社会折现率为8%。

4.1.5 国民经济评价与财务评价的比较

建设项目国民经济评价是按照资源合理配置的原则，从国家整体角度和需要出发，采用货物影子价格、影子工资、影子汇率和社会折现率等经济评价参数，分析和计算国民经济为建设项目所付出的代价（费用）及项目对国民经济所作出的贡献（效益），以评价建设项目的经济合理性。对建设项目进行国民经济评价，是站在全社会的角度来判别项目配置经济资源的合理性。

国民经济评价具有以下特点：

（1）它是从国家角度来考察项目，即把国家经济作为一个大系统，把项目作为有机组成部分，考察项目的单个效益，对整体系统的贡献，考察项目在系统中的最优组合。

（2）它是用影子价格的概念，利用最优化的方法来分析计算的。通过对项目的分析评估，实现资源最优分配。

（3）它最终考察的是项目对国民经济的净效益（净贡献），确定项目对国民经济的真实贡献能力。

财务评价是站在企业的角度，根据国家现行财税制度和价格体系，预测估计项目的财务效益和费用，编制财务报表，计算财务指标，考察拟建项目盈利能力、清偿能力等财务状况，对项目的财务效益作出分析评价，以判别项目的财务可行性。财务评价是在初步确定的建设方案、投资估算和融资方案的基础上进行的，财务评价结果可以反馈到方案设计中，用于方案比选，优化方案设计。但财务评价作为决定建设项目投资的唯一依据是完全不够的，主要原因如下：

一方面，财务评价采用的是现行市场价格。由于诸如政府长期对价格进行控制等原因，如政府对生活必需品（如粮食、食油、棉花等）低价供应，低估了其经济价值；为扶持某些出口工业，政府以较高的收购价格进行补贴等。因此依据“失真”价格评估的效益并不能反映建设项目真正的效益。

另一方面，建设项目存在外部性。所谓外部性是指外部收益和外部成本的统称。外部收益是指位于项目投资经营主体之外的收益，此收益由投资经营主体之外的人免费获得；外部成本是指落在项目投资经营主体之外的社会成本，但此成本却不由该投资经营主体给予等价补偿，而是由外部团体和个人无偿承担。如有些项目的投入，可以使上、下游企业原来闲置的资源利用起来，产生一种连锁的外部效果，像政府招商引资的大型汽车厂商，就可以带动一些地方相关配套产业的发展，还有像有些项目排放三废影响生态环境，则损害公众健康等，这些外部效果在企业财务评价中没有包括。因此还需要站在国民经济的角度，对建设项目的效益进行全面分析。

可见，国民经济评价与财务评价两者是互相联系的，它们之间既有共同之处，又有差异。

1. 国民经济评价与财务评价的共同点

（1）国民经济评价与财务评价都是经济效果评价，使用基本的经济评价理论和方法，寻求以最小的投入获取最大的产出，都要考虑资金的时间价值，采用内部收益率、净现值等经济盈利性指标进行经济效果分析。

（2）国民经济评价与财务评价都要在完成产品需求预测、工艺技术选择、投资估算、资金筹措方案选择的基础上进行。

（3）国民经济评价与财务评价的计算期一般是一致的。

2. 国民经济评价与财务评价的主要不同点

（1）评价的角度和基本出发点不同。工程财务评价是站在建筑企业自身的角度上，从项目的经营者、投资者和未来的债权人的角度，分析项目在财务上的可能性，分析各方的实际收益或损失，分析投资或贷款的风险及收益；国民经济评价是在国家整体的角度上，分析和计算投资项目为国民经济创造的效益和所作出的贡献。财务评价主要为企业的投资决策提供依据，国民经济评价则是为政府宏观上对投资的决策提供依据。

（2）计算费用和效益的范围不同。企业财务评价是根据项目直接发生的财务收支，计算项目的费用和效益；国民经济评价则从全社会的角度考察项目的费用和效益，项目的有些收入和支出属于国民经济内部的转移支付，因此不作为社会费用或收益。

（3）评价中使用的价格不同。在企业财务评价中，由于要求评价结果反映投资项目实际发生情况，其计算使用的价格应是对市场进行调查和预测后，确定的未来市场上可能发生的价格；而国民经济评价采用根据机会成本和供求关系确定的影子价格。

（4）评价中使用的参数不同。评价参数是指汇率、贸易费用率、工资额及现值计算的贴现率，各参数在进行财务评价时需根据不同行业的不同企业，以及企业条件、企业环境自行选定；而进行国民经济评价时，同样为了达到横向投资项目可比的目的，上述各项均采用统一的通用参数，如影子工资等。

所谓影子工资，是指项目国民经济评价中用以计算劳务社会成本的国家参数，反映国家和社会为建设项目提供劳动力付出的代价。在理论上，影子工资的内容包括项目使用劳动力导致别处放弃的原有净效益，以及因劳动力的就业或转移所增加的社会资源消耗。

（5）评价中核心指标不同。企业财务评价的核心指标是利润与折旧，这两项收益也是回收投资的主要内容。如在财务评价中，投资回收期、净现值、内部收益率都是用上述两项值进行计算的。在国民经济评价中，国民收入即净产值是主要的考核指标，而国民收入包括利润与工资，但不包括折旧。对于企业而言，尽管工资部分的大小与职工的切身利益相关，但却是当年消耗掉的费用，企业无权对其进行支配，无法用来进行再投资或投资回收。而从国家宏观角度上分析，工资是新创造价值的部分，关系到社会总产品价值的增加和社会就业水平，因此是十分重要的。

国民经济评价与财务评价的主要区别见表4–1。

国民经济评价与财务评价的主要区别　　表4–1

区别	财务评价	国民经济评价
角度和基本出发点不同	站在项目的层次上，从项目的财务主体、投资者、未来的债权人角度，分析项目的财务效益和财务可持续性、投资各方的实际收益或损失、投资或贷款的风险及收益	国民经济评价则是站在国家的层次上，从全社会的角度分析评价比较项目对社会经济的效益和费用
项目费用和效益的含义及范围划分不同	根据项目直接发生的财务收支，计算项目的直接费用和效益	直接的效益和费用，间接的效益和费用，项目税金和补贴、国内银行贷款利息等不能作为费用或效益
价格体系不同	预测的财务收支价格	影子价格体系
内容不同	进行盈利能力分析、偿债能力分析、财务生存能力分析	只有盈利性的分析，即经济效率分析
基准参数不同	财务基准收益率	社会折现率

4.1.6 国民经济评价项目的类型

财务评价是从项目角度考察项目的盈利能力和偿债能力。在市场经济条件下，大部分项目财务评价结论可以满足投资决策的要求，但是有些行业不能由市场力量自行调节，需要由政府行政干预调节，这类行业的建设项目需要进行国民经济评价，从国民经济角度评价项目是否可行。

需要进行国民经济评价的项目主要有以下类型：

（1）国家及地方政府参与投资的项目；

（2）国家给予财政补贴或者减免税费的项目；

（3）主要的基础设施项目，包括铁路、公路、航道整治疏浚等交通基础设施建设项目；

（4）较大的水利水电项目；

（5）国家控制的战略性资源开发项目；

（6）动用社会资源和自然资源较大的中外合资项目；

（7）主要产出物和投入物的市场价格不能反映其真实价值的项目。

4.1.7 国民经济评价的内容

国民经济评价主要包括费用和效益的识别、计量和比较以及国民经济盈利能力分析、外汇效果分析。此外，还应对难以量化的外部效果进行定性分析。

国民经济评价的内容包括以下三部分：

（1）经济费用和效益的识别与处理。国民经济评价中的费用和效益与财务评价相比，从含义到范围都有显著区别，不仅包括在项目建设和运营过程中直接发生的、在财务账面上直接显现的费用和效益，还包括那些因项目建设和运营对外部造成的、不在财务账面上直接显现的间接费用和效益。这就需要对这些费用和效益一一加以识别、归类，并尽量予以量化处理；实在无法定量的，也可定性描述。

（2）影子价格的确定与基础数据的调整。正确拟定项目投入物和产生物的影子价格，是保障国民经济评价科学性的关键。应选择既能够反映资源真实经济价值，又能够反映市场供求关系，并且符合国家经济政策的影子价格；在此前提下，将项目的各项经济基础数据按照影子价格进行调整，计算各项经济费用和效益。

（3）国民经济效果分析。根据以上各项费用和效益，结合社会折现率等相关经济参数，计算项目的国民经济评价指标，编制国民经济评价报表，最终对项目的经济合理性作出评价，得出正确的结论。

4.1.8 国民经济评价的方法

国民经济评价的基本方法是“有无对比”方法。在项目的国民经济评价中，采取将“有”项目与“无”项目两种不同条件下国民经济的不同情况对比，识别项目的费用和效益。“对比”方法是经济学中一般的方法，项目的不同方案之间的对比，是两种方案费用和效益识别的基本方法。实践中，也采用将两种方案分别与“无”方案对比，再将结果比较，识别和计算两个方案的差别费用和效益。

4.1.9 国民经济评价的程序

国民经济评价一般遵循以下程序：

1. 经济费用与效益的识别

对投资项目的经济费用和效益的划分、识别进行鉴定分析与评价。在这一部分，应重点注意对转移支付的处理和对外部效果的计算。

2. 影子价格的确定

对计算费用和效益所采用的影子价格及其国家参数进行鉴定分析与评价。费用和效益的计算所涉及的有关评价参数（影子价格、影子汇率、影子工资等）是否合理，关系到投资项目的费用和效益的计算是否正确。因此，国民经济评价需要对有关参数进行分析与评估。

3. 基础数据的调整

影子价格确定以后，对投资项目的经济费用和效益数值的调整进行分析与评价可按照已经选定的评价参数，计算项目的销售收入、投资和生产成本的支出，并分析与评估调整的内容是否齐全、合理，调整的方法是否正确，是否符合有关规定。

4. 编制报表

对投资项目的国民经济评价报表进行分析与评价，主要是对所编制的有关报表进行核对，保证其符合规定及保证其正确性。

5. 经济效益分析

对经济效益指标的评价就是从国民经济整体角度出发，考察项目给国民经济带来的净贡献，即对项目国民经济盈利能力、外汇效果等进行评价。

在对国民经济评价中，经济效益方案比选一般采用净现值法和差额收益率法，而对于效益相同和效益基本相同又难以具体估算的方案，可采用最小费用法（总费用现值比较和年费用现值比较）。

6. 进行不确定性分析

从国民经济角度对投资项目不确定性分析的评价应包括对盈亏平衡分析、敏感性分析及风险分析所作出的分析与评价，以确定投资项目在经济上的可靠性。

7. 作出评价结论与建议

在对主要评估指标进行综合分析后，作出评估结论，并对评估中所出现和反映的问题、对投资项目需要说明的问题以及有关建议作简要的说明。

任务实施

读者可扫描二维码查看任务 4.1 参考答案。

任务 4.1
参考答案

考核评价表

工作任务：确定国民经济评价的方法　　　　专业班级：________

考核时长：建议 0.5 学时　　　　学生姓名：________

考核方式	技能考核	知识考核	素养评价
自我评价			
团队互评			
教师评价			
企业评价			

评价等级：□优秀　□良好　□中等　□及格　□不及格

考核说明：（1）可从综合训练题中选题组卷测试；（2）考核方式根据实际情况选择运用；（3）建议技能考核分占比 30%，知识测试分占比 50%，素养评价分占比 20%

技能考核标准

□优秀	□良好	□中等	□及格	□不及格
能熟练地判别建设项目类型，能正确算出项目建设期、运营期和计算期，掌握项目国民经济评价内容、评价方法与步骤，结果准确	能正确判别建设项目类型，能计算出项目建设期、运营期和计算期，熟悉建设项目国民经济评价的内容、评价方法及步骤，结果准确	能正确判别建设项目类型，会计算项目建设期、运营期和项目计算期，基本熟悉建设项目国民经济评价的内容、评价方法及步骤，结果较准确	建设项目类型分析正确，能计算项目建设期、运营期和计算期，但基本不熟悉建设项目国民经济评价的内容、评价方法及步骤	建设项目类型分析不正确，不能准确计算项目建设期、运营期和计算期，不熟悉建设项目国民经济评价的内容、评价方法及步骤

任务 4.2　识别经济费用和效益

任务描述

根据典型案例 4 提供的资料，从国民经济角度分析建设项目的经济费用和效益。

知识准备

4.2.1　经济费用和效益分析的含义

经济费用效益分析是把每一种经济行为对社会的全部影响和效果折算为用货币单位表示的费用和效益，通过对比各种备选项目的全部预期费用和效益的现值，对项目的经济性作出评价的一种方法。

经济费用效益分析着重于费用和效益的分别计量与相互比较。它与财务会计核算不同，不是以企业观点而是以社会观点来计量；不仅分析直接的费用和效益，而且分析包括间接的费用和效益在内的全部的费用和效益；不限于货币收支的比较，还包括不能用货币反映甚至较难数量化的一些费用和效益的比较；不是考虑过去实际发生的费用和效益，而是预期决策后与行动方案选择有关的未来费用和效益。

在工程经济中进行经济费用效益分析时，一般将建设项目的投入与产出划分为费用和效益两大类。费用包括为建造和经营这个项目而必须付出的直接费用、产生间接效益时的间接费用、项目的投资经营主体所承担的内部费用、项目以外的外部费用以及有形和无形费用。效益包括直接与间接效益、内部与外部效益、有形与无形效益。我们在进行分析时，把项目的费用和效益量化后，通过指标的计算、分析和判断，全面权衡项目的可能性。中间一般穿插各种分析方法，如不确定性分析方法。

经济费用效益分析的历史沿革

4.2.2　经济费用效益分析的步骤

经济费用效益分析基本步骤如下：

（1）识别项目的经济费用和效益；

（2）对经济费用和效益进行贴现；

（3）计算评价指标、对项目进行评价。

4.2.3　经济费用和效益的识别

经济费用和效益的识别，是进行国民经济评价工作的重要前提。与反映项目直接效果的财务费用和效益相比较，经济费用和效益的识别工作要更复杂、更烦琐，是整个项目评价成败的关键。

1. 经济费用和效益的概念

项目的经济效益是指项目对国民经济所作的贡献，包括项目的直接效益和间接效益；项目的经济费用是指国民经济为项目所付出的代价，包括直接费用和间接费用。

2. 经济费用和效益识别的原则

识别经济费用和效益的基本原则：凡是项目对国民经济所作的贡献，均计为项目的经济效益；凡是国民经济为项目所付出的代价均计为项目的经济费用。

3. 经济费用和效益识别的方法

判别项目的经济费用和效益，使用“有无对比”方法，即将“有”项目（项目实施）与“无”项目（项目不实施）的情况加以对比，以确定某项效益和费用的存在：增加社会资源便是经济效益，减少社会资源即为经济费用。

（1）经济效益

经济效益是指项目对国民经济所作的贡献。例如，网红矮寨大桥经过近4年时间的建设，于2012年3月31日通车运营，大桥为吉首—茶洞高速公路（国家高速G65）组成部分，矮寨大桥开通后，湘西成为往返湘渝的“驿站”，也成为打通大西南的一个旅游集散中心，能更好地融入湖南省4小时经济圈。再如一个城市快速干道的建成，将使人民减少上下班的时间，节约燃油消耗的同时，还能减少污染物排放而为环境净化作出贡献。这些都是经济效益。

经济效益可分为直接效益和间接效益。

1）直接效益是指由项目产出物产生并在项目范围内计算的经济效益，一般表现为以下几种：①增加该产出物数量，以满足国内需求的效益；②替代其他相同或类似企业的产出物，使被替代企业减产，以减少国家有用资源耗费（或损失）的效益；③增加出口（或减少进口）所增收（或节支）国家外汇的效益。

2）间接效益。间接效益是指由项目引起的、但在直接效益中未得到反映的那部分效益，例如技术扩散和示范效果等。

（2）经济费用

经济费用是指国民经济为项目付出的代价。例如，某项目建成投产后带来周边环境污染，当地政府将为该项目付出污染治理的代价，这就是经济费用。

经济费用可分为直接费用和间接费用。

1）直接费用。它是指项目使用投入物所产生并在项目范围内计算的经济费用，一般表现为以下几种：①其他部门为供应本项目投入物而扩大生产规模所耗用的资源费用；②减少对其他项目（或最终消费）投入物的供应而放弃的效益；③增加进口（或减少出口）所耗用（或减收）国家外汇的费用。此外，项目范围内主要为本项目服务的商业、教育、卫生、文化、住宅等生活福利设施投资，应计为项目的费用（这些生活福利设施所产生的效益，可视为已经体现在项目的产出效益中，一般不必单独核算）。

2）间接费用。它是指由项目引起的、而在直接费用中未得到反映的那部分费用，例如生态破坏和环境污染等。

项目的间接费用和间接效益统称为外部效果。项目的外部效果一般只计算一次相关效果，不计算连续扩展的乘数效果。

4. 转移支付

转移支付是指在国民经济内部各部门发生的、没有造成国内资源的真正增加或消耗的支付行为。建设项目的某些财务收益和支出，从国民经济的角度看，其实并没有造成资源的实际增加或减少，而是国民经济内部的"转移支付"，所以不计入建设项目的经济费用与效益。转移支付的内容主要包括税金、补贴、贷款的还本付息。

（1）税金

在财务分析中，税金包括增值税和所得税，对企业来说，这些税金都是财务支出。但是，对国民经济整体而言，企业纳税并未减少国民收入，只不过是将企业的这笔货币收入转移到政府手中而已，是收入的再分配。前面说到，考察建设项目的国民经济评价系统，是从资源增减的角度区别费用和收益的，税金既然是国民收入的再分配，并不伴随资源的变动，所以，在国民经济评价中既不能把税金列为费用，也不能把税金列为收益。

（2）补贴

补贴是一种货币流动方向与税金相反的转移支付。政府如果对某些产品实行价格补贴，可能会降低项目投入的支付费用，或者会增加项目的收入，从而增加项目的净收益。但是这种收益的增加仍然是国民收入从政府向企业的一种转移，它使资源的支配权发生变动，但是既未增加社会资源，也未减少社会资源，因而补贴不被视作国民经济评价中的费用和收益。

（3）国内贷款的还本付息

建设项目的国内贷款及其还本付息也是一种转移支付，在项目投资人的财务评价中被视作财务支出。但是从国民经济角度看，情况则不同。还本付息并没有减少国民收入，这种货币流动过程仅仅代表资源支配权利的转移，社会实际资源并未增加或减少，因而在国民经济评价中，不被视为费用。

（4）国外贷款的还本付息

国外贷款的还本付息处理分以下三种情况：

1）评价国内投资经济效益的处理方法。在分析时，由于还本付息意味着国内资源流入国外，因而应当视作费用。

2）国外贷款不指定用途时的处理方法。在这种情况下，与贷款对应的实际资源虽然来自国外，但受贷国在如何有效利用这些资源的问题上，面临着与国内资源同样的优化配置任务，因而应当对包括国外贷款在内的全部资源的利用效果作出评价。在这种评价中，国外贷款还本付息不视作收益，也不视作费用。

3）国外贷款指定用途的处理方法。如果不上拟建项目，就不能得到国外贷款，这时便无须进行全投资的经济效益评价，可只进行国内投资资金的经济评价。这是因为，投资经济效益评价的目的在于对包括国外贷款在内的全部资源多种用途进行比较选优，既然国外贷款的用途已经唯一限定，别无其他选择，也就没有必要对其利用效果作出评价了。

4.2.4　经济费用和效益的度量

对项目的经济费用和效益进行度量，包括社会效益和投资主体成本两个方面的度量。

1. 社会效益的度量

社会公益性项目往往没有或者仅有很少的货币收入，因此在对社会公益性项目度量其效益时要特别谨慎，一般按以下步骤进行：

（1）估计每年将有多少人使用新建成的设施；

（2）假设这些人现在正使用旧设施，但新设施一旦建成，人们将肯定使用新设施；

（3）估计人们使用旧设施的成本；

（4）估计同样人们使用新设施的成本；

（5）计算人们使用新、旧设施的成本之差，确定社会公众享受到的益处。

社会效益的计算方法如下：

设 U_p 表示社会公众使用目前设施的年总成本，U_f 表示相同的社会公众使用新设施后的年总成本，I 为投资主体取得的收益，则新项目带来的社会效益 B 为：

$$B=U_p-U_f+I \tag{4-1}$$

2. 投资主体成本的度量

投资主体成本包括投资成本和运营成本两部分。

（1）投资成本

设 C_f 表示拟建项目的等额年值投资成本，C_p 表示用等额年值表示目前正在使用的设施余值，则新项目的投资成本（C）：

$$C=C_f-C_p \tag{4-2}$$

（2）运营成本

设 M_f 表示拟建项目未来的年营运费，M_p 表示目前正在使用设施的年营运费，则新项目的运营成本（M）：

$$M=M_f-M_p \tag{4-3}$$

任务实施

根据典型案例4提供的资料，从国民经济角度分析建设项目的经济费用和效益。

1. 经济效益的识别和计算

分析：本工程投资项目具有巨大的防洪效益和明显的治涝效益，是经济效益计算需要重点考虑的问题。

（1）防洪效益

本工程投资项目的防洪效益主要体现在减少水库周边坪区淹没及下游保护区的分、蓄洪概率上。水库周边坪区在大坝水位超过15.5m时即需破坪进洪，坪区15.5m高程以下面积约165万亩，人口93万。本项目建成后，经入海水道分洪，遇中等洪水时，坪区可不再破坪。

水库大堤的保护区主要有A、B、C三个地区。这些地区都是我国重要的商品粮、棉、油生产基地，且人口稠密，地势低洼，一旦分洪，人民生命、财产和社会经济损失巨大，后果不堪设想。遇百年一遇及以上标准特大洪水，本投资项目可减少这些地区的分洪概率和淹没范围。各地区基本情况见表 4–2。

某水库周边不同地区人口及耕地情况表　　表 4–2

地区	人口（万人）	耕地（万亩）
水库周边圩区	93	165
A 地区	213	165
B 地区	173	128
C 地区	1727	2038
合计	2206	2496

1）减少淹没面积的计算

根据水库的工程具体情况，对各种频率下的设计洪水进行了调洪演算，分析确定了在不同洪水下水库各分洪口的起用顺序，分析结果表明，遇各种频率洪水时，入海水道工程都可不同程度地减少圩区和各保护区的分蓄洪量。洪水重现期按 50 年一遇、100 年一遇、300 年一遇、1000 年一遇、2000 年一遇等五个等级，分别分析在各种等级的洪水出现时各地区有无项目时的淹没面积，以及通过“有无对比”计算本项目的减灾面积及损失率。

①水库周边圩区

水库周边圩区在水库大坝水位超过 15.5m 时即需破圩蓄洪。水库地面高程 15.5m 以下圩区面积为 165 万亩，当遇 50 年一遇洪水时，在“无项目”的情况下，水库最高水位 15.9m，周边圩区需破圩。本工程建成后，不需破圩，因此遇到 50 年一遇洪水时，圩区 165 万亩土地将免于被淹，165 万亩即为该标准洪水的工程减淹面积；遭遇百年及以上重现期洪水时，有无本工程水库周边圩区均要全部破圩滞洪，工程无减淹面积。

② A 地区

A 地区地形西高东低，地势狭长，具备分、行洪的有利条件。根据计算，在“无项目”的情况下，A 地区最大行洪能力为 $1950m^3/s$，本投资项目建成后最大行洪能力可达到 $2970m^3/s$。一旦分洪，整个 A 地区将全部淹没。遭遇 50 年一遇的洪水时，有无本项目均不需分洪；遭遇百年一遇洪水时，无项目情况下本地区将分洪 5 天，本工程建成后无需分洪，故 A 地区 165 万亩耕地即为减淹面积；遭遇 300 年及以上重现期洪水时，有无本工程均需分洪，故工程无减淹面积。

③ B 地区

当确保水库大堤安全要求的分洪流量超过 A 地区行洪能力时，就要考虑向 B 地区分泄洪水。遭遇 50 年一遇洪水时，“有无项目”本地区均无需分洪；遭遇百年一遇洪水时，“无项目”情况下本地区需要分洪 18 亿 m^3，增加淹没面积 36 万亩；本项目建成后，B 地区在百年一遇洪水下无需分洪，故 36 万亩即为工程遭遇百年一遇洪水时 B 地区的减淹面积。遭遇 300 年一遇洪水时，“无项目”情况下 B 地区将增加淹没面积 52 万亩；本项目建成后，B 地区不需分洪，故“无项目”情况下因分洪增加的淹没面积 52 万亩即为工程的减淹面积。

当遭遇 1000 年一遇洪水时，“有无项目”该地区都将全淹后再破堤向 C 地区分洪，因此在此情况下本项目无减淹面积。

④ C 地区

在“无项目”情况下，遭遇 50 年一遇、100 年一遇标准洪水时，C 地区均无需分洪。遭遇 300 年一遇洪水时，“无项目”情况下洪水将冲破运河大堤，有 11.5 亿立方米洪水泄入 C 地区，该地区增加淹没耕地 1680 万亩。工程建成后，C 地区无需分洪，故本项目在遭遇 300 年一遇洪水情况下的减淹面积为 1680 万亩。遭遇 1000 年一遇以上标准洪水时，“有无项目”C 地区都将全部淹没，本工程无减淹面积。

各地区、各种频率洪水工程前后的淹没面积详见表 4-3。

分洪量、淹没面积分析表　　表 4-3

有无项目	洪水重现期（年）	分洪总量（亿立方米）	分洪天数	各地区分洪量			分洪后增加淹没面积（万亩）			
				A	B	C	周边坪区	A	B	C
“无项目”情况	50			0	0	0	165	0	0	0
	100	29.2	8	11.2	8		165	165	36	
	300	133.7	20	38.2	21	75.2	165	165	32	1680
	1000	247.7	25	38.2	21	188.2	165	165	52	1680
	2000	299.0	25	38.2	21	239.5	165	165	52	1680
“有项目”情况	50									
	100						165			
	300	38.2	20	38.2			165	165		
	1000	170.5	24	38.2	21	111.1	165	165	52	1680
	2000	209.3	24	38.2	21	149.8	165	165	52	1680

对应于不同标准的洪水，通过有无对比分析得到本项目的减淹面积见表 4-4。

有无对比各地区减淹的面积分析表（单位：万亩）　　表 4-4

洪水重现期（年）	有无对比的减淹面积			
	周边坪区	A	B	C
50	165	0	0	0
100	0	165	36	0
300	0	0	52	1680
1000	0	0	0	0
2000	0	0	0	0

注：对于不同标准的洪水，分洪量不同，分洪天数不同，同样是被淹没，财产的损失率也不同。

2）直接洪灾损失计算

在可行性研究经济评价中，应采用洪水演进的方法计算项目的建设对洪灾损失的影响。直接洪灾损失的计算，应首先计算单位洪灾损失指标，它是洪水淹没地区单位面积（亩）资产损失总值（以元 / 亩为单位），与资产值（以元 / 亩为单位）、洪灾损失率（%）及洪灾损失增长率等因素有关。

①资产值。洪水淹没区的资产包括粮食、棉花、油料、林业、渔业、养殖业、副业、工业、商业、粮食库存、交通、水利、房屋、居民财产及其他设施等各类财产。其他设施（包括以上未考虑到的其他公共设施及防汛抢险费用）按以上总和的 15% 计。根据 2002 年对该地区的抽样调查，资产值水库周边坪区亩均 9500 元，A 地区亩均 17600 元，B 地区亩均 13500 元，C 地区亩均 18200 元。

②洪灾损失率。洪灾损失率是指洪水淹没区资产损失的程度（以百分数计）。它与灾区的地形地貌、经济发展状况、资产结构、淹没深度、淹没时间长短等因素有关。通过对过去历次洪水淹没情况的统计数据，研究确定洪灾损失率：水库周边坪区遭遇 50 年一遇洪水 15%~75%，遭遇 100 年一遇及以上标准洪水为 20%~90%；A 地区和 B 地区遭遇 300 年一遇及以上标准洪水为 25%~90%，C 地区遭遇 300 年一遇及以上标准洪水为 15%~75%，详见表 4–5~ 表 4–8。

周边坪区资产损失情况表　　表 4–5

洪水重现期（年）	无项目		有项目	
	平均损失率	损失值（元 / 亩）	平均损失率	损失值（元 / 亩）
50	60%	5700	0	0
100	75%	7125	60%	5700
300	80%	7600	70%	6650
1000	90%	8550	85%	8075
2000	90%	8550	90%	8550

注：平均资产值 9500 元 / 亩。

A 地区资产损失情况表　　表 4–6

洪水重现期（年）	无项目		有项目	
	平均损失率	损失值（元 / 亩）	平均损失率	损失值（元 / 亩）
50	0	0	0	0
100	65%	11440	0	0
300	70%	12320	60%	10560
1000	90%	15840	80%	14080
2000	90%	15840	90%	15840

注：平均资产值 17600 元 / 亩。

B 地区资产损失情况表　　表 4–7

洪水重现期（年）	无项目		有项目	
	平均损失率	损失值（元 / 亩）	平均损失率	损失值（元 / 亩）
50	0	0	0	0
100	40%	5400	0	0
300	65%	8775	0	0
1000	75%	10125	70%	9450
2000	90%	12150	90%	12150

注：平均资产值 13500 元 / 亩。

C 地区资产损失情况表　　表 4–8

洪水重现期（年）	无项目		有项目	
	平均损失率	损失值（元 / 亩）	平均损失率	损失值（元 / 亩）
50	0	0	0	0
100	40%	7280	0	0
300	50%	9100	0	0
1000	60%	10920	50%	9100
2000	75%	13650	75%	13650

注：平均资产值 18200 元 / 亩。

③基准年的资产损失值。根据上述计算分析结果，计算出基准年的多年平均资产损失情况见表 4–9。

平均资产损失情况分析表（单位：万元）　　表 4–9

有无项目对比	周边坪区	A 地区	B 地区	C 地区	合计
无项目	36862	29572	4307	80772	151513
有项目	15100	9438	807	26754	52099
有无对比之差	21762	20134	3500	54018	99414

表 4–9 结果表明，本项目的多年平均直接防洪经济效益为 9.94 亿元。

④洪灾损失增长率。由于社会的发展和生产力水平的提高，同一频率的洪水发生在不同年份所造成的损失不同，所以要考虑洪灾损失增长率。随着国民经济发展水平的提高，抗灾能力也将进一步增强。根据分析，本投资项目约定采用洪灾损失年增长率：2008~2015 年为 3%，2015~2030 年为 2.5%，2031~2053 年为 2%。

⑤间接防洪经济效益。工程可减免的间接国民经济损失称为间接防洪经济效益。主要包括：洪灾使淹没区外的社会经济因淹没区的交通、供电、通信中断，原材料短缺等造成的影响损失；淹没区的企业、事业单位恢复淹没前生产水平所需费用及淹没期间少创造的

效益等。一般情况下，洪水越大，洪灾损失越严重，间接损失也越大。根据已有资料分析，结合本投资项目情况，间接损失按直接损失的15%计算，可计算得出本工程多年平均间接防洪经济效益为1.49亿元。

⑥防洪经济效益。包括直接防洪经济效益和间接防洪经济效益之和。本项目多年平均防洪经济效益为11.43亿元。

⑦防洪经济效益调整。进行国民经济评价时，应对经济效益指标采用影子价格进行调整，即调整洪灾损失指标。

洪灾损失指标中主要包括：粮食（以水稻为代表）；养殖业、渔业；工业；房屋；居民家庭财产；其他设施等。其中养殖业、渔业产品、工业设备、产品及居民家庭财产的影子价格调整系数按1.0计算，不作调整。

大米按外贸出口货物计算，经计算其影子价格为2398元/t，财务价格为2150元/t，影子价格调整系数为1.1，即粮食的影子价格调整系数为1.1。房屋及其他公共设施用房屋建筑工程的影子价格换算系数按1.1进行调整。这三项需要调整的经济费用占洪灾损失指标中损失值的30%~50%，取40%。综上，对整个洪灾损失指标按系数1.04进行调整，即防洪经济效益调整系数为1.04。调整后，本项目基期年防洪经济效益为11. 89亿元。洪灾损失增长率不作调整。基期以后年份按洪灾损失增长率递增。

（2）治涝经济效益

本投资项目在充分利用现有排水设施的基础上，工程建设可使A地区的排涝标准从3年一遇提高到5年一遇，其治涝经济效益主要反映在提高排涝标准上。A地区的排水面积、耕地情况见表4–10。

A地区排水、耕地面积表　　表4–10

地块类别	排水面积（km^2）	耕地（万亩）
普通地面	1428	127
滩区	399	34
水面及其他	31	—
合计	1858	161

通过对排涝区过去的雨量统计分析及灾情现状分析，可以得到多年平均减灾面积。本工程可使多年平均减灾面积达到7.5万亩。根据灾情统计分析，A地区涝灾面积中受灾程度大部分为轻、重灾，少数为绝收，平均减产率为5%~60%之间。本次计算平均减产率取35%。

本地区洪涝灾害受影响的主要是秋粮种植。由A地区近几年秋粮种植情况可知，水稻的种植面积占整个秋种面积的60%以上，且易受涝灾的地势低洼一带基本上都种植较耐水淹的水稻，所以本次把水稻作为秋粮的代表。2002年大米的财务价格为2150元/t。水稻正常年景下的单产为480kg/亩，水稻出米率为75%。粮食单产以年均1%的速度递增。

由工程多年平均减灾面积、水稻单产、水稻出米率、大米单价和平均减产率这五项指标连乘即得本项目多年平均治涝经济效益。经计算，基年（2002 年）本项目多年平均治涝经济效益为 2031.75 万元，2002 年后按 1% 的增长率递增。

在国民经济评价中，应对治涝经济效益进行调整，也就是将大米的财务价格用影子价格来代替，然后再计算治涝经济效益。大米按外贸出口货物计算，其影子价格为 2398 元 /t，调整后治涝经济效益为 2266.11 万元，并按 1% 的速度递增。

2. 经济费用的识别和计算

（1）工程经济费用

本项目的经济费用由工程建设费用、年运行费、营运资金、更新改造投资和预留分洪口门费用五部分构成。

1）工程建设费用

本项目的工程建设费用由枢纽建筑工程投资、桥梁工程投资、排灌工程投资、穿堤建筑工程投资、河道及移民安置工程投资等构成，共计 546772 万元，自 2004 年开始分 5 年投入，详见表 4–11。

某项目分年投资情况表（单位：万元）　　表 4–11

工程投资项目	静态投资	分年度投资				
		2004 年	2005 年	2006 年	2007 年	2008 年
枢纽建筑工程	202306	30346	49565	65749	43294	13352
桥梁工程	71081	10662	17415	23101	15212	4691
排灌工程	97326	14599	23845	31630	20828	6424
穿堤建筑工程	77642	11646	19023	25233	16616	5124
河道及移民安置工程	98417	14762	24112	31986	21061	6496
合计	546772	82015	133960	177699	117011	36087

2）年运行费

工程年运行费是指工程运行期间每年所需支付的全部运行费用。经测算，本投资项目正常年份的年运行费用为 4357 万元，并按 2.5% 递增，从 2006~2008 年按 50% 分年投入，2009 年以后开始足额投入。

3）营运资金

营运资金是指工程维持正常运行所需的周转性资金。本投资项目 2006 年开始发挥初期效益，则管理单位 2005 年开始入场运转。流动资金从 2005~2008 年按 50% 分年投入，2008 年后足额投入。

4）更新改造费

更新改造费由枢纽建筑物工程和穿堤建筑物工程的机电设备及金属结构的更新改造费组成，共 9850 万元，其中机电设备（含安装工程）1820 万元，于工程投产后的第 20 年一次性投入；金属结构（含安装工程）8030 万元，于工程投产后的第 25 年一次性投入。

5）预留分洪口门费用

为实现水库向 A 和 B 地区有秩序分洪，确保水库大堤安全，需在适当地段预留分洪口门等非常工程设施。本着“经济费用和效益计算口径一致”的原则，本次国民经济评价费用计算中应包含分洪口门的工程费用，经估算为 22500 万元，在开工后前三年投资中摊列。

（2）工程经济费用调整

为消除价格扭曲对投资项目决策的影响，合理度量资源、货物与服务的国民经济价值，需用影子价格、影子工资、影子汇率和社会折现率对投资项目的投入物和产出物进行调整或补充计算。由于本项目投资构成较为单一，经济费用调整简化处理如下：

1）确定国民经济内部转移支付费用（A）

本工程投资估算中属于国民经济内部转移支付费用的有各种税金，约占建安工程费的 10%，即 A 为 19534 万元。

2）计算主要材料经济费用调整后与调整前的差值（B）

本投资项目的主要材料包括汽油、柴油、木材、钢材和水泥。其中汽油、柴油、木材、钢材按外贸进口货物计算，水泥按非外贸货物计算。经调整计算，B 为 –18739 万元，见表 4–12。

主要材料经济费用调整计算表　　表 4–12

材料名称	规格	数量	财务价格	影子价格	价格差值	经济费用差值（万元）
汽油	70 号	4057.1m^3	2665.90 元 /m^3	1586.82 元 /m^3	–1079.08 元 /m^3	–438
柴油	0 号	135561.95m^3	2499 元 /m^3	1458 元 /m^3	–1041 元 /m^3	–14112
水泥	42.5 级	221609.3t	384 元 /t	349 元 /t	–35 元 /t	–776
木材	—	8062t	2538 元 /t	1339 元 /t	–1199 元 /t	–967
钢材	—	25375t	3291 元 /t	2327 元 /t	–964 元 /t	–2446
合计						–18739

3）主要设备购置费的调整

我国机电设备由市场进行调节，与国际市场价格相近，故本项目主要设备投资的经济费用不予调整。

4）土地经济费用的调整

土地的经济费用中，土地补偿及安置补助费属于机会成本性质的经济费用，在国民经济评价中需按机会成本进行计算，其余各项经济费用为新增资源耗费，需按照影子价格进行换算。

①土地机会成本的计算。根据占用土地的适用性和其所处的环境等条件，所占用的土地最可能用途为：耕地和滩地用于夏秋两季种植小麦和水稻，鱼塘发展淡水养殖，园地发展蚕茧业，宅基地发展蔬菜种植，复种次数 2.5 次。土地利用情况及土地机会成本计算见表 4–13。

土地利用情况及土地机会成本计算表　　表 4-13

土地类别	占地面积（亩）	可能替代用途	征用年限（年）	年净国民经济效益（元 / 年 · 亩）	净国民经济效益年均增长率（%）	机会成本（元 / 亩）	机会成本总额（万元）
挖压耕地	57180	小麦水稻种植	60	580	1%	6390	36535
滩地耕地	40920	小麦水稻种植	1.5	420	1%	618	2527
挖压鱼塘	7495	淡水养殖	60	2070	2%	25655	19228
滩地鱼塘	2542	淡水养殖	1.5	2070	2%	3384	860
挖压园地	6646	桑园	60	572	2%	7089	4711
宅基地	4003	蔬菜	60	1118	2.5%	14780	5916
合计	118786						69777

耕地、鱼塘、园地征用年限为施工期 6 年加上运营期 54 年。滩地征用 1.5 年后还原；园地以桑园为代表。

土地机会成本计算公式：

$$OC=NB_0(1+g)^{(T+1)}\times[1-(1+g)^{n}\times(1+i)^{-n}]/(i-g)\ (i\neq g) \tag{4-4}$$

式中　OC——土地机会成本；

n——项目占用土地的期限；

NB_0——基年土地的“最佳可替代用途”的单位面积净效益；

T——净效益计算基年 2002 年距项目开工年 2004 年的年数；

g——土地的最佳可替代用途的年平均效益增长率；

i——社会折现率 10%。

例如，对于挖压耕地，NB_0=580，g=1%，i=10%，n=50，T=2，则土地机会成本为：

$$OC=580\times(1+1\%)^{2+1}\times[1-(1+1\%)^{50}\times(1+10\%)^{(-50)}]/(10\%-1\%)=6390\text{ 元}$$

利用同样的方法计算出：滩地耕地的每亩机会成本为 618 元；挖压鱼塘的每亩机会成本为 25655 元；滩地鱼塘的每亩机会成本为 3384 元；挖压园地的每亩机会成本为 7089 元；宅基地的每亩机会成本为 14780 元。然后根据占用土地的面积，计算出土地机会成本总额为 69777 万元。

②新增资源消耗的计算。新增资源消耗包括土地补偿及安置补偿，林木、果树补偿，房屋迁建补偿，附属设施补偿、专项设施重建补偿，企事业单位搬迁和其他经济费用。其中林木、果树补偿和其他经济费用不作调整，其余几项主要是建筑工程的拆迁费用，用房屋建筑工程的影子价格换算系数 1 ∶ 1 换算成影子经济费用，调整后的新增资源消耗为 72680 万元。

土地的经济费用为土地的机会成本和新增资源消耗之和，即 142459 万元。本项目占地的经济费用与投资估算中土地补偿费用的差值 D 为 25016 万元。分项调整结果见表 4-14。

其他经济费用包括勘察设计费、工程管理费、技术培训费、监理监测评估费、土地管理费、勘界费等。

移民安置及土地补偿经济费用计算表（单位：万元）　　表 4–14

费用类别	调整前费用	调整后费用	差额
土地补偿及安置补偿	49339	69779	20440
林木、果树补偿	10474	10474	0
房屋迁建补偿	27522	30274	2752
专项设施重建补偿	2913	3205	292
附属设施补偿	1309	1440	131
企事业单位搬迁	14011	15412	1401
其他经济费用	11875	11875	0
合计	117443	142459	25016

按影子工资计算的劳动力经济费用与投资估算中的劳动力财务费用的差值（E）：劳动力的影子工资按投资估算中的工资及福利费 × 影子工资换算系数 1.0 计算。据此，E 为零。

确定工程投资估算中的基本预备费（F）：工程投资估算中的基本预备费为主体工程投资中的建筑工程费、设备购置费、工器具购置费、安装工程费、工程建设其他费用之和的 6%，经测算为 19027 万元。

计算投资项目国民经济总费用及各年投资分配额：投资项目国民经济总费用 =（工程静态总投资 $-F-A+B+C+D+E$）×（1+ 基本预备费率 6%）=（546772−19027−19534−18739+0+25016+0）×（1+6%）=545357 万元。

各年投资分配额由投资总经济费用乘以工程投资估算中各年度的投资比例得到。

流动资金的调整：流动资金不予调整，仍按 1532 万元计算。

年运行费用的调整：工程年运行费不予调整，仍按 4357 万元计算。

更新改造投资经济费用：更新改造费不作调整，仍为 9850 万元。

预留分洪口门经济费用调整：由于预留分洪口门经济费用为指标扩大估算值，本次不作调整，仍为 22500 万元。

考核评价表

<table>
<tr><td colspan="5">工作任务：识别经济费用和效益　　　专业班级：________
考核时长：建议 1 学时　　　学生姓名：________</td></tr>
<tr><td>考核方式</td><td>技能考核</td><td colspan="2">知识考核</td><td>素养评价</td></tr>
<tr><td>自我评价</td><td></td><td colspan="2"></td><td></td></tr>
<tr><td>团队互评</td><td></td><td colspan="2"></td><td></td></tr>
<tr><td>教师评价</td><td></td><td colspan="2"></td><td></td></tr>
<tr><td>企业评价</td><td></td><td colspan="2"></td><td></td></tr>
<tr><td colspan="5">评价等级：□优秀　□良好　□中等　□及格　□不及格</td></tr>
<tr><td colspan="5">考核说明：（1）可从综合训练题中选题组卷测试；（2）考核方式根据实际情况选择运用；（3）建议技能考核分占比 30%，知识测试分占比 50%，素养评价分占比 20%</td></tr>
<tr><td colspan="5">技能考核标准</td></tr>
<tr><td>□优秀</td><td>□良好</td><td>□中等</td><td>□及格</td><td>□不及格</td></tr>
<tr><td>能非常熟练地对建设项目经济效益与费用进行识别与计算；能识别转移支付，计算结果准确率达到 90% 以上</td><td>能熟练地分析建设项目经济效益与费用，能够识别转移支付，计算结果准确率达到 80% 以上</td><td>会较好地分析建设项目经济效益与费用，能识别转移支付，计算结果准确率达到 70% 以上</td><td>对建设项目经济效益与费用基本上能够识别，计算结果准确率达到 60% 以上</td><td>不会识别建设项目经济效益与费用，不能识别转移支付，计算结果准确率未达到 60%</td></tr>
</table>

任务 4.3 编制建设项目效益费用流量表

任务描述

根据典型案例 4 提供的资料以及前置任务 4.1、任务 4.2 得到的项目相关数据，编制建设项目经济效益费用流量表。

知识准备

4.3.1 经济效益费用流量表的概念

编制经济效益费用流量表是项目国民经济评价的一项基础工作。项目的经济效益费用流量表用来反映项目的经济效益和经济费用，并用以计算国民经济评价指标。

经济效益费用流量表是国民经济评价的基本报表，包括“项目经济效益费用流量表”和“国内投资经济效益费用流量表”。前者以全部投资作为计算的基础，用以计算全部投资的经济内部收益率、经济净现值等指标；后者以国内投资作为计算的基础，将国外借款利息和本金的偿付作为费用流出，用以计算国内投资的经济内部收益率、经济净现值等指标，作为利用外资项目经济评价和方案比较取舍的依据。

4.3.2 经济效益费用流量表的编制

1. 基于财务评价调整编制

经济效益费用流量表一般在项目财务评价的基础上进行调整编制，见表 4-15~ 表 4-17。

经济效益费用流量表（全部投资）（单位：万元） 表 4-15

序号	年份 / 项目	建设期		投产期		达到设计能力生产期				合计
		……	n	1	2	3	4	5	6	
生产负荷（%）										
1	效益流量									
1.1	产品销售（营业）收入									
1.2	回收固定资产余值									
1.3	回收流动资金									
1.4	项目间接效益									
2	费用流量									
2.1	固定资产投资									
2.2	流动资金									
2.3	经营费用									

续表

序号	项目 \ 年份	建设期		投产期		达到设计能力生产期				合计
		……	*n*	1	2	3	4	5	6	
2.4	项目间接费用									
3	净效益流量（1–2）									
计算指标：①经济内部收益率 = ；②经济净现值 i_s= %										

注：生产期发生的更新改造投资作为费用流量单独列项或列入固定资产投资中。

国内投资经济效益费用流量表（单位：万元） 表 4–16

序号	项目 \ 年份	建设期		投产期		达到设计能力生产期				合计
		……	*n*	1	2	3	4	5	6	
生产负荷（%）										
1	效益流量									
1.1	产品销售（营业）收入									
1.2	回收固定资产余值									
1.3	回收流动资金									
1.4	项目间接效益									
2	费用流量									
2.1	固定资产投资中国内资金									
2.2	流动资金中国内资金									
2.3	经营费用									
2.4	流至国外的资金									
2.4.1	国外借款本金偿还									
2.4.2	国外借款利息支付									
2.4.3	其他									
2.5	项目间接费用									
3	净效益流量（1–2）									
计算指标：①经济内部收益率 = ；②经济净现值 i_s = %										

注：生产期发生的更新改造投资作为费用流量单独列项或列入固定资产投资中。

涉及产品出口创汇和替代进口节汇的项目，还应编制经济外汇流量表，见表 4–17。

经济外汇流量表（全部投资）（单位：万元） 表 4–17

序号	项目 \ 年份	建设期		投产期		达到设计能力生产期				合计
		……	*n*	1	2	3	4	5	6	
生产负荷（%）										
1	外汇流入									
1.1	产品销售外汇收入									
1.2	外汇借款									

续表

序号	年份 项目	建设期		投产期		达到设计能力生产期				合计
		……	n	1	2	3	4	5	6	
1.3	其他外汇收入									
1.4	项目间接效益									
2	外汇流出									
2.1	固定资产投资中外汇支出									
2.2	进口原材料									
2.3	进口零部件									
2.4	技术转让费									
2.5	偿付外汇借款本息									
2.6	其他外汇支出									
3	净外汇流量（1–2）									
4	产品替代进口收入									
5	净外汇效果（3–4）									

计算指标：①经济内部收益率 =　　；②经济净现值 i_s =　　%

在财务评价基础上编制经济效益费用流量表应注意以下问题：

（1）剔除转移支付，将财务现金流量表中列支的销售税金及附加、所得税、特种基金、国内借款利息作为转移支付剔除。

（2）计算外部效益与外部费用，并保持效益费用计算口径的统一。

（3）用影子价格、影子汇率逐项调整建设投资中的各项费用，剔除涨价预备费、税金、国内借款建设期利息等转移支付项目。进口设备购置费通常要剔除进口关税、增值税等转移支付。建设安装工程费按材料费、劳动力的影子价格进行调整；土地费用按土地影子价格进行调整。

（4）应收、应付款及现金并没有实际耗用国民经济资源，在国民经济评价中应将其从流动资金中剔除。

（5）用影子价格调整各项经营费用，对主要原材料、燃料及动力费，用影子价格进行调整；对劳动工资及福利，用影子工资进行调整。

（6）用影子价格调整计算项目产出物的销售收入。

（7）国民经济评价各项销售收入和费用支出中的外汇部分，应用影子汇率进行调整，计算外汇价值。从国外引入的资金和向国外支付的投资收益、贷款本息，也应用影子汇率进行调整。

2. 直接编制

项目经济效益费用流量表也可按以下步骤直接编制：

（1）确定经济效益、费用的计算范围，包括直接效益与直接费用和间接效益与间接费用。

（2）计算各种主要投入物的影子价格和产出物的影子价格，并在此基础上对各项经济费用和效益进行估算。

（3）编制项目投资经济效益费用流量表。

任务实施

根据典型案例 4 提供的资料以及前置任务 4.1、任务 4.2 得到的项目相关数据，编制建设项目经济效益费用流量表。

国民经济评价分年度的投资、流动资金、年运行费和更新改造投资费用，详见经济效益费用流量表（表 4–18）。

经济效益费用流量表（单位：万元）　　表 4–18

年份	2004	2005	2006	2007	2008	2009	2010	2011	2012
效益流量	0	0	0	0	0	121312	124902	128600	132409
直接防洪效益						103376	106477	109672	112962
间接防洪效益						15506	15972	16451	16944
治涝效益						2430	2454	2478	2503
回收流动资金									
费用流量	87426	141485	189024	118779	38883	4357	4466	4578	4692
固定资产投资	81801	133610	177235	116705	35992				
预留口门费用	5625	7875	9000						
投入流动资金			766		766				
年运行费			2023	2074	2125	4357	4466	4578	4692
更新改造投资									
净效益流量	–87426	–141485	–189024	–118779	–38883	116955	120436	124022	127717
年份	2013	2014	2015	2016	2017	2018	2019	2020	2021
效益流量	136332	140370	144530	148105	151769	155523	159372	163316	167358
直接防洪效益	116351	119841	123436	126522	129685	132927	136251	139657	143148
间接防洪效益	17453	17976	18515	18978	19453	19939	20438	20949	21472
治涝效益	2528	2554	2579	2605	2631	2657	2684	2711	2738
回收流动资金			5053	5179	5309	5441	5577	5717	5860
费用流量	4809	4930							
固定资产投资									
预留口门费用									
投入流动资金									
年运行费	4809	4930	5053	5179	5309	5441	5577	5717	5860
更新改造投资									
净效益流量	131523	135440	139477	142926	146460	150082	153795	157599	161498

续表

年份	2022	2023	2024	2025	2026	2027	2028	2029	2030
效益流量	171501	175747	180098	184559	189130	193815	198301	203220	208260
直接防洪效益	146727	150395	154155	158009	161959	166008	170158	174412	178773
间接防洪效益	22009	22559	23123	23701	24294	24901	25524	26162	26816
治涝效益	2765	2793	2821	2849	2877	2906	2935	2965	2944
回收流动资金	6006	6156	6310	6468	6630	6795			
费用流量							6965	8959	7318
固定资产投资									
预留口门费用									
投入流动资金									
年运行费	6006	6156	6310	6468	6630	6795	6965	7139	7318
更新改造投资								1820	
净效益流量	165495	169591	173788	178091	182500	187020	191336	194261	200942

年份	2031	2032	2033	2034	2035	2036	2037	2038	2039
效益流量	212398	216620	220929	225316	229794	234362	239021	243773	248619
直接防洪效益	182348	185995	189715	193509	197379	201327	205354	209461	213650
间接防洪效益	27352	27899	28457	29026	29607	30199	30803	31419	32047
治涝效益	3024	3054	3085	3116	3147	3178	3210	3242	3275
回收流动资金									
费用流量	7501	7688	7881	16108	8280	8487	8699	8916	9139
固定资产投资									
预留口门费用									
投入流动资金									
年运行费	7501	7688	7881	8078	8280	8487	8699	8916	9139
更新改造投资				8030					
净效益流量	204897	208932	213043	209208	221514	225875	230322	234857	239480

年份	2040	2041	2042	2043	2044	2045	2046	2047	2048
效益流量	253562	258604	263747	268991	274240	279796	285361		
直接防洪效益	217923	222281	226727	231261	235887	240604	245417		
间接防洪效益	32688	33342	34009	34689	35383	36091			
治涝效益	3307	3341	3374	3408	3442	3476			
回收流动资金									
费用流量	9368	9602	9842	10088	10340	10599	10864		
固定资产投资									
预留口门费用									
投入流动资金									
年运行费	9368	9602	9842	10088	10340	10599	10864		

续表

年份	2040	2041	2042	2043	2044	2045	2046		
更新改造投资									
净效益流量	244194	249002	253905	258903	263900	269197	274497		
年份	2047	2048	2049	2050	2051	2052	2053		
效益流量	291037	296827	302731	308753	314896	321161	329082		
直接防洪效益	250325	255331	260438	265647	270960	276379	281906		
间接防洪效益	37549	38300	39066	39847	40644	41457	42286		
治涝效益	3546	3581	3617	3653	3690	3727	3764		
回收流动资金							1532		
费用流量	96011413	11699	11991	12291	12598	12913			
固定资产投资									
预留口门费用									
投入流动资金									
年运行费	11413	11699	11991	12291	12598	12913			
更新改造投资									
净效益流量	285414	291032	296762	302605	308563	316169			

强化训练

某磷肥厂在项目初期没有安装回收二氧化硫的工艺设备，造成了环境污染及资源浪费等方面的问题。数年后，为了解决这一问题，工厂拟实施“利用硫酸尾气生产亚硫酸技术改造项目”。当年一次性投资 53 万元，生产运营期第 1~2 年每年投入 5.3 万元，第 3 年投入 3.2 万元，每年运行费用预计 42.8 万元。项目实施后，可回收二氧化硫生产亚硫酸，也可节省污染治理费用，还可改善空气质量，减轻对农作物和土壤的污染，每年经济收益 96.0 万元。假设项目运行期为 10 年，贴现率为 15%。要求编制该项目的经济效益费用流量表。

考核评价表

<table>
<tr><td colspan="5">工作任务：编制建设项目效益费用流量表　　　　专业班级：________
考核时长：建议1学时　　　　学生姓名：________</td></tr>
<tr><td>考核方式</td><td>技能考核</td><td colspan="2">知识考核</td><td>素养评价</td></tr>
<tr><td>自我评价</td><td></td><td colspan="2"></td><td></td></tr>
<tr><td>团队互评</td><td></td><td colspan="2"></td><td></td></tr>
<tr><td>教师评价</td><td></td><td colspan="2"></td><td></td></tr>
<tr><td>企业评价</td><td></td><td colspan="2"></td><td></td></tr>
<tr><td colspan="5">评价等级：□优秀　□良好　□中等　□及格　□不及格</td></tr>
<tr><td colspan="5">考核说明：（1）知识考核可从综合训练题中选题组卷测试；（2）考核方式根据实际情况选择运用；（3）建议技能考核分占比30%，知识测试分占比50%，素养评价分占比20%</td></tr>
<tr><td colspan="5">技能考核标准</td></tr>
<tr><td>□优秀</td><td>□良好</td><td>□中等</td><td>□及格</td><td>□不及格</td></tr>
<tr><td>能非常熟练地编制建设项目效益费用流量表，流量表栏目准确，内容完整，结果准确率达90%</td><td>能熟练地编制建设项目效益费用流量表，流量表栏目准确，内容完整，结果准确率达80%</td><td>能较好地编制建设项目效益费用流量表，流量表栏目准确，内容完整，结果准确率达70%</td><td>能基本编制建设项目效益费用流量表，流量表栏目及内容基本完整，结果准确率达60%</td><td>不能编制建设项目效益费用流量表，流量表栏目及内容基本上不完整，结果准确率未达到60%</td></tr>
</table>

任务 4.4　计算分析国民经济评价指标

任务描述

根据典型案例 4 提供的资料以及前置任务 4.3 编制的效益费用流量表等，计算分析项目的国民经济评价指标，并提出项目投资决策建议。

知识准备

4.4.1　影子价格的测算

影子价格测算的基本方法有两种：第一种是 L–M 法，是以国际市场价格为基础，分为外贸货物和非外贸货物，分别计算。第二种是 UNIDO 法，是以国内市场价格为基础，分为产出物和投入物，分别计算，用支付意愿来衡量。

在项目评估中，将投入物和产出物区分为不同类型，并采用不同的思路确定其影子价格。

1. 具有市场价格的投入与产出物的影子价格

（1）外贸货物的影子价格

口岸价格（进口货物为到岸价格，出口货物为离岸价格）是对外贸货物进行影子定价的基础。在完善的市场条件下，如果不考虑运输费用，国内市场价格应该等于口岸价格，因为如果国内市场价格高于到岸价格，那么消费者宁愿进口，而不愿购买国内货物；如果国内市场价格低于离岸价格，那么生产者宁愿出口，而不愿意在国内销售。因此，口岸价格相当于外贸货物的机会成本或消费者支付意愿。在完善的市场条件下，口岸价格就是影子价格。然而在现实中没有约束的市场是不存在的，由于关税、限额补贴垄断等原因，国内市场价格和口岸价格会有差距，因此，要根据口岸价格调整计算外贸货物的影子价格。

这里的外贸货物是指项目使用或生产某种货物将直接或间接影响国家对这种货物的进口或出口。原则上，对于影响进出口的不同，应当区别不同情况采取不同的影子价格定价方法。但在实践中，为了简化工作，可以只对项目投入物中直接进口的和产出物中直接出口的，采取进出口价格测定影子价格。对于间接进出口的仍按国内市场价格定价。

直接进口投入物的影子价格（到厂价）= 到岸价 × 影子汇率 + 贸易费用 + 国内运杂费

直接进口产出物的影子价格（到厂价）= 离岸价 × 影子汇率 – 贸易费用 – 国内运杂费

到岸价是指进口货物运抵我国进口口岸交货的价格，它包括货物进口的货价、运抵我国口岸之前所发生的国外的运费和保险费。

离岸价是指出口货物运抵我国出口口岸交货的价格，它包括货物的出厂价和国内运费以及国内出口商的经销费用。

贸易费用是指物资系统、外贸公司和各级商业批发零售等部门经销物资货物用影子价格计算的流通费用，包括货物的经手、储运、再包装、短距离倒运、装卸、保险、检验等商业流通环节上的费用支出，同时也包括流通中的损失、损耗以及资金占用的机会成本，但不包括长途运输费用。外贸货物的贸易费用一般可以通过货物的口岸价乘以贸易费用率计算得到。贸易费用率需要依照贸易货物的品种、贸易额、交易条件确定。

（2）非外贸货物的影子价格

国内市场没有价格管制即价格完全取决于市场的产品或服务，项目投入物和产出物不直接进出口的，按照非外贸货物定价，以国内市场价格为基础测定影子价格。

投入物影子价格（到厂价）= 市场价格 + 国内运杂费

产出物影子价格（出厂价）= 市场价格 – 国内运杂费

2. 不具有市场价格或市场价格难以反映经济价值的产出或服务

对于不具有市场价格或市场价格难以反映经济价值的产出或服务，按照消费者支付意愿的原则，用“显示偏好”的方法确定影子价格；也可使用意愿调查法，按照“陈述偏好”的方法确定影子价格。

3. 特殊投入物的影子价格

特殊投入物是指项目使用的劳动力、土地以及资金等特殊资源的投入物。对于这些特殊投入物分别采取不同的方法确定其影子价格。

（1）影子工资

在国民经济评价中，劳动力的劳务费用按影子工资计算。影子工资主要包括劳动力的机会成本和社会为劳动就业付出的但职工又未得到的其他代价。需要注意的是：1）不同劳动力的差别。一般将职工分为技术人员与管理人员、熟练工人、非熟练工人三类。2）原单位转出的劳动力并不使其产出下降，则此劳动力的影子工资为零。3）由于劳动力转出而导致原单位的产出净损失，这就是调出人员的影子价格。

影子工资可通过财务评价时所用的工资与福利费之和乘以影子工资的换算系数求得。影子工资换算系数由国家统一测定发布。技术性工种的影子工资换算系数为 1；非技术性工种的影子工资换算系数为 0.25~0.8（按地区富裕程度）。一般在建设期间使用大量民工的项目，如水利、公路等土建工程项目，其民工影子工资换算系数为 0.5。

（2）土地影子费用

土地是项目的特殊投入物。在国民经济评价中，土地影子费用包括拟建项目占用土地而国民经济为此放弃的效益即土地机会成本，以及国民经济为项目占用土地而新增加的资源消耗，如拆迁费用、剩余农业劳动力安置费等。用公式表示为：

土地影子费用 = 土地机会成本 + 新增资源消耗费用

土地机会成本按照规建项目占用土地而使国民经济为此放弃的该土地“最好可行替代用途”的净效益测算，原则上应根据具体情况，由项目评价人员自行测算。若项目所占用的土地是没有用处的荒山野岭，其机会成本可视为零；若项目所占用的是农村用地，其机会成本为原农业净效益；若占用的是城市用地，可以用其财务费用替代影子费用。在难以测算的情况下，可参

项目征地费用的计算

考《建设项目经济评价方法与参数（第三版）》中的规定执行。

计算土地机会成本时，项目评价人员应根据项目占用土地类，分析项目计算期内技术环境、政策、适用性等多方面的约束条件，选择该土地最可行的替代用途 2~3 种（包括现行用途）进行比较，以其中效益最大者为计算基础。土地机会成本可按下式计算：

$$OC=\sum_{t=1}^{n}NB_0(1+g)^{t+\tau}(1+i_s)^{-t}$$

$$=\begin{cases}NB_0(1+g)^{t+1}\left[\dfrac{1-(1+g)^n(1+i_s)^{-n}}{i_s-g}\right]\longrightarrow(i\neq g)\\ nNB_0(1+g)^t\longrightarrow(i=g)\end{cases}\tag{4-5}$$

式中 OC——土地机会成本；

n——项目占用土地的期限，一般为项目计算期；

t——年序数；

NB_0——基年土地的“最佳可行替代用途”的单位面积净效益；

g——土地“最佳可行替代用途”的年平均净效益增长率；

T——基年（即土地在可行替代用途中的净效益测算年）距项目开工年年数；

i_s——社会折现率。

（3）影子汇率

影子汇率是一个单位外汇折合成国内价格的实际经济价值，也称之为外汇的影子价格。它在国民经济评价中，用来进行外汇与人民币之间的换算。它不同于官方汇率，官方汇率是由中国人民银行定期公布的人民币兑外汇的比价，是在币种兑换中实际发生的比价，而影子汇率仅用于国民经济评价，并不发生实际交换。影子汇率的确定主要依据一个国家中某地区一段时间内进出口结构和水平、外汇的机会成本及发展趋势、外汇供需情况等因素变化。一旦上述因素发生较大变化后，影子汇率值需作相应的调整。我国当前影子汇率换算系数为 1.08。

4. 我国当前影子价格测算的方法和原则

我国当前影子价格测算的方法和原则的归纳见表 4–19。

影子价格测算的方法和原则简表　　表 4–19

分类	细目	影子价格测算的方法和原则
具有市场价格的投入、产出物	外贸货物	以实际发生的口岸价格为基础确定
	非外贸货物	以竞争性市场环境下的市场价格为依据
不具有市场价格或市场价格难以反映经济价值的产出或服务	—	按照消费者支付意愿的原则，用“显示偏好”的方法
	—	根据意愿调查法，用“陈述偏好”的方法
特殊投入物	劳动力	机会成本 + 新增资源消耗
	土地	农村：土地的机会成本 + 新增资源消耗
		城镇：该地出售支付意愿 + 新增资源消耗
	资源资产	可再生资源：机会成本
		不可再生资源：按资源再生费确定

4.4.2 社会折现率

社会折现率是项目国民经济评价的重要通用参数，表示从国家角度对资金机会成本和资金时间价值的估量，在项目国民经济评价中作为计算经济净现值的折现率，并作为衡量经济内部收益率的基准值。它是项目经济可行性和方案比较的主要判据。采用适当的社会折现率进行建设项目国民经济评价，有助于合理使用建设资金，引导投资方向，调控投资规模，促进资金在短期与长期项目之间的合理配置。根据我国在一定时期内的投资收益水平、资金机会成本、资金供求状况、合理的投资规模以及项目国民经济评价的实际情况，政府部门统一规定社会折现率。《建设项目经济评价方法与参数（第三版）》推荐当前社会折现率为8%。

4.4.3 国民经济评价的指标体系

国民经济评价指标分为价值型指标和比率型指标，由于不计清偿能力，故无时间型指标，其余价值型指标、比率型指标与财务评价指标类似，并新增了一些反映外汇效果的指标，如图4-1所示。

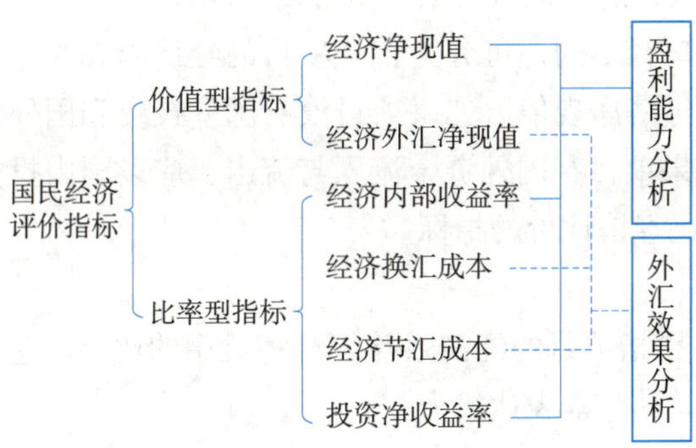

图4-1 国民经济评价指标体系图

4.4.4 国民经济盈利能力分析

国民经济评价以盈利能力评价为主，其评价指标包括经济内部收益率、经济净现值和效益费用比。其中，经济内部收益率、经济净现值属于动态指标；效益费用比属于静态指标。

1. 经济内部收益率

经济内部收益率（$EIRR$）是反映建设项目对国民经济净贡献的相对指标。它是项目在计算期内各年经济净效益流量的现值累计等于零时的折现率。其表达式为：

$$\sum_{t=0}^{n}(B-C)t(1+EIRR)^{-t}=0 \qquad (4-6)$$

式中 B——经济效益流量；

C——经济费用流量；

$(B-C)t$——第t年国民经济净效益流量；

n——计算期。

判别准则：经济内部收益率等于或大于社会折现率，表明建设项目对国民经济的净贡献达到或超过了要求的水平，这时应认为建设项目是可以接受的。

2. 经济净现值

经济净现值（*ENPV*）是反映建设项目对国民经济净贡献的绝对指标。它是指用社会折现率将项目计算期内各年的净收益流量折算到建设期初的现值之和。其表达式为：

$$ENPV=\sum_{t=0}^{n}(B-C)t(1+i_s)^{-t} \tag{4-7}$$

式中　B——经济效益流量；

C——经济费用流量；

$(B-C)t$——第 t 年国民经济净效益流量；

i_s——社会折现率；

n——计算期。

判别准则：工程项目经济净现值等于或大于零表示国家拟建项目付出代价后，可以得到符合社会折现率的社会盈余，或除了得到符合社会折现率的社会盈余外，还可以得到以现值计算的超额社会盈余，这时就认为项目是可以考虑接受的。

按分析效益费用的口径不同，可分为整个项目的经济内部收益率和经济净现值，国内投资经济内部收益率和经济净现值。如果项目没有国外投资和国外借款，全部投资指标与国内投资指标相同；如果项目有国外资金流入与流出，应以国内投资的经济内部收益率和经济净现值作为项目国民经济评价的指标。

3. 效益费用比

效益费用比（R_{BC}）是指项目的经济效益与经济费用的比率。这里的经济费用包括项目的投资成本和运营成本。其基本表达式为：

$$R_{BC}=B/C \tag{4-8}$$

式中　B——经济效益；

C——经济费用。

如果考虑资金时间价值，效益费用比（R_{BC}）的计算方法如下所示：

$$R_{BC}=\frac{\sum_{t=1}^{n}B_t(1+i_s)^{-t}}{\sum_{t=1}^{n}C_t(1+i_s)^{-t}} \tag{4-9}$$

式中　B_t——第 t 期的经济效益；

C_t——第 t 期的经济费用。

判别准则：$R_{BC}\geqslant 1$，说明社会的所得大于所失，项目可以接受；反之，则不能接受。

4.4.5　外汇效果分析

涉及产品创汇及替代进口节汇的项目，应进行外汇效果分析，计算经济外汇净现值、经济换汇成本、经济节汇成本指标。

外汇效果分析

任务实施

根据用影子价格调整后的工程项目经济费用和效益，编制经济效益费用流量表，见表4–18。国民经济评价的计算期包括工程项目的建设期和运行期。本项目建设期为5年，运行期为45年，计算期从2004~2053年共50年。计算期的时间基准点定在工程项目建设期的第一年2004年初，各项费用和效益均按年末发生和计算。

本项目国民经济评价采用经济内部收益率、经济净现值指标，以评价项目的经济合理性。根据经济效益费用流量表，计算计算期内经济内部收益率、经济净现值指标如下：

$EIRR$=16.86%

$ENPV$（i=10%）=54.43（亿元）

计算结果表明，投资项目的国民经济内部收益率大于国家规定的社会折现率8%。以社会折现率计算的国民经济净现值大于零，因此投资项目在国民经济上是可行的。

强化训练

某城市要新修建一条区间高速公路，各方案有关数据见表4–20，设折现率为10%，计算期为30年。要求计算分析该项目三个备选方案的效益费用比，并说明哪一个方案更为合理。

项目各方案基本数据表（单位：万元） 表4–20

项目	老线A	新线B	新线C
公众年使用成本	16400	13530	15990
投资主体建设成本	0	8200	8200
建设成本年值 AC=8200（A/P，10%，30）	0	870	870
投资主体运营成本	20500	22140	19680
年成本合计	36500	36540	36540
新线比老线成本节约额	—	360	360

考核评价表

工作任务：计算分析国民经济评价指标　　专业班级：______

考核时长：建议 1 学时　　学生姓名：______

考核方式	技能考核	知识考核	素养评价
自我评价			
团队互评			
教师评价			
企业评价			

评价等级：□优秀　□良好　□中等　□及格　□不及格

考核说明：(1) 知识考核可从综合训练题中选题组卷测试；(2) 考核方式根据实际情况选择运用；(3) 建议技能考核分占比 40%，知识测试分占比 40%，素养评价分占比 20%

技能考核标准

□优秀	□良好	□中等	□及格	□不及格
能非常熟练地对建设项目经济费用和效益进行分析，能正确计算分析国民经济评价指标，计算分析结果准确率达 90%	能熟练地对建设项目经济费用和效益进行分析，能正确计算分析国民经济评价指标，计算分析结果准确率达 80%	能较好地对建设项目经济费用和效益进行分析，会计算分析主要的国民经济评价指标，计算分析结果准确率达 70%	基本上可以对建设项目国民经济进行效益分析，会计算分析主要的国民经济评价指标，计算分析结果准确率达 60%	基本上不能对建设项目国民经济进行效益分析，不会计算分析国民经济评价指标，计算分析结果准确率未达到 60%

任务总结

国民经济评价是从国家经济整体利益的角度，计算项目对国民经济评价的贡献，分析项目的经济效益和费用以及对社会的影响，评价项目在宏观经济上的合理性。评价的基本原则是合理配置资源，采用的评价工具是影子价格、影子汇率、社会折现率等国民经济评价参数。实践操作时，先做好评价工作准备，即分析判断国民经济评价项目的类型，根据项目建设计划确定项目建设期、运行期、计算期，确定评价的内容、方法与步骤，然后分析项目建成后对当地有哪些影响，调查与录入项目基础数据，识别项目经济效益与费用，在此基础上编制建设项目经济费用效益流量表，分析与计算经济效益，最后，提出建设项目投资决策建议。在国民经济评价中，应具有资源节约与保护环境的意识和系统思维，坚持科学发展观和全面协调可持续发展的理念，保持认真、细致、严谨、求实的工作态度。

职业技能综合训练

一、单项选择题

1. 下列项目不需要进行国民经济评价的是（ ）。

A. 国家给予财政补贴或者减免税费的项目

B. 国家控制的战略性资源开发项目

C. 动用社会资源和自然资源较大的中外合资项目

D. 市场定价的竞争性项目

2. 国民经济评价的作用说法正确的是（ ）。

A. 能够进行偿债能力分析　B. 不能从国家层面合理配置有限的社会资源

C. 能真实反映项目对国民经济的净贡献　D. 不能实现投资决策科学化

3. 国民经济评价应当采取（ ）方法识别项目的费用和效益。

A. 影子价格　B. 有无对比分析

C. 前后对比分析　D. 内部收益率

4. 下列不属于转移支付的项目是（ ）。

A. 劳动力资源的耗费　B. 项目向政府缴纳的税费

C. 政府给项目的补贴　D. 向国内银行支付的利息

5. 下列关于国民经济评价的表述错误的是（ ）。

A. 评价角度是国民经济和社会　B. 以国家整体利益为准

C. 评价中使用的价格是影子价格　D. 是财务评价的基础

6. 下列不属于国民经济评价参数的是（ ）。

A. 预测价格　B. 影子汇率

C. 影子价格　D. 社会折现率

7. 财务评价与国民经济评价的共同点是（ ）。

A. 评价的角度和基本出发点相同　B. 评价中使用的价格相同

C. 计算费用和效益的范围相同　D. 均为经济效果评价

8. 国民经济评价的基本方法是（ ）。

A. “有无对比”方法　B. 最小费用法

C. 净现值法　D. 差额收益率法

二、多项选择题

1. 国民经济评价遵循的程序内容正确的有（ ）。

A. 经济效益与费用的识别

B. 市场价格的确定

C. 基础数据的调整、编制报表与经济效益分析

D. 作出评价结论与建议

2. 国民经济评价与财务评价的区别在于（　　）。
A. 两种评价的角度和基本出发点不同
B. 项目效益和费用的含义和范围划分不同
C. 价格体系不同
D. 财务评价只有盈利性分析，国民经济评价还包括清偿能力分析
3. 在现行经济体制下，一般需要进行国民经济评价的项目有（　　）。
A. 国家参与投资的大型项目
B. 大型交通基础设施建设项目
C. 较大的水利水电建设项目
D. 主要产出物和投入物的市场价格不能反映其真实价值的项目
4. 关于国民经济评价，下列说法正确的有（　　）。
A. 按照合理配置资源的原则
B. 采用影子价格、影子汇率和社会折现率等参数
C. 从国家整体角度考察项目的效益和费用
D. 计算项目对国民经济净贡献，评价项目的经济合理性
5. 关于国民经济评价的作用，说法正确的有（　　）。
A. 只关心企业自身内部的得失，不涉及项目以外的问题
B. 能真实反映项目对国民经济的净贡献
C. 能从国家层面合理配置有限的社会资源
D. 能反映投入物和产出物的真实价值
6. 国民经济评价的主要参数有（　　）。
A. 影子价格　　B. 项目产品销售价格
C. 影子工资　　D. 财务基准收益率
7. 国民经济评价的内容包括（　　）。
A. 经济费用和效益的识别与处理　　B. 影子价格的确定
C. 基础数据的调整　　D. 国民经济效果分析
8. 投资项目从国民经济角度进行不确定性分析的内容应包括（　　）。
A. 盈亏平衡分析　　B. 敏感性分析
C. 风险分析　　D. 经济效益分析

三、判断题

1. 建设项目的国民经济评价问题就是研究项目资源利用的优化性问题。（　　）
2. 国民经济评价不同于财务评价，它从国家整体角度考察项目的效益和费用。（　　）
3. 国民经济评价能实现投资决策科学化。（　　）
4. 国民经济评价是根据国家现行财税制度和价格体系，预测估计项目的财务效益和费用。（　　）
5. 财务评价是从项目角度考察项目的盈利能力和偿债能力。在市场经济条件下，所有

项目的财务评价结论都可以满足投资决策的要求。（　　）

6. 项目的经济费用是指国民经济为项目付出的代价，分为直接费用和间接费用。（　　）

7. 国民经济评价与财务评价所采用的价格体系不同，财务评价使用预测的财务收支价格，国民经济评价使用影子价格体系。（　　）

8. 在理论上，影子工资的内容包括项目使用劳动力导致别处放弃的原有净效益，以及因劳动力的就业或转移所增加的社会资源消耗。（　　）

9. 在国民经济评价中，项目税金和补贴、国内银行贷款、利息等不可以作为费用或效益。（　　）

10. 国民经济评价与财务评价所涉及的基准参数不同，财务评价使用社会折现率，国民经济评价使用基准收益率。（　　）

四、案例分析

1. 某工程项目使用过程中，缺乏安全装置，每年由于安全事故造成的经济损失为4万元，现拟增设安全措施，每年可减少损失50%，但是需要投资18万元，使用期限为20年，设折现率为8%，每年维修费占总投资的3%，试评价是否有必要设置这种安全措施？

2. 题目的项目背景同本教材任务4.3强化训练。要求编制该项目的费用效益流量表，并进行费用效益分析。

3. 为开发某河流的水资源，同时减少水灾，政府考虑了一个修建水坝系统的建设方案。如果折现率为8%，项目按无限寿命考虑，试根据表4–21的基础数据，对方案作出评价。

水坝系统基础数据表（单位：万元）　　表4–21

年效益 *B*	年投资 *C*	年营运费 *M*
防洪功能年增加收益 95.0	项目初始投资 5740.0	项目建成后的年营运费 20.0
娱乐功能年增加收益 57.0		
提供灌溉用水年增加收益 8.5		
提供市政用水年增加收益 9.0		
造成渔业和野生生物损失 –5.0		

4. 某市计划购置消防系统设备，共有5个方案能满足需要，相关数据见表4–22，社会折现率为10%，设备寿命期为10年，要求选择最优方案。

消防系统设备方案表（单位：万元）　　表4–22

方案	A	B	C	D	E
初始投资 *C*	50	60	40	70	28
年营运费用 *M*	0.8	1.0	0.9	1.6	0.4
年增加效益 *B*	11	13	6.3	14.5	6

5. 某企业拟建立一个物流运输系统，该项目的可行性研究报告中提出拟使用某国制造的进口卡车 100 辆。每辆进口卡车车价 6 万美元 / 辆，海运费、保险费 3000 美元 / 辆，进口关税、增值税每辆约需 22 万元人民币。同时，根据该企业与外方达成的初步协议，如果向国外购买这批进口卡车，可以按车价款 35% 的比例获得出口国政府的捐赠款，并且可以得到其余 65% 的出口信贷。出口信贷利率约为年利率 8%，贷款期限 6 年，从第 2 年末开始偿还贷款，分 5 年等额还本。如果使用某种相同吨位的国产卡车，车价 15 万元 / 辆，需要缴纳购置税等费用 2 万元 / 辆。卡车司机人均工资 24000 元 / 年，每辆卡车配 1 名司机。车辆使用寿命 10 年。预计在使用寿命期内，国产卡车行驶 60 万 km，中间大修 2 次；进口卡车行驶 80 万 km，中间大修 1 次。10 年后车辆报废。进口卡车与国产卡车主要技术经济指标见表 4–23。

进口卡车与国产卡车主要技术经济指标对照表　　表 4–23

项目	进口卡车	国产卡车
购车价格	6 万美元	15 万元
缴纳税费	22 万元	2 万元
10 年内大修次数	1 次	2 次
大修理费用	8 万元	2 万元
百公里油耗	20L	22L
年平均维护成本	16000 元	5000 元
年平均运行里程	8 万 km	6 万 km

上述财务基础数据，除人工费、外汇汇率和燃油成本外，不存在价格扭曲的现象。试从国民经济评价的角度分析本项目是否应该进口卡车。

项目5 设备更新的经济分析

项目描述

根据典型案例5提供的资料，完成以下任务:(1)分析工程设备磨损的类型，合理选择设备磨损的补偿方式;(2)计算分析工程设备的经济寿命;(3)分析确定工程设备是否大修理;(4)对比选择工程设备购买与租赁方式;(5)对工程设备更新作出决策。

【典型案例5】三一公司设备更新决策

三一公司在3年前投资20000元安装了一套设备，根据设计要求该设备还可使用5年，其年度使用费估计第一年为14500元，以后逐年增加500元。现在市面上出现了一种价格更便宜且使用寿命更长的新设备，新设备原始购置费用为10000元，年度使用费第一年估计为9000元，以后每年增加1000元，使用寿命估计为12年。由于这两套设备是专用设备，其任何时候的残值都等于零。该公司基准收益率为12%，是否应对现有设备进行更新?

学习目标

知识目标

(1)了解区分设备磨损的类型、设备寿命的类型;
(2)理解设备经济寿命的概念;
(3)能够描述设备寿命期限的影响因素;
(4)掌握设备经济寿命的计算方法;
(5)掌握设备磨损的补偿方式;
(6)掌握设备更新方案的评价方法。

技能目标

(1)能够分析设备磨损的类型，合理选择设备磨损的补偿方式;
(2)能够区分设备的不同寿命，分析设备寿命期限影响因素，计算分析设备经济寿命;
(3)能够运用设备更新、设备租赁的经济分析方法进行项目比选或方案比选;
(4)能够正确进行设备更新、租赁决策。

素养目标

（1）具有良好的职业道德和诚信品质；

（2）具有实事求是的科学精神和责任意识；

（3）增强热爱劳动、投身劳动的主动性和能动性，为制造强国做贡献的意识；

（4）具有较强的学习能力。

项目指导书

<table>
<tr><td colspan="2">工作任务</td><td colspan="3">设备更新的经济分析</td></tr>
<tr><td colspan="2">建议工具</td><td>电脑或移动设备（如智能手机、PAD 等）</td><td>建议学时</td><td>4</td></tr>
<tr><td colspan="5">【任务描述】根据典型案例 5 提供的三一公司高端铝型材加工厂项目资料，完成以下任务：(1) 分析工程设备磨损的类型，合理选择设备磨损的补偿方式；(2) 计算分析工程设备的经济寿命；(3) 分析确定工程设备是否大修理；(4) 对比选择工程设备购买与租赁方式；(5) 对工程设备更新作出决策</td></tr>
<tr><td>序号</td><td>任务实施步骤</td><td>操作方法与说明</td><td>质量要求</td><td>配套学习资源</td></tr>
<tr><td>1</td><td>分析设备磨损的类型及其补偿方式</td><td>根据不同类型设备的特点分析其主要的磨损及其补偿方式</td><td>有针对性地分析，结果符合实际</td><td>—</td></tr>
<tr><td>2</td><td>计算分析设备的经济寿命</td><td>根据设备磨损补偿成本（年度使用费用）进行分析</td><td>计算结果正确</td><td>—</td></tr>
<tr><td>3</td><td>设备大修理决策</td><td>根据以上分析结果，如需进行设备更新，则分析对设备进行大修理的经济可行性，作出大修理决策</td><td>计算分析过程清晰、结果正确</td><td>—</td></tr>
<tr><td>4</td><td>设备更新决策</td><td>根据以上分析结果，判断设备是否需要更新及何时更新</td><td>计算分析过程清晰、结果正确</td><td>—</td></tr>
<tr><td>5</td><td>设备购买与租赁决策</td><td>根据以上步骤，如需更新，则对设备购买与租赁方案进行比较分析，作出购买与租赁决策</td><td>计算分析过程清晰、结果正确</td><td>—</td></tr>
</table>

思政提升

经济咨询机构美国环球通视有限公司于2022年3月14日公布的数据显示，2021年我国制造业产出占全球的19.8%，略高于美国的19.4%，成为名副其实的制造业大国。制造业强盛极大地提高了我国的综合国力，提升了我国的国际地位。但是，衡量一个国家制造业水平的高低，不仅要看数量，更要看质量；不仅要看产量，更要看结构。从质量上看，中国的制造业部分还处于中低端水平，多数企业尚处于产业价值链中低附加值的下游。也就是说，我国还未成为制造强国。要成为制造强国，我国各类企业应贯彻新发展理念，通过大力发展生产力，重视和加大设备的更新和技术改造才能实现。我们应当以实事求是的科学精神和强烈的责任意识，客观地面对当前的经济形势，增强热爱劳动、投身劳动的主动性和能动性，运用工程经济专业知识，为我国加快建设制造强国作出贡献。

思维导图

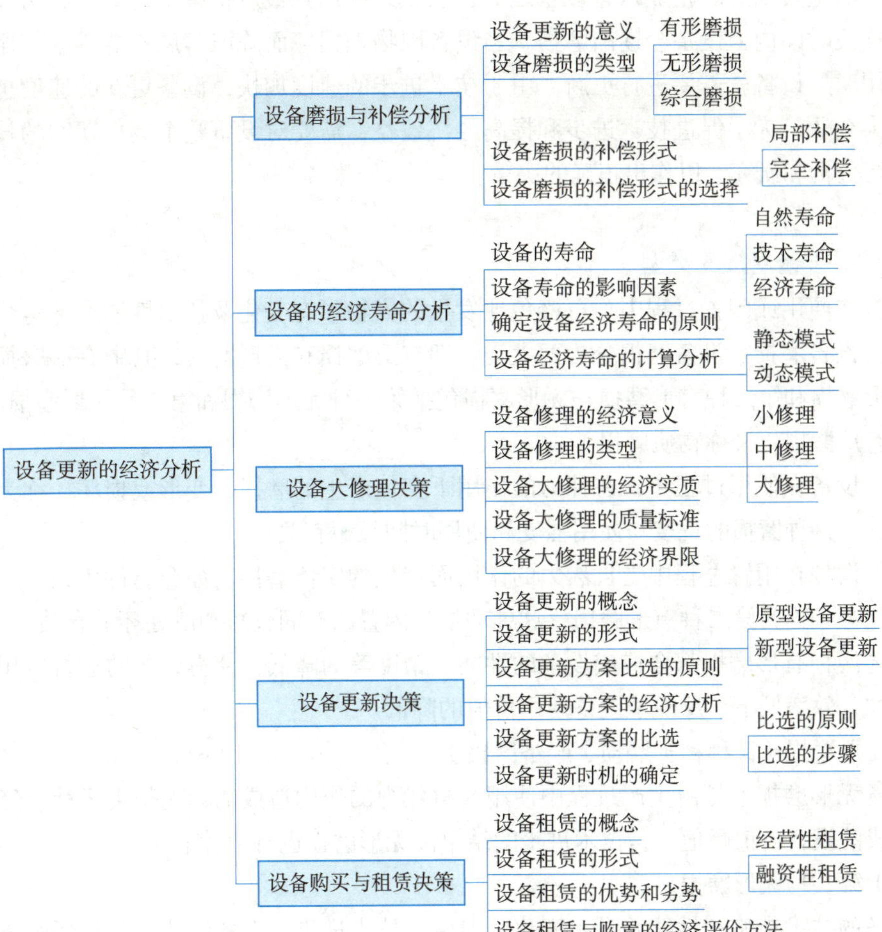

任务 5.1 设备磨损与补偿分析

任务描述

根据典型案例 5 提供的资料，分析相关设备磨损的类型；合理选择设备磨损的补偿方式。

知识准备

5.1.1 设备更新的意义

设备是企业生产的重要物质条件，企业为了进行生产，必须花费一定的投资，用以购置各种设备。机械设备的质量和技术水平是衡量一个国家工业化水平的重要标志，是判断一个企业技术能力、开发能力和创新能力的重要标准，也是影响企业和国民经济各项经济技术指标的重要因素。企业购置设备之后，从投入使用到最后报废，通常要经历较长的时间，在这段时间内，设备会逐渐磨损，当设备因物理损坏而陈旧落后不能继续使用或不宜继续使用时，设备就需要进行更新。由于技术进步的速度加快，设备更新的速度也相应加快。作为企业，为了促进技术进步和提高经济效益，需要对设备整个运行期间的技术经济状况进行分析和研究，以作出正确的决策。

5.1.2 设备磨损的类型

设备在使用或闲置过程中不可避免地发生的实物形态变化及技术性能的低劣化，这一现象称为设备磨损。设备磨损分为两大类，即有形磨损和无形磨损，其中有形磨损包括第一种有形磨损和第二种有形磨损；无形磨损包括第一种无形磨损和第二种无形磨损。

1. 有形磨损（又称物质磨损）

（1）设备在使用过程中，在外力的作用下实体产生的磨损、变形或损坏，称为第一种有形磨损，这种磨损的程度与使用强度和使用时间长短有关。

（2）设备在闲置过程中受自然力的作用而产生的实体磨损，如金属件生锈、腐蚀、橡胶件老化等，称为第二种有形磨损，这种磨损与闲置的时间长短和所处环境有关。

上述两种有形磨损都会造成设备的性能、精度等的降低，使得设备的运行费用和维修费用增加，效率低下，反映了设备使用价值的降低。

2. 无形磨损（又称精神磨损、经济磨损）

设备无形磨损不是由生产过程中使用或自然力的作用造成的，而是由于社会经济环境变化造成的设备价值贬值，是技术进步的结果。无形磨损也有两种形式。

（1）第一种无形磨损

设备的技术结构和性能并没有变化，但由于技术进步，设备制造工艺不断改进，社会劳动生产率水平提高，同类设备的再生产价值降低，因而设备的市场价格也降低了，致使原设备相对贬值。这种无形磨损的后果只是现有设备原始价值部分贬值，设备本身的技术特性和功能即使用价值并未发生变化，故不会影响现有设备的使用。因此，不产生提前更换现有设备的问题。

（2）第二种无形磨损

由于科学技术的进步，不断创新出结构更先进、性能更完善、效率更高、耗费原材料和能源更少的新型设备，使原有设备相对陈旧落后，其经济效益相对降低而发生贬值。第二种无形磨损的后果不仅是使原有设备价值降低，而且由于技术上更先进的新设备的发明和应用会使原有设备的使用价值局部或全部丧失，这就产生了是否用新设备代替现有陈旧落后设备的问题。

3. 设备的综合磨损

设备的综合磨损是指同时存在有形磨损和无形磨损的损坏及贬值的综合情况。对任何特定的设备来说，这两种磨损必然同时发生和同时互相影响。某些方面的技术要求可能加快设备有形磨损的速度，例如高强度、高速度、大负荷技术的发展，必然使设备的物质磨损加剧。同时，某些方面的技术进步又可提供耐热、耐磨、耐腐蚀、耐振动、耐冲击的新材料，使设备的有形磨损减缓，但是其无形磨损加快。

有形磨损和无形磨损的相同点：有形和无形两种磨损都引起设备原始价值的贬值。

有形磨损和无形磨损的不同点：遭受有形磨损的设备，特别是有形磨损严重的设备，在修理之前，常常不能工作；而遭受无形磨损的设备，并不表现为设备实体的变化和损坏，即使无形磨损很严重，其固定资产物质形态却可能没有磨损，仍然可以使用，只不过继续使用它在经济上是否合算，需要分析研究。

5.1.3 设备磨损的补偿形式

设备发生磨损后，需要进行补偿，以恢复设备的生产能力。补偿形式分为局部补偿和完全补偿两种。

1. 局部补偿

（1）对设备有形磨损的局部补偿形式是修理。设备的修理是更换部分已磨损的零部件和调整设备，以恢复设备的生产功能和效率为主。

（2）对设备无形磨损的局部补偿形式是现代化改装。设备现代化改装是对设备的结构做局部的改进和技术上的革新，如增添新的、必需的零部件，以增加设备的生产功能和效率为主。

2. 完全补偿

对设备有形磨损和无形磨损进行完全补偿的形式是更新，更新是对整个设备进行更换。

5.1.4 设备磨损补偿形式的选择

由于设备遭受磨损的形式不同，补偿磨损的形式也不一样，应合理选择设备磨损的补偿形式。社会实践中，设备总是同时遭受到有形磨损和无形磨损，即综合磨损。对设备磨损的补偿形式一般按以下原则进行研究确定，如图 5-1 所示。

（1）对于陈旧落后的设备，即消耗高、性能差、使用操作条件不好、对环境污染严重的设备，应当用较先进的设备尽早替代，补偿方式应选择“完全补偿——更新”。

（2）对于整机性能尚可，有局部缺陷，个别技术经济指标落后的设备，应适应技术进步的发展需要，吸收国内外的新技术，加以改造和现代化改装，补偿方式应选择“局部补偿——现代化改装”。

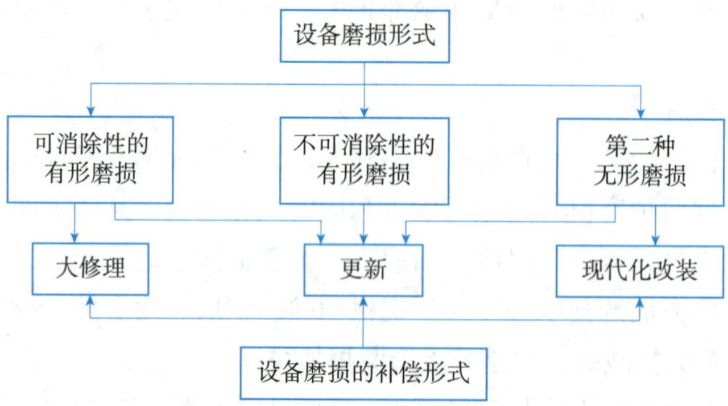

图 5-1　设备磨损的补偿形式

理论上，设备“无维修设计”是最理想的，当设备需要进行大修理时，恰好到了更换的时刻，即有形磨损期与无形磨损期接近，设备无需修理。现实中，大多数的设备，通过修理可以使有形磨损期达到 20~30 年甚至更长，但无形磨损期却比较短，存在如何对待已经无形磨损但物质上还可使用的设备的问题。此外还应看到，第二种无形磨损虽使设备贬值，但它是社会生产力发展的反映，这种磨损越大，表示社会技术进步越快。因此应该充分重视对设备磨损规律性的研究，加速技术进步的步伐。

任务实施

根据典型案例 5 资料，分析得出以下结论：

（1）案例中的设备使用寿命为 8 年，现已使用 3 年，可见该设备存在有形磨损。

（2）该设备才使用 3 年市面上就出现了价格更便宜且使用寿命更长的新设备，可见，该设备同时存在有形磨损和无形磨损。

（3）对设备有形磨损的补偿形式有大修理、更新，对设备无形磨损的补偿形式有现代化改装、更新。由于现有设备年度使用费用高，可以考虑更新。是否更新以及何时更新，应通过计算设备经济使用寿命并考虑年度综合使用费进行决策。

任务 5.2 设备的经济寿命分析

任务描述

根据典型案例 5 提供的资料，区分设备寿命的类型，分析设备寿命期限的影响因素，并且计算分析设备的经济寿命。

知识准备

5.2.1 设备的寿命

设备在使用过程中，由于有形磨损和无形磨损的共同作用，在设备使用到一定期限时，就需要利用新设备进行更新。这种更新取决于设备使用寿命的效益或成本的高低。设备的寿命在不同需要情况下有不同的内涵和意义。现代设备的寿命，不仅要考虑自然寿命，而且还要考虑设备的技术寿命和经济寿命。

1. 设备的自然寿命

设备的自然寿命，又称物质寿命，是指设备从投入使用开始，直到因物质磨损严重而不能继续使用、报废为止所经历的全部时间。设备的自然寿命主要是由设备的有形磨损所决定的。做好设备维修和保养可延长设备的自然寿命，但不能从根本上避免设备的磨损。任何一台设备磨损到一定程度时，都必须进行更新。因为随着设备使用时间的延长，设备不断老化，维修所支出的费用也逐渐增加，从而出现恶性使用阶段，即经济上不合理的使用阶段，因此，设备的自然寿命不能成为设备更新的估算依据。

2. 设备的技术寿命

设备的技术寿命就是指设备从投入使用到因技术落后被淘汰所延续的时间，也即设备在市场上维持其价值的时间，故又称有效寿命。例如一台电脑，即使完全没有使用过，它的功能也会被更为完善、技术更为先进的电脑所取代，这时它的技术寿命可以认为等于零。设备的技术寿命主要是由设备的无形磨损所决定的。它一般比自然寿命要短，而且科学技术进步越快，技术寿命越短。所以，在估算设备寿命时，必须考虑设备技术寿命期限的变化特点及其使用的制约或影响。

3. 设备的经济寿命

经济寿命是指设备从投入使用开始，到继续使用而在经济上不合理所经历的时间。设备的经济寿命是由设备维护费用的提高和使用价值的降低决定的，是确定设备更新时机的基础。设备使用年限越长，所分摊的设备年资产消耗成本越少。但是随着设备使用年限的增加，一方面需要更多的维修费维持原有功能；另一方面设备的操作成本及原材料、能源耗费也会增加，年运行时间、生产效率、质量将下降。因此，年资产消耗成本的降低，会被年度运行成本的增加或收益的下降所抵消。在整个变化过程中存在着某一年份，设备年

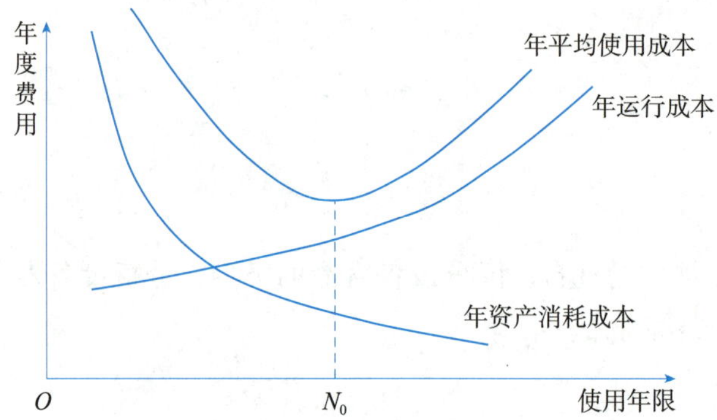

图 5-2　设备年度费用曲线

平均使用成本最低，经济效益最好，如图 5-2 所示，在 N_0 年时，设备年平均使用成本达到最低值。我们称设备从开始使用到其年平均使用成本最小（或年盈利最高）的使用年限 N_0 为设备的经济寿命。所以，设备的经济寿命就是从经济观点（即成本观点或收益观点）确定的设备更新的最佳时刻。

5.2.2　设备寿命的影响因素

影响设备寿命的因素较多，主要有：(1) 设备的技术构成，包括设备的结构及工艺性、技术进步；(2) 设备成本；(3) 加工对象；(4) 生产类型；(5) 工作班次；(6) 操作水平；(7) 产品质量；(8) 维护质量；(9) 环境要求等。

5.2.3　确定设备经济寿命的原则

确定设备经济寿命的两项基本原则是：

(1) 使设备在经济寿命内平均每年净收益（纯利润）达到最大。

(2) 使设备在经济寿命内一次性投资和各种经营费总和达到最小。

5.2.4　设备经济寿命的计算分析

确定设备经济寿命的方法可以分为静态模式和动态模式两种。

1. 静态模式下设备经济寿命的确定方法

静态模式下设备经济寿命的确定，是在不考虑资金时间价值的基础上计算设备年平均使用成本 $\overline{C_N}$，使 $\overline{C_N}$ 为最小的 N_0 就是设备的经济寿命。

设备年平均使用成本 $\overline{C_N}$ 的计算公式：

$$\overline{C_N}=\frac{P-L_N}{N}+\frac{1}{N}\sum_{t=1}^{N}C_t \tag{5-1}$$

式中　$\overline{C_N}$——N 年内设备的年平均使用成本；

P——设备目前实际价值，如果是新设备包括购置费和安装费，如果是旧设备包括旧设备现在的市场价值和继续使用旧设备追加的投资；

C_t——第 t 年的设备运行成本，包括人工费、材料费、能源费、维修费、停工损失、废次品损失等；

L_N——第 N 年末的设备净残值；

$\frac{P-L_N}{N}$——设备的平均年度资产消耗成本；

$\frac{1}{N}\sum_{t=1}^{N}C_t$——设备的平均年度运行成本。

在式（5–1）中，如果使用年限 N 为变量，则当 N_0（$0<N_0\leqslant N$）为经济寿命时，应满足 $\overline{C_N}$ 最小。

由于设备使用时间越长，设备的有形磨损和无形磨损速度越快，从而导致设备的维护修理费用增长越快，这种逐年递增的费用 C_t，称为设备低劣化。用低劣化数值表示设备损耗的方法称为低劣化数值法。如果每年设备的劣化增量是均等的，即 $\Delta C_t=\lambda$，每年劣化呈线性增长。假设评价基准年（评价第一年）设备的运行成本为 C_1，则平均每年的设备使用成本 C_N 可用下式表示：

$$\begin{aligned}\overline{C_N}&=\frac{P-L_N}{N}+\frac{1}{N}\sum_{t=1}^{N}C_t\\&=\frac{P-L_N}{N}+C_1+\frac{1}{N}[\lambda+2\lambda+3\lambda+,\cdots\cdots,+(N-1)\lambda]\\&=\frac{P-L_N}{N}+C_1+\frac{1}{2N}[N(N-1)\lambda]\\&=\frac{P-L_N}{N}+C_1+\frac{1}{2}[(N-1)\lambda]\end{aligned}$$

要使 $\overline{C_N}$ 最小，对上式的 N 进行一阶求导，并令其导数为零，据此，可以简化经济寿命的计算，即：

$$N_0=\sqrt{\frac{2(P-L_N)}{\lambda}} \tag{5-2}$$

式中 N_0——设备的经济寿命；

λ——设备的低劣化值。

【例 5–1】某企业一台设备目前实际价值 P=8000 元，预计残值 L_N=800 元，第一年的设备运行成本 Q=600 元，每年设备的劣化增量是均等的，年劣化值 λ=300 元。求该设备的经济寿命。

解： 设备的经济寿命 $N_0=\sqrt{\frac{2\times(8000-800)}{300}}$=7 年

将各年的计算结果列表（表 5–1）进行比较后，也可得到同样的结果。

设备最优更新期低劣化数值法计算表（单位：元）　　表 5-1

使用年限 N	年平均资产消耗成本 $\frac{P-L_N}{N}$	年平均运行成本 $\frac{1}{N}\sum_{t=1}^{N}C_t$	运行成本累计 $\sum_{t=1}^{N}C_t$	平均年度运行成本 (5)=(4)/(1)	年平均使用成本 $\overline{C_N}$ (6)=(2)+(5)
(1)	(2)	(3)	(4)	(5)	(6)
1	7200	600	600	600	7800
2	3600	900	1500	750	4350
3	2400	1200	2700	900	3300
4	1800	1500	4200	1050	2850
5	1440	1800	6000	1200	2640
6	1200	2100	8100	1350	2550
7	1029	2400	10500	1500	2529
8	900	2700	13200	1650	2550
9	800	3000	16200	1800	2600

2. 动态模式下设备经济寿命的确定方法

在考虑资金的时间价值的情况下计算设备的净年值 NAV 或年成本 AC，通过比较年平均效益或年平均费用来确定设备的经济寿命 N_0。

净年值 NAV 计算公式如下：

$$NAV(N)=\sum_{t=0}^{N}(CI-CO)_t(P/F,i_c,t)(A/P,i_c,N) \tag{5-3}$$

年成本 AC 计算公式如下：

$$AC(N)=\sum_{t=0}^{N}CO_t(P/F,i_c,t)(A/P,i_c,N) \tag{5-4}$$

在式（5-3）和式（5-4）中，如果使用年限 N 为变量，则当 N_0（$0<N_0\leqslant N$）为经济寿命时，应满足 NAV（N_0）趋于最大；AC（N_0）趋于最小。

用净年值或年成本估算设备经济寿命的具体方法是：在已知设备现金流量和折现率的情况下，逐年计算出从寿命 1 年到 N 年全部使用期的年等效值，从中找出平均年成本的最小值（仅考虑项目支出时）或平均年盈利的最大值（全面考虑项目收支时），及其所对应的年限，从而确定设备的经济寿命。

$$AC_{\min}=P(A/P,i_c,N_0)-L_{N_0}(A/P,i_c,N_0)+\sum_{t=0}^{N_0}C_t(P/F,i_c,t)(A/P,i_c,N_0) \tag{5-5}$$

或

$$AC_{\min}=(P-L_{N_0})(A/P,i_c,N_0)+\sum_{t=0}^{N_0}C_t(P/F,i_c,t)(A/P,i_c,N_0) \tag{5-6}$$

式中 P——设备目前的实际价值；

L_N——设备第 N 年的净残值；

C_t——第 t 年的运行成本；

i_c——基准折现率。

动态模式下设备经济寿命为年成本 AC 最小时所对应的 N_0。

任务实施

根据典型案例 5 提供的资料，区分设备寿命的类型，分析设备寿命期限的影响因素并计算分析设备经济的寿命。

任务解析：

（1）设备寿命可分为自然寿命、技术寿命、经济寿命三类。

（2）设备寿命期限的影响因素包括：1）设备的技术构成，包括设备的结构及工艺性、技术进步；2）设备成本；3）加工对象；4）生产类型；5）工作班次；6）操作水平；7）产品质量；8）维护质量；9）环境要求等。

（3）计算分析设备经济的寿命。在大多数情况下，设备劣化是没有规律的，也是非线性的，此时就需要用列表法来判断设备的经济寿命，在不考虑资金时间价值的基础上，视为静态模式，通过列表法计算设备年平均使用成本 $\overline{C_N}$，使 $\overline{C_N}$ 为最小的 N_0 就是设备的经济寿命。根据统计资料可知，该设备在不同使用年限的静态年平均成本见表 5–2。

设备在不同年限时的静态年平均成本（单位：元） 表 5–2

使用年限 N	资产消耗成本 $P-L_N$	年平均资产消耗成本 $\frac{P-L_N}{N}$	年平均运行成本 $\frac{1}{N}\sum_{t=1}^{N}C_t$	运行成本累计 $\sum_{t=1}^{N}C_t$	平均年度运行成本	年平均使用成本 $\overline{C_N}$
1	15000	15000	5000	5000	5000	20000
2	22500	11250	6000	11000	5500	16750
3	26250	8750	7000	18000	6000	14750
4	28125	7031	9000	27000	6750	13781
5	29000	5800	11500	38500	7700	13500
6	29000	4833	14000	52500	8750	13583
7	29000	4143	17000	69500	9929	14072

由表 5–2 计算结果可以看出，该设备在使用 5 年时，静态年平均成本 13500 元为最低，因此，该设备的经济寿命为 5 年。

强化训练

【实践案例 1】某企业 2010 年初购买了一台设备，购买后立即投入使用，使用 4 年后大修一次，累计使用 7 年后虽出现了技术更先进、性能更优越的设备，但原有设备再次修理后又使用 5 年，此后再也无法使用而只能报废。试问该设备的自然寿命是多少年？

【实践案例 2】某企业购买一台设备，在投入使用后的 5 年期间，年资产消耗成本呈逐年下降趋势，年运行成本逐年增加，详见表 5-3。试计算这台设备的经济寿命。

设备在不同年限时的成本　　表 5-3

使用年限	年资产消耗成本（元）	年运行成本（元）
1	800	200
2	400	250
3	267	300
4	200	350
5	160	400

考核评价表

工作任务：分析设备磨损及经济寿命		专业班级：________	
考核时长：建议 0.5 学时		学生姓名：________	
考核方式	技能考核	知识测试	素养评价
自我评价			
团队互评			
教师评价			
企业评价			
评价等级：□优秀 □良好 □中等 □及格 □不及格			
考核说明：（1）可从综合训练题中选题组卷测试；（2）考核方式根据实际情况选择运用；（3）建议技能考核分占比 50%，知识测试分占比 30%，素养评价分占比 20%			

技能考核标准

□优秀	□良好	□中等	□及格	□不及格
能正确地分析设备磨损及其补偿方式；能正确地分析设备的自然寿命；熟练计算设备经济寿命；能进行设备更新的经济分析；会对设备大修理、租赁与购买方案进行经济分析，准确率达到 90% 以上	能正确地分析设备磨损及其补偿方式；能正确地分析设备的自然寿命；熟练计算设备经济寿命；能进行设备更新的经济分析；会对设备大修理、租赁与购买方案进行经济分析，准确率达到 80%	能正确地分析设备磨损及其补偿方式；能正确地分析设备的自然寿命；会计算设备经济寿命；能进行设备更新的经济分析；会对设备大修理、租赁与购买方案进行经济分析，准确率达到 70%	了解设备磨损及其补偿方式；能正确地分析设备的自然寿命；会计算设备经济寿命；能进行设备更新的经济分析；会对设备大修理、租赁与购买方案进行经济分析，准确率达到 60%	不了解设备磨损及其补偿方式，不能正确地分析设备的自然寿命；不会计算设备经济寿命；不会进行设备更新的经济分析；不会对设备租赁与购买方案进行经济分析，准确率小于 60%

任务 5.3　设备大修理决策

任务描述

【实践案例 3】某施工单位 2 年前花 6000 元购买了一台混凝土搅拌机 A，估计还可以使用 6 年。第 6 年年末估计残值为 500 元，年度使用费为 1000 元。现市场上出现了一种新型的混凝土搅拌机 B，售价为 8000 元，估计可以使用 10 年，第 10 年年末估计残值为 400 元，年度使用费为 800 元。现有两个方案：甲方案是继续使用搅拌机 A；乙方案是把旧的搅拌机 A 以 1000 元卖掉，然后购买新混凝土搅拌机 B。如果基准收益率为 8%，该施工单位应选择哪个方案？要求分析有形磨损的不均衡性，确定设备大修理的经济界限。

知识准备

5.3.1　设备修理的经济意义

机械设备在使用过程中不断地经受着有形磨损。由于设备的零部件由各种不同性质材料制成，它们的使用条件和功能也各不相同，因此设备各部分有形磨损不均衡，即设备的零部件有着不同的使用寿命。

例如，某施工机械不同组成部分的使用寿命见表 5-4。

不同组成部分的使用寿命　　表 5-4

部位	第一部分	第二部分	第三部分	第四部分
使用寿命	4 年	2 年	1 年	半年

如果这台设备的平均寿命周期定为 4 年，那么在这个寿命周期内，设备的第二部分需要更换 1 次，第三部分需要更换 3 次，第四部分需要更换 7 次。

正是这种有形磨损的不均衡性决定了设备修理的可行性。如果设备的全部零件在相同的时间内磨损，可以同时更换，那就不存在修理的问题了，但现实中，这种情况几乎不存在。因此，在设备使用的相当长时间内，修理仍是必要的。但是修理工作的必要性必须与经济性相结合，才能取得良好的经济效益。可以说，修理就是恢复设备在使用过程中局部丧失的工作能力的过程。

5.3.2　设备修理的类型

根据修理的内容和可恢复设备工作能力的大小，设备修理通常分为小修理（保养）、中修理和大修理三种。小修理（保养）是为了通过减少整机和零件磨损以保持设备性能，减少故障，内容包括清洁、检查、调整、紧固、润滑、防腐，必要时更换少量易损件。中修理主要是排除设备运转中出现的突发故障和异常，以及对损坏严重的局部进行调整修理。大修理是通过调整、修复或更换磨损的零部件，恢复设备的精度和生产率，使整机全部或接近全部恢复功能，基本达到设备原有的制造水平。

5.3.3　设备大修理的经济实质

大修理能够利用被保留下来的零部件，从而节约大量原材料及加工工时，使整机全部或者接近全部恢复功能，基本达到设备原有的使用功能，从而延长设备的自然寿命。这与购置新设备相比具有很大的优越性，因而它是保证修理经济性的先决条件。另外，大修理是修理工作中规模最大、花钱最多的一种设备维修方式。因此，对修理经济性的研究，主要是就大修理而言的。另外，在对设备进行大修决策时，必须同设备更新及设备其他再生产方式相比较。

5.3.4　设备大修理的质量标准

（1）以出厂标准为基础。

（2）修理后的设备性能和精度应满足产品工艺要求，并有足够的精度储备。

（3）对有些磨损严重、已难以修复到出厂精度标准的机床设备，可按出厂标准适当降低精度，但仍应满足修后加工产品和工艺要求。

5.3.5　设备大修理的经济界限

从经济角度出发，为了提高设备的经济效益、降低设备使用费用，必须确定设备大修理的经济界限。

如图 5-3 所示，A 点表示设备的初始性能，A_1 点表示设备的基本性能，设备在使用过程中其性能是沿着 AB 线逐步下降的，如果不及时大修，设备的寿命可能会很短。如在 B 点（到第一次大修期限时）进行大修，其性能可恢复到 B_1 点，自 B_1 点继续使用，其性能

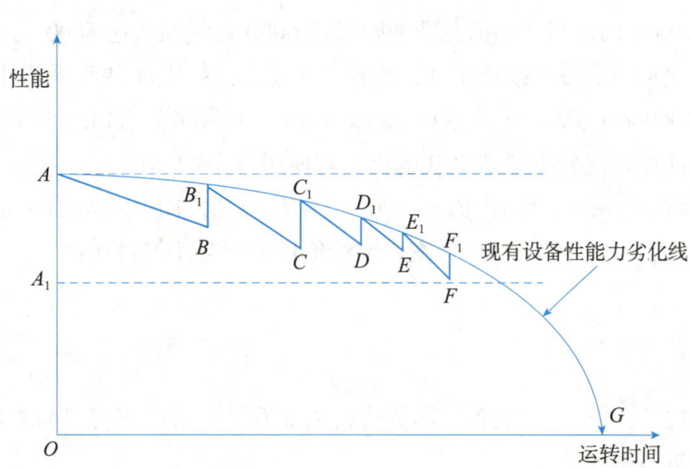

图 5-3　每次大修设备性能恶化曲线

又继续劣化，当下降到 C 点时，又进行第二次大修理，其性能可恢复到 C_1 点，但经过使用后又继续下降，终至 G 点，设备不能再修理了。由此可见，设备修理不是永无止境的，而是有界限的。

从经济角度出发，为了提高设备的经济效益、降低设备使用费用，必须确定设备大修理的经济界限。设备虽然通过大修理可以延长其物理寿命，但是这种延长，不管是在技术上还是经济上都是有界限的。如果这次大修理费用超过同种设备的重置价值，这样的大修理在经济上是不合理的。这一标准视为大修理在经济上具有合理性的起码条件，或称最低经济界限。

大修理的必要条件为：

$$I \leqslant P-L \tag{5-7}$$

$$C_n-C_r \geqslant 0 \text{ 或 } C_n/C_r \leqslant 1$$

式中 I——该次大修理费用；

P——同种设备的重置价格（同一种新设备在大修理时的市场价格）；

L——大修设备的残值；

C_n——同类新设备加工产品的成本；

C_r——大修后的设备加工产品的成本。

任务实施

根据实践案例 3 资料，设备大修理在经济上是否最佳，要看大修后使用该设备生产的单位产品成本是否小于使用新设备生产的单位产品成本，如果小于，则大修合理，如果大于，则反之。

根据设备大修理在经济上具有合理性的基本条件——最低经济界限，其中沉没成本不计，不按照方案的直接现金流量计算比较，而从一个客观的立场上去比较。旧的混凝土搅拌机 A 可以卖 1000 元，这里相当于花 1000 元去购买旧混凝土搅拌机 A，旧混凝土搅拌机 A 的初始费用为 1000 元，与 2 年前花费的购买价 6000 元无关，这 6000 元是沉没成本。

甲方案继续使用旧混凝土搅拌机 A，计算旧混凝土搅拌机 A 的年平均使用费为：

$AC_A=1000+1000\times(A/P,\ 8\%,\ 6)-500\times(A/F,\ 8\%,\ 6)=1148.15$（元）

乙方案可以计算新混凝土搅拌机 B 的年平均使用费为：

$AC_B=800+8000\times(A/P,\ 8\%,\ 10)-400\times(A/F,\ 8\%,\ 10)=1964.4$（元）

由于 $AC_A<AC_B$，所以应选择甲方案，继续使用旧混凝土搅拌机 A。

强化训练

【实践案例 4】某厂有一台设备，购置价格为 8 万元。目前市价仍与原值相同，设备按直线法折旧，年折旧率 4.5%。

（1）当该设备使用 10 年后，需进行一次大修理。设修理后大修周期缩短为 8 年，生产率保持不变，每年的维修费用平均比上一修理周期增加 800 元。第一次大修预算费用为 45000 元。若该设备不修理转让给其他单位可得 41000 元。

（2）当该设备使用 15 年后需进行第二次大修理，设其下一次大修理周期缩短至 7 年，每年维修费用平均比第一次大修理周期内的费用高出 1200 元。生产率降低系数为 0.96。预算大修理费用为 53000 元，大修理经济性界限值为 51360 元，故发现第二次大修理不经济。

（3）第二次大修理不经济，则应考虑进行技术改造，若花 40000 元进行改装，使设备性能有所提高，每年节省工时 600 小时，每个工时成本按 10 元计算。若要求在第三个修理周期的 7 年时间内回收改造投资，试分析设备技术改造是否合理。

考核评价表

工作任务：设备大修理决策　　　　专业班级：

考核时长：建议 0.5 学时　　　　学生姓名：

考核方式	技能考核	知识测试	素养评价
自我评价			
团队互评			
教师评价			
企业评价			

评价等级：□优秀　□良好　□中等　□及格　□不及格

考核说明：(1) 可从综合训练题中选题组卷测试；(2) 考核方式根据实际情况选择运用；(3) 建议技能考核分占比 50%，知识测试分占比 30%，素养评价分占比 20%

技能考核标准

□优秀	□良好	□中等	□及格	□不及格
能有针对性地分析设备磨损及其补偿方式；熟练计算设备经济寿命；能进行设备更新的经济分析；会对设备大修理、租赁与购买方案进行经济分析，准确率达到 90% 以上	能有针对性地分析设备磨损及其补偿方式；熟练计算设备经济寿命；能进行设备更新的经济分析；会对设备大修理、租赁与购买方案进行经济分析，准确率达到 80%	能有针对性地分析设备磨损及其补偿方式；会计算设备经济寿命；能进行设备更新的经济分析；会对设备大修理、租赁与购买方案进行经济分析，准确率达到 70%	了解设备磨损及其补偿方式；会计算设备经济寿命；能进行设备更新的经济分析；会对设备大修理、租赁与购买方案进行经济分析，准确率达到 60%	不了解设备磨损及其补偿方式，不会计算设备经济寿命；不会进行设备更新的经济分析；不会对设备租赁与购买方案进行经济分析，准确率小于 60%

任务5.4 设备更新决策

任务描述

根据典型案例5提供的资料，作出设备更新决策。

知识准备

5.4.1 设备更新的概念

由于旧设备已达到使用寿命年限，或是由于新技术、新工艺、新设备的出现，使现有设备在寿命期满前就因过时而被淘汰，就需要进行设备更新。设备更新是指对旧设备的整体更换。它是消除设备有形磨损和无形磨损的重要手段，目的是提高企业生产的现代化水平，尽快地形成新的生产能力。因此，就实物形态而言，设备更新是用新的设备替换陈旧落后的设备；就价值形态而言，设备更新是设备在运动中消耗掉的价值的重新补偿。设备更新的内因是企业生产发展和技术进步的客观需要，对企业的经济效益有着重要的影响。

5.4.2 设备更新的形式

设备更新有两种形式：一种是用相同的设备去更换有形磨损严重、不能继续使用的旧设备。这种更新只能解决设备的损坏问题，不具有对原设备进行技术更新的性质。这种更新方法称为原型设备更新。另一种是用技术更先进、性能更完善、生产效率更高的新设备来更换那些技术上不能继续使用或经济上不宜继续使用的旧设备，这种更新不仅能解决原有设备的损坏问题，而且能解决设备技术落后的问题。这种方法称为新型设备更新。在这种情况下，原来使用的设备未必达到经济寿命年限，但由于技术进步使得用新设备替代旧设备，能产生更好的经济效益。

5.4.3 设备更新方案比选的原则

设备更新方案的比选需要遵循以下原则：

1. 从客观实际出发

在设备管理中，应该从客观实际出发，在系统、全面了解企业现有设备的性能、使用年限、磨损程度、技术进步的情况下，根据需要，有计划、有步骤、有重点地进行。根据企业不同的经营规模进行设备更新选型与配套，实现规模、技术、劳动力三个效益的最佳结合。

2. 从咨询师的角度进行分析

设备更新分析需要从咨询师角度进行分析，而不是从设备所有者的角度进行分析。咨询师并不拥有设备，因此若要保留设备，首先要支付相当于设备当前市场价值的支出，才能获取设备。这是更新设备分析的重要特点之一。

3. 只考虑未来发生的现金流量

设备经过一段时间的使用，物质资产的价值或多或少会有所降低。其账面价值不一定等于当前的市场价值，但在设备更新分析中只考虑今后所发生的现金流量，对以前发生的现金流量不再考虑，因为这些都属于不可恢复的费用，与更新决策无关，所以不予考虑。

4. 以费用年值法为主的原则

通常在比较设备更新方案时，假定设备产生的收益是相同的，因此只对它们的费用进行比较，又由于不同设备方案的服务寿命不同，因此通常都采用年值法进行比较。新设备往往具有较高的购置费用和较低的运营成本，而需要更新的旧设备往往具有较低的重置费用和较高的运营成本。

5.4.4 设备更新方案的经济分析

对企业来说，设备更新决策非常重要。如果由于机器暂时的故障就将现有的设备进行草率处理，或者片面追求现代化，在企业资金紧张的情况下购买最新式设备，可能造成企业流动资本的严重不足，使企业陷入经营危机。相反，当竞争对手积极利用现代化设备降低成本和提高产品质量时，企业还在依靠低效率的设备进行生产，企业最终也必将为此付出代价，甚至可能导致破产。过早的设备更新，无论是由于设备暂时出故障就报废的草率决定，还是片面追求现代化购买最新式设备的决定，都将造成资金的浪费，失去其他的收益机会。如果拖延设备更新，则造成生产成本的上升，从而失去竞争的优势。因此，应该怎样更新、何时更新、选择何种更新方案是十分重要的。

企业设备更新既要考虑技术发展的需要，又要考虑经济方面的效益。在进行设备更新时，首先应系统、全面地了解现有设备的性能、服务年限、磨损程度、技术进步等情况，然后有重点、有区别地对待。对于新旧设备而言，其在费用方面具有不同的特点，新设备的特点是原始费用高，但运行和维修费用低，而旧设备恰恰相反。某台设备是否更新，何时更新，选用何种设备更新？既要考虑技术发展的需要，又要考虑经济效益。

设备更新方案比选的基本原理和评价方法与互斥性投资方案的比选相同。但在实际比选时应假定设备产生的收益相同，因而在进行方案比选时只对其费用进行比较，由于不同设备方案的使用寿命不同，因此，通常都采用年度费用进行比较，即采用年费用法。

1. 原型设备更新的经济分析

某些设备在其整个使用期内并不会过时，即在一定时期内还没有更先进的设备出现。这种情况下，设备在使用过程中避免不了有形磨损的作用，结果引起设备的维修费用特别是大修理费用以及其他运行费用的不断增加，这时立即进行原型设备替换，能保证在经济上合算，这就是原型更新问题。原型设备的更新通常由设备的经济寿命决定，即当设备运行到设备的经济寿命时，立即进行更新。

原型设备更新的经济分析首先要计算设备的经济寿命，以经济寿命来决定设备是否需要更新，它适用于长期生产同一类型产品的企业进行周期性更换的设备。在比选方案时应注意经济寿命计算中的两种特殊情况。

（1）如果一台设备在整个使用期间，其年度使用费和残值固定不变，那么，其使用的年限越长，年度费用越低，即它的经济寿命等于它的服务寿命。

（2）如果一台设备目前的估计残值和未来的估计残值相等，而年度使用费逐年增加，最短的寿命（一般为1年）就是它的经济寿命。

设备在使用过程中，其性能一般会逐年降低。设备性能降低表现为：运行费用过多、维修费用增加、废品率上升和附加设备费用增加等。当设备使用费增加时，就需要对设备进行更新分析。

因性能降低而发生的更新分析，首先应确定是否需要更新现有旧设备。由于新旧设备的使用年限一般并不相等，因而通常用年费用法进行比较；如果确定需要进行更新，那么下一步就是确定应该在什么时间进行更新，具体的分析方法是连续计算各年的旧设备年费用，并与新设备的年费用进行比较，直到某年旧设备的年费用高于新设备的年费用。则在该年年初或其上一年的年末更新现有设备。

2. 新型设备更新的经济分析

在技术不断进步的条件下，由于无形磨损的作用，很可能在设备尚未使用到其经济寿命期时，就已经出现了价格很低的同类设备或工作效率更高和经济效益更好的新型同类设备，这时就要分析继续使用原设备和购置新设备的两种方案，确定设备是否更新。

对现有设备来说，任何一项与该设备有关的构造和运行的新发展及改进都会导致提前更新。人们可能会因为新设备的购置费用较大而趋向保留现有设备，然而新设备的使用会提高产品质量，从而带来收入的增加以及运营费用、维修费用的减少。设备更新决策的关键是：新设备与现有设备相比的节约额可能比新设备投入的购置费用的价值要大。

5.4.5 设备更新方案的比选

1. 设备更新方案比选的原则

确定设备更新必须进行技术经济分析，但在实际设备更新方案比选时，应遵循如下原则：

（1）设备更新分析应站在客观的立场分析问题

设备更新问题的要点是站在客观的立场上，而不是站在旧设备的立场上考虑问题。若要保留旧设备，首先要付出相当于旧设备当前市场价值的投资，才能取得旧设备的使用权。

（2）不考虑沉没成本

沉没成本是既有企业过去投资决策发生的、非现在决策能改变（或不受现在决策影响）、已经计入过去投资费用回收计划的费用。

由于沉没成本是已经发生的费用，不管企业生产什么和生产多少，这项费用都不可避免地要发生，因此现在决策对它不起作用。在进行设备更新方案比选时，原设备的价值应按目前实际价值计算，而不考虑其沉没成本。

在进行设备更新分析时，旧设备往往会产生一笔沉没成本。沉没成本的计算公式如下：

$$沉没成本 = 设备账面价值 - 当前市场价值$$

或

$$沉没成本 =（设备原值 - 历年折旧费）- 当前市场价值$$

例如，某设备 4 年前的原始成本是 80000 元，目前的账面价值是 30000 元，现在的市场价值仅为 18000 元。其沉没成本 = 设备账面价值 - 当前市场价值 =30000-18000=12000 元。

（3）逐年滚动比较

逐年滚动比较原则是指在确定最佳更新时机时，应首先计算比较现有设备的剩余经济寿命和新设备的经济寿命，然后利用逐年滚动的计算方法进行比较。

如果不遵循这些原则，方案比选结果或更新时机的确定可能发生错误。

2. 设备更新方案比选的步骤

设备更新方案比选的步骤如下：

（1）设备更新决策的方法应在系统全面了解企业现有设备的性能、磨损程度、服务年限、技术进步等情况后，分轻重缓急，有重点、有区别地对待。

（2）分析

1）凡修复比较合理的，不应过早更新，可以修中有改进；

2）通过改进工装就能使设备满足生产技术要求的不要急于更新；

3）更新个别关键零部件就可达到要求的，不必更换整台设备；

4）更换单机能满足要求的，不必更换整条生产线。

（3）通常优先考虑更新以下设备：

1）设备损耗严重，大修后性能、精度仍不能满足规定工艺要求的；

2）设备耗损虽在允许范围之内，但技术已经陈旧落后，能耗高、使用操作条件不好、对环境污染严重、技术经济效果很不好的；

3）设备役龄长，大修虽然能恢复精度，但经济效果上不如更新的。

5.4.6 设备更新时机的确定

设备更新方案的比选就是对新设备方案与旧设备方案进行比较分析，也就是决定现在马上购置新设备、淘汰旧设备，还是至少保留使用旧设备一段时间，再用新设备替换旧设备。新设备原始费用高，营运费和维修费低；旧设备目前净残值低，营运费和维修费高，必须进行权衡判断，才能作出正确的选择，一般情况下需要进行逐年比较。

事实上，设备更新即便在经济上是有利的，也未必应该立即更新。换言之，设备更新分析还包括更新时机选择的问题。企业现有已用过一段时间的旧设备，究竟在什么时机更新最经济呢？应区分以下两种情况进行具体分析。

（1）如果旧设备继续使用 1 年的年平均使用成本低于新设备的年平均使用成本，即 $\overline{C_{N（旧）}} < \overline{C_{N（新）}}$，此时，不更新旧设备，继续使用旧设备 1 年。

（2）当新旧设备方案出现：$\overline{C_{N（旧）}} > \overline{C_{N（新）}}$

此时，应更新现有设备。第一次出现该情况时即为设备更新的时机。

总之，以经济寿命为依据进行更新方案比较，使设备使用到最有利的年限即为更新时机。

任务实施

【实践案例 5】某企业在 3 年前投资 2 万元安装了一套设备，根据设计要求该设备还可使用 5 年，其年度使用费估计第一年为 14500 元，以后逐年增加 500 元。现在又出现了一种新设备，原始费用为 1 万元，年度使用费第一年估计为 9000 元，以后每年增加 1000 元，新设备的使用寿命估计为 12 年。由于这两套设备是专用设备，其任何时候的残值都等于零。该公司基准收益率为 12%，是否应对现有设备进行更新？

解析：原设备投资 2 万元是 3 年前发生的，属于沉没成本，在设备更新分析时不予考虑。设备更新决策首先应计算原设备和新设备的经济寿命。

由于原设备目前的残值和未来的残值相等，都等于零，因此没有资金恢复费用，其年度费用即等于年度使用费用，由于旧设备的年度使用费是逐年增加的，因而其年度费用也是逐年增加的。因此，为了使年度费用最小，经济寿命应该取尽可能短的时间，即 1 年。

从表 5–5 可以看出，第 5 年的年度费用最低，即新设备的经济寿命为 5 年。

新设备的年度费用计算表（单位：元）　　表 5–5

使用年限（年）	资金恢复费用	年度使用费用	年度费用
1	11200	9000	20200
2	5917	9470	15387
3	4164	9920	14084
4	3292	10360	13652
5	2774	10775	13549
6	2432	11170	13602

旧设备经济寿命为 1 年，新设备经济寿命为 5 年。

旧设备年度费用：$AC_{旧设备}$=14500 元 / 年

根据公式计算新设备年度费用：

$$AC_{\min}=P(A/P,i_c,N_0)-L_{N_0}(A/P,i_c,N_0)+\sum_{t=0}^{N_0}C_t(P/F,i_c,t)(A/P,i_c,N_0)$$

其中：P=10000，L_{N_0}=0，C_t=9000

$AC_{新设备}$=10000 ×（A/P，12%，5）+9000+1000（A/P，12%，5）=13549 元 / 年

$AC_{旧设备} > AC_{新设备}$

依据上述计算，旧设备年度费用为 14500 元，新设备年度费用为 13549 元。结果表明，更新设备年度费用更低，企业应对原有旧设备进行更新。

强化训练

【实践案例 6】某企业 2 年前花 40 万元安装了一套设备。这套设备的年度使用费估计下一年度为 1 万元，以后逐年增加 600 元。现有一套新设备，其原始费用为 12000 元，年度使用费估计第 1 年为 8000 元，以后逐年增加 900 元。新设备使用寿命估计为 15 年。如果这两套设备都能满足相同的需要，且其任何时刻的残值均为零。若基准折现率为 10%，问该企业是否应该对现有设备进行更新？

考核评价表

工作任务：设备更新决策　　　　专业班级：______

考核时长：建议 0.5 学时　　　　学生姓名：______

考核方式	技能考核	知识测试	素养评价
自我评价			
团队互评			
教师评价			
企业评价			

评价等级：□优秀　□良好　□中等　□及格　□不及格

考核说明：(1) 可从综合训练题中选题组卷测试；(2) 考核方式根据实际情况选择运用；(3) 建议技能考核分占比 60%，知识测试分占比 20%，素养评价分占比 20%

技能考核标准

□优秀	□良好	□中等	□及格	□不及格
能熟练地进行设备更新的经济分析，准确率达到 90% 以上	能熟练地进行设备更新的经济分析，准确率达到 80%	能进行设备更新的经济分析，准确率达到 70%	能进行设备更新的经济分析，准确率达到 60%	未掌握设备更新的经济分析方法，准确率小于 60%

任务 5.5　设备购买与租赁决策

任务描述

【实践案例 7】某企业需用一台设备。如果直接购买价格为 4 万元，使用寿命 10 年，预计该设备的净残值为 1000 元。如果通过租赁形式获得该设备的使用权，则每年需要支付租金 4500 元。该设备每年的运行费用为 4000 元，各种可能的其他费用每年约 2500 元。基准折现率为 10%。试分析企业应选择购买设备还是租赁设备？

知识准备

5.5.1　设备租赁的概念

设备租赁是设备使用者按照合同规定，按期向设备所有者支付租金而取得设备使用权的经营活动，是一种契约性协议，是企业取得设备进行生产经营的一个重要手段。规定设备的所有者（出租人）在一定时期内，根据一定的条件，将设备交给使用者（承租人）使用，承租人按协议分期支付租金，并享有对租赁资产的使用权。

设备租赁的优势和劣势

5.5.2　设备租赁与购置的经济评价方法

设备租赁与购置经济评价的关键是进行租赁设备和购置设备的年度费用的比较。

设备租赁的形式：经营性租赁和融资性租赁

1. 租赁设备方案的净现金流量

（1）经营性租赁方案

经营性租赁方案的净现金流量按下式计算：

净现金流量 = 销售收入 − 销售税金及附加 − 经营成本 − 租赁费 −（销售收入 − 销售税金及附加 − 经营成本 − 租赁费）× 所得税率

其中租赁费一般包括租赁保证金占用损失、租金和担保费。

（2）融资性租赁方案

融资性租赁方案的净现金流量按下式计算：

净现金流量 = 销售收入 − 税金及附加 − 经营成本 − 租赁费 −（销售收入 − 税金及附加 − 经营成本 − 租赁费中的手续费和利息 − 折旧费）× 所得税率 + 设备残值回收

式中的设备残值回收项是否存在由融资性租赁的不同形式决定。

2. 购置设备方案的净现金流量

（1）自有资金购置设备方案

自有资金购置设备方案的净现金流量按下式计算：

净现金流量 = 销售收入 – 销售税金及附加 – 经营成本 – 设备购置费 –（销售收入 – 税金及附加 – 经营成本 – 折旧费）× 所得税率 + 设备残值回收

（2）贷款购置设备方案

贷款购置设备方案的净现金流量按下式计算：

净现金流量 = 贷款金额 + 销售收入 – 销售税金及附加 – 经营成本 – 设备购置费 – 贷款利息 –（销售收入 – 税金及附加 – 经营成本 – 折旧费 – 贷款利息）× 所得税率 – 偿还贷款本金 + 设备残值回收

购置设备方案和租赁设备方案的净现金流量计算出来后，用前者减去后者。

如果差额现金流量的净现值 > 0，说明设备购置方案增加的投资在财务上是可行的，应选择设备购置；如果差额现金流量的净现值 < 0，则说明投资购买设备不经济，应选择设备租赁。当然，也可采用差额现金流量的年等值法进行比较，原理相同。

任务实施

任务解析：对于设备使用者来说，是新购置设备还是租赁设备，取决于这两种方案在经济上的比较。租赁设备和购置设备的年度费用的比较如下：

企业选择购置设备，其费用现值为：

$$PC_1=40000+4000(P/A,10\%,10)+2500(P/A,10\%,10)-1000(P/F,10\%,10)$$
$$=40000+4000\times 6.1446+2500\times 6.1446-1000\times 0.3855$$
$$=79554.4\text{（元）}$$

企业选择租赁设备，其费用现值为：

$$PC_2=4500(P/A,10\%,10)+4000(P/A,10\%,10)+2500(P/F,10\%,10)$$
$$=4500\times 6.1446+4000\times 6.1446+2500\times 6.1446$$
$$=67590.6\text{（元）}$$

计算结果表明，$PC_1 > PC_2$，租赁设备的年度费用较低，选择租赁设备对企业来说更为有利。

强化训练

【实践案例 8】某企业某一在建工业厂房屋架采用钢质材料制作，现已制定出详细的吊装施工组织计划。该企业在建工程较多，已无闲置塔吊可用。根据该厂房的规模和进度计划，只需要一台塔吊即可。现有购买和租赁两种方案供选择。已知该塔吊的价格（包括运费、安装费、保险费等在内）为 200 万元，使用年限为 20 年，预计设备净残值为 25 万元，年使用费为 6 万元，可能的各种维修费为 2 万元。如果向租赁公司租用按日历天数支付 6000 元 / 天的租赁费用。设年利率为 8%，试分析该企业是应该选择租赁还是购买塔吊？

考核评价表

工作任务：设备购买与租赁决策　　专业班级：

考核时长：建议 0.5 学时　　学生姓名：

考核方式	技能考核	知识测试	素养评价
自我评价			
团队互评			
教师评价			
企业评价			

评价等级：□优秀　□良好　□中等　□及格　□不及格

考核说明：(1) 可从综合训练题中选题组卷测试；(2) 考核方式根据实际情况选择运用；(3) 建议技能考核分占比 60%，知识测试分占比 20%，素养评价分占比 20%

技能考核标准

□优秀	□良好	□中等	□及格	□不及格
熟练掌握设备租赁与购买的决策分析方法，能熟练地进行经济分析，准确率达到 90% 以上	熟练掌握设备租赁与购买的决策分析方法，能熟练地进行经济分析，准确率达到 80%	掌握设备租赁与购买的决策分析方法，能进行经济分析，准确率达到 70%	了解设备租赁与购买的决策分析方法，能进行经济分析，准确率达到 60%	不了解设备租赁与购买的决策分析方法，不能进行经济分析，准确率小于 60%

任务总结

工程设备更新的经济分析要解决的关键问题是：设备要不要更新？采用什么方式更新？何时更新？更新的设备是购置还是租赁？

工程设备更新的经济分析一般按以下五个步骤进行：第一步进行工程设备磨损与补偿分析；第二步进行工程设备的经济寿命分析；第三步进行工程设备大修理的决策；第四步进行工程设备更新决策；第五步进行工程设备购买与租赁决策。

设备更新的经济分析中，不同方案比选的基本原理和评价方法与互斥性方案比选相同，但在实际比选时，还应注意设备更新方案比选的特点和原则。

工程设备更新分为原型设备更新和新型设备更新两种形式。原型设备更新是简单更新，主要是解决设备的损坏问题，不具有更新技术的性质。新型设备更新是以结构更先进、技术更完善、效率更高、性能更好、能源和原材料消耗更少的新型设备来替换那些技术上陈旧、经济上不宜继续使用的旧设备。通常所说的设备更新主要是指新型设备更新。是购买设备合算，还是租赁设备合算，取决于两种方案经济上的比较，其比较的原则和方法与一般互斥性方案的比较并无实质性的差别。

职业技能综合训练

一、单项选择题

1. 设备从开始使用到其年度费用最小的使用年限为（　　）。

A. 经济寿命　B. 物理寿命　C. 折旧寿命　D. 技术寿命

2. 设备在使用过程中，由于外力的作用产生的磨损称为（　　）。

A. 无形磨损　B. 有形磨损　C. 经济磨损　D. 精神磨损

3. 设备更新方案的比较和选优与互斥方案的比选相同，在实际比选时，经常假定不同方案中的设备产生的（　　）相同。

A. 年度费用　B. 投资总额　C. 收益　D. 总成本

4. 在设备更新方案比选时，其中所遵循的原则之一是不考虑（　　）。

A. 经营成本　B. 沉没成本　C. 固定成本　D. 可变成本

5. 设备更新方案的选择，多为（　　）项目的选择。

A. 寿命期相同的独立　B. 寿命期不同的独立

C. 寿命期相同的互斥　D. 寿命期不同的互斥

6. 在进行设备更新方案比选时，常采用（　　）。

A. 年收益法　B. 年折旧法

C. 年度费用法　D. 投资法

7. 某企业现有一台原值为 15000 元的设备 P，估计该设备尚可使用 5 年，15 年后的残值为 1100 元，年运行费为 600 元。市场上同种功能的设备 Q，其总价为 2 万元，可使用 12 年，残值为 1000 元，年运行费为 400 元。已知在市场上设备 P 的折买价值为 1 万元，该企业有两种选择：甲方案：继续使用设备 P；乙方案：改用新设备 Q，折现率为 10%。综上，选（　　）更合适。

A. 甲方案　B. 乙方案

C. 甲方案和乙方案　D. 不能确定

8. 关于设备的租赁与购买，下列论述正确的是（　　）。

A. 租赁与购买方案现金流量的差别在于：购买方案以折旧形式流入现金，而租赁方案以租金形式流出现金，显然购买优于租赁

B. 折旧是现金流入项目

C. 购买方案与租赁方案税后现金流量的净现值比较，净现值大者为较优方案

D. 从税收角度，租赁设备可以少交税，因此，租赁方案较优

9. 设备购买与租赁的分析中，购买优于租赁的条件是（　　）。

A. 年计提折旧额大于年租金

B. 年租金大于年贷款利息

C. 企业能筹集到足够的资金

D. 购买方案的费用现值小于租赁方案的费用现值

10.某公司现有一批运输业务，需用运输设备。若公司购置运输设备，总投资为2万元，寿命为8年，期末残值为1500元；这种设备也可在市场上租到，每年的租赁费为4500元，运行费为1800元/年，所得税率为25%，年末纳税，则该公司（　　）有利。

A. 租赁设备　　B. 购买设备　　C. 租赁或购买　　D. 不确定

11. 某企业正在使用一台原值为28万元的设备A，其在市场上的折买价值为15万元，估计该设备尚可使用4年，残值为零，年运行费为1.5万元。市场上同种功能的设备B，其总价为30万元，可使用10年，残值为零，年运行费为1万元，基准收益率为10%。若该企业改用设备B，每年可节约（　　）。

A. 3947元　　B. 3497元　　C. 4080元　　D. 3245元

二、多项选择题

1. 设备寿命从不同角度可以划分为（　　）。

A. 折旧寿命　　B. 物理寿命　　C. 技术寿命　　D. 经济寿命

E. 自然寿命

2. 设备的年度费用，一般来讲包括（　　）。

A. 折旧费　　B. 沉没成本　　C. 年度使用费　　D. 年度资金恢复费用

E. 原始总投资

3. 设备租赁的主要方式有（　　）。

A. 运行租赁　　B. 融资租赁

C. 非经营性租赁　　D. 经营性租赁

E. 生产性租赁

4. 有两种购置设备的方案A和B，方案A设备总价为2万元，寿命期为8年，年运行费为1500元；方案B设备总价为28000元，寿命期为10年，年运行费比A方案少550元，残值率均为5%，基准收益率为10%，下列说法正确的是（　　）。

A. 方案A优于方案B　　B. 方案A的年度费用为5461元

C. 方案B的年度费用为5469元　　D. 方案A比方案B每年多支付308元

E. 方案B优于方案A

5. 下列关于设备的租赁与购买，说法正确的是（　　）。

A. 购买方案与租赁方案税后的净现金流量的年值比较，年值大者为优

B. 购买方案的现金流量中，折旧是现金流入的一项

C. 购买方案优于租赁方案的条件是年计提折旧大于年租赁费

D. 购买方案中，折旧额越大，所交的税越少

E. 由于租赁方案的花费较大，因而一般情况下，购买方案优于租赁方案

三、案例分析

1. 某设备购置费为5000元，第一年运行成本为2000元，以后每年递增100元，设备寿命期末无残值，不考虑资金时间价值，试计算设备的经济寿命。

2. 旧设备的经济寿命为1年，经济寿命失去的年度等值费用为6050元/年，第二年使用旧设备的年度等值费用为6750元/年，第三年使用旧设备的年度等值费用为7450元/年。试根据更新方案比较原则，确定该设备的更新时机。

3. 某企业的一台旧设备，目前可以转让，价格为25000元，下一年将贬值1万元，以后每年贬值5000元。由于性能退化，其今年的使用费为8万元，预计今后每年将增加1万元。它将在4年后报废，残值为零。现有一台新型的同类设备，它可以完成与现有设备相同的工作，购置费为16万元，年平均使用费为6万元，经济寿命为7年，期末残值为15000元，并预计该设备在7年内不会有大的改进。设基准折现率为12%，问是否需要更新现有设备？如果需要，应该在什么时候更新？

4. 某企业有一台设备已经使用很多年了，要继续使用就必须进行大修，估计大修需要费用1万元，大修后可以继续使用3年，每年的维修费为2000元。现在有另一方案：重新购置一台功能相同的设备，购置成本需3万元，可使用10年，每年的维修费为800元。如果基准折现率为5%，试分析该企业是继续使用旧设备好还是更新设备好？

5. 某公司在4年前花23000元买了一台设备，估计该设备的寿命为15年，年度使用费每年固定为1200元。由于企业产品数量增加了一倍，原来的设备能力已经不能满足生产的要求。为了满足生产需要，企业现在提出两种解决方案：A方案是原有设备继续使用，同时再花17000元购置一台与原设备消耗和能力相同的新设备。B方案是将原来的旧设备以6000元售出，再花28000元购买一台能力增加一倍的设备，估计新设备的寿命为15年，年度使用费为2400元。三台设备的残值均为购置成本的10%。如果基准折现率为10%，试进行方案比选。

项目 6　价值工程在建设工程中的应用

项目描述

根据典型案例 6 提供的某住宅小区项目资料，完成以下任务:(1) 确定价值工程研究对象;(2) 进行功能分析;(3) 进行功能评价;(4) 进行方案创新与评价，选出最优设计方案，实现控制工程造价和进一步降低费用的目的。

【典型案例 6】建筑设计中的价值工程

某建筑设计院承担设计的工程种类繁多，表 6-1 是该院近三年各种设计项目的统计表。该院应用价值工程取得了良好的经济效果，近三年增加经济效益上亿元。在该院承担的某住宅小区设计中，该院价值工程研究小组针对小区地块的地质条件较差、上部覆盖层较薄、地下淤泥较深等特点，集思广益，创造设计了十余个方案，其中一个可行方案优选实施后，为建设方节省了 3000 多万元投资。

各类建筑设计项目比重统计表　　表 6-1

工程类别	比重 (%)	工程类别	比重 (%)	工程类别	比重 (%)
住宅	22.19	实验楼	3.87	体育建筑	1.89
综合楼	10.86	宾馆	3.10	影剧院	1.85
办公楼	9.35	招待所	2.95	仓库	1.42
教学楼	5.26	图书馆	2.55	医院	1.32
车间	4.24	商业建筑	2.10	其他 38 类	27.05

要求：分析该建筑设计院在建筑设计中如何实施价值工程?

学习目标

知识目标

(1) 熟悉价值工程的工作程序;

(2) 熟悉提高产品价值的途径;

(3) 理解功能定义与分类、功能整理与功能评价的基本概念;

（4）熟悉功能评价的程序；

（5）掌握功能成本法和功能指数法，并能作出功能评价。

能力目标

（1）会选择价值工程对象；

（2）会收集价值工程信息资料；

（3）会进行功能分析与评价；

（4）会进行方案创新与评价；

（5）具有在工程项目中应用价值工程的能力。

素养目标

（1）具有认真、细致、精益求精的工作态度；

（2）具有创新意识和创新思维能力；

（3）具有正确的产品价值观；

（4）具有持续发展理念及价值管理、价值创造的意识；

（5）养成沟通与协作的职业习惯。

项目指导书

<table>
<tr><td colspan="2">工作任务</td><td colspan="3">价值工程在建设工程中的应用</td></tr>
<tr><td colspan="2">建议工具</td><td>电脑或移动设备（如智能手机、PAD 等）</td><td>建议学时</td><td>6</td></tr>
<tr><td colspan="5">【任务描述】根据典型案例6提供的某住宅小区项目资料，完成以下任务：(1) 确定价值工程研究对象；(2) 进行功能分析；(3) 进行功能评价；(4) 进行方案创新与评价，选出最优设计方案，实现控制工程造价和进一步降低费用的目的</td></tr>
<tr><td colspan="2">任务实施步骤</td><td>操作方法与说明</td><td>质量要求</td><td>配套学习资源</td></tr>
<tr><td>1</td><td>选择价值工程对象</td><td>(1) 熟悉提高产品价值的途径；
(2) 选择价值工程研究对象，确定研究目标；
(3) 围绕研究目标收集价值工程信息资料。
说明：能否正确选择价值工程对象是价值工程收效大小与成败的关键</td><td>(1) 正确选择价值工程对象；
(2) 信息资料收集适时、可靠、全面</td><td>—</td></tr>
<tr><td>2</td><td>功能分析与评价</td><td>(1) 功能定义；
(2) 功能分类；
(3) 功能整理，绘制功能系统图；
(4) 计算目前成本；
(5) 确定功能评价值（目标成本）；
(6) 计算分析功能价值（价值系数）；
(7) 计算成本改善期望值，选择价值系数低、成本改善期望值大的功能或功能区作为重点改进对象</td><td>(1) 正确表达价值工程研究对象的功能；
(2) 弄清各功能之间的上下位关系；
(3) 目前成本、目标成本、价值系数、成本改善期望值计算正确</td><td>—</td></tr>
<tr><td>3</td><td>方案创新与评价</td><td>(1) 选择头脑风暴法、哥特法、专家意见法、专家审查法等进行方案创新；
(2) 对新方案从技术、经济、社会等方面进行评价，选出总体价值最大的方案</td><td>各个创新方案须明确其优缺点和可行性</td><td>—</td></tr>
</table>

考核评价表

工作任务：估算建设项目总投资　　专业班级：________

考核时长：建议 2 学时　　学生姓名：________

考核方式	技能考核	知识测试	素养评价
自我评价			
团队互评			
教师评价			
企业评价			

评价等级：□优秀　□良好　□中等　□及格　□不及格

考核说明：(1) 可从综合训练题中选题组卷测试；(2) 考核方式根据实际情况选择运用；(3) 建议技能考核分占比 40%，知识测试分占比 40%，素养评价分占比 20%

技能考核标准

□优秀	□良好	□中等	□及格	□不及格
熟悉价值工程的工作程序；会准确选择价值工程对象；能熟练地收集价值工程信息资料；熟悉提高产品价值的途径；会准确计算成本指数、功能指数和价值指数，准确率达到 90% 以上；具有较强的对工程项目进行价值工程评价的能力	熟悉价值工程的工作程序；会选择价值工程对象；会收集价值工程信息资料；熟悉提高产品价值的途径；会准确计算成本指数、功能指数和价值指数，准确率达到 80%；具有对工程项目进行价值工程评价的能力	熟悉价值工程的工作程序；会选择价值工程对象；会收集价值工程信息资料；熟悉提高产品价值的途径；会计算成本指数、功能指数和价值指数，准确率达到 70%；具有对工程项目进行价值工程评价的能力	熟悉价值工程的工作程序；会选择价值工程对象；会收集价值工程信息资料；熟悉提高产品价值的途径；会准确计算成本指数、功能指数和价值指数，准确率达到 60%；具有对工程项目进行价值工程评价的基本能力	不熟悉价值工程的工作程序；不会选择价值工程对象；计算成本指数、功能指数和价值指数的准确率小于 60%；不具有对工程项目进行价值工程评价的基本能力

思政提升

企业要提高经济效益和市场竞争力并获得持续发展，离不开价值管理，离不开产品（包括劳务等）的价值创造，离不开各项生产要素及其投入的有效的价值转化。企业经营管理的本质就是价值经营、价值管理、价值创造，力求投入少而产出高，不断为社会需要创造出有更高价值的财富。我们身处的是一个丰富多彩、纷繁复杂的价值世界，任何有效管理和有效劳动都是在做有益于社会发展的价值转化工作，都在创造价值；反之，则既无效又无益，甚至起负面作用，是“零价值”或“负价值”。因此，我们要树立正确的价值观念，应用价值工程原理和价值分析技术，对事物作出价值评论，并进行价值管理和开展价值创新，为社会创造更多价值。

思维导图

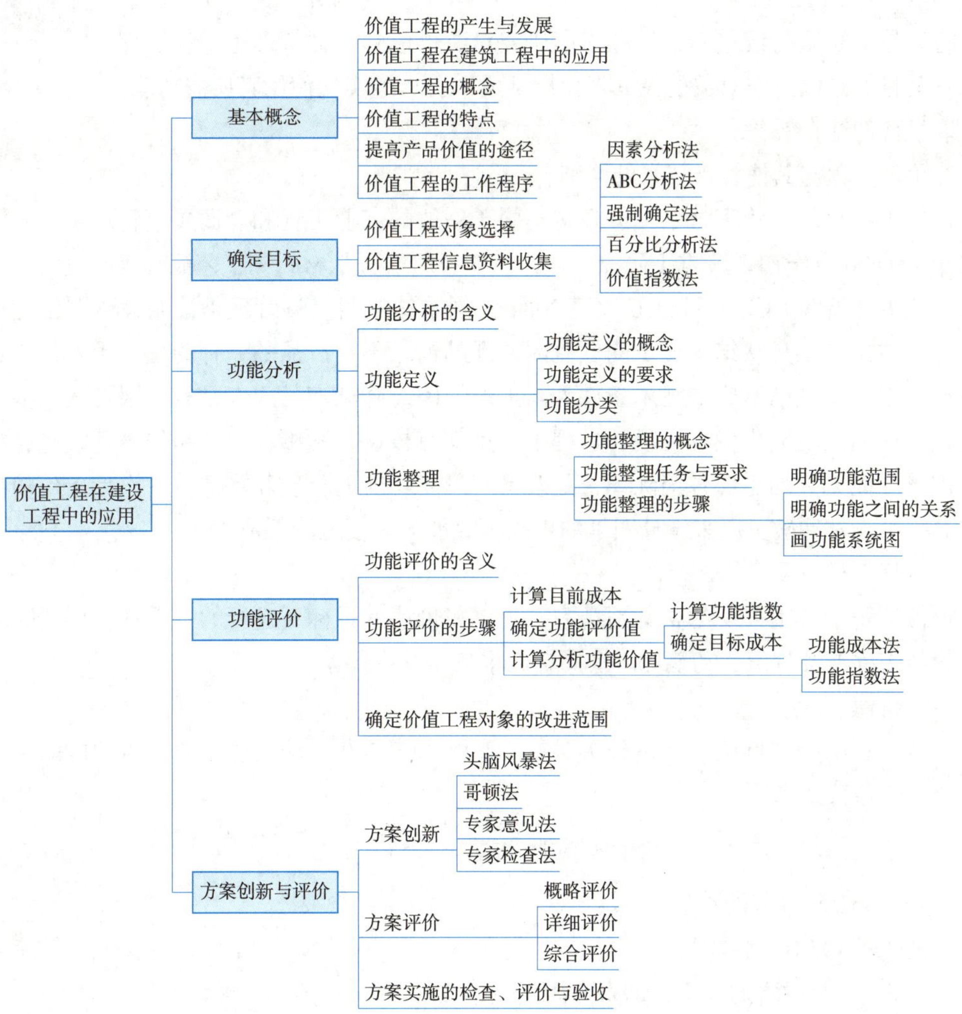

任务 6.1　选择价值工程对象

任务描述

根据典型案例 6 提供的资料，确定价值工程对象，做好价值工程准备工作。

知识准备

6.1.1　价值工程的概念

1. 价值工程的定义

按照国家市场监督管理总局、国家标准化管理委员会发布的国家标准《价值工程　第 1 部分：基本术语》GB/T 8223.1—2009 的定义：价值工程（Value Engineering，VE），是通过各相关领域的协作，对研究对象的功能与费用进行系统分析，持续创新，旨在提高研究对象价值的一种管理思想和管理技术。其目的是以研究对象的最低寿命周期成本可靠地实现使用者所需功能，以获取最佳的综合效益。

价值工程的产生与发展

2. 价值工程与其他管理技术的区别

价值工程是一门管理技术，但它又不同于一般的工业工程和全面质量管理技术。工业工程诞生于 20 世纪初，着重于研究作业、工序、时间等从材料到工艺流程等问题，这种管理技术主要是降低加工费用。20 世纪 20 年代创始的全面质量管理是按照设计图纸把产品可靠地制造出来，是从结果分析问题原因，帮助消除不良产品的一种管理技术。但它们都是以产品设计图纸已给定的技术条件为前提的，因此降低产品成本是有局限性的。而价值工程是从产品的功能出发，在设计过程中，重新审核设计图纸，对产品作设计改进，把与用户需求功能无关的零部件消除掉，更改具有过剩功能的材质和零部件，设计出价值更高的产品。由于它冲破了原来设计图纸的界限，故能大幅度地降低成本。

3. 价值工程三要素

价值工程中“工程”的含义是指为实现提高价值的目标所进行的一系列分析研究的活动。价值工程涉及价值、功能和寿命周期成本三个基本要素。

（1）价值

价值工程中的“价值”是指分析对象具有的功能与获得该功能和使用该功能的全部费用之比。价值公式如下：

$$价值 = 功能 / 成本，即\ V=F/C \qquad (6\text{-}1)$$

式中　V——研究对象的价值；

F——研究对象的功能；

C——研究对象的成本，即寿命周期成本。

（2）功能

价值工程中的“功能”是对象能满足某种需求的一种属性。具体来说，功能就是功用、效用。任何产品都具有功能，如住宅的功能是提供居住空间，建筑物基础的功能是承受荷载等。功能是产品最本质的属性，因为产品具备了功能才能使用和存在。人们购买产品实际上是购买产品所具有的功能，以满足其需求。例如，人们购买住宅，实质是需求住宅的“提供居住空间”的功能。价值工程的特点之一就是研究并切实保证用户要求的功能。

产品成本与功能有直接关系，如果有不必要功能或过剩功能，就会产生不必要的成本，用户为此就要付出多余的费用。因此，必须把产品的必要功能和不必要功能区分开来，从而消除不必要功能，使用户避免支付不必要的费用。

（3）寿命周期成本

事物从产生到其结束为止，即为事物的寿命周期。产品有自然寿命和经济寿命之分。自然寿命是指产品从开始研制、生产、投入使用直至损坏不能再使用为止。当产品使用到某一点时，虽未完全损坏，但从经济效益考虑，继续使用已经不合算而报废时，此点就称为产品的经济寿命。价值工程一般以经济寿命来计算和确定对象的寿命周期。就建筑产品而言，其寿命周期是指从规划、勘察、设计、施工建设、使用、维修，直到报废为止的整个时期。

在不同的情况下，成本有着不同的含义。例如，用户购买商品房时，其成本就相当于商品房的价格；而房地产开发商建造商品房时，其成本相当于建造该商品房的成本。但无论是用户还是房地产开发商，只要作一些深入的分析，就会发现成本应视为建筑产品——商品房的寿命周期费用（成本）。寿命周期成本是指从研究对象被研究开发、设计制造、销售使用直到停止使用的经济寿命期间所发生的各项成本费用之和。产品的寿命周期与寿命周期成本的关系，如图 6-1 所示。

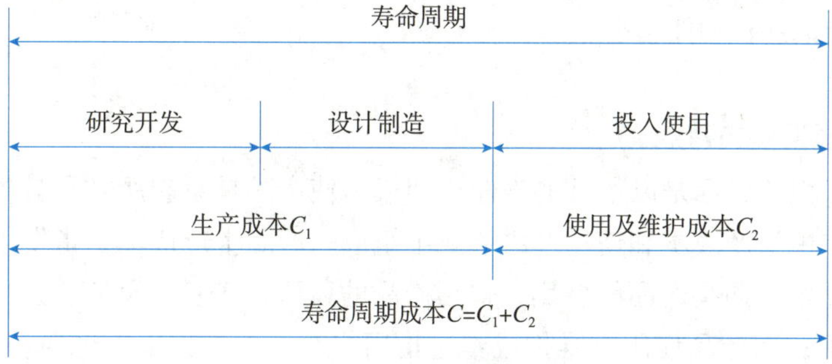

图 6-1　寿命周期与寿命周期成本的关系图

寿命周期成本是产品在其经济寿命周期中的全部费用，包括生产成本和使用及维护成本两个部分。生产成本是指发生在生产企业内部的成本，包括研究开发、设计及制造过程中的费用。使用及维护成本是指用户在使用过程中支付的各种费用的总和，包括运输、安装、调试、管理、维修、耗能等方面的费用。其公式如下：

$$寿命周期成本\ C=生产成本\ C_1+使用及维护成本\ C_2，即\ C=C_1+C_2 \tag{6-2}$$

产品的寿命周期与产品的功能有关。一般而言，生产成本与产品的功能成正比关系，使用成本与产品的功能成反比关系。这种关系的存在，决定了寿命周期费用存在最低值。寿命周期成本、生产成本和使用成本与产品功能之间的关系如图 6–2 所示。

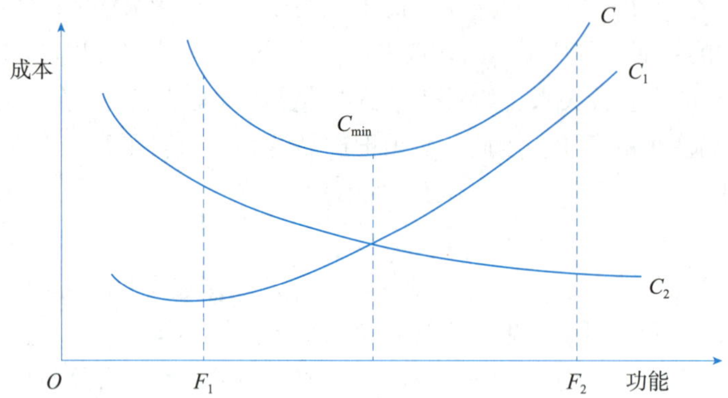

图 6–2　产品成本与功能的关系图

从图 6–2 可以看出，在一定范围内，产品的生产成本和使用及维护成本存在着此消彼长的关系。随着产品功能水平的提高，产品的使用及维护成本 C_2 降低，但是产品的生产成本 C_1 增高；反之，产品的功能水平降低，其生产成本 C_1 降低，但使用及维护成本 C_2 会增加。随着建筑产品的功能水平提高，建筑产品的使用费用降低，但是建设费用增高；反之，使用费用增高，建设费用降低。一座精心设计施工的住宅，其质量得到保证，使用过程中发生的维修费用就一定比较低；相反，粗心设计施工并且施工中偷工减料，建造的住宅质量一定低劣，使用过程中的维修费用就一定较高。因此，当功能水平逐步提高时，寿命周期成本 $C=C_1+C_2$ 呈马鞍形变化，寿命周期成本为最小值 C_{min} 时，所对应的功能水平是仅从成本方面考虑的最适宜功能水平。

6.1.2　价值工程的特点

（1）价值工程的目标是以最低的寿命周期成本使产品具备它所必须具备的功能。产品的寿命周期成本由生产成本和使用及维修成本组成。产品生产成本是指发生在生产企业内部的成本，也是用户购买产品的费用，包括产品的科研、实验、设计、试制、生产、销售等费用及税利等；而产品使用及维护成本是指用户在使用过程中支付的各种费用的总和，它包括使用过程中的能量消耗费用、维修费用、人工费用、管理费用等，有时还包括报废拆除所需费用（扣除残值）。在一定范围内，产品的生产成本和使用成本不存在此消彼长的关系。

（2）价值工程的核心是对产品进行功能分析。价值工程中的功能是指对象能够满足某种要求的一种属性，具体来讲，功能就是效用。因此，价值工程分析产品，首先不是分析其结构，而是分析其功能。在分析功能的基础之上，再去研究结构、材质等问题。

（3）价值工程将产品价值、功能和成本作为一个整体来考虑。

（4）价值工程强调不断改革和创新，开拓新构思和新途径，获得新方案，创造新功能载体，从而简化产品结构，节约原材料，提高产品的技术经济效益。

（5）价值工程要求将功能定量化，即将功能转化为能够与成本直接相比的量化值。

（6）价值工程是以集体的智慧开展的有计划、有组织的管理活动。

总之，在产品形成的各个阶段都可以运用价值工程提高产品的价值。但在不同的阶段进行价值工程活动，其经济效果的提高幅度却是大不相同的。对于大型复杂的产品，应用价值工程的重点是在产品的研究设计阶段，一旦图纸设计完成并投产，产品的价值就基本决定了，这时再进行价值工程分析就变得更加复杂。不仅原来的许多工作成果要付之东流，而且改变生产工艺、设备工具等可能会造成很大的浪费，使价值工程活动的技术经济效果大大下降。因此，价值工程活动更侧重在产品的研制与设计阶段，以寻求技术突破，取得最佳的综合效果。

6.1.3 提高产品价值的途径

价值工程的基本原理公式 $V=F/C$，不仅深刻地反映出产品价值与产品功能和实现此功能所耗成本之间的关系，而且也为如何提高产品价值提供了有效途径。提高产品价值的途径有以下五种：

（1）双向型：在提高产品功能的同时，又降低产品成本，这是提高价值最为理想的途径，也是对资源最有效的利用。但对生产者要求较高，往往要借助技术的突破和管理的改善才能实现。例如：重庆轻轨较新线一期工程，根据自身的城市特点，引进跨座式单轨技术。其梁轨一体化的构造，决定了施工要求的高精度，易造成工程返工甚至PC轨道梁报废的难题。在国外长期以来均采用“先墩后梁”的模式组织建设，缺点是建设周期太长。为实现建设目标，重庆轻轨在项目上打破常规，成功运用了“墩梁并举”的技术与管理模式，大幅缩短了工期（仅有4年工期，远少于常规7~10年的工期）；各项精度水平均有大幅度提高，确保了建设质量；减少了资金积压时间，降低了工程融资成本，降低了工程总造价；同时，减少了占用城市道路施工的时间，方便了市民出行，缓解了交通拥堵，既节省了宝贵的资源，又降低了环境污染。

（2）改进型：在产品成本不变的条件下，通过改进设计，提高产品的功能，提高利用资源的成果或效用（如提高产品的性能、可靠性、寿命、维修性），增加某些用户希望的功能等，达到提高产品价值的目的。例如：人防工程，若仅仅考虑战时的隐蔽功能，平时闲置不用，将需要投入大量的人力、财力予以维护。若在设计时，考虑战时能发挥隐蔽功能，平时能发挥多种功能，则可将人防工程平时利用为地下商场、地下停车场等。这些都大大提高了人防工程的功能，并增加了经济效益。

（3）节约型：保持产品功能不变的前提下，通过降低成本达到提高产品价值的目的。从发展趋势上说，科学技术水平以及劳动生产率是在不断提高的，因此消耗在某种功能水平上的产品或系统的费用应不断降低。新设计、新材料、新结构、新技术、新的施工方法和新型高效管理方法，无疑会提高劳动生产率，在功能不发生变化的条件下，降低产品或系统的费用。例如：某市一家电影院，由于夏季气温高，需设计空调系统降温，以满足人们对舒适度的要求。经过相关人员价值分析，决定采用人防地道风降温系统替代机械制冷系统。该系统实施后，在满足电影院空调要求的前提下，不仅降低了造价，而且节约了运行费和维修费。

（4）投资型：产品功能有较大幅度提高，产品成本有较少提高。即成本虽然增加了一些，但功能的提高超过了成本的提高，因此价值还是提高了。例如：电视塔，主要功能是发射电视和广播节目信号，若只考虑塔的单一功能，塔建成后只能用于发射电视和广播节目，每年国家还要拿出数百万元对塔及内部设备进行维护和更新，经济效益差。但从价值工程应用来看，若利用塔的高度，在塔上部增加综合利用机房，可为气象、环保、交通、消防、通信等部门服务；在塔的上部增加观景厅和旋转餐厅等。工程造价虽增加了一些，但功能大增，每年的综合服务和游览收入显著增加，既可加快投资回收，又可实现“以塔养塔”。

（5）牺牲型：在产品功能略有下降、产品成本大幅度降低的情况下，也可以达到提高产品价值的目的。这是一种灵活的企业经营策略，去除一些用户不需要的功能，从而较大幅度地降低费用，能够更好地满足用户的要求。例如：老年手机，在保证接听拨打电话这一基本功能的基础上，根据老年人的实际需求，采用保留或增加有别于普通手机的大字体、大按键、大音量、一键亲情拨号、收音机、一键求救、手电筒、监护定位、助听等功能，减少普通手机的办公、游戏、拍照、多媒体娱乐、数据应用等功能，从总体来看老年手机功能比普通手机降低了一些，但仍能满足老年用户对手机特定功能的要求，而整体生产成本却大大地降低了。在实际中，对这种牺牲型途径要持慎重态度。

在产品形成的各个阶段都可以应用价值工程提高产品的价值。以上五种提高产品价值的途径，应用范围及可采取的措施不尽相同，在实际工作中应针对具体产品进行具体分析，详见表 6–2。

提高产品价值的途径分析表　　表 6–2

途径	依据	适用范围	措施
$V\uparrow\uparrow=\dfrac{F\uparrow}{C\downarrow}$	用户喜欢物美价廉的产品	新产品设计，老产品更新换代的重大技术革新项目	采用新技术、新工艺、新材料、新方法
$V\uparrow=\dfrac{F\rightarrow}{C\downarrow}$	用户在功能相当的前提下，总是选择价格便宜的	已定型产品；质量较稳定的产品；功能基本满足了用户要求的产品	改进新技术等手段降低成本
$V\uparrow=\dfrac{F\uparrow}{C\rightarrow}$	用户在价格相当的前提下，总是选择质量好的	功能不足的产品；质量较差的产品；竞争能力差的产品	采用新技术等手段增加功能
$V\uparrow=\dfrac{F\uparrow\uparrow}{C\uparrow}$	用户喜欢多功能、新颖、时尚的产品	高档产品；新型产品；特殊功能产品	采用新构思、新技术、新材料等
$V\uparrow=\dfrac{F\downarrow}{C\downarrow\downarrow}$	用户喜欢经济实惠的产品	消耗产品；特别是一次性使用的消耗品	以简代繁，以差代好

6.1.4　价值工程在建筑工程中的应用

在不同的阶段进行价值工程活动，其经济效果的提高幅度大不相同。对于建设工程，应用价值工程的重点是在规划和设计阶段，因为这两个阶段是提高技术方案经济效果的关键环节。一旦设计完成并施工，建设工程的价值就基本决定了，这时再进行价值工程分析就变得更加复杂，不仅原来的许多工作成果要付诸东流，而且更改可能会造成很大的浪费，使价值工程活动的技术经济效果大大下降。当然，在施工阶段建造师也可开展大量价值工程活动，以寻求技术、经济、管理的突破，获得最佳的综合效果。如对施工项目展开价值工程活动，可以更加明确业主的要求，更加熟悉设计要求、结构特点和项目所在地的自然地理条件，从而更利于施工方案的制订，更能有效地组织和控制项目施工；通过价值工程活动，可以在保证质量的前提下，为用户节约投资，提高功能，降低寿命周期成本，从而赢得业主的信任，有利于甲乙双方关系的和谐与协作，同时提高自身的社会知名度，增强市场竞争能力；通过对施工项目进行价值工程活动，对提高项目组织的素质、改善内部组织管理、降低不合理消耗等，也有积极的直接影响。

目前，价值工程在我国建筑业中的应用还处于比较初级的阶段。但从世界范围来看，建筑业一直是价值工程实践的热点领域，究其原因是它能适应建筑业发展的自身需求，在降低工程成本、保证业主投资效益方面具有显著的功效。美国建筑业应用价值工程的统计结果表明：一般情况下应用价值工程可以降低整个建设项目初始投资的5%~10%，同时可以降低项目建成后的运行费用5%~10%。而在某些情况下这一节约的比例更是可以高达35%以上。而整个价值工程研究的投入经费仅为项目建设成本的0.1%~0.3%。因此，推动价值工程在我国建筑业中的发展和应用，不仅可以获得良好的经济效益，而且可以提高我国建筑业的整体经营管理水平。

在实践中，价值工程在建筑工程中的应用路径主要体现在设计阶段、施工阶段与工程材料的选择。

1. 价值工程在设计阶段的应用

在设计阶段，主要强调对建筑工程的整体把握，应用价值工程时，应注重设计中的成本浪费及不必要的功能，以求降低相对应的成本与投资。在设计阶段合理应用价值工程时首先是不能与建筑技术方面的设计方案有所违背，其次是注重设计中一贯的优化设计的目标，对设计方案中的建筑工程进行精密分析，去除那些对于总体建筑工程作用微不足道的辅助功能，始终需要秉承提高设计方案的经济效果的原则。有很多的相关因素影响着设计方案的优化，其中以设计中的一些主要参数以及工程成本较为突出。工程质量的好坏与工程设计理念是密不可分的，并且决定着所需投入的成本的高低。在建筑工程项目中，一切以安全为前提，在不影响整体功能的基础上，通过在实际使用中的设计标准降低产品的成本，可节省相当一部分成本的投入。通过革新设计理念，把价值工程深入到设计的各个环节，可以不影响工程项目整体效果以及最低寿命周期，同时为投资者节省投入成本，为业主一方节约投资，从而提高建筑项目工程的满意程度，直接增强市场的竞争能力。

2. 价值工程在施工阶段的应用

在建筑项目的具体施工阶段，主要强调的是如何采取先进的技术措施、如何选择合适的施工机械以及加强施工阶段的管理。在保证施工正常运行及施工质量达标的前提下，应用价值工程，采用一系列的新技术、新的施工机械以及完整科学的管理模式，从而通过各种途径，如缩短所需的施工工期、施工机械设备的完好运行达到降低施工成本的目的。在施工阶段，最主要的就是施工设备与施工设计的合理搭配，运用价值工程原理，可使两者完美地衔接在一起，从而实现进一步提高施工价值的目的。施工企业所追求的是工程的质量保证以及经济效益的完美结合，而价值工程完全符合这一理念，既能在施工各阶段保证最大的效能，又能为施工企业降低工程建设成本，增加企业的营业利润，从而为技术的进一步突破创造有利条件。在管理方面，通过对施工企业各个环节的协调调度，可以有效地节省时间，加快工程进度，优化管理，节省成本投入。施工阶段价值工程的应用，并不仅仅强调机械化的施工，它是以各种资源的投入，利用各种有限的技术对一个建筑项目进行有组织活动的过程。比如，施工队伍的合理选择可以有效加快施工进度以及保障施工的质量；工程的财务活动可以做到统筹各方、合理调度，从而节约成本。

3. 价值工程在工程材料选择中的应用

建筑工程中最为关键的环节就是建筑材料的选择。建筑材料所占工程总造价的比重通常都达到 50% ~ 70%，往往最直接地影响着工程的质量以及工程寿命周期。因此，合理地选择建筑工程材料既能降低成本，又能保证工程的整体质量。在以往的工程实践中，人们往往陷入一个误区，即把高质量的建筑材料等同于高质量的建筑结构，过多地把注意力放在了那些高价的建筑材料中，而忽略了在工程设计和施工环节中进行科学合理的材料选择的重要性，一定程度上阻碍了价值工程的发展。价值工程是科学选择过程，是在对整体功能把握的前提下，抛弃以往关于材料的错误看法，强调在工程项目中所需要的材料并不是固定不变的，是可以在实际应用中进行科学替代方案的选择。因此，在实际的多种材料选择的方案中，利用价值工程原理，在满足功能要求的基本前提下，可以找出一种价格相对低廉的材料，不仅可以降低工程的总成本，而且还可以提高工程的质量和人民的满意度，这一突破有利于促进当前建筑工程行业的整体管理水平的提高。面对现代化的发展，如何促进建筑材料生产的现代化已经迫在眉睫。将价值工程广泛应用在建筑材料选择中，不仅可以对建筑材料整体结构的优化起着重大作用，而且可以间接通过市场反作用机制，对建材的生产方向和生产结构起着进一步制约和影响的作用。

6.1.5 价值工程的工作程序

价值工程也像其他技术一样具有自己独特的一套工作程序。价值工程的工作程序，实质就是针对产品的功能和成本提出问题、分析问题、解决问题的过程。工作步骤依次为：确定目标→功能分析→功能评价→方案创新→方案评价与实施，见表 6-3。

价值工程的工作程序表　　　　表 6–3

决策程序	工作步骤		对应问题
	基本步骤	具体步骤	
一、分析问题	1. 确定目标	(1) 选择对象 (2) 收集资料	(1) 价值工程的研究对象是什么?
	2. 功能分析	(3) 功能定义 (4) 功能整理	(2) 它的用途是什么?
	3. 功能评价	(5) 具体功能分析	(3) 它的成本是多少? (4) 它的价值是多少?
		(6) 评价指标	
二、拟定方案	4. 方案创新	(7) 方案创新形式	(5) 有无其他方法实现同样功能?
三、方案评价与实施	5. 方案评价与实施	(8) 概括评价 (9) 制定具体方案 (10) 实验研究 (11) 详细评价 (12) 提案审批 (13) 方案实施 (14) 成果评价	(6) 新方案的成本是多少? (7) 新方案能满足要求吗?

6.1.6　价值工程对象选择

价值工程对象选择过程就是逐渐收缩研究范围、寻找目标、确定主攻方向的过程。在生产、建设中技术经济问题很多，涉及的范围很广，出于成本考虑，企业不可能将全部技术经济问题都作为研究的目标。价值工程对象选择首先要从市场需要出发，结合本企业实力考虑，循序渐进。

1. 价值工程对象选择的一般原则

价值工程的目的在于提高产品价值，研究对象的选择要从市场需要出发，结合本企业实力，系统考虑。一般说来，对象选择的原则有以下几个方面：

(1) 从设计方面看，对产品结构复杂、性能和技术指标差距大、体积大、重量大的产品进行价值工程活动，可使产品结构、性能、技术水平得到优化，从而提高产品价值。

(2) 从生产方面看，对量多面广、关键部件、工艺复杂、原材料消耗高和废品率高的产品或零部件，特别是产值比重大的产品，只要成本下降，所取得的经济效果就大。

(3) 从市场销售方面看，选择用户意见多、系统配套差、维修能力低、竞争力差、利润率低的，选择生命周期较长的，选择市场上畅销但竞争激烈的，选择新产品、新工艺等。

(4) 从成本方面看，选择成本高于同类产品、成本比重大的，如材料费、管理费、人工费等。推行价值工程就是要降低成本，以最低的寿命周期成本可靠地实现必要功能。

根据以上原则，生产企业有以下情况之一者，应优先选择作为价值工程的对象：

1) 结构复杂或落后的产品；

2) 制造工序多或制造方法落后及手工劳动较多的产品；

3) 原材料种类繁多和互换材料较多的产品；

4）在总成本中所占比重大的产品。

对由各部分组成的产品，应优先选择以下部分作为价值工程的对象：

1）造价高的组成部分；

2）占产品成本比重大的组成部分；

3）数量多的组成部分；

4）体积或重量大的组成部分；

5）加工工序多的组成部分；

6）废品率高和关键的组成部分。

2. 价值工程对象选择的方法

价值工程对象选择的方法有很多种，不同方法适宜于不同的价值工程对象，根据企业条件选用适宜的方法，就可以取得较好的效果。常用的方法有因素分析法、ABC 分析法、强制确定法、百分比分析法，还有价值指数法等。

（1）因素分析法

因素分析法，又称经验分析法，是指根据价值工程对象选择应考虑的各种因素，凭借分析人员经验集体研究确定选择对象的一种方法。因素分析法是一种定性分析方法，依据分析人员经验作出选择，简便易行。特别是在被研究对象彼此相差比较大以及时间紧迫的情况下比较适用。

（2）ABC 分析法

ABC 分析法，亦称成本比重分析法或巴雷特（Pareto）分析法，它是价值工程对象选择的常用方法之一。该方法亦可用于对库存零件的分类控制。具体做法是：在利用 ABC 分析法进行对象选择时，首先将零件按其成本大小进行排队，优先选择数量比重小但成本比重大的零件作为价值分析的对象（图 6–3），将某产品的全部部件按产品和成本比重排队，将少数数量不多而占总成本比重相当大的部件作为分析的主要对象。例如，对于某产品进行成本分析时发现，占部件总数 10% 左右的部件其成本占总成本的 60%~70%，则将其定为 A 类部件：占部件总数 20% 左右的部件其成本占总成本的 20%，则将其定为 B 类；占部件总数 70% 左右的部件其成本占总成本的 10%~20%，则将其定为 C 类。价值工程对象选择时按 A、B、C 的顺序依次选择。

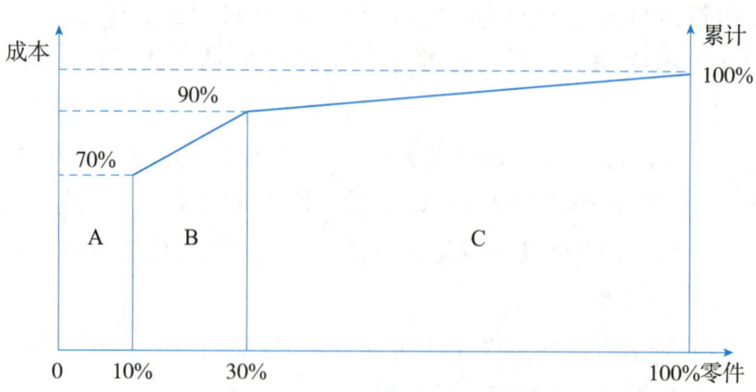

图 6–3　ABC 分析法示意图

例如图6–3中，A类部件只占总零件数的10%，而成本却占总成本数的70%，所以应作为首选对象。

ABC分析法抓住成本比重大的零部件或工序作为研究对象，有利于集中精力重点突破，取得较大效果，同时简便易行，因此广泛为人们所采用。但在实际工作中，有时由于成本分配不合理，造成成本比重不大但用户认为功能重要的对象可能被漏选或排序推后，而这种情况应列为价值工程研究对象的重点。ABC分析法的这一缺点可以通过经验分析法、强制确定法等方法来补充修正。

（3）强制确定法

强制确定法是以功能重要程度作为选择价值工程对象的一种分析方法。具体做法：先求出分析对象的成本指数、功能系数，然后得出价值指数，以揭示出分析对象的功能与成本之间是否相符。如果不相符，价值低的则被选为价值工程的研究对象，这种方法在功能评价和方案评价中也有应用。

强制确定法从功能和成本两方面综合考虑，比较适用、简便，不仅能明确揭示出价值工程的研究对象所在，而且具有数量概念。但这种方法是人为打分，不能准确地反映出功能差距的大小，只适用于部件间功能差别不太大且比较均匀的对象，而且一次分析的部件数目也不能太多，以不超过10个为宜。

（4）百分比分析法

这是一种通过分析某种费用或资源对企业的某个技术经济指标的影响程度的大小（百分比），来选择价值工程对象的方法。

（5）价值指数法

这是通过比较各个对象（或零部件）之间的功能水平位次和成本位次，寻找价值较低的对象（零部件），并将其作为价值工程研究对象的一种方法。

6.1.7　价值工程信息资料收集

价值工程的中心内容可用六个字概括，即：功能、创新、信息。功能是核心，创新是关键，信息是基础。信息资料是价值工程实施过程中进行价值分析、比较、评价和决策的依据。如果没有信息资料或者信息资料不可靠、不详尽、不及时，价值工程就无法进行。

价值工程所需的信息资料，应视具体情况而定。一般应收集以下几方面的信息资料：

（1）用户方面的信息资料；

（2）市场销售方面的信息资料；

（3）技术方面的信息资料；

（4）经济方面的信息资料：

（5）本企业的基本资料；

（6）环境保护方面的信息资料；

（7）外协方面的信息资料；

（8）政府和社会有关部门的法律、法规、条例等方面的信息资料。

收集的资料及信息一般需加以分析、整理，剔除无效资料，使用有效资料，以利于价值工程活动的分析研究。

任务实施

1. 选择价值工程对象

某建筑设计院承担设计的工程种类繁多，表 6-1 是该院近三年各种设计项目的统计表。从表中可以看出，住宅所占比重最大，因此将住宅作为价值工程的主要研究对象。

2. 资料收集

主要收集以下几个方面的资料：

（1）工程回访，收集用户对住宅的意见；

（2）对不同地质情况和基础形式的住宅进行定期沉降观测，获得地基方面的资料；

（3）了解有关住宅施工方面的情况；

（4）收集大量有关住宅建设的新工艺和新材料等数据资料；

（5）分地区按不同地质情况、基础形式和类型标准统计分析近年来住宅建设的各种技术经济指标。

任务 6.2　功能分析与评价

任务描述

根据典型案例 6 提供的资料，对价值工程对象进行功能分析与评价。

知识准备

6.2.1　功能分析的含义

功能分析是价值工程活动的核心和基本内容。它通过分析信息资料，用动词和名词的组合简明正确地表述各对象的功能，明确功能特性要求，并绘制功能系统图。通过功能分析，可以对对象“它是干什么用的”价值工程提问作出回答，从而准确地掌握用户的功能要求，剔除不必要或不合理的功能，然后根据功能系统图对各功能进行定量评价，以确定提高价值的重点改进对象。

例如，要设计一个实验室，在实验室里放置一架功能强大的 X 光机，用来探测铸钢金属内部损伤。为了不让实验室周围的地方受 X 光射线的波及，设计了一座 2m 厚、3m 高的钢筋混凝土防护墙，造价估计为 5 万元。经过功能分析，了解到这垛墙的功能是防护，外观的需求极小，因此建议改用土墙。这样不但满足了防护功能，而且让工程造价降低到 5000 元，仅为原设计的 1/10。可见，通过功能分析大大降低了成本。

功能分析包括功能定义、功能整理和功能评价等内容。

6.2.2　功能定义

1. 功能定义的相关概念

任何产品都具有使用价值，即功能。价值工程是以功能为对象，以功能分析为核心的科学方法，这也是价值工程区别于其他方法和技术的最显著特点。功能是指事物或方法以及人所能完成的事项，即所具有的某种特定的作用或用途。如载重汽车的特定用途即功能是承载货物，人的功能是运用大脑和双手创造并改变事物。

关于功能的定义，国内外学者有许多论述，这些论述从不同侧面对功能进行了解释和说明，使人们从概念上对功能有所了解，但最能反映功能本质特性的是国家标准《价值工程　第1部分：基本术语》GB/T 8223.1—2009中的定义“功能是对象能满足某种需求的效用或属性”。

功能定义就是根据收集到的情报和资料，透过对象产品或部件的物理特征（或现象），找出其效用或功用的本质，并逐项加以区分和规定效用，以准确、简洁的语言描述出来。这里要求描述的是产品的“功能”，而不是对象的结构、外形或材质。

2. 功能定义的要求

功能定义的过程就是对价值工程研究对象进行解剖分析的过程，如图6-4所示。

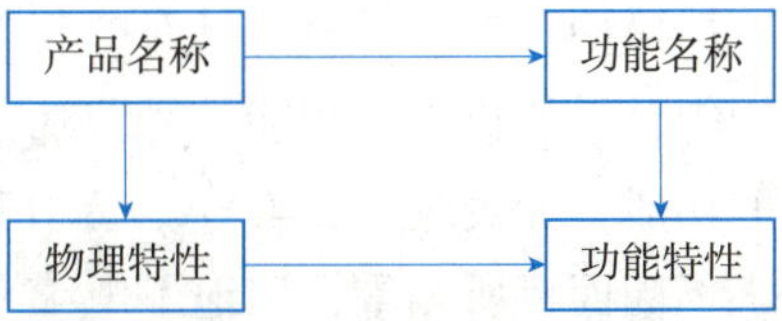

图6-4　功能定义过程示意图

功能特性主要表现为：功能的整体性、功能的二重性、功能的系统性、功能载体的替代性。功能的整体性，表现在缺少的破坏性和多余的无效性；功能的二重性表现在可以计量的客观功能和不易计量的主观功能；功能的系统性表现在具有层次性、联系性和制约性；功能载体的替代性表现在材料替代、结构替代、工艺替代等。

功能定义要注意以下四点：

（1）使用简洁的语言。常采用“两词法”，即动宾词组法——动词+名词，简明扼要地表述产品的功能，见表6-4。

“两词法”表示功能定义　　表6-4

对象	动词	名词	对象	动词	名词
杯子	盛	水	屋面	阻挡	风雨
水彩笔	画	图	模板	提供	模子
日光灯	照	明	脚手架	提供	工作面
手表	指示	时间	梁	支承	荷载
电线	传递	电流	机床	切削	工件
传动轴	传递	扭矩	润滑油	减少	摩擦

（2）尽量准确。使用词汇要准确反映功能的本质。

（3）适当抽象。以不违反准确性原则为度。

（4）全面。可参照产品的结构按从上到下、从主到次的顺序分析定义。

3. 功能分类

根据功能的不同特性，可以将功能分为以下几类：

（1）按功能的重要程度分类，产品的功能可分为基本功能和辅助功能

基本功能是决定对象性质和存在的基本要素，就是要达到这种产品的目的所必不可少的功能，是产品的主要功能，如果不具备这种功能，这种产品就失去其存在的价值。辅助功能是为了更有效地实现基本功能而添加的功能，是次要功能，是为了实现基本功能而附加的功能。一般而言，基本功能是必要的功能，辅助功能有时是不必要功能，有时是多余功能。

例如，住宅的基本功能是居住，柱子的基本功能是承受上部构件传递来的荷载，非承重墙的基本功能是围护和分隔空间等。住宅的辅助功能可以是投资、储藏等，柱子的辅助功能可以是装饰等，非承重墙的辅助功能可以是隔声、隔热等。又如，台灯的基本功能是照明，其次还要求造型美观、光线柔和、色彩适宜等辅助功能。但是，如果有人将台灯作为摆设，那么此时的台灯本质上属于装饰用品，之前的辅助功能则变成基本功能。

（2）按照功能的性质分类，产品的功能分为使用功能和品位功能

使用功能是对象所具有的与技术经济用途直接有关的功能，或者说是用户在工作或应用中产品所提供的功能。品位功能也叫美学功能，是与使用者的精神感觉、主观意识有关的功能，如美观、豪华等。使用功能与品位功能往往兼而有之，但根据用途和消费者的要求不同而有所侧重。如地下电缆、地下管道、设备基础等主要是使用功能；服装、鞋帽等产品一方面需要耐穿等使用功能，另一方面要求产品的款式、颜色等品位功能；工艺品、装饰品等主要是品位功能。

建筑产品的使用功能一般包括可靠性、安全性和维修性等，其品位功能一般包括造型、色彩、图案等。无论是使用功能还是品位功能，都是通过基本功能和辅助功能来实现的。建筑产品构配件的使用功能和品位功能要根据产品的特点而有所侧重。有的产品应突出其使用功能，如地下电缆、地下管道等；有的产品应突出其品位功能，如塑料墙纸、陶瓷壁画等。当然，有的产品两种功能兼而有之。

（3）按用户的需求分类，产品的功能可分为必要功能和不必要功能

必要功能是为满足使用者的要求而必须具备的功能，是用户所要求的功能以及与实现用户所需求功能有关的功能，如使用功能、美学功能、基本功能、辅助功能等均为必要功能。不必要功能是与满足使用者的需求无关的功能，是不符合用户要求的功能。不必要功能的存在，势必产生不必要的费用，增加用户的经济负担，还会造成社会资源的浪费。不必要功能又包括三类：一是多余功能，二是重复功能，三是过剩功能。用户购买一项产品，其目的不是获得产品本身，而是通过购买该项产品来获得其所需要的功能。因此，价值工程的功能，一般是指必要功能。

例如，一户三口之家，在同一楼层买了两套住宅，互相打通后，出现两个厨房，其中一个厨房就是不必要的功能，可以进行改造。

（4）按功能的量化标准分类，产品的功能可分为过剩功能与不足功能

过剩功能是超过使用者需求的功能，是指某些功能虽属必要，但满足需要有余，在数

量上超过了用户要求或标准功能水平。过剩功能通常表现为“大材小用”。例如，某机器本来需要 5.5kW 的电动机，却配备了 7.5kW 的电动机，就是功能过剩。不足功能是相对于过剩功能而言的，是对象尚未满足使用者需求的必要功能，表现为产品整体功能或零部件功能水平在数量上低于标准功能水平，不能完全满足用户需要。例如，某机器本来需要 7.5kW 的电动机，却配备了 5.5kW 的电动机，则功能不足。不足功能和过剩功能具有相对性，同样一件产品对于甲消费者而言，可能功能不足，而对于乙消费者而言，功能却已过剩。若发现有不足功能，应想办法补足。

（5）按总体与局部分类，产品的功能可划分为总体功能和局部功能

总体功能和局部功能之间是目的与手段的关系，它以各局部功能为基础，又呈现出整体的新特征。

上述功能的分类是用以分辨确定各种功能的性质及其重要的程度。价值工程正是抓住产品功能整体性这一本质，通过对产品功能的分析研究，正确、合理地确定产品的必要功能，消除多余的不必要功能，加强不足功能，削弱过剩功能；改进设计，使产品的功能结构更加合理，降低产品成本。因此，可以说价值工程是以功能为中心，在可靠地实现必要的功能基础上来考虑降低产品成本的。

6.2.3 功能整理

1. 功能整理的含义

功能整理是将已经定义了的功能，按照它们之间的逻辑关系进行系统的整理，形成一个功能系统图（图 6–5），从而可以比较直观地看出分析对象所具备的功能类别、各类功能之间的关系和位置以及原来的设计思路，为功能评价和改进方案提供依据。

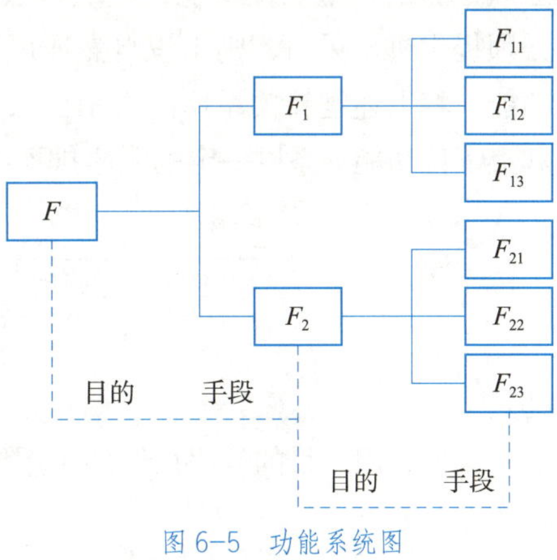

图 6–5 功能系统图

功能整理的目的是确认必要功能，发现不必要的功能，确认功能定义的准确性，明确功能领域。例如，白炽灯的开关功能之一是构成回路，其目的是流通电流，流通电流的目的是加热灯丝，加热灯丝的目的是发光。若反过来说，则每个功能如能实现必须有其手段来保证，如白炽灯能发光，手段是必须加热灯丝，加热灯丝的手段必须是流通电流，流通电流的手段又必须通过开关构成回路。

2. 功能整理的任务与要求

功能整理的主要任务就是建立功能系统图。通过绘制功能系统图，可以清楚地看出每个功能在全部功能中的作用和地位，使各功能之间的关系系统化，便于发现不必要功能，为功能评价、方案创新奠定基础。

功能整理的工作要求：

（1）明确功能范围。弄清楚几个基本功能，这些基本功能又是通过什么功能实现的。

（2）检查功能之间的准确程度。定义下得正确的就予以肯定，不正确的加以修饰，遗漏的加以补充，不必要的就取消。

（3）明确功能之间上下位关系和并列关系。功能上下位关系是指一个功能系统中某些功能之间的目的和手段关系，目的功能称为上位功能，手段功能称为下位功能。并列关系是指在较复杂的功能系统中，为了实现同一目的的功能，需要同时有两个以上的手段功能。

通过功能整理，按逻辑关系，把产品的各个功能相互关联起来，对局部功能和整体功能的相互关系进行研究，达到掌握必要功能的目的。

3. 功能整理的步骤

功能整理的一般步骤是：明确基本功能、辅助功能和最基本功能；明确各功能之间的相互关系。产品的各个功能之间是相互配合、相互联系的，为实现产品的整体功能发挥各自的作用。各个功能之间存在着并列关系或者上下级关系，要通过功能整理予以确定。

例如，住宅的最基本功能是居住，为实现该项功能，住宅必须具有遮风避雨、御寒防暑、采光、通风、隔声、防潮等功能，这些功能之间是属并列关系的，都是实现居住功能的手段，因而居住功能是上位功能，上述所列的并列功能是居住的下位功能，即上位功能是目的，下位功能是手段。

上位功能和下位功能关系是相对的。例如，为达到居住的目的必须通风，则居住是目的，是上位功能，通风是手段，是下位功能；为达到通风的目的，必须组织自然通风，则通风是目的，是上位功能，组织自然通风是手段，是下位功能；为达到自然通风的目的，必须提供进出风口，则组织自然通风是目的，是上位功能，提供进出风口是手段，是下位功能。将上述逻辑关系用图表示出来，即可得到上下位功能关系图，将上述各功能按并列和上下位功能关系以一定的顺序排列出来，即形成功能系统图，如图 6–6 所示。

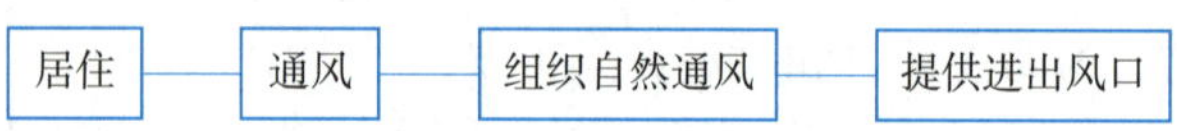

图 6–6　住宅通风功能系统图

又如，用“目的 – 手段”的关系绘制平屋面功能系统图，如图 6–7 所示。

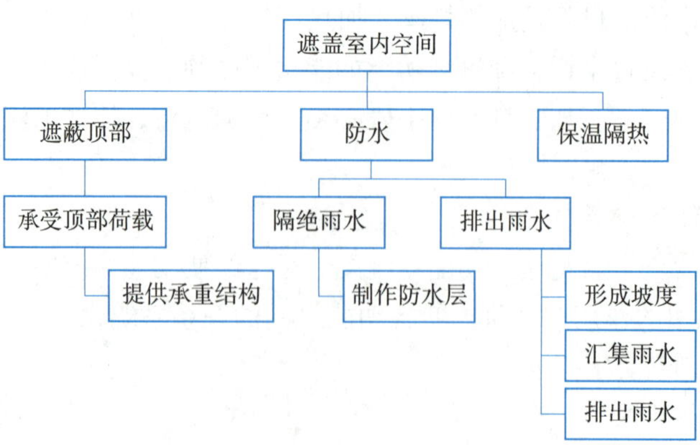

图 6–7　平屋面功能系统图

从图6-7平屋面功能系统图可以看出：从整体功能“遮盖室内空间”开始，由上到下，由左向右逐级展开，在位于不同级的相邻两个功能之间，左边的功能（上级）是右边功能（下级）的目标，而右边的功能（下级）是左边功能（上级）的手段。

对于新产品设计，一般从产品的最终目的开始整理，解决“此功能通过什么办法实现？”的问题。对于既有产品改造设计，从产品的具体结构即最终手段开始整理，解决“此功能的目的是什么？”的问题。

6.2.4　功能评价

产品功能的重要性是通过评价之后予以评定的。产品功能重要的评价就高，功能次要的评价就低。通过评价特定性的概念转化为定量的数值，有了定量的数值就可以进行数学运算和比较。产品的功能又是由产品的各零部件来实现的，所以对产品的功能评价要通过对其零部件进行评价来实现。

1. 功能评价的含义

功能评价，即评定功能的价值，是指找出实现功能的最低费用作为功能的目标成本（又称功能评价值），以功能目标成本为基准，通过与功能现实成本的比较，求出两者的比值（功能价值）和两者的差异值（改善期望值），然后选择功能价值低、改善期望值大的功能作为价值工程活动的重点对象。

功能评价包括价值评价和成本评价两个方面。

（1）价值评价

价值评价是通过计算和分析对象的价值，分析成本功能的合理匹配程度。价值评价的表达式为：

$$V=F/C \tag{6-3}$$

式中　V——研究对象的价值；

F——研究对象的功能评价值；

C——研究对象的目前成本。

（2）成本评价

成本评价是通过核算和确定对象的实际成本及功能评价值，分析、测算成本减低期望值，从而排列出改进对象的优先次序。成本评价的表达式为：

$$\Delta C=C-F \tag{6-4}$$

一般情况下，当 ΔC 大于零时，选择 ΔC 大者为优先改进对象。

在价值评价和成本评价中，都出现了功能评价值这个概念。在价值工程中，功能评价值是指可靠地实现用户要求功能的最低成本，它可以理解为企业有把握，或者说应该达到的实现用户要求功能的最低成本。从企业目标的角度来看，功能评价值可以看成企业预期的、理想的成本目标，因此功能评价值一般又称为目标成本，因此上式又可以写为：

$$\Delta C=C-C_{目标} \tag{6-5}$$

式中　$C_{目标}$——对象的目标成本。

2. 功能评价的步骤

进行功能评价的一般步骤为：计算功能的目前成本（现实成本）→确定功能的评价值（目标成本）→计算功能的价值（价值指数）→计算成本改善期望值→选择价值指数低、成本改善期望值大的功能或功能区域作为重点改进对象，如图 6-8 所示。

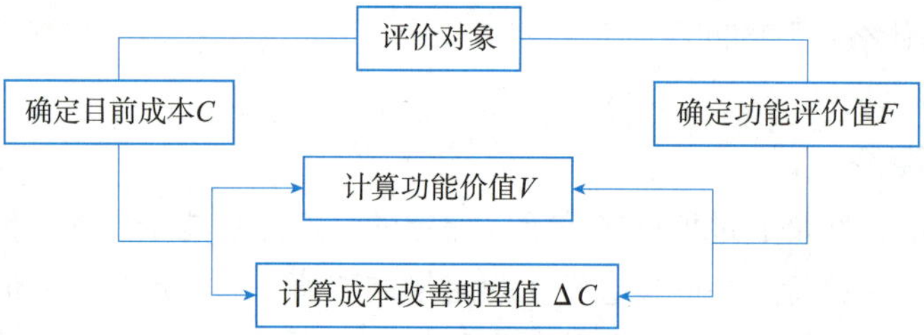

图 6-8　功能评价程序图

（1）计算功能的目前成本（现实成本）

功能的目前成本（C）即根据产品功能项目核算的功能现实成本，其计算与一般的传统成本核算既有相同之处，也有不同之处。相同之处是：它们在成本费用的构成项目上是完全相同的。不同之处在于：功能现实成本的计算是以对象的功能为单位的。因此，在计算功能现实成本时，就需要根据传统成本核算资料，将产品或零部件的现实成本转化为功能的现实成本。具体地讲，当一个零部件只具有一个功能时，该零部件的成本即为功能现实成本；当一项功能要由多个零部件共同实现时，该功能现实成本等于这些零部件的功能成本之和。当一个零部件具有多项功能或同时与多项功能有关时，就需要将零部件成本根据具体情况分摊给各项有关功能。

例如，墙体除具有围护功能外，还具有保温、隔热、挡风雨、传递荷载等多种功能；而一种功能往往要通过多个零部件予以实现，如保温功能要由墙体、门窗、屋面等予以实现。功能的目前成本就是将产品或零部件的实际成本分配到功能成本中去。

又如，某产品的 6 种功能是由 4 种零部件实现的，则功能现实成本的计算步骤是：先将与功能相对应的零部件名称及现实成本填入表中（表 6-5）；然后再将功能领域 F_1~F_6 填入表中；将各零部件的现实成本逐一按其为实现多功能提供的成本分配至各功能领域，例如乙部件提供了 4 种功能，则将乙部件现实成本 500 元按上述思想分配到 4 种功能中；最后将每项功能分配的成本相加，即可得功能的现实成本。

（2）确定功能的评价值（目标成本）

功能目标成本又称功能评价值（F），是可靠地实现该功能的最低成本，是功能价值的衡量标准。若该值小于功能现实成本，则功能价值低；若该值等于或大于功能现实成本，则功能价值高。

确定功能评价值的常用方法是功能重要性系数评价法。它是一种根据功能重要性系数确定功能评价值的方法，是把功能划分为几个功能区（即子系统），并根据各功能区的重要程度和复杂程度，确定各个功能区在总功能中所占的比重，即功能重要性系数，然后将产品的目标成本按功能重要性系数分配给各功能区作为该功能区的目标成本，即功能评价值。

功能目前成本（现实成本）计算表　　表 6-5

零部件			功能区或功能领域					
序号	名称	成本（元）	F_1	F_2	F_3	F_4	F_5	F_6
1	甲	300	100		100			100
2	乙	500		50	150	200		100
3	丙	60				40		20
4	丁	140	50	40			50	
合计		C	C_1	C_2	C_3	C_4	C_5	C_6
		1000	150	90	250	240	50	220

1）计算功能重要性系数

功能重要性系数又称功能评价系数或功能指数，是指评价对象（如零部件等）的功能在整体功能中所占的比率。

确定功能重要性系数的关键是对功能进行打分，常用的打分方法有环比评分法、强制评分法（0~1 评分法或 0~4 评分法）、多比例评分法、逻辑评分法等。

①环比评分法

环比评分法又称 DARE 法，是一种通过确定各因素的重要性系数来评价和选择创新方案的方法。环比评分法适用于各个评价对象之间有明显的可比关系，能直接对比，并能准确地评定功能重要度比值的情况。

②强制评分法

强制评分法又称 FD 法，是指采用一定的评分规则，采用强制对比打分来评价对象的功能重要性。它用功能单元之间的对比打分求出功能单元的功能评价系数，分为 0~1 评分法和 0~4 评分法。

0~1 评分法：功能评价系数的分值只有 2 个，两两比较，取 0 或 1 的办法求得功能单元的功能评价系数的方法。其具体做法是请 5~15 名对产品熟悉的人员各自参加功能评价。首先按照功能重要程度一一对比打分，相对重要的打 1 分，相对不重要的打 0 分，见表 6-6。

0~1 评分法功能评价系数计算表　　表 6-6

零部件	A	B	C	D	E	功能总分
A	—	0	1	1	1	3
B	1	—	1	1	1	4
C	0	0	—	0	1	1
D	0	0	1	—	1	2
E	0	0	0	0	—	0
合计						10

表 6-6 中，要分析的对象（零部件），自己和自己相比不得分，用“—”表示；然后，为防止功能重要性出现零的情况，用各加 1 分的方法进行修正，最后用修正得分除以总得分得出功能重要性系数。

例如，某产品由 A、B、C、D、E 五个零部件组成，其各个零部件的功能重要性如下：A 比 C、D、E 重要，但没有 B 重要；B 比 C、D、E 重要；C 比 E 重要；D 比 C、E 重要。用 0~1 评分法计算各零部件的功能重要性系数见表 6-7。

0~1 评分法功能重要性系数计算表　　表 6-7

零部件	A	B	C	D	E	功能总分（1）	修正得分（2）	功能重要性系数（3）=（2）/ Σ（2）
A	—	0	1	1	1	3	4	0.2667
B	1	—	1	1	1	4	5	0.3333
C	0	0	—	0	1	1	2	0.1333
D	0	0	1	—	1	2	3	0.2000
E	0	0	0	0	—	0	1	0.0667
合计						10	15	1.00

0~1 评分法中的重要程度差别仅为 1 分，不能拉开档次。为弥补这一不足，将分档扩大为 4 级，即为 0~4 评分法。具体做法是：两个功能相比，非常重要的功能得 4 分，很不重要的功能得 0 分，比较重要的功能得 3 分，不太重要的功能得 1 分，两个功能重要程度相同时各得 2 分，自身对比不得分用“—”表示。

例如，有关专家对某产品五项功能（分别以 F_1~F_5 表示）的重要性达成以下共识：F_2 和 F_3 同样重要，F_4 和 F_5 同样重要，F_1 相对于 F_4 很重要，F_1 相对于 F_2 较重要。用 0~4 评分法计算各功能重要性系数，见表 6-8。

0~4 评分法功能重要性系数计算表　　表 6-8

评价对象	F_1	F_2	F_3	F_4	F_5	功能总分（1）	功能重要性系数（2）=（1）/ Σ（1）
F_1	—	3	3	4	4	14	0.350
F_2	1	—	2	3	3	9	0.225
F_3	1	2	—	3	3	9	0.225
F_4	0	1	1	—	2	4	0.100
F_5	0	1	1	2	—	4	0.100
合计						40	1.00

强制评分法适用于被评价对象在功能重要程度上的差异不太大，并且评价对象子功能数目不太多的情况。功能评价指数大，说明功能重要。反之，功能评价指数小，说明功能不太重要。

③多比例评分法。该方法要求两个功能相比，按（0，10）、（1，9）、（2，8）、（3，7）、（4，6）、（5，5）这六种比例来评分，拉开评分差距，提高比分的伸缩性，使评分结果更客观。这种方法规定，功能重要性相等记为（5，5），一方比另一方略微不重要记为（4，6），差距很大就记为（0，10）。

④逻辑评分法。按功能重要性大小由大到小的顺序排列，然后选定基准评价对象，适当规定其评分值，最后根据逻辑判断，自下而上找出各评价对象功能重要度之间的关系。

2）计算成本指数

成本指数表示零部件在成本中所占的比重。计算公式为：

$$成本指数 = 功能单元成本值 / 成本总值 \tag{6-6}$$

产品实际总成本是指功能实现成本，功能现实成本的计算与一般传统的成本核算有相同之处，也有不同之处。两者的相同之处是指它们在成本费用的构成项目上是完全相同的：两者的不同之处在于功能现实成本的计算是以对象的功能为单位，而传统的成本核算是以产品零部件为单位。因此，在计算功能现实成本时，就需要根据传统的成本核算资料，将产品或部件的现实成本换算成功能的现实成本。具体地讲，当一个零部件只具有一个功能时，该零件的成本就是它本身的功能成本；当一项功能要由多个零部件共同实现时，该功能的成本就是这些零部件的功能成本之和。当一个零部件具有多项功能或同时与多项功能有关时，就需要将零部件成本按成本指数分摊给各项有关功能，至于分摊的方法和分摊的比例即成本指数，可根据具体情况决定。

例如，某产品成本指数计算见表6-9。

成本指数计算表　　表6-9

零部件	现实成本（1）	成本指数（2）=（1）/ Σ（1）
A	7.00	0.47
B	4.00	0.27
C	2.00	0.13
D	1.80	0.12
E	0.20	0.01
合计	15.00	1.00

3）确定功能评价值

价值工程对象的功能评价值 F（目标成本），是指可靠地实现用户要求功能的最低成本，它可以理解为企业有把握，或者说应该达到的实现用户要求功能的最低成本。从企业目标的角度来看，功能评价值可以看成是企业预期的、理想的成本目标值。功能评价值的确定分新产品设计、既有产品改进设计两种情况。

①新产品设计情况下功能评价值的确定。一般在产品设计之前，根据市场供需情况、价格、企业利润与成本水平，已初步设计了目标成本。因此，在功能重要性系数确定之后，就可将新产品设定的目标成本按已有的功能重要性系数进行分配计算，求得各个功能区的

功能评价值，并将此功能评价值作为功能的目标成本。

例如，新产品设定的目标成本为1000元，经分析确定的功能重要性系数及功能评价值（目标成本）计算见表6–10。

新产品功能评价值计算表　表6–10

功能区（1）	功能重要性系数（2）	功能评价值（3）=（2）×1000
F_1	0.47	470
F_2	0.32	320
F_3	0.16	160
F_4	0.05	50
合计	1.00	1000

如果需要进一步求出各功能区所有各项功能评价值时，可采取同样的方法。

②既有产品改进设计情况下功能评价值的确定。既有产品应以目前成本为基础求功能评价值，进而确定功能的目标成本。既有产品已有目前成本，但目前成本原已分配到各功能区中的比例不一定合理，这就需要根据改进设计中新确定的功能重要性系数，重新分配既有产品的原有成本。从分配结果看，各功能区新分配成本与原分配成本之间有差异。正确分析和处理这些差异，就能合理确定各功能区的功能评价值，求出产品功能区的目标成本。

例如，既有产品目前成本为1000元，计算功能评价值见表6–11。表中第（3）栏是把产品的目前成本1000元按改进设计方案的新功能重要性系数重新分配给各功能区的结果。此分配结果可能有三种情况：

既有产品功能评价值计算表　表6–11

功能区	目前成本（元）	功能重要性系数	根据目前成本和功能重要性系数分配的功能区成本	功能评价值（目标成本）	成本降低幅度
	（1）	（2）	（3）=（2）×1000	（4）	（5）
F_1	260	0.47	470	260	0
F_2	400	0.32	320	320	80
F_3	160	0.16	160	160	0
F_4	180	0.05	50	50	130
合计	1000	1.00	1000	790	210

A. 功能区新分配的成本等于目前成本。如 F_3 就属于这种情况。此时，应以目前成本作为功能评价值（目标成本）。

B. 功能区新分配的成本小于目前成本。如 F_2 和 F_4 就属于这种情况。此时，应以新分配的成本作为功能评价值（目标成本）。

C. 功能区新分配的成本大于目前成本。如 F_1 就属于这种情况。这时应分析出现这种情况的原因。如果是因为功能重要性系数定高了，经过分析后可以将其适当降低。因功能重要性系数确定过高可能会存在多余功能，如果是这样，先调整功能重要性系数，再确定功能评价值。如因成本确定投入太少而不能保证必要功能，可以允许适当提高一些。除此之外，即可用目前成本作为功能评价值（目标成本）。

（3）计算分析功能价值

通过计算和分析价值工程对象的价值 V，可以分析成本功能的合理匹配程度。功能价值 V 的计算方法可分为两大类——功能成本法与功能指数法。

1）功能成本法。功能成本法又称为绝对值法，是通过一定的测算方法，测定实现应有功能所必须消耗的最低成本，同时计算为实现应有功能所耗费的现实成本，经过分析、对比，求得对象的价值指数和成本降低期望值，确定价值工程的改进对象。其表达式如下：

$$V_i=F_i/C_i \tag{6-7}$$

式中　V_i——第 i 个评价对象的价值指数；

F_i——第 i 个评价对象的功能评价值；

C_i——第 i 个评价对象的目前成本。

功能的价值指数计算结果有以下几种情况：

① V=1。即功能评价值等于功能现实成本，这表明评价对象的功能现实成本与实现功能所必需的最低成本大致相当。此时评价对象的价值为最佳，一般无需改进。

② $V<1$。即功能现实成本大于功能评价值。表明评价对象的现实成本偏高，而功能要求不高，这时一种可能是由于存在着过剩的功能，另一种可能是功能虽无过剩，但实现功能的条件或方法不佳，以致实现功能的成本大于功能的实际需要。这两种情况都应列入功能改进的范围，并且以剔除过剩功能及降低现实成本为改进方向，使成本与功能比例趋于合理。

③ $V>1$。说明该部位功能比较重要，但分配的成本较少，即功能现实成本低于功能评价值。此时应进行具体分析，功能与成本的分配可能已较理想，或者没有不必要的功能，或者应该提高成本。

④ V=0。这时，要进一步分析。如果是不必要的功能，该物件则取消；但如果是最不重要的必要功能，则要根据实际情况处理。

2）功能指数法。功能指数法又称相对值法，它是通过评定对象功能的重要程度，用功能指数来表示其功能程度的大小，然后将评价对象的功能指数与相对应的成本指数进行比较，得出该评价对象的价值指数，从而确定改进对象，并求出该对象的成本改进期望值。在功能指数法中，功能的价值用价值指数来表示。其表达式如下：

$$V_j=F_j/C_j \tag{6-8}$$

式中　V_j——第 j 个评价对象的价值指数；

F_j——第 j 个评价对象的功能指数；

C_j——第 j 个评价对象的成本指数。

价值指数的计算结果有以下三种情况：

① V=1。此时评价对象的功能指数与成本指数大致平衡，合理匹配，可以认为功能的现实成本是比较合理的。

② $V < 1$。此时评价对象的成本指数大于其功能指数，表明相对于系统内的其他对象而言，目前所占的成本偏高，从而会导致该对象的功能过剩。应将该评价对象列为改进对象，改善方向主要是降低成本。

③ $V > 1$。此时评价对象的成本指数小于其功能指数。出现这种结果的原因可能有三种：第一，由于现实成本偏低，不能满足评价对象实现其应具有的功能要求，致使对象功能偏低，这种情况应列为改进对象，改善方向是增加成本；第二，对象目前具有的功能已经超过了其应该具有的水平，即存在过剩功能，这种情况也应列为改进对象，改善方向是降低功能水平；第三，对象在技术、经济等方面具有某些特征，在客观上存在着功能很重要而需要消耗的成本却很少的情况，这种情况一般不应列为改进对象。

根据功能重要性系数（即功能指数）与成本指数求价值指数的计算可以列表进行，见表 6–12。

价值指数计算表　　表 6–12

零部件名称	功能重要性系数①	目前成本②	成本指数③	价值指数④ = ① / ③
A	0.27	7.00	0.47	0.57
B	0.18	4.00	0.27	0.67
C	0.18	2.00	0.13	1.38
D	0.37	1.80	0.12	3.08
E	0	0.20	0.01	0
合计	1	15.00	1.00	—

6.2.5　确定价值工程对象的改进范围

价值工程活动经过以上几个步骤，特别是完成功能评价之后，得到了产品各功能区价值的大小，就明确了改进的方向、目标和具体范围。确定对象改进范围的原则是：

1. 价值低的功能区域

计算出来的价值指数 $V < 1$ 的功能区域即价值低的功能区域，基本上都应进行改进，特别是 V 值比 1 小得较多的功能区域，应力求使价值指数 V=1。

2. 成本改善期望值大的区域

通过核算和确定对象的目前成本和功能评价值，分析、测算成本改善期望值，从而排列出改进对象的重点及优先次序。当 n 个功能区域的价值指数同样低时，就要优先选择 $\Delta C=C-F$ 数值大的功能区域作为重点对象。一般情况下，当 $\Delta C>0$ 时，选择 ΔC 大者为优先改进对象。

3. 复杂的功能区域

复杂的功能区域说明其功能是通过采用很多零件来实现的。一般情况下，复杂的功能区域其价值系数（价值指数）也较低。

从以上分析可以看出，对产品零部件进行价值分析，就是使每个零部件的价值指数尽可能趋近于1。

例如：某产品有A、B、C、D四个零件，各零件的功能得分分别为4、5、1、2。各零件的目前成本为460元、600元、240元、350元。预计该产品的目标成本为1500元。用强制决定法列表计算研究对象的价值，进行功能评价，并确定价值分析的重点改进对象，见表6–13。

价值分析表　　表6–13

	零件A	零件B	零件C	零件D
目前成本 C（元）	460	600	240	350
目标成本 E（元）	1500 × 4/12=500	1500 × 5/12=625	1500 × 1/12=125	1500 × 1/12=125
期望改进 ΔC（元）	460–500=–40	625–600=25	240–125=115	350–250=100
功能价值 V	500/460=1.087	625/600=1.042	125/240=0.521	250/350=0.714
改进重点对象	—	—	是	—

任务实施

功能分析如下：

由设计、施工及建设单位的有关人员组成价值工程研究小组，共同讨论，对住宅的以下功能进行定义、整理和分析：（1）平面布局；（2）采光、保温、隔热、隔声等；（3）层高和层数；（4）牢固耐用；（5）三防设施（防火、防震和防空）；（6）建筑造型；（7）室外装修；（8）环境设计；（9）技术参数。

在功能分析中，用户、设计人员、施工人员以百分比形式分别对各种功能进行评分，即假定住宅功能合计为100分（也可为2分、4分、10分），分别确定各项功能占总体功能中的比例，然后将所选定的用户、设计人员、施工人员的评分意见进行综合，三者的权重分别为0.6、0.3、0.1，各功能重要性系数详见表6–14。从表6–14可知，住宅居住功能中，最为重要的功能是平面布局，其次是牢固耐用和采光通风。

功能评分及功能重要性系数计算表　　表6–14

功能			用户评分		设计人员评分		施工人员评分		功能重要性系数
			得分 f_1	$0.6f_1$	得分 f_2	$0.3f_2$	得分 f_3	$0.1f_3$	
			（1）	（2）	（3）	（4）	（5）	（6）	（7）=[（2）+（4）+（6）]/100
居住功能 F	适用 F_1	平面布局 F_{11}	38.250	22.950	31.630	9.489	33.250	3.325	0.3576
		采光通风 F_{12}	17.375	10.430	14.380	4.314	15.500	1.550	0.1629
		层高层数 F_{13}	2.875	1.725	4.250	1.275	3.875	0.388	0.0339
	安全 F_2	牢固耐用 F_{21}	20.250	12.150	14.250	4.275	21.630	2.163	0.1859
		三防设施 F_{22}	4.375	2.625	5.250	1.575	2.875	0.288	0.0449

续表

功能			用户评分		设计人员评分		施工人员评分		功能重要性系数
			得分 f_1	$0.6f_1$	得分 f_2	$0.3f_2$	得分 f_3	$0.1f_3$	
			(1)	(2)	(3)	(4)	(5)	(6)	(7)=[(2)+(4)+(6)]/100
居住功能 F	美观 F_3	建筑造型 F_{31}	3.250	1.950	6.875	2.062	5.300	0.530	0.0454
		室外装修 F_{32}	2.750	1.650	5.500	1.650	3.975	0.398	0.0370
		室内装修 F_{33}	6.250	3.750	6.625	1.988	5.875	0.588	0.0633
	其他 F_4	环境设计 F_{41}	3.025	1.815	8.000	2.400	5.500	0.550	0.0477
		技术参数 F_{42}	1.6	0.960	3.240	0.975	3.225	0.323	0.0226
合计			100	60	100	30	100	10	1.0000

强化训练

【实践案例 1】某房地产公司对某公寓的开发征集到若干设计方案，经过筛选后对其中较为出色的四个设计方案作进一步的技术经济评价。有关专家决定从五个方面（分别以 F_1~F_5 表示）对不同方案的功能进行评价，并对各功能的重要性达成以下共识：F_2 和 F_3 同样重要，F_4 和 F_5 同样重要，F_1 相对于 F_4 很重要，F_1 相对于 F_2 较重要；此后，专家对该四个方案的功能进行满意程度打分，结果见表 6-15。根据造价工程师的估算，A、B、C、D 四个方案的单方造价分别为 1470 元、1280 元、1200 元、1410 元。

方案功能得分表　　表 6-15

功能	方案功能得分			
	A	B	C	D
F_1	9	10	9	8
F_2	10	10	8	9
F_3	9	9	10	9
F_4	8	8	8	7
F_5	9	7	9	6

要求：

（1）计算各个功能的权重；

（2）用价值指数法选择最佳设计方案（计算结果均保留 3 位小数）。

考核评价表

工作任务：功能分析与评价　　　　专业班级：________

考核时长：建议1学时　　　　学生姓名：________

考核方式	技能考核	知识测试	素养评价
自我评价			
团队互评			
教师评价			
企业评价			

评价等级：□优秀　□良好　□中等　□及格　□不及格

考核说明：(1) 可从综合训练题中选题组卷测试；(2) 考核方式根据实际情况选择运用；(3) 建议技能考核分占比60%，知识测试分占比20%，素养评价分占比20%

技能考核标准

□优秀	□良好	□中等	□及格	□不及格
理解功能的定义；掌握功能分类；会进行功能整理；理解功能评价的基本概念；掌握功能评价的程序；掌握功能成本法和功能指数法；会熟练地计算成本指数、功能指数和价值指数，并能作出功能评价，结果准确率达到90%以上	理解功能的定义；掌握功能分类；会进行功能整理；理解功能评价的基本概念；掌握功能评价的程序；掌握功能成本法和功能指数法；会计算成本指数、功能指数和价值指数，并能作出功能评价，准确率达到80%	理解功能的定义；掌握功能分类；会进行功能整理；理解功能评价的基本概念；掌握功能评价的程序；掌握功能成本法和功能指数法；会计算成本指数、功能指数和价值指数，并能作出功能评价，准确率达到70%	理解功能的定义；熟悉功能分类；会进行功能整理；理解功能评价的基本概念；熟悉功能评价的程序；熟悉功能成本法和功能指数法；基本能计算成本指数、功能指数和价值指数，并能作出功能评价，准确率达到60%	不理解功能的定义；不熟悉功能分类；不会进行功能整理；不理解功能评价的概念；不熟悉功能评价的程序；不熟悉功能成本法和功能指数法；不会计算成本指数、功能指数和价值指数，不能作出功能评价，准确率小于60%

任务6.3 方案创新与评价

任务描述

根据典型案例6提供的资料，续前项任务，做好方案创新与评价。

知识准备

6.3.1 方案创新

方案创新是从提高对象的功能价值出发，在正确的功能分析和评价的基础上，针对应改进的具体目标，通过创造性的思维活动，提出能够可靠地实现必要功能的新方案。方案创新是价值工程取得成功的关键一步。价值工程的活动能否取得成功，关键在于在功能分析后能否构思出可行的方案。如果不能构思出最佳的可行方案则将前功尽弃。

方案创新的理论依据是：任何功能都有多种实现的可能性，或者说，任何功能载体都具有替代性。这种功能载体替代的重点应放在以功能创新的新产品替代原有产品和以功能创新的结构替代原有结构方案。方案创新的过程是思想高度活跃、进行创造性开发的过程。为了引导和启发进行创造性的思考的常见方法有以下几种：

1. 头脑风暴法（Brain Storming，BS）

头脑风暴法是指自由奔放地思考问题。具体做法是，由对改进对象有较深入了解的人员组成的小集体在非常融洽和不受任何限制的气氛中进行讨论、座谈，打破常规、积极思考、互相启发、集思广益，提出创新方案。该方法可使获得的方案新颖、全面、富于创造性，并可以防止片面和遗漏。通常以开小组会的方式进行，人数不宜过多，以5~10人为宜。会议原则是：（1）不评论好坏；（2）鼓励自由奔放地提出想法；（3）要求提出大量方案；（4）相互启发，要求结合他人意见提出设想。

2. 哥顿（Gordon）法

哥顿法又称模糊目标法，是美国人哥顿在1964年提出来的方法。这种方法的指导思想是，把要研究的问题适当抽象，以利于开拓思路。在研究新方案时，会议主持人事先并不全部摊开要解决的问题，而是把问题抽象地介绍给大家，要求大家海阔天空地提出各种设想，以激发出有价值的改进方案。这种方法要求会议主持人机智灵活、提问得当。如果提问太具体，容易限制思路；如果提问太抽象，则方案可能离题太远。

例如，要研究一种新型割稻机，会议主持人只提出如何把东西割断和分开，大家围绕这一问题提方案。主持人要善于引导，步步深入，等到适当时机，再把问题讲明，以作进一步研究。

3. 专家意见法[德尔菲（Delphi）法]

这种方法不采用开会的形式，而是由组织者将研究对象的问题和要求，以信函的方式分发给有关专家，使他们在互不商量的情况下提出各种建议和设想，专家返回设想意见，经整理分析后归纳出若干较合理的方案和建议，函寄给有关专家征求意见，再回收整理，如此经过几次反复后专家意见趋向一致，从而最后确定出新的功能实现方案。

4. 专家检查法

这种方法不是靠大家想办法，而是由主管设计的工程师作出设计，提出完成所需功能的办法和生产工艺，然后顺次请各方面专家（如材料方面的、生产工艺的、工艺装备的、成本管理的、采购方面的）审查。

方案创造的方法很多，总的精神是要充分发挥各有关人员的智慧，集思广益，多提方案，从而为评价方案创造条件。

6.3.2　方案评价

在方案创新阶段提出的设想和方案是多种多样的，能否付诸实施，就必须对各个方案的优缺点和可行性进行分析、比较、论证和评价，并在评价过程中进一步完善有希望的方案。方案评价是在方案创造的基础上对新构思方案的技术、经济和社会效果等几方面进行估价，以便于选择最佳方案。方案评价包括概略评价和详细评价两个阶段。其评价内容都包括技术评价、经济评价、社会评价以及综合评价。在对方案进行评价时，无论是概略评价还是详细评价，一般可先做技术评价，再分别做经济评价和社会评价，最后做综合评价。其过程如图 6-9 所示。

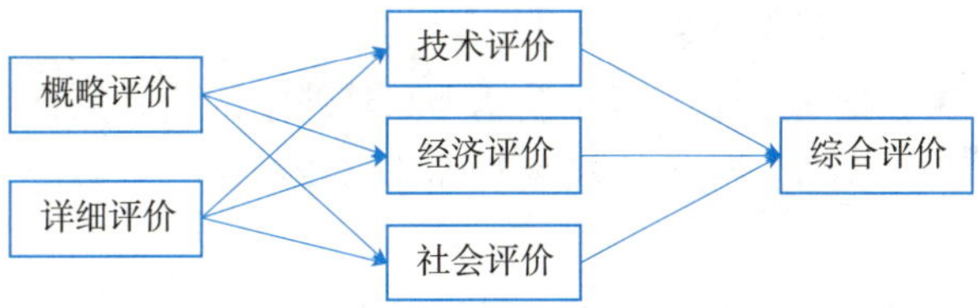

图 6-9　方案评价步骤示意图

1. 概略评价

概略评价是对方案创造阶段提出的各个方案设想进行初步评价，目的是淘汰那些明显不可行的方案，筛选出少数几个价值较高的方案，以供详细评价作进一步的分析。概略评价的内容包括以下几个方面：

（1）技术可行性方面：对方案功能的必要性及必要程度（如性能、质量、寿命等）以及实施的可能性进行分析评价。

（2）经济可行性方面：对方案实施的经济效果（如成本、利润、节约额等）的大小进行分析评价。

（3）社会评价方面：对方案给国家和社会带来的影响（如环境污染、生态平衡、国民经济效益等）进行分析评价。

（4）综合评价方面：分析研究创新方案能否使价值工程活动对象的功能和价值有所提高。

2. 详细评价

详细评价是在掌握大量数据资料的基础上，对通过概略评价的少数方案，从技术、经济、社会、综合四个方面进行详尽的评价分析，为提案的编写和审批提供依据。详细评价的内容包括以下几个方面：

（1）技术可行性方面：主要以用户需要的功能为依据，对创新方案的必要功能条件实现的程度作出分析评价。特别对产品或零部件，一般要对功能的实现程度（包括性能、质量、寿命等）可靠性、维修性、操作性、安全性以及系统的协调性等进行评价。

（2）经济可行性方面：主要考虑成本、利润、企业经营的要求；创新方案的适用期限与数量；实施方案所需费用、节约额与投资回收期以及实现方案所需的生产条件等。

（3）社会评价方面：主要研究和分析创新方案给国家和社会带来的影响（如环境污染、生态平衡、国民经济效益等）。

（4）综合评价方面：在上述三种评价的基础上，对整个创新方案的诸因素作出全面系统的评价。为此，首先要明确规定评价项目，即确定评价所需的各种指标和因素，然后分析各个方案对每一评价项目的满足程度，最后再根据方案对各评价项目的满足程度来权衡利弊，判断各方案的总体价值，从而选出总体价值最大的方案，即技术上先进、经济上合理和社会上有利的最优方案。

3. 综合评价

用于方案综合评价的方法有很多，常用的定性方法有德尔菲法、优缺点列举法等；常用的定量方法有直接评分法、加权评分法、比较价值评分法、环比评分法、强制评分法、几何平均值评分法等。下面简要介绍几种方法：

（1）优缺点列举法。把每一个方案在技术上、经济上的优缺点详细列出，进行综合分析，并对优缺点作进一步调查，用淘汰法逐步缩小考虑范围，从范围不断缩小的过程中找出最后的结论。

（2）直接评分法。根据各种方案能够达到各项功能要求的程度，按 10 分制（或 100 分制）评分，然后算出每个方案达到功能要求的总分，比较各方案总分，作出采纳、保留、舍弃的决定，再对采纳、保留的方案进行成本比较，最后确定最优方案。

（3）加权评分法，又称矩阵评分法。这种方法是将功能、成本等因素，根据要求的不同进行加权计算，权数大小根据它在产品中所处的地位而定，算出综合分数，最后与各方案寿命周期成本进行综合分析，选择最优方案。加权评分法主要包括以下四个步骤：

1）确定评价项目及其权重系数。

2）根据各方案对各评价项目的满足程度进行评分。

3）计算各方案的评分权数和。

4）计算各方案的价值系数，价值系数较大的为优。

6.3.3　方案实施的检查、评价与验收

在方案实施过程中，应该对方案的实施情况进行检查，发现问题及时解决。方案实施完成后，要进行总结评价和验收。

任务实施

根据典型案例6相关资料以及前面的功能分析，作以下方案创新与评价。

在某住宅小区设计中，该地块的地质条件较差，上部覆盖层较薄，地下淤泥较深。根据收集到的资料及上述功能重要性系数的分析结果，价值工程研究小组集思广益，创造设计了十余个方案。在采用优缺点列举法进行定性分析筛选后，对所保留的五个较优方案进行定量评价选优，见表6-16~表6-18。

方案成本及方案成本指数分析表　　表6-16

方案	主要特征	单位造价（元）	成本指数 C_1
方案1	7层混合结构，层高3m，240mm内外砖墙，预制桩基础，半地下室储存间，外装修一般，内装修好，室内设备较好	1293	0.2342
方案2	7层混合结构，层高2.9m，240mm内外砖墙，120mm非承重基础，条形基础，外装修一般，内装修好，室内设备一般	983	0.1780
方案3	7层混合结构，层高3m，240mm内外砖墙，条形基础，外装修一般、室内设备较好	1220	0.2210
方案4	5层混合结构，层高3m，空心砖内外砖墙，条形基础，内外装修、设备一般，屋面无水箱	996	0.1804
方案5	7层混合结构，层高3m，240mm内外砖墙，120mm非承重基础，条形基础，外装修一般，内装修好，室内设备一般	1029	0.1864
方案成本之和		5521	1.0000

方案功能评分表　　表6-17

评价因素		方案功能评价值 F				
功能因素	重要系数 W	方案1	方案2	方案3	方案4	方案5
F_{11}	0.3575	10	10	9	9	0
F_{12}	0.1628	10	9	10	10	9
F_{13}	0.0338	9	9	10	10	9
F_{21}	0.1858	10	10	10	8	10
F_{22}	0.0448	8	7	8	7	7
F_{31}	0.0453	10	8	9	7	6
F_{32}	0.0368	6	6	6	6	6
F_{33}	0.0631	10	8	8	6	6
F_{41}	0.0476	9	8	9	8	8
F_{42}	0.0225	8	10	9	2	10
方案总分 $Y=\sum F\times W$		9.6368	9.1535	9.1303	8.3258	8.9930

最佳方案选择分析表　　表 6–18

方案	方案功能得分 Y	功能评价指数 F	成本指数 C	价值指数 V	选择
方案 1	9.6368	0.2130	0.2342	0.9095	
方案 2	9.1535	0.2034	0.1780	1.1370	√
方案 3	9.1303	0.2018	0.2210	0.9131	
方案 4	8.3258	0.1840	0.1804	1.0199	
方案 5	8.9930	0.1988	0.1864	1.0665	

由表 6–18 计算分析表可知，方案 2 价值指数最大，即应选择的最佳方案。

根据所收集的资料，该地区建筑条件与该工程大致相同的住宅，工程造价为 1180 元 /m^2，而方案 2 的造价只有 983 元 /m^2，造价可降低 197 元 /m^2，可节约投资 16.69%。该小区 18.4 万 m^2 的住宅可节省投资 3624.8 万元。

项目总结

价值工程的基本思想就是在可靠地实现用户所需功能的前提下，努力寻求寿命周期成本最低的创新方案，以达到合理、有效地利用资源提高对象价值的目的，即运用集体智慧，着重对某一产品或系统的各种设计方案进行功能分析与综合评价，并计算其总成本，从而筛选出一定成本时获得的功能最大或一定功能时成本最低的方案的一种技术经济分析方法。价值工程活动是针对研究对象，围绕以下七个问题展开的：价值工程的对象是什么？它是干什么用的？其成本是多少？其价值是多少？有无其他方案可实现同样的功能？新方案成本是多少？新方案能满足要求吗？价值工程的工作步骤依次为：确定目标→功能分析→功能评价→方案创新→方案与实施。价值工程将产品价值、成本、功能作为一个整体同时考虑，强调不断改革和创新。在产品研制、设计、生产等不同的阶段进行价值工程活动，其经济效果的提高幅度大不相同，对于大型复杂的产品，重点是产品研究设计阶段。作为一种相当成熟的技术经济分析方法，价值工程当前在建设项目中的运用更多体现在设计方案的优化选择中。

职业技能综合训练

一、单项选择题

1. 价值工程中“价值”的含义是（　　）。

A. 产品之使用价值　　B. 产品之交换价值

C. 产品全寿命时间价值　　D. 产品功能与其全部费用的比较价值

2. 价值工程是以（　　），可靠地实现产品或作业的必要功能。

A. 最低寿命周期费用　　B. 最低周期费用

C. 最低费用　　D. 控制成本费用

3. 价值工程的目标表现为（　　）。

A. 产品价值的提高　　B. 产品功能的提高

C. 产品功能与成本的协调　　D. 产品价值与成本的协调

4. 价值工程中，价值、功能、成本之间的关系式为（　　）。

A. $V=F/C$　　B. $V=C/F$　　C. $F=V/C$　　D. $F=C/V$

5. 就用户对产品而言，价值工程中寿命期成本是指（　　）。

A. 设计成本　　B. 生产成本

C. 生产成本加使用及维护成本　　D. 购置、维修、使用产品所花费用

6. 价值工程是着重于（　　）的有组织的活动。

A. 价格分析　　B. 功能分析　　C. 成本分析　　D. 产品价值分析

7.（　　）是指价值工程研究对象所具有的能够满足某种需求的一种属性。

A. 成本　　B. 价值　　C. 价值指数　　D. 功能

8. 价值工程应注重于（　　）阶段。

A. 研制设计阶段　　B. 试制阶段

C. 生产阶段　　D. 使用和寿命终结阶段

9. 价值工程中的价值是指研究对象的功能与成本（即费用）的（　　）。

A. 绝对值　　B. 相对值　　C. 绝对比值　　D. 相对比值

10. 根据甲、乙、丙三个零件的已知数据：功能评价系数分别为0.2、0.02、0.09；目前成本分别为100元、10元、9元；成本系数分别为0.10、0.01、0.09，则应选择（　　）为价值工程对象。

A. 甲　　B. 乙　　C. 丙　　D. 甲、丙

11. 在价值工程的价值分析中，应选择目标成本与现实成本之比值为（　　）作为价值工程改进对象。

A. 小于1　　B. 等于1　　C. 大于1　　D. 小于2

12. 价值工程中，方案创新常用专家意见法（德尔菲法），专家们的意见和信息的沟通主要依靠（　　）。

A. 信息处理　　B. 每轮征询表的反馈

C. 对专家征询表的回答进行统计处理　　D. 专家意见的统计处理

13. 某评价对象的功能指数为 0.6245，成本指数为 0.3567，根据价值指数，该评价对象属于（　　）。

A. 功能现实成本比较客观　　B. 成本偏高，对象的功能过剩
C. 功能偏低，现实成本偏低　　D. 功能偏高，现实成本偏低

14. 价值工程中，功能整理的主要任务为（　　）。

A. 选择价值工程的对象　　B. 进行功能分析
C. 建立功能系统图　　D. 选择创新方案

15. 价值工程的核心是（　　）。

A. 有组织的活动　　B. 功能分析
C. 尽可能降低研究对象成本　　D. 尽可能提高研究对象的价格

16. 某产品的零件甲，功能平均得分 3.8 分，成本为 30 元，该产品各零件功能总分为 10 分；产品成本为 150 元，零件甲的价值指数为（　　）。

A. 3.8　　B. 1.9　　C. 0.6　　D. 0.19

17. 价值工程中，对创新方案进行评价时，概略评价和详细评价的顺序为（　　）。

A. 技术评价　经济评价　社会评价　综合评价
B. 经济评价　技术评价　社会评价　综合评价
C. 社会评价　技术评价　经济评价　综合评价
D. 综合评价　技术评价　经济评价　社会评价

二、多项选择题

1. 价值工程中功能分析包括（　　）。

A. 功能定义　　B. 功能配置　　C. 功能组合　　D. 功能整理
E. 功能评价

2. 价值工程中方案实施阶段的工作包括（　　）。

A. 方案预审　　B. 方案审批　　C. 方案实施　　D. 方案实施检查
E. 成果总评

3. 产品寿命周期是指产品从（　　）直至报废为止的整个周期。

A. 开发　　B. 设计　　C. 制造　　D. 使用　　E. 维护

4. 提高产品价值的途径有（　　）。

A. 功能大提高，成本小提高　　B. 功能提高，成本下降
C. 功能下降，成本提高　　D. 功能提高，成本不变
E. 功能小提高，成本大提高

5. 在建设工程中运用价值工程时，提高工程价值的途径有（　　）。

A. 通过采用新方案，既提高产品功能，又降低成本
B. 通过设计优化，在成本不变的前提下，提高产品功能
C. 施工单位通过严格履行施工合同，提高其社会信誉

D. 在保证建设工程质量和功能的前提下，通过合理组织管理措施降低成本

E. 适量增加成本，大幅度提高项目功能和适用性

三、案例分析题

1. 某产品有四个功能单元 F_1、F_2、F_3、F_4。它们的目前成本分别为：100 元、120 元、80 元、140 元。经估算知它们的最低成本分别为：70 元、80 元、64 元、80 元。试用功能评价值法进行功能评价（列表计算），指出各功能单元的改进顺序。

2. 某产品由 5 个零件 A、B、C、D、E 组成，其成本分别为 300 元、75 元、125 元、100 元和 100 元。A 零件有 F_1、F_2、F_3、F_4 四种功能，其功能重要程度比例分别为 $1:\frac{1}{2}:1:\frac{1}{2}$；B 零件有 F_2、F_4 两种功能，其功能重要程度比例为 $1:\frac{1}{2}$；C 零件有 F_1、F_2、F_4 三种功能，其功能重要程度比例为 $1:1:\frac{1}{2}$；D 零件有 F_1、F_3 两种功能，其重要程度一样；E 零件只有 F_3 功能。试求 F_1、F_2、F_3、F_4 功能的成本。

3. 某建筑物的土建工程划分为 A、B、C、D 四个功能区域，各功能目前成本和目标成本，见表 6–19。试计算各功能区域的价值系数和成本改善期望值。

各功能目前成本和目标成本对比表　　表 6–19

功能区域	目前成本（万元）	目标成本（万元）
A	1520	1295
B	1482	1424
C	4705	4531
D	5105	4920
合计	12812	12170

4. 某产品有 A、B、C、D 四个零件，各零件的功能得分分别为 5 分、1 分、2 分、4 分。各零件的目前成本为 478 元、120 元、200 元、385 元。该产品的目标成本为 1000 元。要求用强制决定法列表计算研究对象的价值，进行功能评价，并确定价值分析的重点改进对象。

5. 三一公司拟建三幢楼：科研楼、培训楼和综合楼，项目设计方案如下：

科研楼设计方案：结构方案为大柱网框架轻墙体系，采用预应力大跨度叠合楼板，墙体材料采用多孔砖及移动式可拆装式分室隔墙，窗户采用单框双玻璃钢塑窗，面积利用系数为 93%，单体造价为 1438 元 /m^2；

培训楼设计方案：结构方案同科研楼项目，墙体采用内浇外砌，窗户采用单框双玻璃腹钢塑窗，面积利用系数为 87%，单体造价为 1108 元 /m^2；

综合楼设计方案：结构方案采用砖混结构体系，采用多孔预应力板，墙体材料采用标准黏土砖，窗户采用单玻璃空腹钢塑窗，面积利用系数为 79%，单体造价为 1082 元 /m^2。

方案各功能的权重及各方案的功能得分见表 6–20。

各方案功能的权重及得分表　　表 6-20

方案功能	功能权重	方案功能得分		
		科研楼	培训楼	综合楼
结构体系	0.25	10	10	8
模板类型	0.05	10	10	9
墙体材料	0.25	8	9	7
面积系数	0.35	9	8	7
窗户类型	0.10	9	7	8

为控制工程造价和进一步降低费用，拟针对所选的最优设计方案的土建工程部分，以工程材料费为对象开展价值工程分析，将土建工程划分为四个功能项目，各功能项目得分及其目前成本见表 6-21。

各功能项目得分及其目前成本表　　表 6-21

序号	功能项目	功能得分	目前成本（万元）
1	桩基维护工程	10	1520
2	地下室工程	11	1482
3	主体结构工程	35	4705
4	装饰工程	38	5105
合计		94	12812

该项目土建工程目前成本为 12812 万元，但按限额设计要求，目标成本额应控制为 12170 万元。试分析各功能项目和目标成本及其可能降低的额度，并确定功能改进顺序。

知识拓展

请读者在学习完本项目后，积极检索并了解价值工程在工程设计方案优选中的应用及相关知识。有兴趣的读者可扫描二维码学习、了解。

价值工程在工程设计方案选优中的应用

项目 7　建设项目可行性研究

项目描述

根据典型案例 7 提供的资料，（1）分析广东岭澳核电站海域工程建设前为什么要作可行性研究？具体要做哪些研究工作？可行性研究报告如何编制？（2）选择一个工程项目，编制可行性研究报告。

【典型案例 7】广东岭澳核电站海域工程可行性研究

天津市海岸带公司承接了广东岭澳核电站海域工程可行性研究项目。岭澳核电站位于大亚湾西海岸的大鹏半岛东南侧，距已建成的大亚湾核电站约 1 公里。厂区按 4×100 万千瓦机组规划，一期考虑两台 100 万千瓦机组，相应的海域工程包括一、二期取排水海上建筑物、厂区防护建筑物等。类似规模的核电海域工程规划研究在国内尚无先例，相邻的大亚湾核站的海域全部是由法国人设计的。

该项研究要求在对自然条件充分调查研究的基础上，在大量缜密科学试验的支持下，依据有关法律、法规和规范对众多方案进行系统的综合比较研究，提出技术可行、经济合理、安全可靠、工期达标的工程建议方案。

为了完成该项可行性研究，公司专业技术人员 300 余人进行了系统的调查分析和综合论证，历时 8 个月，以同类项目中最短的时间，完成各类咨询研究报告 8 本，近 400 万字。其主要工作内容包括：作为可行性研究基础的海上作业调查；可选方案研究、推荐方案验证和支持的试验研究；经济技术分析和综合论证工作。针对上述工作内容，在项目执行中除了采用专业领域常规的技术手段，还采用了高新技术手段，如在海洋地质研究调查中，采用 PS 测波作海域岩性判别；以数学模型和物理模型综合研究抛石斜坡堤抗震性能等。在整个项目运作中，从计划和进度管理到数值模拟等各个方面，计算机技术应用贯穿始终。

通过可行性研究，海岸带公司为岭澳核电站海域工作提出了符合要求的工程技术方案，现已用于岭澳核电站施工。同时，通过对比国际和国内标准，结合国情和国内技术水平，在国内首次系统地提出了核电站海域工程的设计标准。此外，公司在项目执行过程中还分阶段向业主提供了咨询建议，为岭澳核电站的顺利开工创造了条件。作为核电项目，质量保证是强制性要求，在运作该项目过程中建立了项目质保部，并按 HAF0400 要求制定和执行项目质保大纲，客观上促使公司率先在咨询行业中贯彻 ISO9000 系列质量管理和质量保证标准，取得了良好的效果和经验。

思考：广东岭澳核电站海域工程为什么要作可行性研究？该可行性研究要完成哪些工作？可行性研究报告如何编制？

学习目标

知识目标

（1）理解可行性研究的概念和作用；

（2）掌握可行性研究的内容、依据、要求；

（3）熟悉可行性研究报告的基本内容、依据、要求和基本格式。

技能目标

（1）熟悉可行性研究的工作程序；

（2）具有对实际工程案例进行可行性研究的初步能力；

（3）能够利用可行性研究结论进行前期方案决策；

（4）能撰写可行性研究报告。

素养目标

（1）具有责任意识；

（2）具有认真细致、实事求是的工作态度；

（3）养成思维缜密和多角度、辩证地分析问题的科学精神；

（4）养成沟通与协作的职业习惯；

（5）随时关注行业发展动态，贯彻新发展理念和可持续发展理念。

项目指导书

工作任务	建设项目可行性研究			
建议工具	电脑或移动设备（如智能手机、PAD 等）		建议学时	4

【任务描述】根据典型案例 7 提供的资料，完成:（1）分析广东岭澳核电站海域工程建设前为什么要作可行性研究？具体要做哪些研究工作？可行性研究报告如何编制？（2）选择一个工程项目，编制可行性研究报告

序号	任务实施步骤	操作方法与说明	质量要求	配套学习资源
1	可行性分析	从市场、技术、经济三个方面进行论证分析	（1）具有科学性、客观性、公正性； （2）对投资额与初步经济效益分析的精确度要求：投资机会研究阶段为 ±30% 左右；详细可行性研究阶段在 ±10% 以内	可行性研究的发展历程
2	编制可行性研究报告	（1）熟悉可行性研究报告的基本内容框架； （2）依据国民经济中长期发展规划和产业政策、项目建议书、有关的项目基础资料、技术经济方面的规范、标准、定额等指标以及可行性分析结果编制报告	（1）能反映可行性研究的工作成果； （2）内容齐全，结论明确，数据准确，论据充分； （3）能满足决策者确定方案和项目决策的要求	—

考核评价表

工作任务：可行性研究概述		专业班级：________	
考核时长：建议 2 学时		学生姓名：________	
考核方式	技能考核	知识测试	素养评价
自我评价			
团队互评			
教师评价			
企业评价			
评价等级：□优秀　□良好　□中等　□及格　□不及格			
考核说明：（1）可从综合训练题中选题组卷测试；（2）考核方式根据实际情况选择运用；（3）建议技能考核分占比 50%，知识测试分占比 30%，素养评价分占比 20%			

技能考核标准

□优秀	□良好	□中等	□及格	□不及格
熟练掌握可行性研究的内容、依据、要求和工作程序；具有对实际工程案例进行可行性研究的初步能力；能规范地编制可行性研究报告；能够利用可行性研究结论进行前期方案决策，结果的正确率达到 90% 及以上	掌握可行性研究的内容、依据、要求和工作程序；具有对实际工程案例进行可行性研究的初步能力；能规范地编制可行性研究报告；能够利用可行性研究结论进行前期方案决策，结果的正确率达到 80% 及以上	掌握可行性研究的内容、依据、要求和工作程序；具有对实际工程案例进行可行性研究的初步能力；能比较规范地编制可行性研究报告；能够利用可行性研究结论进行前期方案决策，结果的正确率达到 70% 及以上	掌握可行性研究的内容、依据、要求和工作程序；具有对实际工程案例进行可行性研究的初步能力；能编制可行性研究报告；能够利用可行性研究结论进行前期方案决策，结果的正确率达到 60% 及以上	未掌握可行性研究的内容、依据、要求和工作程序；具有对实际工程案例进行可行性研究的初步能力；不能规范地编制可行性研究报告；不能利用可行性研究结论正确地进行前期方案决策，结果的正确率未达到 60%

思政提升

建设项目如不进行可行性研究，很可能会导致投资失败。例如，某高职院校新校区实验楼工程，1998 年立项，因资金未及时到位，直到 2004 年 4 月才筹备建设。此时，学校扩招，学生人数从 1998 年的 4000 人猛增到 8000 多人，原设计的建设规模已经不能满足现有的教学实验需求。经相关部门同意，学校委托某设计院重新进行了设计，建筑面积由 $6500m^2$ 增加到 $15207m^2$，6 层框架结构，呈“L”形，分为Ⅰ段和Ⅱ段。Ⅰ段主要是汽车实验室、物流实验室和教室，Ⅱ段为路桥实验室、计算机实验室和语音实验室。新设计是按照新的需求、新的理念和新的规范设计的，不该出现重大变更，但实际上，从开工到竣工甚至到了使用阶段，该项目一改再改，以至于面目全非。施工单位砌Ⅱ段 5 层、6 层（计算机实验室、语音实验室）墙体时，建设单位突然下达变更通知，将此处的墙体全部改成玻璃大橱窗样式，于是刚刚砌好的墙体不得不拆除，而且预埋在墙体中的管线也随之作废，只能重新铺设明线或在楼面上剔槽。另外，该单位路桥系提出对路桥实验室重新进行分布，并且增加了若干实验操作台、水池、插座等，导致用电负荷大大增加，此部分电路图全部作废，又重新作了设计，设计院据此索要设计变更费用。紧接着，建设单位又提出Ⅰ段的办公室不够用，要将每层两个卫生间变成一个卫生间，另一个作为办公室。而此时 2~4 层卫生间的下水管道已经全部做好，不易拆除，只好又增加吊顶。最后，工程总算交工使用，但汽车系实验室老师发现新购的设备功率太大，而空气开关额定电流小，总是出现跳闸现象，又不得不更换了额定电流更高的空气开关。到底是什么原因导致该工程重新设计了依然会出现如此多的设计变更而导致投资失控、管理失控呢？一个重要原因在于建设单位没有做好可行性研究。

党的二十大报告指出，要加快构建新发展格局，着力推动高质量发展。高质量发展需要高质量的投资，高质量的投资需要高质量的投资决策，而可行性研究是投资决策的核心环节。要坚持科学决策、民主决策、依法决策，提升我国投资项目前期论证的质量和水平，实现投资高质量发展，就必须强化投资项目可行性研究的基础作用。可行性研究应充分发挥市场在资源配置中的决定性作用。做好可行性研究，使项目投资决策科学化，减少和避免投资决策失误，提高项目投资的经济效益。要立足投资项目全生命周期管理，研究借鉴可持续发展要求，更加注重经济、社会、环境评价等新理念新方法的应用，将绿色发展、自主创新、共同富裕、国家安全、风险管理等理念以及投资建设数字化等要求融入可行性研究。编写可行性研究报告要完整、准确、全面贯彻新发展理念，坚持以人民为中心的发展思想，更加注重发挥宏观战略、发展规划和产业政策的引领作用。

思维导图

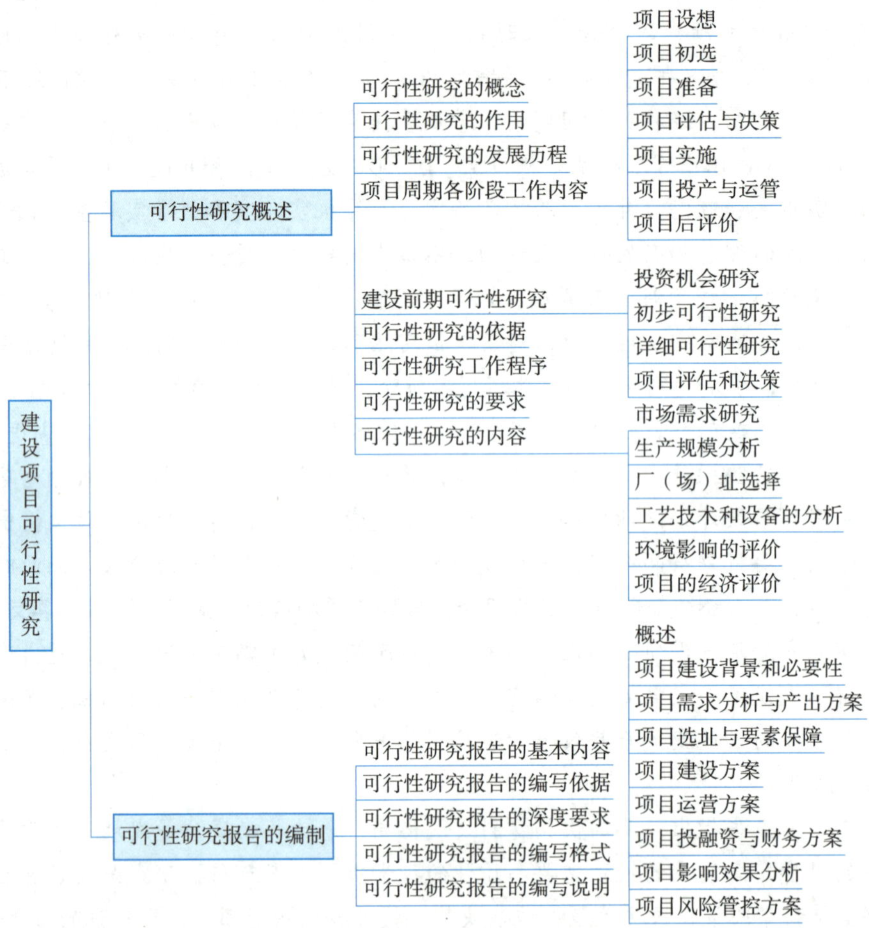

任务 7.1　可行性研究概述

任务描述

根据典型案例 7 提供的资料，分析：（1）广东岭澳核电站海域工程为什么要作可行性研究？（2）该可行性研究要完成哪些工作？

知识准备

7.1.1　可行性研究的概念

可行性研究是在项目投资决策前，对项目在技术上和经济上是否可行所进行的科学分析和论证。

在项目正式决策之前，首先需要运用科学的方法对项目有关的社会、经济和技术等方面的情况进行深入细致的调查研究，并对工程项目预期的技术经济效果进行分析、比较和论证；在此基础上，综合项目的技术先进性、经济合理性以及建设实施的可能性和可行性，评价方案的可行性，由此确定该项目是否应该投资和如何投资，或者是就此中止投资还是继续投资，为投资决策提供可靠的科学依据。

可行性研究的主要任务是根据国民经济长期规划、地区规划、行业规划的要求，对拟建项目进行投资方案规划、工程技术论证、社会与经济效果预测和组织机构分析。经过多方面的计算、分析、论证和评价，得出该工程项目是否可行的结论，为项目决策提供可靠的依据和建议，对可行项目推荐最佳的技术经济方案。因此，工程项目的可行性研究是保证项目以最少的投资耗费取得最佳经济效果的科学手段，也是实现建设项目在技术上先进、经济上合理、建设上可行的科学方法。运用这种方法可以避免和减少建设项目决策的失误，加强投资决策的科学性和客观性，提高投资的综合效益。

可行性研究的发展历程

7.1.2 可行性研究的作用

可行性研究作为一种思想和方法，从技术、市场、经济等多方面为投资决策提供科学依据，可以用于物质生产领域的新技术应用和工程建设项目，在非生产领域的科、教、文、卫项目中同样可以应用，只是具体的研究有所区别。它的作用主要体现在以下几个方面：

（1）为建设项目投资决策和编制可行性研究报告提供依据。通过可行性研究，可以预测拟建项目的投资经济效果，从而判断项目的可行性。同时，通过可行性研究，可以对建设规模、产品方案、建设地点等很多重大问题进行具体研究，为编制可行性研究报告提供依据。

（2）作为向银行申请贷款的依据。可行性研究不仅是向世界银行等国际金融组织审查贷款申请的必要条件，在我国国内也成为各专业银行考虑是否接受项目贷款申请的首要参考。银行在批准贷款项目之前，必须先对该项目的经济效益、偿还能力和风险进行全面、细致的分析评价。

（3）为与建设项目有关的部分厂商谈合同、签订协议提供依据。一个建设项目需要大量的原材料、燃料、协作件、水电、运输等匹配条件，这些都需要有关的供应部门提供协作，而这些供应合同都是根据可行性研究签订的。尤其是一些技术引进和设备进口项目，国家规定必须在可行性研究报告经过审查、批准后才能同国外厂商正式签约。

（4）为工程设计、设备订货、施工准备等基本建设的前期工作提供依据。可行性研究涉及产品方案、建设规模、厂址、工艺流程、主要设备选型、总体布局等很多内容。一旦该研究报告通过，报告的内容就为项目初步设计、设备订货和施工准备提供了依据。

（5）为采用新设备、新技术研制计划和补充地形、地质工作和作业性试验提供依据。项目拟采用的新技术、新设备必须经过技术经济论证，认为可行后才能拟订研制计划。对于工程设计基础资料，可根据报告要求，开展地质、地形、工业试验等补充工作。

（6）为环保部门审查项目对环境的影响以及项目建设所在政府和规划部门审查建设执照申请提供依据。

（7）为企业制定组织管理、机构设置、劳动定员和职工培训等工作安排提供依据。

（8）为国家相关部门编制固定资产投资计划提供依据。

7.1.3 项目周期各阶段工作内容

一个工程项目从设想、提出、开发、建设直到建成投产的全过程，称为项目发展周期，简称为项目周期。项目周期大致可分为投资前期、投资时期和生产时期，每个时期又可分为若干阶段，其中投资决策和竣工验收是这三个时期的分界线，见表 7-1。投资前期又称建设前期，包括项目设想、项目初选、项目准备和项目评估与决策等四个阶段。这个时期的主要任务是围绕投资决策进行可行性研究和资金筹措，是决定项目效果的关键时期。投资时期又称建设时期，是项目实施和监督阶段，这个时期的主要任务是投资决策、谈判与订立合同、工程项目设计、施工安装、试运行和竣工验收。生产时期的任务则主要是项目的投产和后评价。

项目周期各阶段工作的主要内容

项目周期各阶段工作内容与工作成果　　表 7-1

项目周期阶段	工作内容	工作成果
投资前期（建设前期）	项目设想（投资机会研究）	项目建议书
	项目初选（初步可行性研究）	初步可行性研究报告
	项目准备（详细可行性研究）	详细可行性研究报告
	项目评估与决策（项目评估与决策）	评估报告
投资时期（建设时期）	投资决策	项目是否立项
	谈判与订立合同	项目合同
	工程项目设计	设计方案
	施工安装	项目建设
	试运行	
	竣工验收	项目建设完成
生产时期	投产	项目投产与运管
	后评价	项目后评价

7.1.4 建设前期可行性研究

建设前期（投资前期）主要工作是对建设项目进行可行性研究和筹措资金，可行性研究是这个时期最重要的工作，它是后两个时期工作的前提和基础。根据联合国工业发展组织编写的《工业可行性研究手册》规定，建设前期（投资前期）可行性研究工作可分为投资机会研究、初步可行性研究、详细可行性研究和项目评估决策四个阶段。这四个阶段的可行性研究工作分别与项目发展周期中的项目设想、项目初选、项目拟建准备及项目评估相对应。各个研究阶段的目的、内容不相同，研究工作是循序渐进的，各个研究阶段的研究内容由浅入深，对建设项目投资和成本估算的精确程度由粗到细，研究的工作量由小到大，研究工作需要花费的时间和经费也逐渐增加，见表7–2。

不同项目类型的可行性研究内容及要求　　表7–2

项目类型	可行性研究阶段			
	投资机会研究	初步可行性研究	详细可行性研究	项目评估决策
大中型项目	√	√	√	√
小型项目	—	—	√	√
改扩建项目	—	√	√	√
对投资及成本估算精度误差	≤ ±30%	≤ ±20%	≤ ±10%	≤ ±10%
研究时间	1~3个月	4~6个月	6~24个月	1~3个月
研究费用（占总投资百分比）	0.1%~1%	0.25%~1.25%	0.2%~3%	—

1. 投资机会研究

投资机会研究也称为投资机会鉴定，是将一个项目由意向变成概略的投资建议。其研究目的是根据粗略的调查估算，寻找最有利的投资机会。其主要任务是为建设项目的投资方向和设想提出建议和计划，初步选择项目。

投资机会研究可分为一般机会研究和项目机会研究。一般机会研究是对某个指定的地区、行业或部门鉴别各种投资机会，或识别利用某种自然资源或工农业产品为基础的投资机会，一般由国家机构和公共机构进行，作为制定经济发展计划的基础。一般机会研究过程涉及的调查和分析因素包括：

（1）自然资源状况、劳动力状况、地理环境及社会条件；

（2）我国发展工业的政策、生产力布局以及国外的成功经验；

（3）现有农业经济结构及其发展趋势，对于以农产品加工为基础的工业，还应考虑现有的农业格局；

（4）现有工业企业的潜力，如技术改造、改扩建和多种经营的可能性，生产要素的成本与可能性，以及对合理经济规模的预测；

（5）关于人口、购买力增长及市场需求的预测，包括某些消费品的发展潜力；

（6）产品进出口情况、替代进口的能力及出口商品的国际竞争能力。

在对这些一般投资机会作出最初鉴别后，便可进行项目机会研究，即将项目的设想转变为概略的项目投资建议，以引起投资者的注意，获得投资响应，并从几个有投资机会的项目中作出选择。在此基础上，编制项目建议书，为初步选择投资项目提供依据。如果该建议书获得批准便可列入项目前期工作计划，成为国家对投资项目的初步决策。

项目建议书从国民经济的发展和现有企业技术改造的需要出发，提出项目的大致设想，初步分析项目建设的必要性和可行性。工业项目的项目建议书一般包括以下内容：

（1）投资项目建立的必要性和依据，对于引进技术和进口设备，还应说明国内外技术差距和概况、进口的必要性、概要的工艺流程和生产条件等；

（2）产品方案、生产能力、销售方向、拟建规模和建设地点的初步设想；

（3）投资项目的资源条件、建设条件（如交通运输条件）、协作关系和对引进国制造厂商的初步分析，并说明主要原材料、电力、燃料、交通运输及协作配套等方面的要求以及目前已具备的条件；

（4）投资估算和资金筹措计划、利用外资的可能性及偿还能力的估计、国内费用的预测；

（5）项目的进度安排；

（6）初步的技术经济分析、对项目的经济效果和社会效果作初步估计。

对于技术引进和设备进口项目的建议书，还需具备邀请外国厂商来华技术交流计划、出国考察计划以及可行性研究工作计划（如需聘请外国专家指导或委托咨询的计划）等附件。

总的来看，投资机会研究主要是在调查收集资料的基础上，对投资和成本进行粗略估算。在时间上，大中型项目的投资机会研究通常在1~3个月内完成，所需费用一般占投资额的0.1%~1%，对投资额与初步效益分析的精确度为±30%左右。这一阶段的研究结论如可行，则进入下一阶段的研究，否则予以中止。需要注意的是，投资机会研究的结果不能直接用于投资决策。

2. 初步可行性研究

项目建议书经国家或省市发展和改革委员会审核同意后，对于投资规模较大、工艺技术较复杂的大中型建设项目以及改扩建项目，在全面开展研究工作之前，还需要进行初步可行性研究，进一步判别建设项目的可行性。初步可行性研究阶段的工作内容主要包括：

（1）分析投资机会研究的结论，并在具有详细资料的基础上作出初步投资估价。具体工作包括：深入弄清项目规模、原材料资源、工艺技术、厂址、组织机构和建设进度等情况，进行经济效果评价，以判断是否进行下一步的详细可行性研究。

（2）对某些关键性问题需要的专题辅助研究进行判断和确定。例如，市场需求预测和竞争能力估计、原材料及燃料动力的供应和价格预测、工厂中间试验、厂址选择、合理经济规模及主要设备选型等研究，在广泛的方案分析比较论证的基础上，对各类技术方案加以筛选，选择最佳方案，排除一些不利方案，缩小下一阶段的工作范围和工作量，以节省时间和费用。

（3）鉴定项目的选择依据和标准，确定项目的初步可行性。根据初步可行性研究结果编制初步可行性研究报告，判断是否有必要继续研究，如果需要继续研究，则应作出是否投资的初步决定；如果研究结果表明该项目设想不可行，则中止研究工作。

初步可行性研究是介于投资机会研究和详细可行性研究的中间阶段，研究内容和结构与详细可行性研究基本相同，主要区别在于，两者所得资料的详尽程度不同，研究深度也不一样。研究时间为4~6个月，所需费用占投资总额的0.25%~1.5%，对投资和生产成本的估算精度要求一般控制在±20%左右，投资估算可采用0.6指数估算法、因子法、工程系数法和投资比例法等方法。

如果项目的机会研究着重于投资可能性时，初步可行性研究往往是必不可少的，但如果机会研究的程度足以决定进入详细可行性研究阶段，也可越过初步可行性研究阶段。

3. 详细可行性研究

详细可行性研究简称可行性研究，这一阶段的工作是建设项目投资决策的基础。它为项目决策提供技术、经济、社会和财务方面的评价依据，为项目的具体实施提供依据，因而是投资前最重要的研究工作。在这一阶段，主要任务是对项目进行细致深入的技术经济论证，在进行深入分析和评价的基础上对备选方案进行筛选，得出是否可行的结论性意见。该阶段研究的内容主要是：

（1）深入研究有关产品方案、生产纲领、资源供应、厂址选择、工艺技术、设备选型、工程进展、资金筹措、组织机构等各种可能选择的方案，进行深入的技术经济分析和比较，并推荐多个可行方案。

（2）对投资建设方案总体进行企业财务效益和国民经济效益的分析与评价，对投资方案进行多方案比较，确定一个能使投资费用和生产成本总和最低、经济效益和社会效益显著的最佳方案。

（3）确定项目投资的最终可行性和选择依据标准，对拟建投资项目提出结论性意见。

可行性研究的结论，可以是推荐一个认为最好的建设方案，也可以提出多个可供选择的方案，说明各自利弊和适用条件，或者也可提出不可行的结论。当最终评价结果的数据表明该项目不可行，则应调整各种参数和设计方案，调整原材料投入或工艺技术，以便提出可行方案；若调整后仍不可行，则不能投资此项目。按照可行性研究结论编制出最终可行性研究报告，并作为项目投资决策的基础和重要依据。但最终项目决策的结果不一定与可行性研究结论完全一致。

作为投资决策的基本根据，可行性研究是项目的定性阶段和决策研究的关键环节，并为下一步工程设计提供设计基础资料和决策依据。该阶段对投资和生产费用的估计精度要求在 ±10% 以内：研究工作花费的时间为 6~24 个月；所需费用，小型或简单项目占项目总投资的 1%~3%，大型或复杂项目占总投资的 0.2%~1%。

4. 项目评估决策

在项目评估阶段，投资决策部门组织或授权专业银行、工程咨询公司或有关专家，代表国家对上报的建设项目可行性研究报告进行全面审核和再评估。其任务是审核、分析、判断可行性研究报告的可靠性和真实性，提出项目评估报告，最终判定该项目投资是否可行，并确定最佳投资方案。该阶段是在可行性研究的基础上进行的，工作内容包括：

（1）全面审核可行性研究报告中反映的各项情况是否属实；

（2）分析项目可行性研究中各项计算指标，包括各种参数、基础数据、定额费率的选取是否正确；

（3）从企业、国家和社会角度综合分析及判断该项目的经济效益和社会效益；

（4）分析和判断项目可行性研究的可靠性、真实性及客观性，对项目作出取舍的最终投资决策；

（5）在可行性研究报告的基础上编写出项目评估报告。

通过项目评估阶段，应解决如下几个问题：1）项目建设的必要性评估，即该项目的建设是否有必要，生产规模应多大；2）项目建设和生产条件的评估，即项目应建在何处，采用何种技术、工艺、设备和设计方案；3）项目的技术评估，即该项目是否具备或能够具备必需的技术条件和技术能力（包括设备、工艺、人员等），它们通过什么方式获取；4）项目的效益评估，即项目的企业财务效益和国民经济效益如何，不确定性如何；5）进行项目总评估。这也是项目评估的主要内容。

在项目评估过程中，必须从国家全局角度，树立资金周转观念、资金时间价值观念和投入产出观念，进行科学的评估。通过项目评估，使所选择工程能合理利用国家有限资源和各种社会基础设施，最有效地利用和配置有限的国家资源。项目评估结论作为上级决策项目的重要依据。

项目评估和决策工作可分为制订计划、收集资料、审查分析和编写评估报告四道程序。首先，组织评估小组和制订评估工作计划，内容包括评估目的、评估内容、工作时间进展和报告的完成时间；其次，对项目评估的基本数据资料进行查证核实和分析研究，通过企业调查和项目调查，进一步收集和补充必要的数据资料，作为项目评估的基础。再次，对企业和项目概况、市场规模、技术和设计方案、财务预测、财务经济效果和总评估等六个方面进行审查分析工作。最后，根据调查和审查分析结果，编写项目评估报告得出项目的评估结论。

按照我国《公司法》的规定，在项目发起阶段进行投资项目必要性的论述、建设条件与资金筹措的分析、经营前景和盈利情况的评估等，相当于投资机会研究。在我国基本建设程序中规定的报批项目，项目建议书阶段所进行的有关投资项目的技术经济分析与论证，相当于投资机会研究和初步可行性研究，在基本建设程序中规定的编制与报批可行性研究报告阶段所做的可行性研究报告，则是指详细可行性研究，各个阶段的研究在内容上逐步深入，投资与成本估算的精度要求逐步提高，研究工作的时间和费用标准逐步增加，承担研究的机构和人员构成也都不同。

可行性研究在任何一个阶段，一旦得出“不可行”的研究结论，就不需要再进行下一阶段的研究。此外，可行性研究的四个阶段，内容和要求要根据建设项目的规模、性质、要求和复杂程度不同而有所侧重，可进行适当调整。一些大型建设项目，还可视需要在初步可行性研究和详细可行性研究之间开展一些辅助研究。

7.1.5 可行性研究的依据

可行性研究主要的依据包括如下六类：

第一类依据是国民经济和社会发展的长远规划，经济建设的方针、任务和产业政策、地区和部门发展规划、项目主管部门与政府机关对项目的建设地点选择意见、用地计划、资源开发利用，以及对工业建设的鼓励、特许、限制、禁止国家进出口贸易和关税政策等有关规定，这是提出项目设想和开展可行性研究的最基本依据。各部门、各企业必须按照国家长远规划和建设方针来确定建设项目的方向和规模，在宏观投资意向的控制下安排微观的投资项目，并结合市场需求，有计划地统筹安排好各地区、各部门和企业的产品生产和协作配套，做好综合平衡工作。在此基础上，提出需要进行可行性研究的建设项目建议书。

第二类依据是项目建议书和委托单位的设想要求与意向性协议。项目建议书是建设项目投资决策前的总体设想，主要论证项目的必要性，同时初步分析项目建设的可行性，是进行各项投资准备工作的主要依据。只有经国家相关部门同意并列入建设前期工作后，方可开展可行性研究的各项工作。建设部门在委托可行性研究任务时，应向可行性研究的承担单位提出对建设项目的目标、要求、市场、原料、资金来源以及工作范围等主要设想的说明，签订意向性协议。

第三类依据是国家批准的资源报告、国土开发整治规划、区域规划、江河流域规划、行业基地规划等，因工程不同各有侧重。

第四类依据是可靠的自然、地理、气象、水文、地质、经济、社会等基础原始资料交通运输与环保资料。这些都是厂址选择、工程设计、技术经济分析所不可缺少的依据。

第五类依据是有关工程技术经济方面的规范、标准、定额等资料，以及国家正式技术法规和技术标准，它们都是考察项目技术方案的基本依据。

第六类依据是经国家统一颁发的有关项目评估的基本参数和指标，如基准收益率、社会折现率、折旧率、调整外汇率、工资和价格等，作为项目可行性研究中财务评价和国民经济评价的基准依据和判别标准。这些参数可由国家统一颁布执行，也可由各主管部门根据部门、行业的特点，对有关项目的技术经济参数和价格调整系数，根据实际情况进行测算后自行拟订，报国家有关部门备案。

7.1.6　可行性研究的工作程序

项目的可行性研究涉及与该项目筹建有关的单位，而且需要设计、咨询等单位的参与和配合，研究过程中涉及各种技术与经济因素，从项目产品方案预测、生产规模拟订、生产工艺技术方案和厂址选择、物料投入、资金筹措、机构组织、人员配备，到经济效果的测算，都需要经过系统的技术经济分析论证。其间，各种技术和经济信息流动、反馈、重复、循环，各类因素相互制约又相互联系，因此是一项相当复杂的工作。

根据国家颁布的《关于建设项目进行可行性研究的试行管理办法》和现行工程项目建设程序，可行性研究工作按照如下程序进行：

1. 建设单位提出项目建议书和初步可行性研究报告

建设单位根据可行性研究的各项依据，在广泛调研的基础上提出项目建议书和初步可行性研究报告。对于跨地区、跨行业的建设项目以及对国计民生有重大影响的大型项目，由有关部门和地区联合提出项目建议书和初步可行性研究报告。

2. 项目筹建单位委托可行性研究工作

在项目建议书被批准之后，项目的投资建设者即可自行进行或委托具有研究资质的设计、咨询单位进行可行性研究，双方签订合同，明确规定可行性研究的工作范围、目标、意图、进度安排、费用支付方法及协作方式等内容；承担单位接受委托时，应获得项目建议书和有关项目背景及文件，弄清委托者的目的和要求，明确研究内容，制订工作计划并收集有关的基础资料、基本参数、指标、规范、标准等依据。

3. 设计单位进行可行性研究工作

设计或咨询单位与委托单位签订合同承担可行性研究任务以后，即可按下述几个步骤开展工作：组织与筹划，调查研究与收集资料，设计和优选方案，经济分析和评估，最后编制详尽的可行性研究报告，推荐一个以上的项目建设可行性方案和实施计划，提出结论性意见和重大措施建议，为决策部门的最终决策提供科学依据。

4. 可行性研究报告的预审与复审

设计单位或工程咨询公司提出的可行性研究报告，按项目大小应在预审前 1~3 个月提交预审主持单位。预审单位认为有必要时，可委托有关方面提出咨询项目评估意见。报告提出单位应向咨询单位提供必要资料、情况和数据。预审主持单位组织有关设计、科研机构、企业和有关方面的专家参加，广泛听取意见，对可行性研究报告提出预审意见，若发现有原则性错误或其基础依据与社会环境条件有重大变化时，应对可行性研究报告进行修改和复审。此项工作仍由原编制单位和预审单位按照规定进行。

5. 可行性研究报告的评估与审批

根据国家规定，大中型建设项目的可行性研究报告由各主管部门、各省、自治区、直辖市或全国性专业公司负责预审，报国家发改委审批，或由国家发改委委托有关单位审批。重大项目和特殊项目的可行性研究报告由国家发改委会同有关部门预审，报国务院审批。小型项目的可行性报告，按隶属关系由各主管部门、各省、自治区、直辖市发改委或全国性专业公司审批。经可行性研究证明没有建设必要的项目，经审定后取消。

7.1.7 可行性研究的要求

作为项目投资决策的基础，可行性研究要达到一定的标准，满足一定的要求。具体要求如下：

1. 可行性研究应具有科学性、公正性和严肃性

可行性研究是一项政策性、技术性和经济性很强的综合研究工作。为保证其科学性、客观性和公正性，必须坚持实事求是，本着对国家、对人民高度负责的精神和严肃认真的态度，按客观实际情况进行论证评估，防止主观臆断和行政干预。为保证可行性研究的质量，编制单位也应保持独立、公正的客观立场。

2. 承担可行性研究的单位应具备条件，并需经过资格审查

可行性研究报告是项目投资决策的重要依据，其研究过程需要收集大量的资料，内容深度要求也较高。为保证质量，要求承担编制任务的单位必须是具有丰富的实际经验、技术力量雄厚，又有一定装备和技术手段条件的专门单位。目前这类单位主要是经国家正式批准颁发证书的设计单位或工程咨询公司。

承担可行性研究的单位，必须经过资格审定，对工作成果的可靠性、准确性承担责任。未经资格审定的单位，不能承担可行性研究任务；而承担可行性研究的单位，不能同时参与对该可行性研究报告的评审工作。

3. 可行性研究的深度应达到标准要求

虽然不同行业和不同项目的可行性研究的内容和深度有所不同，但都必须符合“基本内容完整、文件齐全、研究深度达到国家规定标准”的要求。

4. 严格责任制度

在可行性研究中，对承担单位的资质要加以严格审查并建立严格的责任制度。可行性研究报告应由编制单位的行政、技术、经济负责人签字，并对该报告的质量负责。可行性研究的评审主持单位，对评审结论负责；审批单位对审批意见负责。若发现工作中有弄虚作假时，要追究有关负责人的责任。

7.1.8 可行性研究的内容

项目可行性研究要求达到规定的深度，研究的内容非常广泛。对于新建项目，可行性研究的基本内容主要包括三个方面：一是建设规模；二是论证项目的技术可行性问题，包括生产规模、厂址选择、工艺流程和设备选型等；三是论证项目的经济合理性问题，包括投资估算、资金筹措、经济评价等内容，这是可行性研究的核心和重点。只有通过这三个方面论证的项目才既具有可行性又有必要性。

对于改、扩建项目来说，可行性研究除了上述内容以外，还应增加对原有固定资产的利用和对企业现有状况的分析及说明。

可行性研究的具体内容包括以下六个方面：

1. 项目的市场需求研究

市场需求研究是通过对市场规模、定位、特点、性质以及变化趋势的调查与预测分析，为确定产品方案和项目建设规模提供依据。市场需求研究主要包括市场调查、市场预测和市场综合分析三部分。

通过市场调查获取市场信息是进行市场需求研究的前提。市场调查可通过询问顾客、直接观察、组织市场试验等方式来对产品的需求情况、供应情况、现有工厂生产能力以及与产品方案有关的内容，如产品品种、规格、数量、质量、价格水平等进行详尽的调查。

在市场调查的基础上，需要进一步对未来市场需求与供给的情况进行预测。市场预测的内容主要包括：（1）拟建项目各种产品在市场上可能达到的最大销售量，即市场潜在销量预测；（2）拟建项目各种产品在今后某一时期的销售水平，即市场销售预测；（3）拟建项目在寿命期各种材料、能源、动力等资源的可供给量，即资源预测；（4）拟建项目产品在今后某一时间的价格水平和成本水平，即价格与成本预测。

为了系统、完整地认识拟建项目产品的市场状况及趋势，需要将市场调查和预测的数据进行归纳、整理、分析，描绘出完整的项目市场总体概貌图。例如，根据需求缺口量的大小及其变化形态，可以分析项目的市场前景，如果项目产品前景可观，则需进一步了解其他情况，比如产品内外销的可能比重、竞争对手的情况等；如果市场状况不佳，则中止可行性研究工作。

2. 项目的生产规模分析

项目的生产规模是指建设项目建成之后的生产能力。对于生产性建设项目，生产规模是指在一定时期（通常是年）内产出合格产品的数量，通常用年生产能力表示。非生产性项目则常以建设数量来度量，如公路以里程计算，学校规模以容纳学生人数计算。对改扩建项目，生产规模则是指新增加的生产能力或效果。生产能力与市场需求、资源利用、盈利水平等因素密切相关，因而是项目可行性研究的重要参数。

生产规模可以进行多种分类，其中较为重要的是最小经济规模和最优经济规模。最小经济规模，又称起始规模，是项目必须具备的起码规模。此时，销售收入和总成本相等，即刚好保本。该规模是一个盈亏的临界规模，不能说明盈利水平。最优经济规模是指项目经济效益最佳的生产规模，也就是使单位产品成本最低、获得盈利最大的年产量。最优经济规模是最理想的规模，但在现实中难以实现。因此，可行性研究要求确定的生产规模，是在符合市场需求和市场容量、不突破允许的投资总额上限、设备可以得到充分利用、原材料和能源得到正常供给等条件下，可以获得最高盈利水平的年产量。这需要结合各种限制条件，综合分析平衡后方可加以确定。

3. 厂（场）址选择

厂（场）址选择是否得当，直接影响项目建设进度、工程投资以及今后的生产成本和收益，因而也是项目可行性研究的重要内容。厂址选择通常受制于政治、经济、自然和社会因素，在选择时需要考虑以下几个方面：

（1）拟建项目所在地区有关政府（包括中央政府和地方政府）的政策与区域规划。比如，在沿海经济特区和经济开发区建立企业，与内地省区在税收方面就有可能不同，选择厂址需要对这些政策因素加以考虑。

（2）拟建项目的性质与特点。比如，工业建设项目与民用建设项目在厂（场）址选择方面就明显不同。工业企业厂址类型大体有：1）原材料指向型，即靠近原材料产地建厂；2）市场指向型，即靠近消费地区建厂；3）能源、水源指向型，即靠近能源、水源的地方建厂，以减少运费和损耗；4）技术指向型，即在科技发达地区建厂，以满足在技术协作条件和技术水平方面的需要；5）劳动力指向型，即在劳动力充裕地区建厂，以节省劳动者迁移费用，降低成本；6）特殊指向型，即由一些特殊要求支配厂址的选择。

（3）自然、气候和地理条件。厂（场）址的选择应考虑气温、湿度、日照、风向、降水、地表洪水、地震、雷电等条件，避开洪涝威胁区，选择合适的地形地貌，以及其他特殊要求，如对气压、电磁场、空气含尘量等的要求。

（4）交通运输条件。一般地，厂（场）址宜选在交通便利地段，既利于建设期工程进度加快和成本降低，也便于投产后原材料的进入和产品的运输，同时还须注意沿途所经桥梁隧道在负荷量和体积大小方面的限制。

（5）社会基础设施和环境保护。拟建项目应选在基础设施较为完善的地点，同时要注意环境保护和生态平衡，保护自然风景和名胜古迹。

在对上述因素进行分析衡量后，满足要求的厂（场）址可能不止一个，因此需要对提出的各种可能方案进行技术经济分析，依据建设投资和生产经营费用总和最小的原则，从中选出技术可靠、经济合理的最佳厂（场）址方案。

4. 工艺技术和设备的分析

（1）工艺技术的分析选择

工艺是指拟建项目生产产品时所采用的制造方法及生产流程；技术是指根据生产实践经验和自然科学原理而发展起来的各种工艺操作方法与技能，两者在可行性研究中合称为工艺技术。

一个拟建项目产品的生产总是有不同的工艺技术可供选择，尤其是现在科技迅猛发展，生产中可采用的工艺技术越来越多、越来越先进和复杂。不同的工艺技术，需要有不同的生产条件，因而会产生不同的生产结果，需要慎重选择。

工艺技术方案的选择应按照“先进适用”“经济合理”的原则，综合考虑如下因素：1）产品的质量及规格要求；2）可能获得的原材料的物理、化学及质量特征；3）工艺技术所需设备的价格及其安装工程的投资额；4）原材料、动力的消耗标准及生产成本；5）生产规模的大小；6）工艺技术对资源的利用深度；7）工艺技术获得的途径；8）工艺技术的先进性、适用性、安全性和成熟程度；9）工艺技术的发展变革前景等。

工艺技术的获得，一般可通过技术许可证贸易、工艺技术的全套购买、工艺技术分享所有权的合资经营等方式获得。

（2）设备方案的分析选择

按性能划分，设备一般有生产设备、辅助设备、服务设备、备品及工具四类。设备的选择主要取决于生产工艺技术。在确定工艺技术和流程之后，再选择设备的规格型号与数量。

由于设备的多样性，需要对不同工序分别选择并考虑整体的最佳组合，具体要考虑如下因素：

1）设备的可靠性，即具有性能稳定性、耐久性和安全性。

2）设备的先进性，即功能效益要比较好，能满足工艺技术的要求，保证产品质量、品种、规格等方面的技术要求和资源利用。

3）设备的适应性，即设备不仅能满足当前的生产要求，还具有一定的弹性，能在一定范围内适应环境、气候等条件的变化。

4）设备的方便性。一方面使操作者方便灵活，容易适应，因而有利于减轻劳动强度；另一方面使维修和售后服务方便容易，具有良好的操作性和可维修性。一般成套设备有利于减少采购成本及投产后的生产管理。

5）设备的经济性，即在经济上合理，投资费用开支尽量低。

6）设备的可获得性，即在考虑设备型号及数量时，需要考虑设备采购方面的主客观限制。

5. 环境影响的评价

环境影响的评价是指对项目建设和资源开发活动对周围环境可能造成的污染、破坏和其他影响进行预测及评价。这是工程建设计划的重要组成部分，由环境影响评价负责单位组织协作单位进行，包括分组评价和综合评价。分组评价是从所负责专业的角度分析可能造成的对环境的影响。综合评价是从环境角度进行结论性评价，并提出工程的替代性方案，或应采取的补救措施。在可行性研究阶段进行环境影响评价，可以降低项目给环境造成的近期、远期的可能影响，选择对环境有害影响较小的方案。

环境影响评价的基本内容包括三个方面：(1) 建设项目的一般情况；(2) 项目周围区域的环境状况；(3) 项目对周边区域的影响。

对建设项目一般情况的评价，需要涉及的内容有：(1) 项目名称和建设性质，项目地点和规模；(2) 产品方案和主要工艺方法；(3) 主要原料、燃料、水的用量和来源；(4) 废水、废气、废渣、粉尘、放射性废物等的种类、排放量和排放方式；(5) 废弃物回收利用、综合利用和污染物处理方案、设施和主要工艺原则；(6) 职工人数和生活区布局；(7) 占地面积和土地利用状况；(8) 发展规划等。

项目周围区域的环境状况需要考察和评价的内容包括：(1) 项目的地理位置；(2) 周边区域地形地貌和地质情况、江河湖海和水文情况、气象情况；(3) 周边区域矿藏、森林、草原、水产和野生植物等自然资源情况；(4) 周边区域的自然保护区、风景游览区、名胜古迹、温泉、疗养区及重要的政治文化设施情况；(5) 周边区域现有工矿企业分布情况；(6) 周边区域的生活居住分布情况和人口密度、地方病等情况；(7) 周边区域大气、水的环境质量状况。

项目对周边区域影响的评价，内容包括：(1) 对周边区域的地质、水文、气象可能产生的影响、防范和减少这种影响的措施、最终不可避免的影响；(2) 对周边区域自然资源可能产生的影响、防范和减少这种影响的措施、最终不可避免的影响；(3) 对周边区域自然保护区等可能产生的影响、防范和减少这种影响的措施、最终不可避免的影响；(4) 各种污染物最终排放量，对周围大气、水、土壤的环境质量的影响范围和程度；(5) 噪声、振动等对周围生活居住区的影响范围和程度；(6) 绿化措施，包括防护地带的防护林和建设区域的绿化；(7) 专项环境保护措施的投资估算。

6. 项目的经济效益

项目的经济效益要从企业财务效益和国民经济效益两个方面进行综合评价，主要内容包括：投资测算、资金规划及经济评价三部分。

(1) 投资测算

项目投资测算一般包括基本建设投资的测算和流动资金投资的测算两部分。基本建设投资包括厂房、建筑物、机器设备、辅助设备、公用工程、生活服务设施、厂外工程等各项投资。其测算准确与否，直接影响项目投资经济效果评价的正确程度。测算方法常用的有：单位生产能力投资估算法、生产规模指数法、比例估算法、分项类比估算法等。

流动资金投资的简单测算可根据已有类似项目的百元产值占用的流动资金来估算定额流动资金，也可按与固定资产投资、经营成本、年销售收入的比例来估算。详细估算则应在分列估算项目的储备资金、生产资金、成品资金后进行汇总。

(2) 资金规划

资金规划包括资金筹集和资金运用两个方面。资金的来源多种多样，国内资金来源包括财政拨款、银行贷款、自筹资金等。国外资金来源包括国际金融组织贷款、政府间贷款、出口信贷、补偿贸易、合资经营、发行债券等。不同的来源，各有不同特点，应选择最有利的渠道。

资金运用是在资金来源落实的基础上制订用款计划和还款计划。它既要考虑按建设进度和不同来源适当安排资金的投入时间，同时也要考虑如何还贷。从成本的角度考虑，一般在用款时先使用自有资金和利率低的资金，还款时则先偿还利率高的贷款、后偿还利率低的贷款，以减少利息支出。详细的用款和还款计划也据此原则制定。

（3）经济评价

项目经济评价包括财务评价和国民经济评价两部分。项目的财务评价主要包括财务盈利能力、项目清偿能力的分析、基本报表和辅助报表的编制、不确定性分析等内容。评价指标主要有：财务内部收益率、投资回收期、净现值、投资利润率、投资利税率、资本金利润率、资产负债率、借款偿还期、流动比率、速动比率等。涉及外汇收支的项目还要计算外汇净现值和财务换汇成本。财务基本报表主要包括：现金流量表、损益表、资金来源与运用表、资产负债表、财务外汇平衡表等。财务辅助报表有固定资产估算表、流动资金估算表、投资计划与资金筹措表、主要产出物和投入物使用价格依据表、单位产品生产成本估算表、固定资产折旧表、无形与递延资产摊销估算表、总成本费用估算表、产品销售收入和销售税金及附加估算表、借款还本付息计算表等。

项目的国民经济评价常用评价指标包括：经济内部收益率、经济净现值、经济外汇净现值、经济换汇成本和经济节汇成本等。基本报表包括：国民经济效益费用流量表（全部投资和国内投资）、经济外汇流量表等。辅助报表有：出口（替代进口）产品国内资源流量表、国民经济评价数据调整表等。

上述每个方面的内容，都会有多种可能方案供选择，因此，方案的合理筛选非常重要。根据实际情况和具体条件，可以选用以下常用的方案比较指标：差额投资内部收益率、净年值、年值、净现值、净现值率、年费用、静态差额投资回收期等。

在财务评价和国民经济评价的基础上，需要进行更广泛的评价，包括政治、生态环境、自然资源合理利用、国防及社会生活和精神文明的影响等方面，最后进行定量和定性的综合分析。

任务实施

根据典型案例7提供的资料，分析广东岭澳核电站海域工程进行可行性研究的原因及该项目可行性研究要做的工作。

任务7.1
参考答案

任务7.2 可行性研究报告的编制

任务描述

选择一个工程项目，按可行性研究报告的编制要求与格式，编写一份简要的研究报告。

知识准备

7.2.1 可行性研究报告的基本内容

可行性研究报告的基本内容可概括为三大部分：市场研究、技术研究、经济评价。这三部分构成了可行性研究的三大支柱。市场研究的主要任务是要解决工程项目建设的“必要性”问题，包括产品的市场调查与预测研究，这是建设项目成立的重要前提。技术研究，即技术方案和建设条件研究，从资源投入、厂（场）址、技术、设备和生产组织等问题入手，对工程项目的技术方案和建设条件进行研究，这是可行性研究的技术基础，它要解决建设项目在技术上的“可行性”问题。效益研究，即经济评价，是决策项目投资命运的关键，也是项目可行性研究的核心部分，它解决工程项目在经济上的“合理性”问题。可行性研究报告可以满足以下几个方面的用途：作为工程项目建设决策的依据；作为向银行贷款的依据；作为向政府有关部门申请建设执照的依据；作为与有关部门、单位签订协议、合同的依据。

7.2.2 可行性研究报告的编写依据

可行性研究报告的编写需要遵循一定的依据和规范，否则报告的可靠性会大打折扣。其主要依据如下：

（1）国民经济发展的长远规划，国家经济建设的方针、任务和技术经济政策；

（2）项目建议书和委托单位的要求；

（3）国家对大中型重点项目批准的资源报告、国土开发规划等，交通运输项目的江河流域规划或路网规划；

（4）国家进出口贸易和关税政策；

（5）有关的基础资料；

（6）有关技术经济方面的规范、标准、定额等指标；

（7）有关项目经济评价的基本参数和指标。

7.2.3 可行性研究报告的深度要求

可行性研究报告应在以下方面达到使用要求：

（1）可行性研究报告应能充分反映项目可行性研究工作的成果，内容齐全，结论明确，数据准确，论据充分，满足决策者确定方案和项目决策的要求。

（2）可行性研究报告选用主要设备的规格、参数应能满足预订货的要求。引进技术设备的资料应能满足合同谈判的要求。

（3）可行性研究报告中的重大技术、经济方案，应有两个以上方案的比选。

（4）可行性研究报告中确定的主要工程技术数据，应能满足项目初步设计的要求。

（5）可行性研究报告中构造的融资方案，应能满足银行等金融部门信贷决策的需要。

（6）可行性研究报告中应反映可行性研究过程中出现的某些方案的重大分歧及未被采

纳的理由，以供委托单位或投资者权衡利弊进行决策。

（7）可行性研究报告应附有评估、决策（审批）所必需的合同、协议、意向书、政府批件等。

7.2.4　可行性研究报告的编写格式

可行性研究报告的具体内容因行业而异，但基本内容是相同的。根据2023年3月23日《国家发展改革委关于印发投资项目可行性研究报告编写大纲及说明的通知》中的规定，《企业投资项目可行性研究报告编写参考大纲》《政府投资项目可行性研究报告编写通用大纲》是对项目可行性研究报告编写内容和深度的一般要求。

1. 企业投资项目可行性研究报告编写格式

企业投资项目可行性研究报告编写参考大纲（2023年版）

一、概述

（一）项目概况

项目全称及简称。概述项目建设目标和任务、建设地点、建设内容和规模（含主要产出）、建设工期、投资规模和资金来源、建设模式、主要技术经济指标等。

（二）企业概况

简述企业基本信息、发展现状、财务状况、类似项目情况、企业信用和总体能力、有关政府批复和金融机构支持等情况。分析企业综合能力与拟建项目的匹配性。属于国有控股企业的，应说明其上级控股单位的主责主业，以及拟建项目与其主责主业的符合性。

（三）编制依据

概述国家和地方有关支持性规划、产业政策和行业准入条件、企业战略、标准规范、专题研究成果，以及其他依据。

（四）主要结论和建议

简述项目可行性研究的主要结论和建议。

二、项目建设背景、需求分析及产出方案

（一）规划政策符合性

简述项目建设背景和前期工作进展情况，论述拟建项目与经济社会发展规划、产业政策、行业和市场准入标准的符合性。

（二）企业发展战略需求分析

对于关系企业长远发展的重大项目，论述企业发展战略对拟建项目的需求程度和拟建项目对促进企业发展战略实现的重要性和紧迫性。

（三）项目市场需求分析

结合企业自身情况和行业发展前景，分析拟建项目所在行业的业态、目标市场环境和容量、产业链供应链、产品或服务价格，评价市场饱和程度、项目产品或服务的竞争力，预测产品或服务的市场拥有量，提出市场营销策略等建议。

（四）项目建设内容、规模和产出方案

阐述拟建项目总体目标及分阶段目标，提出拟建项目建设内容和规模，明确项目产品方案或服务方案及其质量要求，并评价项目建设内容、规模以及产品方案的合理性。

（五）项目商业模式

根据项目主要商业计划，分析拟建项目收入来源和结构，判断项目是否具有充分的商业可行性和金融机构等相关方的可接受性。结合项目所在地政府或相关单位可以提供的条件，提出商业模式及其创新需求，研究项目综合开发等模式创新路径及可行性。

三、项目选址与要素保障

（一）项目选址或选线

通过多方案比较，选择项目最佳或合理的场址或线路方案，明确拟建项目场址或线路的土地权属、供地方式、土地利用状况、矿产压覆、占用耕地和永久基本农田、涉及生态保护红线、地质灾害危险性评估等情况。备选场址方案或线路方案比选要综合考虑规划、技术、经济、社会等条件。

（二）项目建设条件

分析拟建项目所在区域的自然环境、交通运输、公用工程等建设条件。其中，自然环境条件包括地形地貌、气象、水文、泥沙、地质、地震、防洪等；交通运输条件包括铁路、公路、港口、机场、管道等；公用工程条件包括周边市政道路、水、电、气、热、消防和通信等。阐述施工条件、生活配套设施和公共服务依托条件等。改扩建工程要分析现有设施条件的容量和能力，提出设施改扩建和利用方案。

（三）要素保障分析

土地要素保障。分析拟建项目相关的国土空间规划、土地利用年度计划、建设用地控制指标等土地要素保障条件，开展节约集约用地论证分析，评价用地规模和功能分区的合理性、节地水平的先进性。说明拟建项目用地总体情况，包括地上（下）物情况等；涉及耕地、园地、林地、草地等农用地转为建设用地的，说明农用地转用指标的落实、转用审批手续办理安排及耕地占补平衡的落实情况；涉及占用永久基本农田的，说明永久基本农田占用补划情况；如果项目涉及用海用岛，应明确用海用岛的方式、具体位置和规模等内容。

资源环境要素保障。分析拟建项目水资源、能源、大气环境、生态等承载能力及其保障条件，以及取水总量、能耗、碳排放强度和污染减排指标控制要求等，说明是否存在环境敏感区和环境制约因素。对于涉及用海的项目，应分析利用港口岸线资源、航道资源的基本情况及其保障条件；对于需围填海的项目，应分析围填海基本情况及其保障条件。

四、项目建设方案

（一）技术方案

通过技术比较提出项目生产方法、生产工艺技术和流程、配套工程（辅助生产和公用工程等）、技术来源及其实现路径，论证项目技术的适用性、成熟性、可靠性和先进性。

对于专利或关键核心技术，需要分析其获取方式、知识产权保护、技术标准和自主可控性等。简述推荐技术路线的理由，提出相应的技术指标。

（二）设备方案

通过设备比选提出拟建项目主要设备（含软件）的规格、数量和性能参数等内容，论述设备（含软件）与技术的匹配性和可靠性、设备和软件对工程方案的设计技术需求，提出关键设备和软件推荐方案及自主知识产权情况。必要时，对关键设备进行单台技术经济论证。利用和改造原有设备的，提出改造方案及其效果。涉及超限设备的，研究提出相应的运输方案，特殊设备提出安装要求。

（三）工程方案

通过方案比选提出工程建设标准、工程总体布置、主要建（构）筑物和系统设计方案、外部运输方案、公用工程方案及其他配套设施方案，明确工程安全质量和安全保障措施，对重大问题制定应对方案。涉及分期建设的项目，需要阐述分期建设方案；涉及重大技术问题的，还应阐述需要开展的专题论证工作。

（四）资源开发方案

对于资源开发类项目，应依据资源开发规划、资源储量、资源品质、赋存条件、开发价值等，研究制定资源开发和综合利用方案，评价资源利用效率。

（五）用地用海征收补偿（安置）方案

涉及土地征收或用海海域征收的项目，应根据有关法律法规政策规定，确定征收补偿（安置）方案，包括征收范围、土地现状、征收目的、补偿方式和标准、安置对象、安置方式、社会保障等内容。用海用岛涉及利益相关者的，应根据有关法律法规政策规定等，确定利益相关者协调方案。

（六）数字化方案

对于具备条件的项目，研究提出拟建项目数字化应用方案，包括技术、设备、工程、建设管理和运维、网络与数据安全保障等方面，提出以数字化交付为目的，实现设计－施工－运维全过程数字化应用方案。

（七）建设管理方案

提出项目建设组织模式、控制性工期和分期实施方案，确定项目建设是否满足投资管理合规性和施工安全管理要求。如果涉及招标，明确招标范围、招标组织形式和招标方式等。

五、项目运营方案

（一）生产经营方案

对于产品生产类企业投资项目，提出拟建项目的产品质量安全保障方案、原材料供应保障方案、燃料动力供应保障方案以及维护维修方案，评价生产经营的有效性和可持续性。对于运营服务类企业投资项目，明确拟建项目运营服务内容、标准、流程、计量、运营维护与修理，以及运营服务效率要求等，研究提出运营服务方案。

（二）安全保障方案

分析项目运营管理中存在的危险因素及其危害程度，明确安全生产责任制，设置安全管理机构，建立安全管理体系，提出安全防范措施，制定项目安全应急管理预案。

（三）运营管理方案

简述拟建项目的运营机构设置方案，明确项目运营模式和治理结构要求，简述项目绩效考核方案、奖惩机制等。

六、项目投融资与财务方案

（一）投资估算

说明投资估算编制范围、编制依据，估算项目建设投资、流动资金、建设期融资费用，明确建设期内分年度资金使用计划。

（二）盈利能力分析

根据项目性质，选择适合的评价方法，估算项目营业收入和补贴性收入及各种成本费用，并按相关行业要求提供量价协议、框架协议等支撑材料，分析项目的现金流入和流出情况，构建项目利润表和现金流量表，计算财务内部收益率、财务净现值等指标，评价项目的财务盈利能力，并开展盈亏平衡分析和敏感性分析，根据需要分析拟建项目对企业整体财务状况的影响。

（三）融资方案

结合企业自身及其股东出资能力，分析项目资本金和债务资金来源及结构、融资成本以及资金到位情况，评价项目的可融资性。结合企业和项目经济、社会、环境等评价结果，研究项目获得绿色金融、绿色债券支持的可能性。对于具备条件的基础设施项目，研究提出项目建成后通过基础设施领域不动产投资信托基金（REITs）等模式盘活存量资产、实现投资回收的可能性。企业拟申请政府投资补助或贴息的，应根据相关要求研究提出拟申报投资补助或贴息的资金额度及可行性。

（四）债务清偿能力分析

按照负债融资的期限、金额、还本付息方式等条件，分析计算偿债备付率、利息备付率等债务清偿能力评价指标，判断项目偿还债务本金及支付利息的能力。必要时，开展项目资产负债分析，计算资产负债率等指标，评价项目资金结构的合理性。

（五）财务可持续性分析

根据投资项目财务计划现金流量表，统筹考虑企业整体财务状况、总体信用及综合融资能力等因素，分析投资项目对企业的整体财务状况影响，包括对企业的现金流、利润、营业收入、资产、负债等主要指标的影响，判断拟建项目是否有足够的净现金流量，确保维持正常运营及保障资金链安全。

七、项目影响效果分析

（一）经济影响分析

对于具有明显经济外部效应的企业投资项目，论证项目费用效益或效果，以及重大项目可能对宏观经济、产业经济、区域经济等产生的影响，评价拟建项目的经济合理性。

（二）社会影响分析

通过社会调查和公众参与，识别项目主要社会影响因素和关键利益相关者，分析不同目标群体的诉求及其对项目的支持程度，评价项目在带动当地就业、促进企业员工发展、社区发展和社会发展等方面的社会责任，提出减缓负面社会影响的措施或方案。

（三）生态环境影响分析

分析拟建项目所在地的生态环境现状，评价项目在污染物排放、地质灾害防治、防洪减灾、水土流失、土地复垦、生态保护、生物多样性和环境敏感区等方面的影响，提出生态环境影响减缓、生态修复和补偿等措施，以及污染物减排措施，评价拟建项目能否满足有关生态环境保护政策要求。

（四）资源和能源利用效果分析

对于占用重要资源的项目，分析项目所需消耗的资源品种、数量、来源情况，以及非常规水源和污水资源化利用情况，提出资源综合利用方案和资源节约措施，计算采取资源节约和资源化利用措施后的资源消耗总量及强度。计算采取节能措施后的全口径能源消耗总量、原料用能消耗量、可再生能源消耗量等指标，评价项目能效水平以及对项目所在地区能耗调控的影响。

（五）碳达峰碳中和分析

对于高耗能、高排放项目，在项目能源资源利用分析基础上，预测并核算项目年度碳排放总量、主要产品碳排放强度，提出项目碳排放控制方案，明确拟采取减少碳排放的路径与方式，分析项目对所在地区碳达峰碳中和目标实现的影响。

八、项目风险管控方案

（一）风险识别与评价

识别项目市场需求、产业链供应链、关键技术、工程建设、运营管理、投融资、财务效益、生态环境、社会影响、网络与数据安全等方面的风险，分析各风险发生的可能性、损失程度，以及风险承担主体的韧性或脆弱性，判断各风险后果的严重程度，研究确定项目面临的主要风险。

（二）风险管控方案

结合项目特点和风险评价，有针对性地提出项目主要风险的防范和化解措施。重大项目应当对社会稳定风险进行调查分析，查找并列出风险点、风险发生的可能性及影响程度，提出防范和化解风险的方案措施，提出采取相关措施后的社会稳定风险等级建议。对可能引发“邻避”问题的，应提出综合管控方案，保证影响社会稳定的风险在采取措施后处于低风险且可控状态。

（三）风险应急预案

对于拟建项目可能发生的风险，研究制定重大风险应急预案，明确应急处置及应急演练要求等。

九、研究结论及建议

（一）主要研究结论

从建设必要性、要素保障性、工程可行性、运营有效性、财务合理性、影响可持续性、风险可控性等维度分别简述项目可行性研究结论，重点归纳总结拟推荐方案的项目市场需求、建设内容和规模、运营方案、投融资和财务效益，并评价项目各方面的效果和风险，提出项目是否可行的研究结论。

（二）问题与建议

针对项目需要重点关注和进一步研究解决的问题，提出相关建议。

十、附表、附图和附件

根据项目实际情况和相关规范要求，研究确定并附具可行性研究报告必要的附表、附图和附件等。

投资项目可行性研究报告编写大纲是对投资项目可行性研究报告编写内容和深度的基础性要求。项目单位、工程咨询机构等主体在编写具体项目的可行性研究报告时，可结合项目的实际情况，对两个大纲所要求的内容予以适当调整。比如，若论证的项目不涉及编写大纲中的部分内容，可在说明情况后不再予以详细论证；对于编写大纲未涉及的内容，必要时应结合行业特点进行论证。对于建设内容单一、投资规模较小、技术方案简单的项目，可以按照国家有关规定简化编写大纲中的有关内容；对于重大或复杂项目，可行性研究报告正文前面可以形成摘要，综述项目概况、可行性研究过程、主要结论和建议等内容。

2. 政府投资项目可行性研究报告编写格式

政府投资项目可行性研究报告编写通用大纲（2023 年版）

一、概述

（一）项目概况

项目全称及简称。概述项目建设目标和任务、建设地点、建设内容和规模（含主要产出）、建设工期、投资规模和资金来源、建设模式、主要技术经济指标、绩效目标等。

（二）项目单位概况

简述项目单位基本情况。拟新组建项目法人的，简述项目法人组建方案。对于政府资本金注入项目，简述项目法人基本信息、投资人（或者股东）构成及政府出资人代表等情况。

（三）编制依据

概述项目建议书（或项目建设规划）及其批复文件、国家和地方有关支持性规划、产业政策和行业准入条件、主要标准规范、专题研究成果，以及其他依据。

（四）主要结论和建议

简述项目可行性研究的主要结论和建议。

二、项目建设背景和必要性

（一）项目建设背景

简述项目立项背景，项目用地预审和规划选址等行政审批手续办理和其他前期工作进展。

（二）规划政策符合性

阐述项目与经济社会发展规划、区域规划、专项规划、国土空间规划等重大规划的衔接性，与扩大内需、共同富裕、乡村振兴、科技创新、节能减排、碳达峰碳中和、国家安全和应急管理等重大政策目标的符合性。

（三）项目建设必要性

从重大战略和规划、产业政策、经济社会发展、项目单位履职尽责等层面，综合论证项目建设的必要性和建设时机的适当性。

三、项目需求分析与产出方案

（一）需求分析

在调查项目所涉产品或服务需求现状的基础上，分析产品或服务的可接受性或市场需求潜力，研究提出拟建项目功能定位、近期和远期目标、产品或服务的需求总量及结构。

（二）建设内容和规模

结合项目建设目标和功能定位等，论证拟建项目的总体布局、主要建设内容及规模，确定建设标准。大型、复杂及分期建设项目应根据项目整体规划、资源利用条件及近远期需求预测，明确项目近远期建设规模、分阶段建设目标和建设进度安排，并说明预留发展空间及其合理性、预留条件对远期规模的影响等。

（三）项目产出方案

研究提出拟建项目正常运营年份应达到的生产或服务能力及其质量标准要求，并评价项目建设内容、规模以及产出的合理性。

四、项目选址与要素保障

（一）项目选址或选线

通过多方案比较，选择项目最佳或合理的场址或线路方案，明确拟建项目场址或线路的土地权属、供地方式、土地利用状况、矿产压覆、占用耕地和永久基本农田、涉及生态保护红线、地质灾害危险性评估等情况。备选场址方案或线路方案比选要综合考虑规划、技术、经济、社会等条件。

（二）项目建设条件

分析拟建项目所在区域的自然环境、交通运输、公用工程等建设条件。其中，自然环境条件包括地形地貌、气象、水文、泥沙、地质、地震、防洪等；交通运输条件包括铁路、公路、港口、机场、管道等；公用工程条件包括周边市政道路、水、电、气、热、消防和通信等。阐述施工条件、生活配套设施和公共服务依托条件等。改扩建工程要分析现有设施条件的容量和能力，提出设施改扩建和利用方案。

（三）要素保障分析

土地要素保障。分析拟建项目相关的国土空间规划、土地利用年度计划、建设用地控制指标等土地要素保障条件，开展节约集约用地论证分析，评价用地规模和功能分区的合理性、节地水平的先进性。说明拟建项目用地总体情况，包括地上（下）物情况等；涉及耕地、园地、林地、草地等农用地转为建设用地的，说明农用地转用指标的落实、转用审批手续办理安排及耕地占补平衡的落实情况；涉及占用永久基本农田的，说明永久基本农田占用补划情况；如果项目涉及用海用岛，应明确用海用岛的方式、具体位置和规模等内容。

资源环境要素保障。分析拟建项目水资源、能源、大气环境、生态等承载能力及其保障条件，以及取水总量、能耗、碳排放强度和污染减排指标控制要求等，说明是否存在环境敏感区和环境制约因素。对于涉及用海的项目，应分析利用港口岸线资源、航道资源的基本情况及其保障条件；对于需围填海的项目，应分析围填海基本情况及其保障条件。对于重大投资项目，应列示规划、用地、用水、用能、环境以及可能涉及的用海、用岛等要素保障指标，并综合分析提出要素保障方案。

五、项目建设方案

（一）技术方案

通过技术比较提出项目预期达到的技术目标、技术来源及其实现路径，确定核心技术方案和核心技术指标。简述推荐技术路线的理由。对于专利或关键核心技术，需要分析其取得方式的可靠性、知识产权保护、技术标准和自主可控性等。

（二）设备方案

通过设备比选提出所需主要设备（含软件）的规格、数量、性能参数、来源和价格，论述设备（含软件）与技术的匹配性和可靠性、设备（含软件）对工程方案的设计技术需求，提出关键设备和软件推荐方案及自主知识产权情况。对于关键设备，进行单台技术经济论证，说明设备调研情况；对于非标设备，说明设备原理和组成。对于改扩建项目，分析现有设备利用或改造情况。涉及超限设备的，研究提出相应的运输方案，特殊设备提出安装要求。

（三）工程方案

通过方案比选提出工程建设标准、工程总体布置、主要建（构）筑物和系统设计方案、外部运输方案、公用工程方案及其他配套设施方案。工程方案要充分考虑土地利用、地上地下空间综合利用、人民防空工程、抗震设防、防洪减灾、消防应急等要求，以及绿色和韧性工程相关内容，并结合项目所属行业特点，细化工程方案有关内容和要求。涉及分期建设的项目，需要阐述分期建设方案；涉及重大技术问题的，还应阐述需要开展的专题论证工作。

（四）用地用海征收补偿（安置）方案

涉及土地征收或用海海域征收的项目，应根据有关法律法规政策规定，提出征收补偿（安置）方案。土地征收补偿（安置）方案应当包括征收范围、土地现状、征收目的、补偿方式和标准、安置对象、安置方式、社会保障、补偿（安置）费用等内容。用海用岛涉及利益相关者的，应根据有关法律法规政策规定等，确定利益相关者协调方案。

（五）数字化方案

对于具备条件的项目，研究提出拟建项目数字化应用方案，包括技术、设备、工程、建设管理和运维、网络与数据安全保障等方面，提出以数字化交付为目的，实现设计－施工－运维全过程数字化应用方案。

（六）建设管理方案

提出项目建设组织模式和机构设置，制定质量、安全管理方案和验收标准，明确建设质量和安全管理目标及要求，提出拟采用新材料、新设备、新技术、新工艺等推动高质量建设的技术措施。根据项目实际提出拟实施以工代赈的建设任务等。

提出项目建设工期,对项目建设主要时间节点做出时序性安排。提出包括招标范围、招标组织形式和招标方式等在内的拟建项目招标方案。研究提出拟采用的建设管理模式,如代建管理、全过程工程咨询服务、工程总承包（EPC）等。

六、项目运营方案

（一）运营模式选择

研究提出项目运营模式，确定自主运营管理还是委托第三方运营管理，并说明主要理由。委托第三方运营管理的，应提出对第三方的运营管理能力要求。

（二）运营组织方案

研究项目组织机构设置方案、人力资源配置方案、员工培训需求及计划，提出项目在合规管理、治理体系优化和信息披露等方面的措施。

（三）安全保障方案

分析项目运营管理中存在的危险因素及其危害程度，明确安全生产责任制，建立安全管理体系，提出劳动安全与卫生防范措施，以及项目可能涉及的数据安全、网络安全、供应链安全的责任制度或措施方案，并制定项目安全应急管理预案。

（四）绩效管理方案

研究制定项目全生命周期关键绩效指标和绩效管理机制，提出项目主要投入产出效率、直接效果、外部影响和可持续性等管理方案。大型、复杂及分期建设项目，应按照子项目分别确定绩效目标和评价指标体系，并说明影响项目绩效目标实现的关键因素。

七、项目投融资与财务方案

（一）投资估算

对项目建设和生产运营所需投入的全部资金即项目总投资进行估算,包括建设投资、建设期融资费用和流动资金，说明投资估算编制依据和编制范围，明确建设期内分年度投资计划。

（二）盈利能力分析

根据项目性质，确定适合的评价方法。结合项目运营期内的负荷要求，估算项目营业收入、补贴性收入及各种成本费用，并按相关行业要求提供量价协议、框架协议等支撑材料。通过项目自身的盈利能力分析，评价项目可融资性。对于政府直接投资的非经营性项目，开展项目全生命周期资金平衡分析，提出开源节流措施。对于政府资本金注入项目，计算财务内部收益率、财务净现值、投资回收期等指标，评价项目盈利能力；营业收入不足以覆盖项目成本费用的，提出政府支持方案。对于综合性开发项目，分析项目服务能力和潜在综合收益，评价项目采用市场化机制的可行性和利益相关方的可接受性。

（三）融资方案

研究提出项目拟采用的融资方案，包括权益性融资和债务性融资，分析融资结构和资金成本。说明项目申请财政资金投入的必要性和方式，明确资金来源，提出形成资金闭环的管理方案。对于政府资本金注入项目，说明项目资本金来源和结构、与金融机构对接情况，研究采用权益型金融工具、专项债、公司信用类债券等融资方式的可行性，主要包括融资金额、融资期限、融资成本等关键要素。对于具备资产盘活条件的基础设施项目，研究项目建成后采取基础设施领域不动产投资信托基金（REITs）等方式盘活存量资产、实现项目投资回收的可能路径。

（四）债务清偿能力分析

对于使用债务融资的项目，明确债务清偿测算依据和还本付息资金来源，分析利息备付率、偿债备付率等指标，评价项目债务清偿能力，以及是否增加当地政府财政支出负担、引发地方政府隐性债务风险等情况。

（五）财务可持续性分析

对于政府资本金注入项目，编制财务计划现金流量表，计算各年净现金流量和累计盈余资金，判断拟建项目是否有足够的净现金流量维持正常运营。对于在项目经营期出现经营净现金流量不足的项目，研究提出现金流接续方案，分析政府财政补贴所需资金，评价项目财务可持续性。

八、项目影响效果分析

（一）经济影响分析

对于具有明显经济外部效应的政府投资项目，计算项目对经济资源的耗费和实际贡献，分析项目费用效益或效果，以及重大投资项目对宏观经济、产业经济、区域经济等所产生的影响，评价拟建项目的经济合理性。

（二）社会影响分析

通过社会调查和公众参与，识别项目主要社会影响因素和主要利益相关者，分析不同目标群体的诉求及其对项目的支持程度，评价项目采取以工代赈等方式在带动当地就业、促进技能提升等方面的预期成效，以及促进员工发展、社区发展和社会发展等方面的社会责任，提出减缓负面社会影响的措施或方案。

（三）生态环境影响分析

分析拟建项目所在地的环境和生态现状，评价项目在污染物排放、地质灾害防治、防洪减灾、水土流失、土地复垦、生态保护、生物多样性和环境敏感区等方面的影响，提出生态环境影响减缓、生态修复和补偿等措施，以及污染物减排措施，评价拟建项目能否满足有关生态环境保护政策要求。

（四）资源和能源利用效果分析

研究拟建项目的矿产资源、森林资源、水资源（含非常规水源）、能源、再生资源、废物和污水资源化利用，以及设备回收利用情况，通过单位生产能力主要资源消耗量等指标分析，提出资源节约、关键资源保障，以及供应链安全、节能等方面措施，计算采取资源节约和资源化利用措施后的资源消耗总量及强度。计算采取节能措施后的全口径能源消耗总量、原料用能消耗量、可再生能源消耗量等指标，评价项目能效水平以及对项目所在地区能耗调控的影响。

（五）碳达峰碳中和分析

对于高耗能、高排放项目，在项目能源资源利用分析的基础上，预测并核算项目年度碳排放总量、主要产品碳排放强度，提出项目碳排放控制方案，明确拟采取减少碳排放的路径与方式，分析项目对所在地区碳达峰碳中和目标实现的影响。

九、项目风险管控方案

（一）风险识别与评价

识别项目全生命周期的主要风险因素，包括需求、建设、运营、融资、财务、经济、社会、环境、网络与数据安全等方面，分析各风险发生的可能性、损失程度，以及风险承担主体的韧性或脆弱性，判断各风险后果的严重程度，研究确定项目面临的主要风险。

（二）风险管控方案

结合项目特点和风险评价，有针对性地提出项目主要风险的防范和化解措施。重大项目应当对社会稳定风险进行调查分析，查找并列出风险点、风险发生的可能性及影响程度，提出防范和化解风险的方案措施，提出采取相关措施后的社会稳定风险等级建议。对可能引发“邻避”问题的，应提出综合管控方案，保证影响社会稳定的风险在采取措施后处于低风险且可控状态。

（三）风险应急预案

对于拟建项目可能发生的风险，研究制定重大风险应急预案，明确应急处置及应急演练要求等。

十、研究结论及建议

（一）主要研究结论

从建设必要性、要素保障性、工程可行性、运营有效性、财务合理性、影响可持续性、风险可控性等维度分别简述项目可行性研究结论，评价项目在经济、社会、环境等各方面效果和风险，提出项目是否可行的研究结论。

（二）问题与建议

针对项目需要重点关注和进一步研究解决的问题，提出相关建议。

十一、附表、附图和附件

根据项目实际情况和相关规范要求，研究确定并附具可行性研究报告必要的附表、附图和附件等。

7.2.5　可行性研究报告的主要内容及编写说明

1. 概述

拟建项目和项目单位基本情况是项目决策机构掌握项目全貌、决定是否建设的前提和基础，也是投资项目可行性研究报告的重要内容。

“项目概况”是对拟建项目的建设地点、建设内容和规模、总体布局、主要产出、总投资和资金来源、主要技术经济指标等内容的阐述，为项目决策机构对拟建项目的相关事项开展分析评价奠定基础。

“项目单位（企业）概况”是对项目单位基本信息的阐述，为项目决策机构分析判断项目单位是否具备承担拟建项目的能力、国有控股企业是否聚焦主责主业等提供依据。拟新组建项目法人的，提出项目法人组建方案。政府资本金注入项目还需简述项目法人基本信息、投资人（或者股东）构成及政府出资人代表等情况。

“编制依据”主要说明拟建项目取得相关前置性审批要件、主要标准规范及专题研究成果等情况，为相关研究评价和数据提供来源和支撑。

“主要结论和建议”简述可行性研究的主要结论和建议，必要时可进行列表展示。

2. 项目建设背景和必要性

“项目建设背景”主要简述项目提出背景、前期工作进展等情况，便于项目决策机构掌握项目来源、工作基础和需要解决的重要问题等。说明项目投资管理手续办理情况，如建设项目用地预审与选址意见书、环境影响评价、排污许可、文物保护、矿产压覆、水土保持、地震安全性评价等行政审批手续，以及相关手续取得的保障条件。

“规划政策符合性”应体现经济社会发展战略和规划，从扩大内需、共同富裕、乡村振兴、科技创新、节能减排、碳达峰碳中和、国家安全、基本公共服务保障等重大政策目标层面进行分析，研究提出项目建设的必要性，评价项目与战略目标、政策要求的一致性。

“项目建设必要性”主要从宏观、中观和微观层面展开分析，研究项目建设的理由和依据。对于主要满足社会公共需求的非经营性项目，应进行社会需求研究，通过对项目的产出品、投入品或服务的社会容量、供应结构和数量等进行分析，为确定项目的目标受益群体、建设规模和服务方案提供依据。

3. 项目需求分析与产出方案

“需求分析”要根据经济社会发展规划、国家和地方标准规范以及项目自身特点，通过文案资料、现场调研、数字化技术等方法，分析需求现状和未来预期等情况，研究提出拟建项目近期和远期目标、产品或服务的需求总量及结构，为研究确定项目建设内容和规模提供支撑。对于重大项目，应立足于构建以国内大循环为主体、国内国际双循环相互促进的新发展格局，研究两个市场、两种资源，促进畅通循环，论证产业链供应链的韧性和安全性。企业投资项目以满足市场需求为导向，应结合“企业发展战略需求分析”，更多从“项目市场需求分析”“市场竞争力”等角度研究论证项目建设的必要性。

“项目建设内容和规模”“产出方案”在需求分析的基础上，阐述拟建项目总体目标及分阶段目标，提出拟建项目建设内容和规模，明确项目产品方案或服务方案及其质量要求，并评价项目建设内容、规模以及产品方案的合理性。企业投资项目还要研究“项目商业模式”，分析拟建项目收入来源和结构，判断项目是否具有充分的商业可行性和金融机构等相关方的可接受性，并研究项目综合开发等模式创新路径及可行性。

4. 项目选址与要素保障

“项目选址或选线”应坚持国土空间“唯一性”要求，从规划条件、技术条件、经济条件和资源节约集约利用等方面，以国土空间规划和用途管制规则为基本依据，基于国土空间规划“一张图”，将耕地和永久基本农田保护、生态红线保护、节约集约利用土地作为方案比选核心要素，对拟定的备选场址方案或线路方案进行比较和择优。选址方案研究应鼓励公众参与，充分考虑不同影响和风险因素的早期筛查判断及初步分析成果，并结合利益相关方的诉求或建议反馈，完善和优化选址选线方案。

“项目建设条件”主要分析拟建项目所在地的自然环境、交通运输、公用工程等支撑项目建设的外部因素。

“要素保障分析”包括土地要素保障，以及水资源、能耗、碳排放强度和污染减排指标控制要求及保障能力等。对于新占用土地的投资项目，应当明确拟建项目场址或选线的土地权属、供地方式、土地利用状况、矿产压覆、占用耕地和永久基本农田、涉及生态保护红线、地质灾害危险性评估等情况。对于涉及新增占用耕地的项目，应明确耕地占补平衡落实方案。对于涉及耕地、永久基本农田、生态保护红线的项目，开展节约集约用地研究，评价土地资源节约集约利用水平。根据“要素跟着项目走”原则，重大项目应根据法规政策要求，提出要素予以特别保障的方案。企业投资项目应鼓励市场化配置资源，重点分析项目亟需的用地、用能、碳排放等要素的可得性。

5. 项目建设方案

项目建设方案主要从工程技术方案及工程实体建设的角度研究工程可行性，在绿色低碳、节约集约、智慧创新、安全韧性等方面加强比选。为有序推进项目实施，建设方案要对项目组织实施、工期安排、招标方案等进行分析，明确“建设管理方案”，并根据项目实际情况研究提出“数字化方案”，促进投资建设全过程数字化应用。同时，要对项目“技术方案”“设备方案”“工程方案”的合理性、先进性、适用性、自主性、可靠性、安全性、经济性等进行多方案比选，研究工程技术方案的可行性。根据生态文明建设、推进绿色发展、全面节约资源等要求，“工程方案”应重视节约集约用地、绿色建材、绿色建筑、超低能耗建筑、装配式建筑、生态修复等绿色及韧性工程相关内容。

“用地用海征收补偿（安置）方案”应根据有关法律法规政策规定，对于投资项目涉及土地征收或用海海域征收的，明确征收范围、土地现状、征收目的、补偿方式和标准、安置对象、安置方式、社会保障、补偿（安置）费用等内容。其中，土地征收涉及补偿和安置等内容，用海征收一般只涉及补偿，不涉及安置。项目土地征收需要采取集中安置的，应提出集中安置点规划设计方案。项目采取过渡安置方式的，应明确过渡期限等，并分析其合理性。项目用地征收补偿（安置）方案应保证被征地农民原有生活水平不降低、长远生计有保障。

6. 项目运营方案

可行性研究要改变“重建设、轻运营”的做法，强调项目全生命周期的方案优化和系统性论证，既要重视工程建设方案可行性研究，也要重视项目建成后的运营方案可行性研究。同时，还要结合项目的工程技术特点，遵循有关部门颁布的各类运营管理标准（包括强制性标准和参考性标准等），确保满足产品或服务质量、安全标准等要求。

运营方案要重视研究“运营模式选择”和创新。政府投资项目要评价市场化运营的可行性和利益相关方的可接受性，企业投资项目要确定“生产经营方案”，突出运营有效性。项目运营需要研究“运营组织方案”，并制定项目全生命周期关键绩效指标和绩效管理机制，提出项目主要投入产出效率、直接效果、外部影响和可持续性等绩效管理要求，即“绩效管理方案”。

项目运营要牢固树立安全发展理念，提出“安全保障方案”，明确安全生产责任和应急管理要求，强化运营单位主体责任，落实政府监管要求。

7. 项目投融资与财务方案

项目投融资与财务方案是在明确项目产出方案、建设方案和运营方案的基础上，研究项目投资需求和融资方案，计算有关财务评价指标，评价项目盈利能力、偿债能力和财务持续能力，据以判断拟建项目的财务合理性，分析项目对不同主体的价值贡献，为项目投资决策、融资决策和财务管理提供依据。

可行性研究阶段对项目“投资估算”的准确度要求在 ±10% 以内，以切实提高投资估算的精度，为项目全过程投资控制提供依据。政府投资项目的投资估算应依据国家颁布的投资估算编制办法和指标进行编制。投资估算要充分考虑项目周期内有关影响和风险管理的费用安排，如环境保护与治理、社会风险防范与管控、节能与减碳、安全与卫生健康等相关建设投入和费用支出等。

对于政府资本金注入项目和企业投资项目，“盈利能力分析”是项目财务方案的重要内容。项目“融资方案”是在对项目自身盈利能力进行分析的基础上，研究项目的可融资性，以及采用政策性开发性金融工具、发行产业基金、权益型金融工具、专项债等融资方式的可行性。债务融资的投资项目要重视评价债务清偿能力；如果项目经营期出现经营净现金流量不足，还应研究提出资金接续方案，重点评价项目财务可持续性。

项目“盈利能力分析”重点是现金流分析，通过相关财务报表计算财务内部收益率、财务净现值等指标，判断投资项目盈利能力。财务收入是构成投资项目财务现金流入的主要来源；成本费用是项目产品定价的基础，也是项目财务现金流出的主要构成。对于没有营业收入的非经营性项目，可不进行盈利能力分析，主要开展项目建设和运营阶段资金平衡分析，提出开源节流措施。如果营业收入不足以覆盖项目成本费用，应研究提出可行性缺口补助方案。

为了适应投资项目融资主体多元化、融资渠道多样化、融资方式复杂化的变化，项目“融资方案”研究需要强化对融资结构、融资成本和融资风险等的分析。政府投资项目要从公共财政角度分析论证财政资金支持的必要性、支持途径和方式，以及资金筹措替代方案等，关注如何更好发挥政府作用。企业投资项目要关注项目业主、出资人、股东合法权益和价值实现，从财务管理的角度设计合理的投资模式和融资方案，评价项目的可融资性。综合性开发项目需要关注项目潜在综合收益，拓展项目市场化发展空间。基础设施项目应根据需要，研究项目建成后采取基础设施领域不动产投资信托基金（REITs）等方式盘活存量资产、实现项目投资回收的路径。

“债务清偿能力分析”是论证项目计算期内是否有足够的现金流量，按照债务偿还期限、还本付息方式偿还项目的债务资金，从而判断项目支付利息、偿还到期债务的能力。政府投资或付费类项目还要分析评价当地财政可负担性和是否可能引发隐性债务等情况。

“财务可持续性分析”是根据财务计划现金流量表，综合考察项目计算期内各年度的投资活动、融资活动和经营活动所产生的各项现金流入和流出，计算净现金流量和累计盈余资金，判断项目是否有足够的净现金流量维持项目的正常运营。

8. 项目影响效果分析

可行性研究报告应重视经济社会、资源环境等外部影响效果的评价，并注意与节能评价、环境影响评价等专项评价的结果相衔接。

“经济影响分析”是从经济资源优化配置的角度，利用经济费用效益分析或经济费用效果分析等方法，评价项目投资的真实经济价值，判断项目投资的经济合理性，从而确保项目取得合理的经济影响效果。重大投资项目还要分析其对宏观经济、区域经济和产业经济的影响。

“社会影响分析”主要从项目可能产生的社会影响、社会效益和社会接受性等方面，研究项目对当地产生的各种社会影响，评价项目在促进个人发展、社区发展和社会发展等方面的社会责任，并提出减缓负面社会影响的措施和方案。

“生态环境影响分析”是从推动绿色发展、促进人与自然和谐共生的角度，分析拟建项目所在地的生态环境现状，评价项目在污染物排放、生态保护、生物多样性和环境敏感区等方面的影响。

“资源和能源利用效果分析”是从实施全面节约战略、发展循环经济等角度，分析论证除了项目用地（海）之外的各类资源节约集约利用的合理性和有效性，提出关键资源保障和供应链安全等方面的措施，评价项目能效水平以及对当地能耗调控的影响。

“碳达峰碳中和分析”是通过估算项目建设和运营期间的年度碳排放总量和强度，评价项目碳排放水平，以及与当地“双碳”目标的符合性，提出生态环境保护、碳排放控制措施。

此外，根据项目特点和实际需要，还可以开展安全影响效果论证，更好统筹发展和安全，提升供应链韧性和安全水平，实现经济效益、社会效益、生态效益和安全效益相统一。

9. 项目风险管控方案

可行性研究应重视风险管控，确保有效规避项目全生命周期风险。“风险识别与评价”主要是识别项目存在的各种潜在风险因素，包括市场需求、要素保障、关键技术、供应链、融资环境、建设运营、财务盈利性、生态环境、经济社会等领域的风险，并分析评价风险发生的可能性及其危害程度，提出规避重大和较大风险的对策措施及应急预案，即“风险管控方案”和“风险应急预案”，建立健全投资项目风险管控机制。

重大项目应当对社会稳定风险进行调查分析，征询相关群众意见，查找并列出风险点、风险发生的可能性及影响程度，提出防范和化解风险的方案措施，提出采取相关措施后的社会稳定风险等级建议。可能引发“邻避”问题的，应提出综合管控方案。要通过深入分析评价，论证相关风险管控方案能否将项目各种风险均降低到可接受的状态。

可行性研究报告与投资决策其他手续的关系

任务实施

编制湖南 CY 铝业有限公司年产 5 万 t 高端铝型材项目可行性研究报告。

湖南 CY 铝业有限公司年产 5 万 t 高端铝型材项目可行性研究报告

项目总结

项目周期大致可分为投资前期、投资时期和生产时期，投资前期的最主要的任务是进行可行性研究。可行性研究是在项目正式决策之前，运用科学的方法对项目有关的社会、经济和技术等方面的情况进行深入细致的调查研究，并对工程项目预期的技术经济效果进行分析、比较和论证；在此基础上，综合项目的技术先进性、经济合理性以及建设实施的可能性和可行性，评价方案的可行性，由此确定该项目是否应该投资和如何投资，或者是就此中止投资还是继续投资，为投资决策提供可靠的科学依据。建设前期（投资前期）可行性研究工作可分为投资机会研究、初步可行性研究、详细可行性研究和项目评估决策四个阶段。这四个阶段的可行性研究工作分别与项目发展周期中的项目设想、项目初选、项目拟建准备及项目评估相对应。可行性研究可以用于物质生产领域的新技术应用和工程建设项目，在非生产领域的科、教、文、卫项目中同样可以应用。其工作程序是：建设单位提出项目建议书和初步可行性研究报告→项目筹建单位委托可行性研究工作→设计单位进行可行性研究工作→可行性研究报告的预审与复审→可行性研究报告的评估与审批。项目可行性研究要求达到规定的深度，研究的内容非常广泛。对于新建项目，可行性研究的基本内容主要包括三个方面：一是建设规模；二是论证项目的技术可行性问题；三是论证项目的经济合理性问题。只有通过这三个方面论证的项目才既具有可行性又有必要性。对于改、扩建项目来说，可行性研究除了上述内容以外，还应增加对原有固定资产的利用与对企业现有状况的分析和说明。市场研究、技术研究、经济评价也构成了可行性研究报告的基本内容。

职业技能综合训练

一、单项选择题

1. 可行性研究是工程建设项目在（　　）应当开展的工作。

A. 建设前期　　B. 勘察设计期　　C. 建设实施期　　D. 建成投产期

2. 可行性研究是在工程建设项目决策前运用多种科学成果进行（　　）论证。

A. 技术经济　　B. 技术评价　　C. 社会评价　　D. 财务评价

3. 可行性研究的核心是（　　）。

A. 经济评价　　B. 建设条件与设计方案论证

C. 投资估算　　D. 市场调查与预测

4.（　　）阶段需要进行深入细致的技术经济论证，并提出结论性报告。

A. 机会研究　　B. 初步可行性研究

C. 详细可行性研究　　D. 评价和决策

5. 若项目评价的目标是考虑地区或阶层间的利益分配、就业、环境改进和社会安定等，这属于（　　）。

A. 财务评价　　B. 国民经济评价　　C. 环境评价　　D. 社会评价

6. 建设工程项目在投资决策阶段工作的核心和重点是（　　）。

A. 项目决策　　B. 可行性研究工作　　C. 筹资　　D. 厂址选择

7. 在项目可行性研究中，（　　）是可行性研究的核心部分，是解决项目在经济上的“合理性”问题。

A. 市场研究　　B. 技术研究　　C. 经济评价　　D. 财务分析

8. 建设工程项目可行性研究可作为项目进行（　　）的依据。

A. 工程结算　　B. 编制施工图　　C. 招投标　　D. 投资决策

9. 可行性研究报告是由（　　）编制的。

A. 建设单位　　B. 设计单位

C. 施工单位　　D. 建设单位委托设计单位

10. 经过批准的可行性研究报告中的投资估算是编制（　　）的依据。

A. 施工图预算　　B. 修正概算　　C. 初步设计概算　　D. 工程结算

二、多项选择题

1. 建设前期（投资前期）可行性研究工作可分为（　　）四个阶段。

A. 投资机会研究　　B. 初步可行性研究

C. 详细可行性研究　　D. 项目评估决策

2. 可行性研究在投资项目管理方面的作用有（　　）。

A. 是项目成立和进行投资决策的基本依据

B. 是编制投资项目规划设计的依据

C. 是项目组织实施的依据

D. 是签订有关投资合同或协议的依据

3. 我国建设项目可行性研究的主要内容有（　　）。

A. 必要性研究　　B. 市场销量与项目规模的研究

C. 技术问题分析　　D. 资金筹措

4. 可行性研究可分为四个阶段，包括（　　）。

A. 机会研究　　B. 初步可行性研究

C. 详细可行性研究　　D. 评估和投资决策

5. 可行性研究编制的依据有（　　）。

A. 工程预算书

B. 施工设计图纸

C. 委托方的意图

D. 有关技术经济方面的规范、标准、定额等指标

6. 可行性研究的编制步骤包括（　　）。

A. 筹划准备　　B. 方案选择和优化

C. 财务分析和经济评价　　D. 调查研究

7. 项目可行性研究的特点包括（　　）。

A. 先行性　　B. 标准性　　C. 预测性　　D. 决策性

8. 下列关于项目发展周期各阶段的研究内容表述正确的有（　　）。

A. 项目设想阶段进行投资机会研究

B. 项目初选进行初步可行性研究

C. 项目拟建准备阶段进行详细可行性研究

D. 项目拟建准备阶段进行项目评估决策

9. 作为项目投资决策的基础，可行性研究要达到一定的标准，满足一定的要求，具体包括（　　）。

A. 可行性研究应具有科学性、公正性和严肃性

B. 承担可行性研究的单位必须经过资格审定

C. 可行性研究的深度应达到标准要求

D. 可行性研究报告应由编制单位的行政、技术、经济负责人签字，对报告的质量负责

10. 可行性研究报告可以满足（　　）方面的用途。

A. 作为工程项目建设决策的依据

B. 作为向银行贷款的依据

C. 作为向政府有关部门申请建设执照的依据

D. 作为与有关部门单位签订协议、合同的依据

三、判断题

1. 可行性研究是在项目投资决策前，对项目在技术上和经济上是否可行所进行的科学

分析和论证。（ ）

2. 可行性研究在任何阶段一旦得出“不可行”的研究结论，就不需要再进行下一阶段的研究。（ ）

3. 详细可行性研究对建设项目投资和成本估算的精确程度要求 ≤ ±30%。（ ）

4. 在基本建设程序中，编制与报批可行性研究报告阶段所做的可行性研究报告是指详细可行性研究报告。（ ）

5. 可行性研究的核心和重点是项目的经济合理性问题，包括投资估算、资金筹措、经济评价等内容。（ ）

6. 中小型建设项目应当进行详细可行性研究和项目评估决策，可不做投资机会研究和初步可行性研究。（ ）

7. 大中型项目应当进行投资机会研究、初步可行性研究、详细可行性研究和项目评估决策。（ ）

8. 项目机会研究是对某个指定的地区、行业或部门鉴别各种投资机会，或识别利用某种自然资源或工农业产品为基础的投资机会，一般由国家机构和公共机构进行。（ ）

9. 项目建议书是建设前期（投资前期）项目设想阶段的工作成果。（ ）

10. 工程项目可行性研究可为工程设计、设备订货、施工准备等基本建设的前期工作提供依据。（ ）

11. 可行性研究是建设前期（投资前期）的最重要内容，其主要工作是对建设项目进行可行性研究和筹措资金。（ ）

四、案例分析

试通过一个简单的例子，分析工程项目因为没有进行可行性研究而可能产生的不良后果。

附　录

附录 1　复利终值系数表

n	1%	2%	3%	4%	5%	6%	7%	8%	9%	10%	12%	14%	15%	16%	18%	20%	25%	30%	35%	40%	50%
1	1.0100	1.0200	1.0300	1.0400	1.0500	1.0600	1.0700	1.0800	1.0900	1.1000	1.1200	1.1400	1.1500	1.1600	1.1800	1.2000	1.2500	1.3000	1.3500	1.4000	1.5000
2	1.0201	1.0404	1.0609	1.0816	1.1025	1.1236	1.1449	1.1664	1.1881	1.2100	1.2544	1.2996	1.3225	1.3456	1.3924	1.4400	1.5625	1.6900	1.8225	1.9600	2.2500
3	1.0303	1.0612	1.0927	1.1249	1.1576	1.1910	1.2250	1.2597	1.2950	1.3310	1.4049	1.4815	1.5209	1.5609	1.6430	1.7280	1.9531	2.1970	2.4604	2.7440	3.3750
4	1.0406	1.0824	1.1255	1.1699	1.2155	1.2625	1.3108	1.3605	1.4116	1.4641	1.5735	1.6890	1.7490	1.8106	1.9388	2.0736	2.4414	2.8561	3.3215	3.8416	5.0625
5	1.0510	1.1041	1.1593	1.2167	1.2763	1.3382	1.4026	1.4693	1.5386	1.6105	1.7623	1.9254	2.0114	2.1003	2.2878	2.4883	3.0518	3.7129	4.4840	5.3782	7.5938
6	1.0615	1.1262	1.1941	1.2653	1.3401	1.4185	1.5007	1.5869	1.6771	1.7716	1.9738	2.1950	2.3131	2.4364	2.6996	2.9860	3.8147	4.8268	6.0534	7.5295	11.3906
7	1.0721	1.1487	1.2299	1.3159	1.4071	1.5036	1.6058	1.7138	1.8280	1.9487	2.2107	2.5023	2.6600	2.8262	3.1855	3.5832	4.7684	6.2749	8.1722	10.5414	17.0859
8	1.0829	1.1717	1.2668	1.3686	1.4775	1.5938	1.7182	1.8509	1.9926	2.1436	2.4760	2.8526	3.0590	3.2784	3.7589	4.2998	5.9605	8.1573	11.0324	14.7579	25.6289
9	1.0937	1.1951	1.3048	1.4233	1.5513	1.6895	1.8385	1.9990	2.1719	2.3579	2.7731	3.2519	3.5179	3.8030	4.4355	5.1598	7.4506	10.6045	14.8937	20.6610	38.4434
10	1.1046	1.2190	1.3439	1.4802	1.6289	1.7908	1.9672	2.1589	2.3674	2.5937	3.1058	3.7072	4.0456	4.4114	5.2338	6.1917	9.3132	13.7858	20.1066	28.9255	57.6650
11	1.1157	1.2434	1.3842	1.5395	1.7103	1.8983	2.1049	2.3316	2.5804	2.8531	3.4785	4.2262	4.6524	5.1173	6.1759	7.4301	11.6415	17.9216	27.1439	40.4957	86.4976
12	1.1268	1.2682	1.4258	1.6010	1.7959	2.0122	2.2522	2.5182	2.8127	3.1384	3.8960	4.8179	5.3503	5.9360	7.2876	8.9161	14.5519	23.2981	36.6442	56.6939	129.7463
13	1.1381	1.2936	1.4685	1.6651	1.8856	2.1329	2.4098	2.7196	3.0658	3.4523	4.3635	5.4924	6.1528	6.8858	8.5994	10.6993	18.1899	30.2875	49.4697	79.3715	194.6195
14	1.1495	1.3195	1.5126	1.7317	1.9799	2.2609	2.5785	2.9372	3.3417	3.7975	4.8871	6.2613	7.0757	7.9875	10.1472	12.8392	22.7374	39.3738	66.7841	111.1201	291.9293
15	1.1610	1.3459	1.5580	1.8009	2.0789	2.3966	2.7590	3.1722	3.6425	4.1772	5.4736	7.1379	8.1371	9.2655	11.9737	15.4070	28.4217	51.1859	90.1585	155.5681	437.8939
16	1.1726	1.3728	1.6047	1.8730	2.1829	2.5404	2.9522	3.4259	3.9703	4.5950	6.1304	8.1372	9.3576	10.7480	14.1290	18.4884	35.5271	66.5417	121.7139	217.7953	656.8408
17	1.1843	1.4002	1.6528	1.9479	2.2920	2.6928	3.1588	3.7000	4.3276	5.0545	6.8660	9.2765	10.7613	12.4677	16.6722	22.1861	44.4089	86.5042	164.3138	304.9135	985.2613

续表

n	1%	2%	3%	4%	5%	6%	7%	8%	9%	10%	12%	14%	15%	16%	18%	20%	25%	30%	35%	40%	50%
18	1.1961	1.4282	1.7024	2.0258	2.4066	2.8543	3.3799	3.9960	4.7171	5.5599	7.6900	10.5752	12.3755	14.4625	19.6733	26.6233	55.5112	112.4554	221.8236	426.8789	1477.8919
19	1.2081	1.4568	1.7535	2.1068	2.5270	3.0256	3.6165	4.3157	5.1417	6.1159	8.6128	12.0557	14.2318	16.7765	23.2144	31.9480	69.3889	146.1920	299.4619	597.6304	2216.8378
20	1.2202	1.4859	1.8061	2.1911	2.6533	3.2071	3.8697	4.6610	5.6044	6.7275	9.6463	13.7435	16.3665	19.4608	27.3930	38.3376	86.7362	190.0496	404.2736	836.6826	3325.2567
21	1.2324	1.5157	1.8603	2.2788	2.7860	3.3996	4.1406	5.0338	6.1088	7.4002	10.8038	15.6676	18.8215	22.5745	32.3238	46.0051	108.4202	247.0645	545.7693	1171.3556	4987.8851
22	1.2447	1.5460	1.9161	2.3699	2.9253	3.6035	4.4304	5.4365	6.6586	8.1403	12.1003	17.8610	21.6447	26.1864	38.1421	55.2061	135.5253	321.1839	736.7886	1639.8978	7481.8276
23	1.2572	1.5769	1.9736	2.4647	3.0715	3.8197	4.7405	5.8715	7.2579	8.9543	13.5523	20.3616	24.8915	30.3762	45.0076	66.2474	169.4066	417.5391	994.6646	2295.8569	11222.7415
24	1.2697	1.6084	2.0328	2.5633	3.2251	4.0489	5.0724	6.3412	7.9111	9.8497	15.1786	23.2122	28.6252	35.2364	53.1090	79.4968	211.7582	542.8008	1342.7973	3214.1997	16834.1122
25	1.2824	1.6406	2.0938	2.6658	3.3864	4.2919	5.4274	6.8485	8.6231	10.8347	17.0001	26.4619	32.9190	40.8742	62.6686	95.3962	264.6978	705.6410	1812.7763	4499.8796	25251.1683
26	1.2953	1.6734	2.1566	2.7725	3.5557	4.5494	5.8074	7.3964	9.3992	11.9182	19.0401	30.1666	37.8568	47.4141	73.9490	114.4755	330.8722	917.3333	2447.2480	6299.8314	37876.7524
27	1.3082	1.7069	2.2213	2.8834	3.7335	4.8223	6.2139	7.9881	10.2451	13.1100	21.3249	34.3899	43.5353	55.0004	87.2598	137.3706	413.5903	1192.5333	3303.7848	8819.7640	56815.1287
28	1.3213	1.7410	2.2879	2.9987	3.9201	5.1117	6.6488	8.6271	11.1671	14.4210	23.8839	39.2045	50.0656	63.8004	102.9666	164.8447	516.9879	1550.2933	4460.1095	12347.6696	85222.6930
29	1.3345	1.7758	2.3566	3.1187	4.1161	5.4184	7.1143	9.3173	12.1722	15.8631	26.7499	44.6931	57.5755	74.0085	121.5005	197.8136	646.2349	2015.3813	6021.1478	17286.7374	127834.0395
30	1.3478	1.8114	2.4273	3.2434	4.3219	5.7435	7.6123	10.0627	13.2677	17.4494	29.9599	50.9502	66.2118	85.8499	143.3706	237.3763	807.7936	2619.9956	8128.5495	24201.4324	191751.0592
35	1.4166	1.9999	2.8139	3.9461	5.5160	7.6861	10.6766	14.7853	20.4140	28.1024	52.7996	98.1002	133.1755	180.3141	327.9973	590.6682	2465.1903	9727.8604	36448.6878	130161.1116	1456109.6060
40	1.4889	2.2080	3.2620	4.8010	7.0400	10.2857	14.9745	21.7245	31.4094	45.2593	93.0510	188.8835	267.8635	378.7212	750.3783	1469.7716	7523.1638	36118.8648	163437.1347	700037.6966	11057332.3209
45	1.5648	2.4379	3.7816	5.8412	8.9850	13.7646	21.0025	31.9204	48.3273	72.8905	163.9876	363.6791	538.7693	795.4438	1716.6839	3657.2620	22958.8740	134106.8167	732857.5768	3764970.7413	83966617.3121
50	1.6446	2.6916	4.3839	7.1067	11.4674	18.4202	29.4570	46.9016	74.3575	117.3909	289.0022	700.2330	1083.6574	1670.7038	3927.3569	9100.4382	70064.9232	497929.2230	3286157.8795	20248916.2398	637621500.2141

附录 2　复利现值系数表

n	1%	2%	3%	4%	5%	6%	7%	8%	9%	10%	12%	14%	15%	16%	18%	20%	25%	30%	35%	40%	50%	55%	60%
1	0.9901	0.9804	0.9709	0.9615	0.9524	0.9434	0.9346	0.9259	0.9174	0.9091	0.8929	0.8772	0.8696	0.8621	0.8475	0.8333	0.8000	0.7692	0.7407	0.7143	0.6667	0.6452	0.6250
2	0.9803	0.9612	0.9426	0.9246	0.9070	0.8900	0.8734	0.8573	0.8417	0.8264	0.7972	0.7695	0.7561	0.7432	0.7182	0.6944	0.6400	0.5917	0.5487	0.5102	0.4444	0.4162	0.3906
3	0.9706	0.9423	0.9151	0.8890	0.8638	0.8396	0.8163	0.7938	0.7722	0.7513	0.7118	0.6750	0.6575	0.6407	0.6086	0.5787	0.5120	0.4552	0.4064	0.3644	0.2963	0.2685	0.2441
4	0.9610	0.9238	0.8885	0.8548	0.8227	0.7921	0.7629	0.7350	0.7084	0.6830	0.6355	0.5921	0.5718	0.5523	0.5158	0.4823	0.4096	0.3501	0.3011	0.2603	0.1975	0.1732	0.1526
5	0.9515	0.9057	0.8626	0.8219	0.7835	0.7473	0.7130	0.6806	0.6499	0.6209	0.5674	0.5194	0.4972	0.4761	0.4371	0.4019	0.3277	0.2693	0.2230	0.1859	0.1317	0.1118	0.0954
6	0.9420	0.8880	0.8375	0.7903	0.7462	0.7050	0.6663	0.6302	0.5963	0.5645	0.5066	0.4556	0.4323	0.4104	0.3704	0.3349	0.2621	0.2072	0.1652	0.1328	0.0878	0.0721	0.0596
7	0.9327	0.8706	0.8131	0.7599	0.7107	0.6651	0.6227	0.5835	0.5470	0.5132	0.4523	0.3996	0.3759	0.3538	0.3139	0.2791	0.2097	0.1594	0.1224	0.0949	0.0585	0.0465	0.0373
8	0.9235	0.8535	0.7894	0.7307	0.6768	0.6274	0.5820	0.5403	0.5019	0.4665	0.4039	0.3506	0.3269	0.3050	0.2660	0.2326	0.1678	0.1226	0.0906	0.0678	0.0390	0.0300	0.0233
9	0.9143	0.8368	0.7664	0.7026	0.6446	0.5919	0.5439	0.5002	0.4604	0.4241	0.3606	0.3075	0.2843	0.2630	0.2255	0.1938	0.1342	0.0943	0.0671	0.0484	0.0260	0.0194	0.0146
10	0.9053	0.8203	0.7441	0.6756	0.6139	0.5584	0.5083	0.4632	0.4224	0.3855	0.3220	0.2697	0.2472	0.2267	0.1911	0.1615	0.1074	0.0725	0.0497	0.0346	0.0173	0.0125	0.0091
11	0.8963	0.8043	0.7224	0.6496	0.5847	0.5268	0.4751	0.4289	0.3875	0.3505	0.2875	0.2366	0.2149	0.1954	0.1619	0.1346	0.0859	0.0558	0.0368	0.0247	0.0116	0.0081	0.0057
12	0.8874	0.7885	0.7014	0.6246	0.5568	0.4970	0.4440	0.3971	0.3555	0.3186	0.2567	0.2076	0.1869	0.1685	0.1372	0.1122	0.0687	0.0429	0.0273	0.0176	0.0077	0.0052	0.0036
13	0.8787	0.7730	0.6810	0.6006	0.5303	0.4688	0.4150	0.3677	0.3262	0.2897	0.2292	0.1821	0.1625	0.1452	0.1163	0.0935	0.0550	0.0330	0.0202	0.0126	0.0051	0.0034	0.0022
14	0.8700	0.7579	0.6611	0.5775	0.5051	0.4423	0.3878	0.3405	0.2992	0.2633	0.2046	0.1597	0.1413	0.1252	0.0985	0.0779	0.0440	0.0254	0.0150	0.0090	0.0034	0.0022	0.0014
15	0.8613	0.7430	0.6419	0.5553	0.4810	0.4173	0.3624	0.3152	0.2745	0.2394	0.1827	0.1401	0.1229	0.1079	0.0835	0.0649	0.0352	0.0195	0.0111	0.0064	0.0023	0.0014	0.0009
16	0.8528	0.7284	0.6232	0.5339	0.4581	0.3936	0.3387	0.2919	0.2519	0.2176	0.1631	0.1229	0.1069	0.0930	0.0708	0.0541	0.0281	0.0150	0.0082	0.0046	0.0015	0.0009	0.0005
17	0.8444	0.7142	0.6050	0.5134	0.4363	0.3714	0.3166	0.2703	0.2311	0.1978	0.1456	0.1078	0.0929	0.0802	0.0600	0.0451	0.0225	0.0116	0.0061	0.0033	0.0010	0.0006	0.0003

续表

n	1%	2%	3%	4%	5%	6%	7%	8%	9%	10%	12%	14%	15%	16%	18%	20%	25%	30%	35%	40%	50%	55%	60%
18	0.8360	0.7002	0.5874	0.4936	0.4155	0.3503	0.2959	0.2502	0.2120	0.1799	0.1300	0.0946	0.0808	0.0691	0.0508	0.0376	0.0180	0.0089	0.0045	0.0023	0.0007	0.0004	0.0002
19	0.8277	0.6864	0.5703	0.4746	0.3957	0.3305	0.2765	0.2317	0.1945	0.1635	0.1161	0.0829	0.0703	0.0596	0.0431	0.0313	0.0144	0.0068	0.0033	0.0017	0.0005	0.0002	0.0001
20	0.8195	0.6730	0.5537	0.4564	0.3769	0.3118	0.2584	0.2145	0.1784	0.1486	0.1037	0.0728	0.0611	0.0514	0.0365	0.0261	0.0115	0.0053	0.0025	0.0012	0.0003	0.0002	0.0001
21	0.8114	0.6598	0.5375	0.4388	0.3589	0.2942	0.2415	0.1987	0.1637	0.1351	0.0926	0.0638	0.0531	0.0443	0.0309	0.0217	0.0092	0.0040	0.0018	0.0009	0.0002	0.0001	0.0001
22	0.8034	0.6468	0.5219	0.4220	0.3418	0.2775	0.2257	0.1839	0.1502	0.1228	0.0826	0.0560	0.0462	0.0382	0.0262	0.0181	0.0074	0.0031	0.0014	0.0006	0.0001	0.0001	0.0000
23	0.7954	0.6342	0.5067	0.4057	0.3256	0.2618	0.2109	0.1703	0.1378	0.1117	0.0738	0.0491	0.0402	0.0329	0.0222	0.0151	0.0059	0.0024	0.0010	0.0004	0.0001	0.0000	0.0000
24	0.7876	0.6217	0.4919	0.3901	0.3101	0.2470	0.1971	0.1577	0.1264	0.1015	0.0659	0.0431	0.0349	0.0284	0.0188	0.0126	0.0047	0.0018	0.0007	0.0003	0.0001	0.0000	0.0000
25	0.7798	0.6095	0.4776	0.3751	0.2953	0.2330	0.1842	0.1460	0.1160	0.0923	0.0588	0.0378	0.0304	0.0245	0.0160	0.0105	0.0038	0.0014	0.0006	0.0002	0.0000	0.0000	0.0000
26	0.7720	0.5976	0.4637	0.3607	0.2812	0.2198	0.1722	0.1352	0.1064	0.0839	0.0525	0.0331	0.0264	0.0211	0.0135	0.0087	0.0030	0.0011	0.0004	0.0002	0.0000	0.0000	0.0000
27	0.7644	0.5859	0.4502	0.3468	0.2678	0.2074	0.1609	0.1252	0.0976	0.0763	0.0469	0.0291	0.0230	0.0182	0.0115	0.0073	0.0024	0.0008	0.0003	0.0001	0.0000	0.0000	0.0000
28	0.7568	0.5744	0.4371	0.3335	0.2551	0.1956	0.1504	0.1159	0.0895	0.0693	0.0419	0.0255	0.0200	0.0157	0.0097	0.0061	0.0019	0.0006	0.0002	0.0001	0.0000	0.0000	0.0000
29	0.7493	0.5631	0.4243	0.3207	0.2429	0.1846	0.1406	0.1073	0.0822	0.0630	0.0374	0.0224	0.0174	0.0135	0.0082	0.0051	0.0015	0.0005	0.0002	0.0001	0.0000	0.0000	0.0000
30	0.7419	0.5521	0.4120	0.3083	0.2314	0.1741	0.1314	0.0994	0.0754	0.0573	0.0334	0.0196	0.0151	0.0116	0.0070	0.0042	0.0012	0.0004	0.0001	0.0000	0.0000	0.0000	0.0000
35	0.7059	0.5000	0.3554	0.2534	0.1813	0.1301	0.0937	0.0676	0.0490	0.0356	0.0189	0.0102	0.0075	0.0055	0.0030	0.0017	0.0004	0.0001	0.0000	0.0000	0.0000	0.0000	0.0000
40	0.6717	0.4529	0.3066	0.2083	0.1420	0.0972	0.0668	0.0460	0.0318	0.0221	0.0107	0.0053	0.0037	0.0026	0.0013	0.0007	0.0001	0.0000	0.0000	0.0000	0.0000	0.0000	0.0000
45	0.6391	0.4102	0.2644	0.1712	0.1113	0.0727	0.0476	0.0313	0.0207	0.0137	0.0061	0.0027	0.0019	0.0013	0.0006	0.0003	0.0000	0.0000	0.0000	0.0000	0.0000	0.0000	0.0000
50	0.6080	0.3715	0.2281	0.1407	0.0872	0.0543	0.0339	0.0213	0.0134	0.0085	0.0035	0.0014	0.0009	0.0006	0.0003	0.0001	0.0000	0.0000	0.0000	0.0000	0.0000	0.0000	0.0000

附录 3　年金终值系数表

n	1%	2%	3%	4%	5%	6%	7%	8%	9%	10%	12%	14%	15%	16%	18%	20%	25%	30%	35%	40%	50%
1	1.0000	1.0000	1.0000	1.0000	1.0000	1.0000	1.0000	1.0000	1.0000	1.0000	1.0000	1.0000	1.0000	1.0000	1.0000	1.0000	1.0000	1.0000	1.0000	1.0000	1.0000
2	2.0100	2.0200	2.0300	2.0400	2.0500	2.0600	2.0700	2.0800	2.0900	2.1000	2.1200	2.1400	2.1500	2.1600	2.1800	2.2000	2.2500	2.3000	2.3500	2.4000	2.5000
3	3.0301	3.0604	3.0909	3.1216	3.1525	3.1836	3.2149	3.2464	3.2781	3.3100	3.3744	3.4396	3.4725	3.5056	3.5724	3.6400	3.8125	3.9900	4.1725	4.3600	4.7500
4	4.0604	4.1216	4.1836	4.2465	4.3101	4.3746	4.4399	4.5061	4.5731	4.6410	4.7793	4.9211	4.9934	5.0665	5.2154	5.3680	5.7656	6.1870	6.6329	7.1040	8.1250
5	5.1010	5.2040	5.3091	5.4163	5.5256	5.6371	5.7507	5.8666	5.9847	6.1051	6.3528	6.6101	6.7424	6.8771	7.1542	7.4416	8.2070	9.0431	9.9544	10.9456	13.1875
6	6.1520	6.3081	6.4684	6.6330	6.8019	6.9753	7.1533	7.3359	7.5233	7.7156	8.1152	8.5355	8.7537	8.9775	9.4420	9.9299	11.2588	12.7560	14.4384	16.3238	20.7813
7	7.2135	7.4343	7.6625	7.8983	8.1420	8.3938	8.6540	8.9228	9.2004	9.4872	10.0890	10.7305	11.0668	11.4139	12.1415	12.9159	15.0735	17.5828	20.4919	23.8534	32.1719
8	8.2857	8.5830	8.8923	9.2142	9.5491	9.8975	10.2598	10.6366	11.0285	11.4359	12.2997	13.2328	13.7268	14.2401	15.3270	16.4991	19.8419	23.8577	28.6640	34.3947	49.2578
9	9.3685	9.7546	10.1591	10.5828	11.0266	11.4913	11.9780	12.4876	13.0210	13.5795	14.7757	16.0853	16.7858	17.5185	19.0859	20.7989	25.8023	32.0150	39.6964	49.1526	74.8867
10	10.4622	10.9497	11.4639	12.0061	12.5779	13.1808	13.8164	14.4866	15.1929	15.9374	17.5487	19.3373	20.3037	21.3215	23.5213	25.9587	33.2529	42.6195	54.5902	69.8137	113.3301
11	11.5668	12.1687	12.8078	13.4864	14.2068	14.9716	15.7836	16.6455	17.5603	18.5312	20.6546	23.0445	24.3493	25.7329	28.7551	32.1504	42.5661	56.4053	74.6967	98.7391	170.9951
12	12.6825	13.4121	14.1920	15.0258	15.9171	16.8699	17.8885	18.9771	20.1407	21.3843	24.1331	27.2707	29.0017	30.8502	34.9311	39.5805	54.2077	74.3270	101.8406	139.2348	257.4927
13	13.8093	14.6803	15.6178	16.6268	17.7130	18.8821	20.1406	21.4953	22.9534	24.5227	28.0291	32.0887	34.3519	36.7862	42.2187	48.4966	68.7596	97.6250	138.4848	195.9287	387.2390
14	14.9474	15.9739	17.0863	18.2919	19.5986	21.0151	22.5505	24.2149	26.0192	27.9750	32.3926	37.5811	40.5047	43.6720	50.8180	59.1959	86.9495	127.9125	187.9544	275.3002	581.8585
15	16.0969	17.2934	18.5989	20.0236	21.5786	23.2760	25.1290	27.1521	29.3609	31.7725	37.2797	43.8424	47.5804	51.6595	60.9653	72.0351	109.6868	167.2863	254.7385	386.4202	873.7878
16	17.2579	18.6393	20.1569	21.8245	23.6575	25.6725	27.8881	30.3243	33.0034	35.9497	42.7533	50.9804	55.7175	60.9250	72.9390	87.4421	138.1085	218.4722	344.8970	541.9883	1311.6817
17	18.4304	20.0121	21.7616	23.6975	25.8404	28.2129	30.8402	33.7502	36.9737	40.5447	48.8837	59.1176	65.0751	71.6730	87.0680	105.9306	173.6357	285.0139	466.6109	759.7837	1968.5225

续表

n	1%	2%	3%	4%	5%	6%	7%	8%	9%	10%	12%	14%	15%	16%	18%	20%	25%	30%	35%	40%	50%
18	19.6147	21.4123	23.4144	25.6454	28.1324	30.9057	33.9990	37.4502	41.3013	45.5992	55.7497	68.3941	75.8364	84.1407	103.7403	128.1167	218.0446	371.5180	630.9247	1064.6971	2953.7838
19	20.8109	22.8406	25.1169	27.6712	30.5390	33.7600	37.3790	41.4463	46.0185	51.1591	63.4397	78.9692	88.2118	98.6032	123.4135	154.7400	273.5558	483.9734	852.7483	1491.5760	4431.6756
20	22.0190	24.2974	26.8704	29.7781	33.0660	36.7856	40.9955	45.7620	51.1601	57.2750	72.0524	91.0249	102.4436	115.3797	146.6280	186.6880	342.9447	630.1655	1152.2103	2089.2064	6648.5135
21	23.2392	25.7833	28.6765	31.9692	35.7193	39.9927	44.8652	50.4229	56.7645	64.0025	81.6987	104.7684	118.8101	134.8405	174.0210	225.0256	429.6809	820.2151	1556.4838	2925.8889	9973.7702
22	24.4716	27.2990	30.5368	34.2480	38.5052	43.3923	49.0057	55.4568	62.8733	71.4027	92.5026	120.4360	137.6316	157.4150	206.3448	271.0307	538.1011	1067.2796	2102.2532	4097.2445	14961.6553
23	25.7163	28.8450	32.4529	36.6179	41.4305	46.9958	53.4361	60.8933	69.5319	79.5430	104.6029	138.2970	159.2764	183.6014	244.4868	326.2369	673.6264	1388.4635	2839.0418	5737.1423	22443.4829
24	26.9735	30.4219	34.4265	39.0826	44.5020	50.8156	58.1767	66.7648	76.7898	88.4973	118.1552	158.6586	184.1678	213.9776	289.4945	392.4842	843.0329	1806.0026	3833.7064	8032.9993	33666.2244
25	28.2432	32.0303	36.4593	41.6459	47.7271	54.8645	63.2490	73.1059	84.7009	98.3471	133.3339	181.8708	212.7930	249.2140	342.6035	471.9811	1054.7912	2348.8033	5176.5037	11247.1990	50500.3366
26	29.5256	33.6709	38.5530	44.3117	51.1135	59.1564	68.6765	79.9544	93.3240	109.1818	150.3339	208.3327	245.7120	290.0883	405.2721	567.3773	1319.4890	3054.4443	6989.2800	15747.0785	75751.5049
27	30.8209	35.3443	40.7096	47.0842	54.6691	63.7058	74.4838	87.3508	102.7231	121.0999	169.3740	238.4993	283.5688	337.5024	479.2211	681.8528	1650.3612	3971.7776	9436.5280	22046.9099	113628.2573
28	32.1291	37.0512	42.9309	49.9676	58.4026	68.5281	80.6977	95.3388	112.9682	134.2099	190.6989	272.8892	327.1041	392.5028	566.4809	819.2233	2063.9515	5164.3109	12740.3128	30866.6739	170443.3860
29	33.4504	38.7922	45.2189	52.9663	62.3227	73.6398	87.3465	103.9659	124.1354	148.6309	214.5828	312.0937	377.1697	456.3032	669.4475	984.0680	2580.9394	6714.6042	17200.4222	43214.3435	255666.0790
30	34.7849	40.5681	47.5754	56.0849	66.4388	79.0582	94.4608	113.2832	136.3075	164.4940	241.3327	356.7868	434.7451	530.3117	790.9480	1181.8816	3227.1743	8729.9855	23221.5700	60501.0809	383500.1185
35	41.6603	49.9945	60.4621	73.6522	90.3203	111.4348	138.2369	172.3168	215.7108	271.0244	431.6635	693.5727	881.1702	1120.7130	1816.6516	2948.3411	9856.7613	32422.8681	104136.2508	325400.2789	2912217.2121
40	48.8864	60.4020	75.4013	95.0255	120.7998	154.7620	199.6351	259.0565	337.8824	442.5926	767.0914	1342.0251	1779.0903	2360.7572	4163.2130	7343.8578	30088.6554	120392.8827	466960.3848	1750091.7415	22114662.6419
45	56.4811	71.8927	92.7199	121.0294	159.7002	212.7435	285.7493	386.5056	525.8587	718.9048	1358.2300	2590.5648	3585.1285	4965.2739	9531.5771	18281.3099	91831.4962	447019.3890	2093875.9338	9412424.3533	167933232.6243
50	64.4632	84.5794	112.7969	152.6671	209.3480	290.3359	406.5289	573.7702	815.0836	1163.9085	2400.0182	4994.5213	7217.7163	10435.6488	21813.0937	45497.1908	280255.6929	1659760.7433	9389019.6556	50622288.0994	1275242998.4281

附录 4　年金现值系数表

n	1%	2%	3%	4%	5%	6%	7%	8%	9%	10%	12%	14%	15%	16%	18%	20%	25%	30%	35%	40%	50%	55%	60%	70%	80%
1	0.9901	0.9804	0.9709	0.9615	0.9524	0.9434	0.9346	0.9259	0.9174	0.9091	0.8929	0.8772	0.8696	0.8621	0.8475	0.8333	0.8000	0.7692	0.7407	0.7143	0.6667	0.6452	0.6250	0.5882	0.5556
2	1.9704	1.9416	1.9135	1.8861	1.8594	1.8334	1.8080	1.7833	1.7591	1.7355	1.6901	1.6467	1.6257	1.6052	1.5656	1.5278	1.4400	1.3609	1.2894	1.2245	1.1111	1.0614	1.0156	0.9343	0.8642
3	2.9410	2.8839	2.8286	2.7751	2.7232	2.6730	2.6243	2.5771	2.5313	2.4869	2.4018	2.3216	2.2832	2.2459	2.1743	2.1065	1.9520	1.8161	1.6959	1.5889	1.4074	1.3299	1.2598	1.1378	1.0357
4	3.9020	3.8077	3.7171	3.6299	3.5460	3.4651	3.3872	3.3121	3.2397	3.1699	3.0373	2.9137	2.8550	2.7982	2.6901	2.5887	2.3616	2.1662	1.9969	1.8492	1.6049	1.5032	1.4124	1.2575	1.1309
5	4.8534	4.7135	4.5797	4.4518	4.3295	4.2124	4.1002	3.9927	3.8897	3.7908	3.6048	3.4331	3.3522	3.2743	3.1272	2.9906	2.6893	2.4356	2.2200	2.0352	1.7366	1.6150	1.5077	1.3280	1.1838
6	5.7955	5.6014	5.4172	5.2421	5.0757	4.9173	4.7665	4.6229	4.4859	4.3553	4.1114	3.8887	3.7845	3.6847	3.4976	3.3255	2.9514	2.6427	2.3852	2.1680	1.8244	1.6871	1.5673	1.3694	1.2132
7	6.7282	6.4720	6.2303	6.0021	5.7864	5.5824	5.3893	5.2064	5.0330	4.8684	4.5638	4.2883	4.1604	4.0386	3.8115	3.6046	3.1611	2.8021	2.5075	2.2628	1.8829	1.7336	1.6046	1.3938	1.2296
8	7.6517	7.3255	7.0197	6.7327	6.4632	6.2098	5.9713	5.7466	5.5348	5.3349	4.9676	4.6389	4.4873	4.3436	4.0776	3.8372	3.3289	2.9247	2.5982	2.3306	1.9220	1.7636	1.6279	1.4081	1.2387
9	8.5660	8.1622	7.7861	7.4353	7.1078	6.8017	6.5152	6.2469	5.9952	5.7590	5.3282	4.9464	4.7716	4.6065	4.3030	4.0310	3.4631	3.0190	2.6653	2.3790	1.9480	1.7830	1.6424	1.4165	1.2437
10	9.4713	8.9826	8.5302	8.1109	7.7217	7.3601	7.0236	6.7101	6.4177	6.1446	5.6502	5.2161	5.0188	4.8332	4.4941	4.1925	3.5705	3.0915	2.7150	2.4136	1.9653	1.7955	1.6515	1.4215	1.2465
11	10.3676	9.7868	9.2526	8.7605	8.3064	7.8869	7.4987	7.1390	6.8052	6.4951	5.9377	5.4527	5.2337	5.0286	4.6560	4.3271	3.6564	3.1473	2.7519	2.4383	1.9769	1.8035	1.6572	1.4244	1.2481
12	11.2551	10.5753	9.9540	9.3851	8.8633	8.3838	7.9427	7.5361	7.1607	6.8137	6.1944	5.6603	5.4206	5.1971	4.7932	4.4392	3.7251	3.1903	2.7792	2.4559	1.9846	1.8087	1.6607	1.4261	1.2489
13	12.1337	11.3484	10.6350	9.9856	9.3936	8.8527	8.3577	7.9038	7.4869	7.1034	6.4235	5.8424	5.5831	5.3423	4.9095	4.5327	3.7801	3.2233	2.7994	2.4685	1.9897	1.8121	1.6630	1.4271	1.2494
14	13.0037	12.1062	11.2961	10.5631	9.8986	9.2950	8.7455	8.2442	7.7862	7.3667	6.6282	6.0021	5.7245	5.4675	5.0081	4.6106	3.8241	3.2487	2.8144	2.4775	1.9931	1.8142	1.6644	1.4277	1.2497
15	13.8651	12.8493	11.9379	11.1184	10.3797	9.7122	9.1079	8.5595	8.0607	7.6061	6.8109	6.1422	5.8474	5.5755	5.0916	4.6755	3.8593	3.2682	2.8255	2.4839	1.9954	1.8156	1.6652	1.4281	1.2498
16	14.7179	13.5777	12.5611	11.6523	10.8378	10.1059	9.4466	8.8514	8.3126	7.8237	6.9740	6.2651	5.9542	5.6685	5.1624	4.7296	3.8874	3.2832	2.8337	2.4885	1.9970	1.8165	1.6658	1.4283	1.2499
17	15.5623	14.2919	13.1661	12.1657	11.2741	10.4773	9.7632	9.1216	8.5436	8.0216	7.1196	6.3729	6.0472	5.7487	5.2223	4.7746	3.9099	3.2948	2.8398	2.4918	1.9980	1.8171	1.6661	1.4284	1.2499

续表

n	1%	2%	3%	4%	5%	6%	7%	8%	9%	10%	12%	14%	15%	16%	18%	20%	25%	30%	35%	40%	50%	55%	60%	70%	80%
18	16.3983	14.9920	13.7535	12.6593	11.6896	10.8276	10.0591	9.3719	8.7556	8.2014	7.2497	6.4674	6.1280	5.8178	5.2732	4.8122	3.9279	3.3037	2.8443	2.4941	1.9986	1.8175	1.6663	1.4285	1.2500
19	17.2260	15.6785	14.3238	13.1339	12.0853	11.1581	10.3356	9.6036	8.9501	8.3649	7.3658	6.5504	6.1982	5.8775	5.3162	4.8435	3.9424	3.3105	2.8476	2.4958	1.9991	1.8177	1.6664	1.4285	1.2500
20	18.0456	16.3514	14.8775	13.5903	12.4622	11.4699	10.5940	9.8181	9.1285	8.5136	7.4694	6.6231	6.2593	5.9288	5.3527	4.8696	3.9539	3.3158	2.8501	2.4970	1.9994	1.8179	1.6665	1.4285	1.2500
21	18.8570	17.0112	15.4150	14.0292	12.8212	11.7641	10.8355	10.0168	9.2922	8.6487	7.5620	6.6870	6.3125	5.9731	5.3837	4.8913	3.9631	3.3198	2.8519	2.4979	1.9996	1.8180	1.6666	1.4286	1.2500
22	19.6604	17.6580	15.9369	14.4511	13.1630	12.0416	11.0612	10.2007	9.4424	8.7715	7.6446	6.7429	6.3587	6.0113	5.4099	4.9094	3.9705	3.3230	2.8533	2.4985	1.9997	1.8181	1.6666	1.4286	1.2500
23	20.4558	18.2922	16.4436	14.8568	13.4886	12.3034	11.2722	10.3711	9.5802	8.8832	7.7184	6.7921	6.3988	6.0442	5.4321	4.9245	3.9764	3.3254	2.8543	2.4989	1.9998	1.8181	1.6666	1.4286	1.2500
24	21.2434	18.9139	16.9355	15.2470	13.7986	12.5504	11.4693	10.5288	9.7066	8.9847	7.7843	6.8351	6.4338	6.0726	5.4509	4.9371	3.9811	3.3272	2.8550	2.4992	1.9999	1.8181	1.6666	1.4286	1.2500
25	22.0232	19.5235	17.4131	15.6221	14.0939	12.7834	11.6536	10.6748	9.8226	9.0770	7.8431	6.8729	6.4641	6.0971	5.4669	4.9476	3.9849	3.3286	2.8556	2.4994	1.9999	1.8182	1.6667	1.4286	1.2500
26	22.7952	20.1210	17.8768	15.9828	14.3752	13.0032	11.8258	10.8100	9.9290	9.1609	7.8957	6.9061	6.4906	6.1182	5.4804	4.9563	3.9879	3.3297	2.8560	2.4996	1.9999	1.8182	1.6667	1.4286	1.2500
27	23.5596	20.7069	18.3270	16.3296	14.6430	13.2105	11.9867	10.9352	10.0266	9.2372	7.9426	6.9352	6.5135	6.1364	5.4919	4.9636	3.9903	3.3305	2.8563	2.4997	2.0000	1.8182	1.6667	1.4286	1.2500
28	24.3164	21.2813	18.7641	16.6631	14.8981	13.4062	12.1371	11.0511	10.1161	9.3066	7.9844	6.9607	6.5335	6.1520	5.5016	4.9697	3.9923	3.3312	2.8565	2.4998	2.0000	1.8182	1.6667	1.4286	1.2500
29	25.0658	21.8444	19.1885	16.9837	15.1411	13.5907	12.2777	11.1584	10.1983	9.3696	8.0218	6.9830	6.5509	6.1656	5.5098	4.9747	3.9938	3.3317	2.8567	2.4999	2.0000	1.8182	1.6667	1.4286	1.2500
30	25.8077	22.3965	19.6004	17.2920	15.3725	13.7648	12.4090	11.2578	10.2737	9.4269	8.0552	7.0027	6.5660	6.1772	5.5168	4.9789	3.9950	3.3321	2.8568	2.4999	2.0000	1.8182	1.6667	1.4286	1.2500
35	29.4086	24.9986	21.4872	18.6646	16.3742	14.4982	12.9477	11.6546	10.5668	9.6442	8.1755	7.0700	6.6166	6.2153	5.5386	4.9915	3.9984	3.3330	2.8571	2.5000	2.0000	1.8182	1.6667	1.4286	1.2500
40	32.8347	27.3555	23.1148	19.7928	17.1591	15.0463	13.3317	11.9246	10.7574	9.7791	8.2438	7.1050	6.6418	6.2335	5.5482	4.9966	3.9995	3.3332	2.8571	2.5000	2.0000	1.8182	1.6667	1.4286	1.2500
45	36.0945	29.4902	24.5187	20.7200	17.7741	15.4558	13.6055	12.1084	10.8812	9.8628	8.2825	7.1232	6.6543	6.2421	5.5523	4.9986	3.9998	3.3333	2.8571	2.5000	2.0000	1.8182	1.6667	1.4286	1.2500
50	39.1961	31.4236	25.7298	21.4822	18.2559	15.7619	13.8007	12.2335	10.9617	9.9148	8.3045	7.1327	6.6605	6.2463	5.5541	4.9995	3.9999	3.3333	2.8571	2.5000	2.0000	1.8182	1.6667	1.4286	1.2500

参考文献

[1] 国家发展改革委，建设部 . 建设项目经济评价方法与参数 [M]. 3 版 . 北京：中国计划出版社，2006.

[2] 中国建设工程造价管理协会 . 建设项目投资估算编审规程：CECA/GC 1—2015[S]. 北京：中国计划出版社，2016.

[3] 国家发展改革委 . 关于印发投资项目可行性研究报告编写大纲及说明的通知（发改投资规〔2023〕304 号）[E]. 2023.

[4] 建设部标准定额研究所 . 工业可行性研究编制手册 [M]. 北京：化学工业出版社，1994.

[5] Wernor，PetenM. 工业可行性研究编制手册 [M]. 最新修订及增补版 . 北京：化学工业出版社，1994.

[6] 全国一级建造师执业资格考试用书编写委员会 . 建设工程经济 [M]. 北京：中国建筑工业出版社，2020.

[7] 住房和城乡建设部，财政部 . 关于印发《建筑安装工程费用项目组成》的通知（建标〔2013〕44 号）[E]. 2013.

[8] 蔡跃，李静 . 德国职业教育工作手册式教材编写体例及开发要点研究 [J]. 中国职业技术教育，2021（20）：59-64.

[9] 蔡跃 . 职业教育活页式教材开发指导手册 [M]. 上海：华东师范大学出版社，2020.